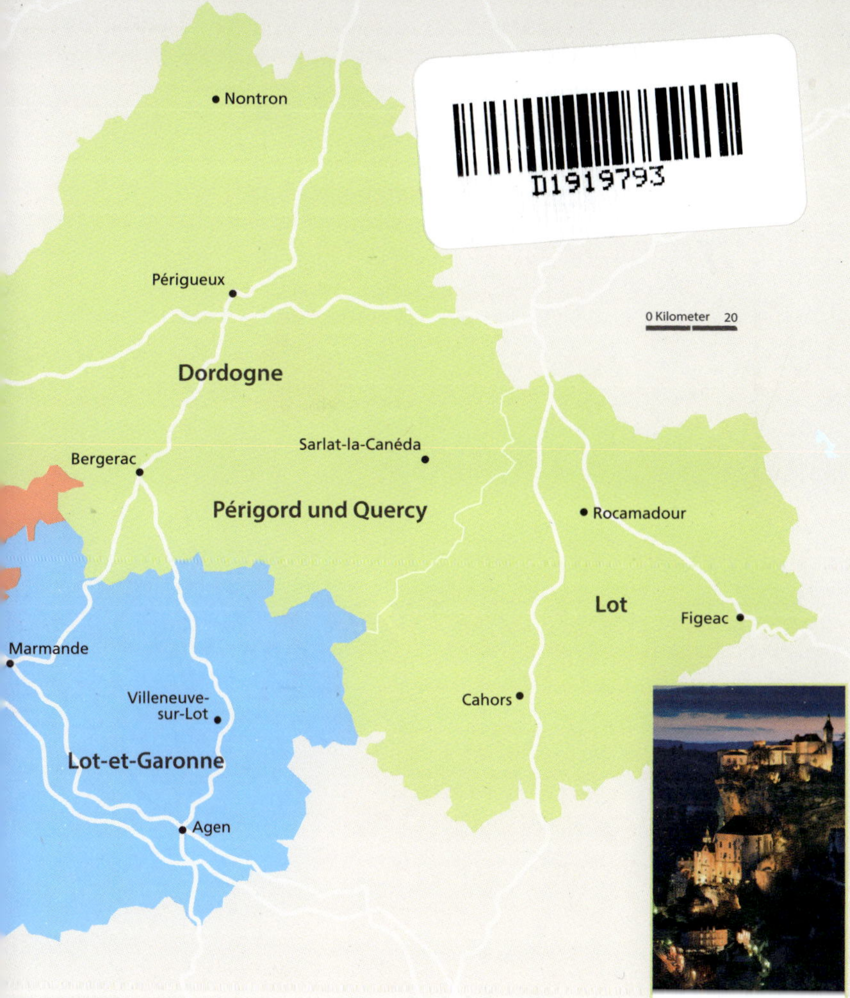

Périgord und Quercy
Seiten 100–145

Béarn
Seiten 218–243

Landes
Seiten 172–189

Lot-et-Garonne
Seiten 146–171

VIS-À-VIS

SÜDWEST-FRANKREICH

VIS-À-VIS

SÜDWEST-FRANKREICH

DK

London • New York • München
Melbourne • Delhi

DK | Penguin Random House

www.dorlingkindersley.de

Produktion Hachette Tourisme, Paris, Frankreich

Texte Suzanne Boireau-Tartarat, Pierre Chavot, Renée Grimaud, Wilfried Lecarpentier, Santiago Mendieta, Marie-Pascale Rauzier

Fotografien Philippe Giraud, Pierre Javelle, Éric Guillemot

Illustrationen François Brosse, Jean-Sylvain Roveri, Éric Geoffroy, Emmanuel Guillon, Roldolphe Corbel

Kartografie Casper Morris, Cyrille Suss, Uma Bhattacharya, Mohammad Hassan, Jasneet Kaur

Redaktion und Gestaltung
Hachette Tourisme, Paris: Cécile Boyer-Runge, Catherine Laussucq, Amélie Baghdiguian, Aurélie Pregliasco, Eric Laubeuf
Dorling Kindersley Ltd., London: Douglas Amrine, Jane Ewart, Fay Franklin, Cécile Landau, Lucilla Watson, Jason Little, Conrad van Dyk, Louise Daly

Titel der englischen Originalausgabe:
Eyewitness Travel Guide *Dordogne, Bordeaux & The Southwest Coast*
Zuerst erschienen 2006 in Großbritannien bei
Dorling Kindersley Ltd., London
A Penguin Random House Company

Für die deutsche Ausgabe:

Ein Unternehmen der Penguin Random House Group

Aktualisierte Neuauflage 2017 / 2018

Programmleitung Dr. Jörg Theilacker, DK Verlag
Projektleitung Stefanie Franz, DK Verlag
Projektassistenz Sonja Baldus, DK Verlag
Übersetzung Barbara Rusch, München
Redaktion Robert Kutschera, München
Schlussredaktion Philip Anton, Köln
Umschlaggestaltung Ute Berretz, München
Satz und Produktion DK Verlag, München
Druck Vivar Printing Sdn Bhd, Malaysia

ISBN 978-3-7342-0136-3
4 5 6 7 8 20 19 18 17 16

Dieser Reiseführer wird regelmäßig aktualisiert. Angaben wie Telefonnummern, Öffnungszeiten, Adressen, Preise und Fahrpläne können sich jedoch ändern. Der Verlag kann für fehlerhafte oder veraltete Angaben nicht haftbar gemacht werden. Für Hinweise, Verbesserungsvorschläge und Korrekturen ist der Verlag dankbar. Bitte richten Sie Ihr Schreiben an:

Dorling Kindersley Verlag GmbH
Redaktion Reiseführer
Arnulfstraße 124 • 80636 München
travel@dk-germany.de

Das beschriebene Gebiet entspricht der *Région Aquitaine* im Südwesten Frankreichs. Im Buch wird für diese Region die im Deutschen übliche Bezeichnung *Aquitanien* verwendet.

◀ **Château de Castelnaud *(siehe S. 140f)*, Castelnaud-la-Chapelle**
◀◀ **Umschlag: Blick auf die Grande Plage von Biarritz *(siehe S. 200f)***

Inhalt

Schmuckbild im Rosa Zimmer, Château de Roquetaillade *(siehe S. 92f)*

Aquitanien stellt sich vor

Reife Trauben – die Basis für edle Bordeaux-Weine *(siehe S. 36f)*

Hafen von Hendaye *(siehe S. 203)*, Pays Basque

Die Regionen Aquitaniens

Château de Puyguilhem *(siehe S. 109)* in der Dordogne

Zu Gast in Aquitanien

Église Saint-Jean-Baptiste in Saint-Jean-de-Luz *(siehe S. 202f)*

Grundinformationen

Fast wie ein Burgturm: Taubenschlag in Lot-et-Garonne

Dekordetail im Grand-Théâtre de Bordeaux *(siehe S. 76f)*

Benutzerhinweise

Dieser Reiseführer soll Ihren Besuch in Aquitanien mit hilfreichen Informationen und Tipps zu einem unvergesslichen Erlebnis machen. Der Abschnitt *Aquitanien stellt sich vor* beschreibt Land und Leute und stellt historische Zusammenhänge dar. Im Kapitel *Die Regionen Aquitaniens* werden Sehenswürdigkeiten in Text und Bild erläutert. Empfehlenswerte Restaurants, Hotels, Läden oder Unterhaltungsmöglichkeiten finden Sie im Kapitel *Zu Gast in Aquitanien*. Nützliche Hinweise in den *Grundinformationen* helfen sowohl bei der Reiseplanung als auch beim Zurechtfinden vor Ort.

Die Regionen Aquitaniens

Aquitanien wurde in diesem Reiseführer in sechs Regionen unterteilt, denen jeweils ein Kapitel gewidmet ist. Die interessantesten Sehenswürdigkeiten sind mit Nummern versehen, die mit denen auf der *Regionalkarte* sowie in den folgenden Erläuterungen identisch sind.

1 Einführung

Hier werden Landschaft, Geschichte und Charakter jeder Region beschrieben. Die Einführung zeigt, wie sich das Gebiet über die Jahrhunderte entwickelt hat und wie es sich heute präsentiert.

Eine Orientierungskarte gibt die Lage der behandelten Region innerhalb Aquitaniens an.

Die Farbcodierung der Griffmarken hilft bei der schnellen Orientierung.

2 Regionalkarte

Diese Karte zeigt das Straßennetz und eine Übersicht der ganzen Region. Alle Sehenswürdigkeiten sind nummeriert. Die Karte gibt hilfreiche Tipps für die Erkundung des Gebiets mit Auto, Bus oder Bahn.

Kästen bieten Wissenswertes zu besonderen Themen.

3 Detaillierte Informationen

Alle wichtigen Städte und Schauplätze werden einzeln in der Reihenfolge ihrer Nummerierung auf der *Regionalkarte* beschrieben. Zu jedem Ort gibt es detaillierte Informationen über wichtige Sehenswürdigkeiten.

4 Wichtige Städte

Eine Einführung umreißt Geschichte, Charakter und Geografie der Stadt. Die beschriebenen Hauptsehenswürdigkeiten finden Sie auch auf der *Zentrumskarte*.

Eine Infobox liefert praktische Informationen, die für Ihren Besuch hilfreich sind.

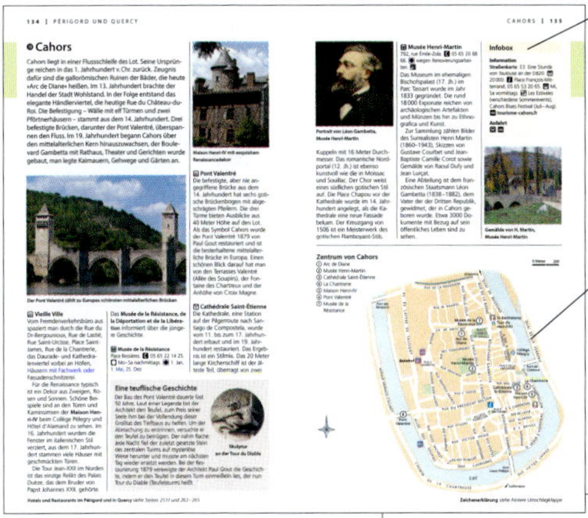

Die Zentrumskarte zeigt Haupt- und Nebenstraßen, die für Besucher der Stadt interessant sind. Sehenswürdigkeiten sind darauf ebenso verzeichnet wie Bahnhöfe, Parkplätze, Verkehrsämter und Kirchen.

5 Detailkarte

Interessante Viertel sind aus der Vogelperspektive dargestellt. Fotos veranschaulichen wichtige Sehenswürdigkeiten.

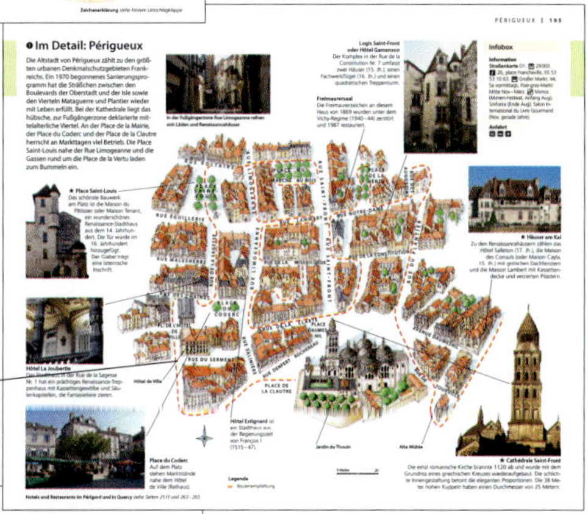

Die Routenempfehlung führt Sie beim Spaziergang durch die interessantesten Straßen eines Stadtteils.

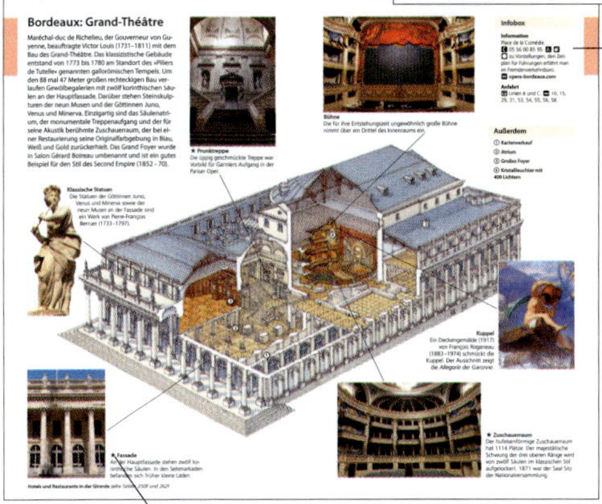

Die Infobox gibt Auskunft über günstige Verkehrsverbindungen, Informationsstellen, Markttage und örtliche Feste.

6 Hauptsehenswürdigkeiten

Den Highlights Aquitaniens werden zwei oder mehr Seiten gewidmet. Historische Gebäude werden im Aufriss gezeigt. Für Museen gibt es einen Grundriss mit Farbcodierung.

Sterne kennzeichnen Herausragendes oder Kunstwerke, die Sie keinesfalls versäumen sollten.

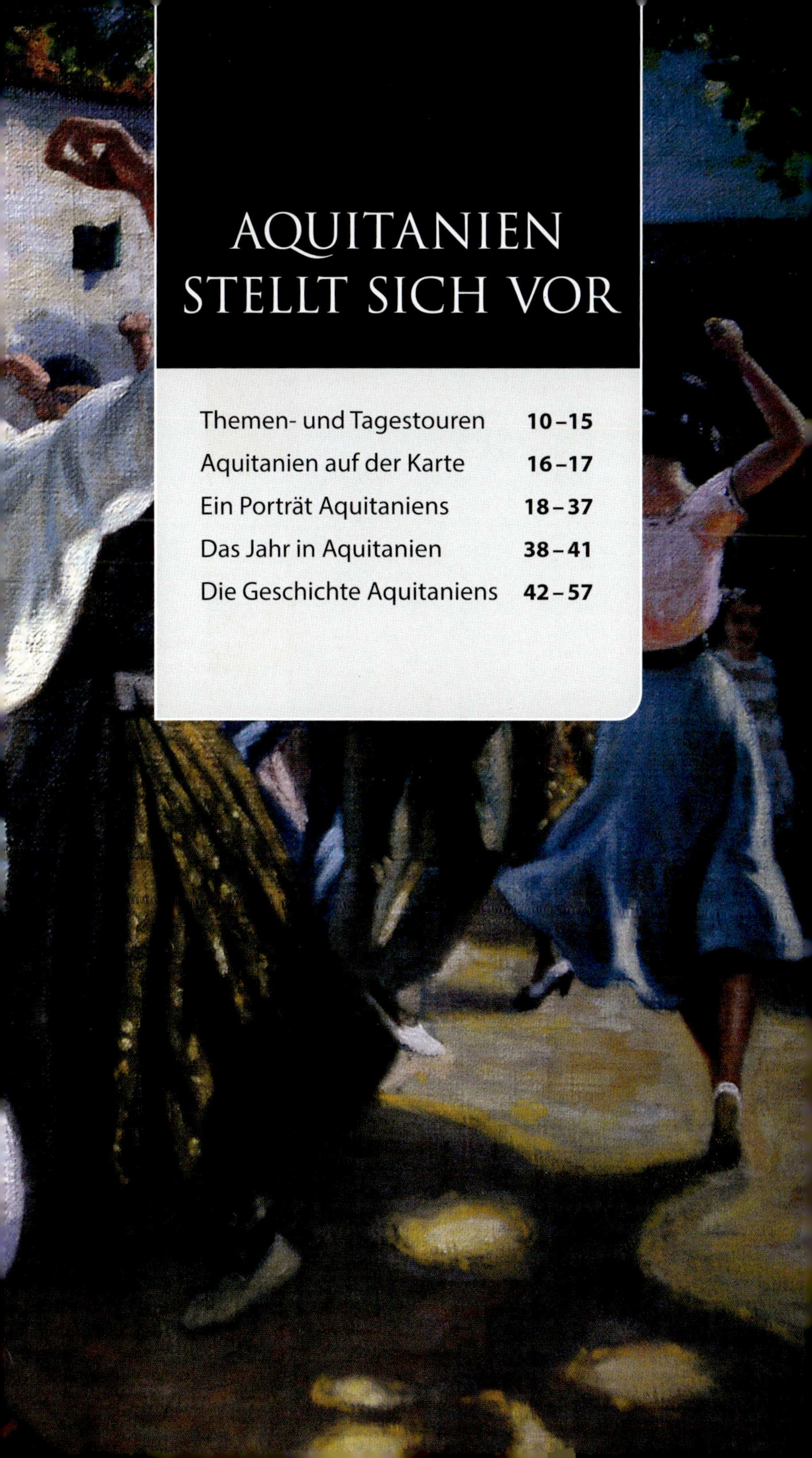

AQUITANIEN STELLT SICH VOR

Themen- und Tagestouren

Die erste Station bildet ein zweitägiger Aufenthalt in Frankreichs eleganter Weinhauptstadt Bordeaux. Es folgt eine fünftägige Mittelalter-Tour, auf der eine erstaunliche Vielzahl von mittelalterlichen Burgen und Dörfern sowie romanischen und gotischen Kirchen zu besichtigen sind. Die zweite Reise ist eine einwöchige Gourmet-Tour mit Weinproben und lukullischen Mahlzeiten. Zwei weitere Touren von jeweils einer Woche Dauer sind den Sehenswürdigkeiten der Region gewidmet: Die erste Reise führt durch den Westen Aquitaniens, die zweite durch Ost-Aquitanien und Quercy. Beide Touren können anhand von Tipps verlängert oder zu einer zweiwöchigen Reise durch ganz Aquitanien kombiniert werden. Öffentliche Verkehrsmittel sind nicht geeignet, wenn es überhaupt welche gibt. Für die Touren außerhalb von Bordeaux ist es notwendig, ein Auto zu mieten.

Fünf Tage Mittelalter

- Besichtigen Sie das **Château de Castelnaud**, machen Sie in **La Roque-Gageac** eine Bootsfahrt auf einer *gabare*.
- Bestaunen Sie die sieben Türme von **Martel** und das Portal von Sainte-Marie in **Souillac**.
- Folgen Sie den Spuren der Pilger nach **Rocamadour**; bummeln Sie durch die Gassen von **Figeac**.
- Genießen Sie den Blick über **Saint-Cirq-Lapopie**, und gehen Sie über die alte Brücke in **Cahors**.
- Besichtigen Sie das **Château de Biron**, entspannen Sie auf dem Markt von **Monpazier**.

Dune du Pyla, Gironde
Die große Wanderdüne ist das beweglichste »Monument« Frankreichs *(siehe S. 71)*.

Château de Biron
Das auf einem Bergsporn gelegene Schloss wurde im 12. Jahrhundert errichtet *(siehe S. 142)*.

◀ *Le Fandango* von Perico Ribera, Musée Basque, Bayonne *(siehe S. 196)*

Eine Woche auf Gourmet-Tour

- Genießen Sie eine Weinprobe in **Bordeaux**, essen Sie Austern in **Arcachon**.
- Probieren Sie Schinken in **Bayonne** und eine baskische Fischsuppe in **Saint-Jean-de-Luz**.
- Essen Sie Ziegenkäse in **Salies-de-Béarn**, und ergründen Sie in **Labastide-d'Armagnac** Brandy-Geheimnisse.
- Probieren Sie die Pflaumen von Agen in **Granges-sur-Lot**, besuchen Sie den Trüffelmarkt in **Lalbenque.**
- Speisen Sie *foie gras* in **Sarlat**, verkosten Sie Monbazillac-Weine bei **Bergerac**.

Eine Woche im Westen Aquitaniens

- Entdecken Sie die Geheimnisse der **Médoc**-Weine in **Pauillac**; besuchen Sie den **Phare de Cordouan**.
- Besteigen Sie **Dune de Pyla**, die größte Düne Europas; sehen Sie Surfer in **Hossegor**.
- Besichtigen Sie Art-déco-Villen in **Biarritz** und den alten Wallfahrtsort **Saint-Jean-Pied-du-Port**.
- Entdecken Sie die **Gorges de Kakouetta**, und fahren Sie nach **Lac d'Artouste**.
- Genießen Sie den Panoramablick in **Pau**, besuchen Sie den **Parc Régional des Landes de Gascogne**.
- Besuchen Sie das **Château de Cazeneuve** und die Kathedrale in **Bazas**.

Eine Woche im Osten Aquitaniens

- Besuchen Sie das **Périgueux**, und bewundern Sie das **Château de Hautefort**.
- Besichtigen Sie **Lascaux II und IV** und das Vallée de l'Homme.
- Spazieren Sie durch **Manoir de Eyrignac**; nehmen Sie eine Gondel in **Gouffre de Padirac**.
- Sehen Sie die **Grotte de Pech-Merle** in Quercy, fahren Sie durch die Weinberge in **Cahors**.
- Besichtigen Sie das **Château de Bonaguil**, und das Musée des Beaux-Arts in **Agen**.
- Verweilen Sie in **Nérac**; sehen Sie die Weinberge von **Pays du Dropt**.

Zwei Tage in Bordeaux

Frankreichs Weinhauptstadt hat einen schönen mittelalterlichen Stadtkern, elegante Architektur aus dem 18. Jahrhundert und faszinierende Museen.

- **Anreise** Der Flughafen Bordeaux-Mérignac liegt 15 Kilometer westlich der City. Alle 45 Minuten fährt ein Bus ins Stadtzentrum.

Erster Tag

Vormittags Starten Sie bei der **Cathédrale St-André** *(S. 74)*, wo Eleonore von Aquitanien König Louis VII heiratete; vom Glockenturm **Tour Pey-Berland** *(S. 75)* hat man eine herrliche Aussicht. Besuchen Sie das **Musée des Beaux-Arts** *(S. 78)* mit Gemälden von Tizian, Delacroix und Matisse und das **Museé des Arts Décoratifs** *(S. 78)* mit Sammlungen des 20. und 21. Jahrhunderts.

Nachmittags Erkunden Sie Bordeaux' **Quartier Saint-Pierre** *(S. 74)* und seine Architektur des 18. Jahrhunderts, die **Basilique Saint-Michel** *(S. 78f)* mit ihrem hoch aufragenden Turm und das mittelalterliche Tor **Grosse Cloche** *(S. 75)*. Im **Musée d'Aquitaine** *(S. 74)* können Sie in die Geschichte der Region eintauchen und anschließend einen Opernabend im **Grand-Théâtre** *(S. 76f)* genießen.

Zweiter Tag

Vormittags Entdecken Sie mit der **Basilique Saint-Seurin** *(S. 79)* die frühchristlichen Wurzeln der Stadt; das **Palais Gallien** *(S. 79)* ist das einzige Relikt aus römischer Zeit. Besuchen Sie das **Musée des Beaux-Arts** *(S. 78)*, ehe Sie sich dem pittoresken Viertel **Chartrons** zuwenden.

Nachmittags Widmen Sie sich der zeitgenössischen Kunst im **CAPC** *(S. 78)*. Schlendern Sie an der Garonne entlang zum einzigartigen **Musée National des Douanes** *(S. 74)*. Versäumen Sie keinesfalls die Schönheit der beleuchteten **Place de la Bourse** *(S. 72)*.

Tipp zur Verlängerung
Besuchen Sie den schönen Weinort Saint-Émilion *(S. 84–87)*, etwa 40 km östlich von Bordeaux.

Fünf Tage Mittelalter

Das nördliche Aquitanien und Quercy sind reich an Burgen, Dörfern und Kirchen, die seit dem Mittelalter unverändert sind.

- **Anreise** Landen Sie auf dem Flughafen Bergerac oder Bordeaux-Mérignac.
- **Weiterreise** Sie benötigen ein Auto. Ausgangspunkt Ihrer Reise ist die Abbaye de Cadouin, 37 km von Bergerac gelegen oder 162 km von Bordeaux.

Erster Tag: Cadouin, Castelnaud und Sarlat

Beginnen Sie Ihre Reise an der friedvollen **Abbaye de Cadouin** *(S. 139)*, einer Pilgerstätte mit Kloster (12. Jh.). Der nächste Halt bietet einen starken Kontrast: Das Museum im **Château de Castelnaud** *(S. 140f)* zeigt mittelalterliche Waffen. Hoch über dem Fluss thront **Château de Beynac** *(S. 138)*. Unternehmen Sie eine Bootsfahrt auf einer *gabarre* vom malerischen Dorf **La Roque-Gageac** *(S. 123)* nach **Sarlat** *(S. 120–123)*, einer der schönsten mittelalterlichen Städte Frankreichs.

Zweiter Tag: Souillac und Saint-Céré

Halten Sie in **Souillac** *(S. 124)*, um die Kuppeln und das Portal der romanischen Église de Sainte-Marie zu bestaunen. Weiter geht es in östlicher Richtung nach **Martel** *(S. 124f)* mit sieben mittelalterlichen Türmen, Carennac mit den Ruinen einer Klosterfestung und der mächtigen Burg **Castelnau-Bretenoux** *(S. 125)*, dann südlich nach **Saint-Céré** mit seinen mittelalterlichen Gassen und dem Château de Montal (15. Jh.).

Dritter Tag: Rocamadour und Figeac

Ein schöne Fahrt führt von St-Céré durch die mittelalterlichen Dörfer Autoire und Loubressac nach **Rocamadour** *(S. 126–129)*, an einer Steilklippe erbaut, einem der spektakulärsten Wallfahrtsorte in Europa. Übernachten Sie in dem Städtchen **Figeac** *(S. 130f)*, einem mittelalterlichen Juwel.

Vierter Tag: Saint-Cirq-Lapopie und Cahors

Folgen Sie dem sanft strömenden Fluss Célé bis nach **Espagnac-Sainte-Eulalie** und **Saint-Cirq-Lapopie** *(S. 131)*. Nächster Halt ist **Cahors** *(S. 134–136)* mit der Kathedrale Saint-Étienne und dem eindrucksvollen Pont Valentré, einer Brücke mit drei befestigen Türmen aus dem 14. Jahrhundert.

Fünfter Tag: Bonaguil, Biron und Bastides

Fahren Sie nach Westen in das Wehrdorf **Tournon-d'Agenais** *(S. 156)*, dann nach Norden zum **Château de Bonaguil** *(S. 154f)*. Unternehmen Sie einen Abstecher zum **Château de Biron** *(S. 142)*, zurück nach Bergerac über **Monpazier** *(S. 139)*, **Beaumont-du-Périgord** *(S. 142)* und **Eymet** *(S. 142f)*.

Château de Castelnaud an der Dordogne *(siehe S. 140f)*

Weitere Infos zu Verkehrsmitteln in Aquitanien *siehe S. 296–301*

Château de la Rivière und seine gepflegten Weingärten, nahe Bordeaux

Eine Woche auf Gourmet-Tour

Der Südwesten Frankreichs wird gepriesen für seine exzellenten Produkte, seine Küche und eines der besten Weinbaugebiete der Welt.

- **Anreise** Der Flughafen Bordeaux-Mérignac liegt 15 km westlich der Stadt. Alle 45 Minuten fährt ein Bus ins Stadtzentrum.
- **Weiterreise** Nach dem ersten Tag ist ein Auto nötig.
- **Vorausbuchung** *Bordeaux:* Tour mit Weinproben

Erster Tag: Bordeaux

Beginnen Sie mit einer halb- oder ganztägigen Weinproben-Tour, veranstaltet vom Tourismusamt Bordeaux: Médoc, Margaux, Sauternes oder Saint-Émilion. Sie erreichen Orte, die Ihnen sonst unzugänglich wären. Besuchen Sie in Bordeaux das **Musée du Vin et du Négoce** *(S. 78)*, und probieren Sie *canelés* (Gebäck) bei Baillardran, einer Pilgerstätte für Liebhaber von Süßigkeiten.

Zweiter Tag: Arcachon und Bayonne

Unternehmen Sie eine kulinarische Wallfahrt ins nahe **Bassin d'Arcachon** *(S. 68–70)*, um frische Austern zu essen, ehe Sie in Les Landes *salade landaise* genießen. Entspannen Sie am Atlantikstrand an der Côte d'Argent, oder fahren Sie mit dem Boot auf dem **Courant d'Huchet** *(S. 181)*. Anschließend erkunden Sie **Bayonne** *(S. 194–199)*, die Schokoladenhochburg Frankreichs.

Dritter Tag: Pays Basque

Das Baskenland ist stolz auf seine traditionellen Gerichte wie *piperade* (Eintopf mit Paprika, Zwiebeln, Tomaten und Eiern), *ttoro* (Suppe mit Meeresfrüchten) und *chiperones à l'encre* (Baby-Tintenfisch in eigener Tinte). Genießen Sie die baskische Küche in **Saint-Jean-de-Luz** *(S. 202f)*, und besuchen Sie auch die **Église Saint-Jean-Baptiste** *(S. 202)* und die **Maison Louis-XIV** *(S. 202f)*. Fahren Sie ins **Nivelle-Tal** *(S. 204)* zu den Dörfern **Ainhoa** und **Espelette** *(S. 205)*, bekannt für *piment d'Espelette*, und weiter nach **Itxassou** *(S. 205)*, berühmt für seine schwarzen Kirschen. Die Marmelade serviert man hier mit Schafskäse.

Vierter Tag: Béarn

Die herzhafte Küche des Béarn erschließt sich leicht. Die Restaurants servieren Spezialitäten wie *garbure* (Gemüseeintopf überbacken) oder *poule au pot béarnaise*, dazu Jurançon-Weißwein und Madiran-Rotwein. Besichtigen Sie **Salies-de-Béarn** *(S. 222f)* mit seinem Musée du Sel (Salzmuseum), **Orthez** *(S. 224)* mit seiner turmbewehrten Brücke, **Morlaàs** *(S. 230)* mit der Kirche Église de Sainte-Foy und **Madiran** *(S. 231)*.

Fünfter Tag: Landes und Lot-et-Garonne

Erkunden Sie das schöne, fruchtbare Weinbaugebiet **Tursan** *(S. 186)*, und gönnen Sie sich ein unvergessliches kulinarisches Erlebnis in Michel Guérards Restaurant in **Eugénie-les-Bains** *(S. 267)*. Weiter geht es nach **Labastide-d'Armagnac** *(S. 189)*, berühmt für seinen Brandy, und nach Lot-et-Garonne, Land der Obstgärten, Erdbeeren, Marmande-Tomaten sowie Côtes-de-Duras- und Buzet-Weinen. Besichtigen Sie das **Musée du Pruneau Gourmand** *(S. 158)* in **Granges-sur-Lot** *(S. 158)*, und nächtigen Sie im pittoresken **Villeneuve-sur-Lot** *(S. 156f)*.

Sechster Tag: Quercy

Folgen Sie dem Lot in östlicher Richtung nach Quercy, der Heimat des Vin de Cahors, eines Malbec-Weins. Lassen Sie Ihren Blick über die **Weinberge von Cahors** *(S. 136f)* schweifen. Der Markt in **Cahors** *(S. 134–136)* lohnt einen Besuch, wo Sie Enten- oder Lammbraten, Steinpilze und Rocamadour-Ziegenkäse genießen können. In den Wintermonaten wird in **Lalbenque** *(S. 136)* dienstags ein Trüffelmarkt abgehalten, oder schlendern Sie zu anderen Jahreszeiten über den Markt in **Gourdon** *(S. 136f)*.

Siebter Tag: Périgord

Das Périgord ist berühmt für *foie gras*, Enten- und Gänsebraten, serviert mit *pommes de terre sardalaises*, einer Spezialität in **Sarlat** *(S. 120–123)*. Machen Sie eine Weinprobe in der **Maison du Vin in Bergerac** *(S. 144f)* oder im **Château de Monbazillac** *(S. 145)*.

Traditionelles Dorf und üppige Landschaft im Pays Basque

Eine Woche im Westen Aquitaniens

- **Dauer** Eine Woche oder mit Verlängerung zehn Tage.
- **Weiterreise** Ankunft und Abreise vom Flughafen Bordeaux-Mérignac
- **Transport** Mieten Sie am Flughafen ein Auto.

Erster Tag: Médoc und Soulac-sur-Mer

Fahren Sie zur Gironde-Mündung, vorbei an Weinbergen und den **Châteaux des Médoc** *(S. 80f)*. Erfahren Sie in **Pauillacs Maison du Tourisme et du Vin** *(S. 82)* alles über Grand Cru. Bei Ebbe kann man den **Phare de Cordouan** *(S. 66)*, der seit 1611 in Betrieb ist und Meeres-Versailles genannt wird, gut erreichen. In **Soulac-sur-Mer** *(S. 67)* besichtigen Sie die romanische Wallfahrtskirche Notre-Dame-de-la-Fin-des-Terres, ein UNESCO-Welterbe. Weiter geht es nach Süden zur Atlantikküste und zu den Seen, wo Sie schwimmen und Seafood essen können.

Zweiter Tag: Arcachon und Hossegor

Nach der Besichtigung von **Arcachon** *(S. 71)* mit seinen bezaubernden Villen (19. Jh.) können Sie eine Bootsfahrt im **Bassin d'Arcachon** *(S. 68f)* unternehmen, um die faszinierende Vogelwelt, Austernbänke und Pfahlbauten zu sehen. Besuchen Sie in **Lège-Cap-Ferret** *(S. 70)* die Austernzuchtdörfer. Ein großartiges Erlebnis verspricht die Besteigung der **Dune de Pyla** *(S. 71)*, der größten Wanderdüne Europas. Orientieren Sie sich nach Süden zur Silberküste, und machen Sie halt in Les Landes, etwa in **Biscarrosse** *(S. 180)* mit seinem Wasserflugzeug-Museum, in **Mimizan** *(S. 180)* mit seiner Abtei oder auch im Surferparadies **Hossegor** *(S. 181)*.

Dritter Tag: Bayonne und Biarritz

In Bayonne lohnt der Besuch der **Cathédrale Sainte-Marie** *(S. 198f)*. Sehenswert sind auch das **Musée Basque** *(S. 196)*, das die Kultur des Baskenlands dokumentiert, und das **Musée Bonnat** *(S. 197)* mit Werken von El Greco, Rubens und Goya. Erkunden Sie in **Biarritz** *(S. 200f)* die Art-déco-Pracht sowie die Grande Plage.

Vierter Tag: Cambo-les-Bains und Saint-Jean-Pied-du-Port

Entdecken Sie die Schönheit des Baskenlandes: Bauernhöfe, Schafherden in **Hasparren** *(S. 206)*, die malerische Route von Impériale des Cimes nach **Cambo-les-Bains** *(S. 206)*, einem Badeort aus der Belle Époque. Essen Sie zu Mittag in dem Wallfahrtsort **Saint-Jean-Pied-de-Port** *(S. 210)*, bewältigen Sie den Marsch durch die **Gorges de Kakouetta** *(S. 217)*. Sehen Sie die romanische Kapelle **Sainte-Engrâce** *(S. 217)*.

Fünfter Tag: Oloron-Sainte-Marie und Pau

Verbringen Sie einen Tag im Béarn, beginnend mit **Oloron-Sainte-Marie** *(S. 232f)*, der Hauptstadt von Haut Béarn mit der Cathédrale de Sainte-Marie. Fahren Sie in das **Vallée d'Ossau** *(S. 236–239)* mit Halt am **Falaise aux Vautours** in Aste-Béon *(S. 239)*, um Gänsegeier zu beobachten, und machen Sie eine Bahnfahrt zum **Lac d'Artouste** *(S. 237)*. Übernachten Sie in **Pau** *(S. 226f)*, hier hat man einen grandiosen Blick auf die Pyrenäen.

Saint-Jean-Pied-de-Port in malerischer Umgebung *(siehe S. 210)*

Sechster Tag: Aire-sur-l'Adour und Parc Régional des Landes de Gascogne

Wenden Sie sich nördlich nach Les Landes. Starten Sie in **Aire-sur-l'Adour** *(S. 187)* mit dem Welterbe Église Sainte-Quitterie. **Grenade-sur-l'Adour** *(S. 187)*, gegründet als *bastide*, und **Saint-Sever** *(S. 187)* sind die weiteren Etappen. Sehenswert sind die Skulpturen im Musée Despiau-Wlérick in **Mont-de-Marsan** *(S. 188f)*. Ein Besuch des **Parc Régional des Landes de Gascogne** *(S. 176–179)* rundet den Tag ab.

Siebter Tag: Château de Cazeneuve und Bazas

Besichtigen Sie **Château de Cazeneuve** *(S. 98f)*, wo Königin Margaret, die Frau Henris IV, in der Verbannung lebte, die gotische Kathedrale in **Bazas** *(S. 97)* und **Château Roquetaillade** *(S. 92f)*. Folgen Sie der Garonne nach Bordeaux durch die Weinbaugebiete **Sauternais** *(S. 96)* und **Graves** *(S. 95)*.

Tipp zur Verlängerung
Drei Tage in Bordeaux und Saint-Émilion *(S. 12)*.

Die hohen Gipfel des Pic du Midi d'Ossau, Béarn *(siehe S. 240f)*

Weitere Infos zu Verkehrsmitteln in Aquitanien *siehe S. 296–301*

Eine Woche im Osten Aquitaniens

- **Dauer** Eine Woche oder mit Verlängerung neun Tage.
- **Anreise** Flughafen Bergerac oder Toulouse-Blagnac
- **Weiterreise** Mieten Sie ein Auto. Périgueux liegt 49 km von Bergerac; bei Ankunft in Toulouse beginnen Sie am sechsten Tag in Cahors (114 km).
- **Vorausbuchung** Les Eyzies-de-Tayac, Grotte de Font-de-Gaume

Erster Tag: Périgueux und Brantôme

Sehenswert ist Périgueux *(S. 104–107)* mit seiner historischen Altstadt und der Cathédrale Saint-Front. Besichtigen Sie das Musée d'Art et d'Archéologie in Vesunna, die **Abbaye de Chancelade** *(S. 108)* und **Brantôme** *(S. 109)*, das »Venedig des Périgord«.

Zweiter Tag: Château de Hautefort und Vallée de l'Homme

Beginnen Sie Ihre Tour in **Saint-Jean-de-Côle** *(S. 109)*, einem der schönsten Dörfer Frankreichs, wo der Besuch des mächtigen **Château de Hautefort** *(S. 110f)* ansteht. Fahren Sie südlich nach **Montignac**, um eine Reproduktion der Höhlen von Lascaux *(S. 114)* zu sehen, bevor Sie **Vallée de l'Homme** *(S. 114f)* mit seinen paläolithischen Fundstätten erkunden.

Dritter Tag: Les Eyzies-de-Tayac, Manoir de Eyrignac und Sarlat

Ausgangspunkt ist **Les Eyzies-de-Tayac** *(S. 118f)*. Besichtigen Sie (wenn Sie gebucht haben) die Grotte de Font-de-Gaume, das Musée de la Préhistoire und den Kalksteinfelsen von **La Roque-Saint-Christophe** *(S. 115)*. Spazieren Sie nachmittags durch die Gärten von **Manoir d'Eyrignac** *(S. 116f)*, verbringen Sie den Abend im schönen **Sarlat** *(S. 120–123)*.

Prähistorische Höhlenmalereien in den Grottes de Lascaux *(siehe S. 114)*

Tipp zur Verlängerung
Besichtigen Sie Burgen und Dörfer an der Dordogne (Fünf Tage Mittelalter, Erster Tag).

Vierter Tag: Souillac, Padirac und Rocamadour

Der Vormittag beginnt mit **Souillac** *(S. 124)* und dem Besuch der romanischen Kirche Sainte-Marie und dem Musée de l'Automate. Anschließend geht es in die **Gouffre de Padirac** *(S. 125)*, wo Sie eine erstaunliche Gondelfahrt auf einem unterirdischen Fluss unternehmen. Nachmittags geht die Fahrt nach **Rocamadour** *(S. 126–129)*, wo auf der Burg Shows mit Greifvögeln und Papageien stattfinden.

Fünfter Tag: Assier, Pech-Merle und Cahors

Fahren Sie südlich nach **Assier** *(S. 129)*, um das Schloss zu besichtigen. Sehenswert ist die **Grotte du Pech-Merle** *(S. 132f)* mit den Höhlenmalereien. In der Nähe liegt **Saint-Cirq-Lapopie** *(S. 131)*, eines der schönsten Dörfer Frankreichs. Verleben Sie den Abend im pittoresken **Cahors** *(S. 134–137)*.

Markt vor der Cathédrale Saint-Étienne, Cahors *(siehe S. 134–136)*

Tipp zur Verlängerung
Bastide-Orte und Burgen (Fünf Tage Mittelalter, Fünfter Tag).

Sechster Tag: Von Cahors nach Nérac

Machen Sie eine Tour durch die **Weinberge von Cahors** *(S. 136f)* vorbei an Rebhainen, mittelalterlichen Dörfern und dem **Château de Bonaguil** *(S. 154f)*. In **Monsempron** *(S. 153)* mit seiner romanischen Kirche fahren Sie in südlicher Richtung zur Wallfahrtskirche von **Penne d'Agenais** *(S. 156)*. Steuern Sie **Agen** *(S. 164–167)* an, um das Musée des Beaux-Arts und die hübsche Vieille Ville zu besichtigen, dann **Nérac** *(S. 162)*, einst der Sitz der Familie Albret, und den **Parc de la Garenne** *(S. 162)*.

Siebter Tag: Duras

Halten Sie in **Barbaste** *(S. 163)*, um die romanische Brücke und die Mühle anzusehen, dann in **Duras** *(S. 150)* mit seiner Burg (12. Jh.), bevor Sie nach **Pays du Dropt** *(S. 150f)* weiterfahren, dem Zentrum des Weinbaugebiets Côte de Duras. Beeindruckend sind die Fresken in der Kirche **Allemans-du-Dropt** (15. Jh.). Spazieren Sie auf der *bastide* von **Castillonnès** *(S. 151)*, ehe die Rückfahrt nach Bergerac ansteht.

Aquitanien auf der Karte

Von der Gironde-Mündung im Norden bis zur spanischen Grenze im Süden erstreckt sich die 41 300 Quadratkilometer große Region Aquitanien (französisch: Aquitaine) im äußersten Südwesten von Frankreich etwa 270 Kilometer entlang der Küste des Atlantiks. Rund 3,1 Millionen Menschen leben hier, durchschnittlich 77 Einwohner pro Quadratkilometer. Von den fünf Départements – Gironde, Dordogne, Landes, Lot-et-Garonne und Pyrénées-Atlantiques – weist die Gironde die höchste Bevölkerungsdichte auf. Aquitanien ist eine Region mit einer reichen Geschichte und Kultur.

Weitere Zeichenerklärungen *siehe hintere Umschlagklappe*

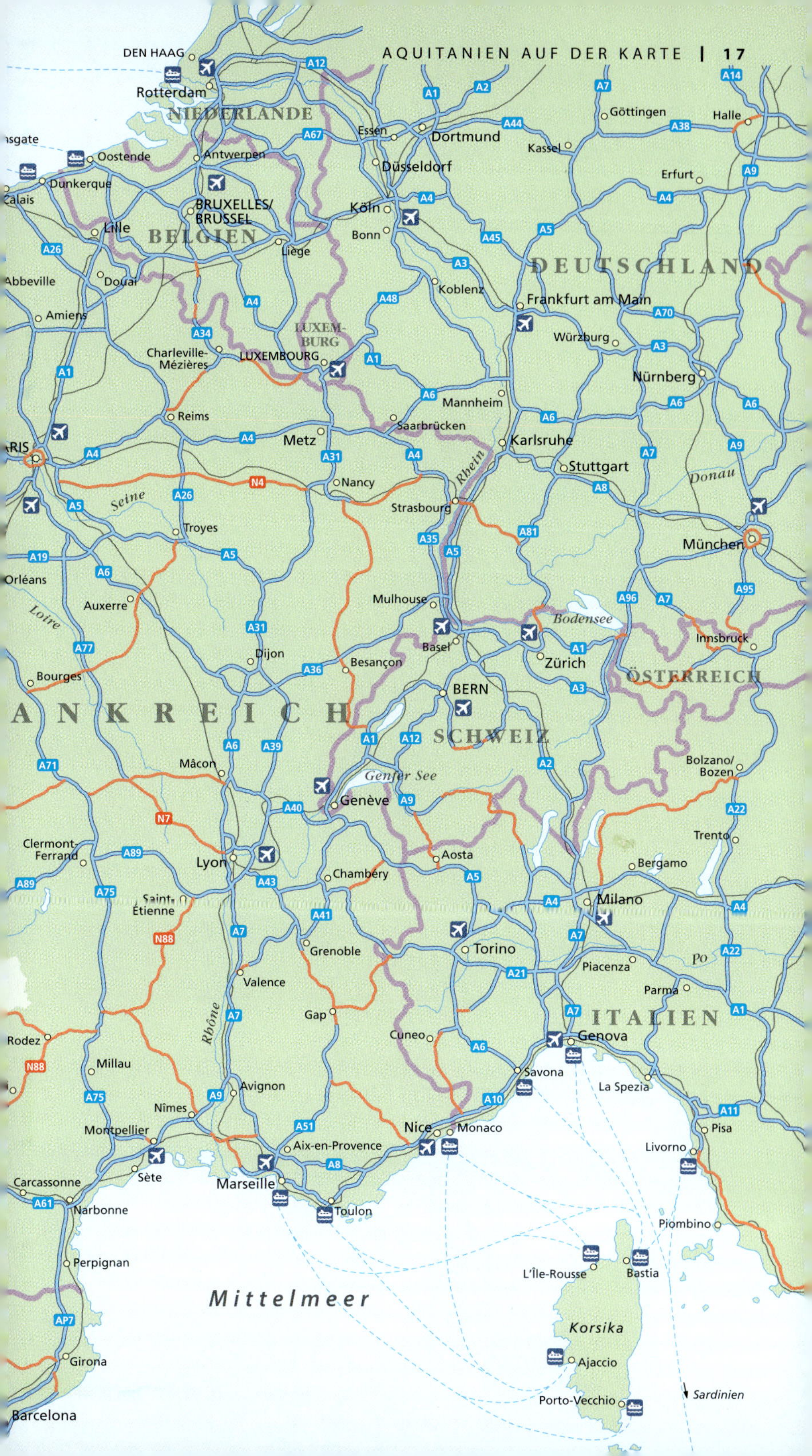
DEN HAAG
Rotterdam
NIEDERLANDE
Oostende
Antwerpen
Dunkerque
Calais
BRUXELLES/
BRUSSEL
Lille
BELGIEN
Liège
Abbeville
Douai
Amiens
Essen
Dortmund
Düsseldorf
Köln
Bonn
Kassel
Göttingen
Halle
Erfurt
DEUTSCHLAND
Koblenz
Frankfurt am Main
Würzburg
Nürnberg
LUXEM-
BURG
LUXEMBOURG
Charleville-
Mézières
Reims
Metz
Saarbrücken
Mannheim
Karlsruhe
Stuttgart
Nancy
Strasbourg
Rhein
Donau
München
Seine
Troyes
Orléans
Auxerre
Loire
Mulhouse
Basel
Bodensee
Zürich
Innsbruck
ÖSTERREICH
Dijon
Besançon
Bourges
BERN
SCHWEIZ
ANKREICH
Mâcon
Genfer See
Genève
Bolzano/
Bozen
Trento
Clermont-
Ferrand
Lyon
Aosta
Chambéry
Bergamo
Milano
Saint-
Étienne
Grenoble
Torino
Piacenza
Po
Parma
Valence
Rhône
Gap
Cuneo
ITALIEN
Genova
Rodez
Millau
Savona
La Spezia
Avignon
Nîmes
Montpellier
Nice
Monaco
Aix-en-Provence
Pisa
Livorno
Sète
Marseille
Toulon
Carcassonne
Narbonne
Piombino
Perpignan
L'Île-Rousse
Bastia
Mittelmeer
Korsika
Ajaccio
Girona
Porto-Vecchio
Sardinien
Barcelona

Ein Porträt Aquitaniens

Die vielfältige Region Aquitanien, im Westen vom Atlantischen Ozean und im Süden von der Iberischen Halbinsel begrenzt, weist ein farbig-buntes Kaleidoskop von unterschiedlichen Landschaften auf. Durch die großen Überlandrouten war die historische Landschaft Aquitanien über viele Jahrhunderte hinweg verschiedenen Einflüssen ausgesetzt. Jedes einzelne Gebiet blickt auf ein besonderes geschichtliches und kulturelles Erbe zurück. In manchen spricht man sogar eigene Sprachen. Politisches und wirtschaftliches Zentrum ist die berühmte Weinstadt Bordeaux.

Aquitanien setzt sich aus insgesamt fünf Départements zusammen: im Norden die Gironde und die Dordogne, die hier unter dem traditionellen Namen Périgord zusammen mit der alten Provinz Quercy, einem Teil des Départements Lot, vorgestellt wird; in der Mitte liegen Lot-et-Garonne und die Landes; im Süden das Département Pyrénées-Atlantiques, das wiederum in Pays Basque und Béarn aufgeteilt wird.

Die Départements – vor allem die Dordogne und Quercy – haben viele historische Gemeinsamkeiten. Sie sind alle bekannt für ihre viel gerühmten Weine, aber auch für ihr kulturelles Erbe und ihr großes Sportangebot.

Die Römer nannten die Region *Aquitania*, »Land des Wassers«. Reichlich Niederschlag sorgt für üppige Vegetation und macht Aquitanien zu einer der produktivsten Agrarregionen Frankreichs.

Das rund 41 000 Quadratkilometer große Gebiet dehnt sich von der Loire im Norden bis zur spanischen Grenze aus. Dank der 270 Kilometer langen Küste, die am Atlantik von Pointe de Grave im Norden bis Hendaye am Fuß der Pyrenäen reicht, zählt Aquitanien – vor allem rund um das Bassin d'Arcachon – zu den wichtigsten Urlaubsgebieten Frankreichs.

Im Binnenland gibt es noch viele naturbelassene Gebiete, in denen die Landnutzung streng kontrolliert wird. Faszinierend

Surfer schätzen die hohen Wellen an der Atlantikküste

◀ Mittelalterliches Fachwerkhaus in Aquitanien

Die *borie* genannten kleinen Steinhäuser mit spitzem Dach sind typisch für das Vézère-Tal

sind die breiten grünen Täler der drei Hauptflüsse mit ihren Seen und Sümpfen, deren Ablagerungen die Böden düngen. Im Norden mäandriert die Garonne durch den Agenais, bis sie sich mit der aus dem Périgord kommenden Dordogne vereint und als Gironde in den Atlantik mündet. Im Süden windet sich der Adour von den Pyrenäen zum Meer.

Der Wasserreichtum lockt seit Urzeiten Menschen nach Aquitanien. Berühmte Zeugnisse der frühesten Bewohner sind die Höhlen von Lascaux in der Dordogne und die Venus von Brassempouy, ein rund 18000 Jahre alter Frauenkopf, der in den Landes gefunden wurde.

Pottoks, die wilden Bergponys des Pays Basque

Reichtum der Natur

Trotz vieler Gemeinsamkeiten fasziniert die Region vor allem durch ihre breite Vielfalt. Die Bevölkerungsverteilung macht deutlich, wie unterschiedlich die einzelnen Départements sind: Beinahe 44 Prozent der Bewohner Aquitaniens leben im Département Gironde. Neben den Städten Bordeaux, Libourne, Agen, Pau, Bayonne und Mont-de-Marsan prägen kleine Städtchen und – besonders in den Landes – zahlreiche abgelegene Dörfer das Bild.

Dank der sehr fruchtbaren Böden können mehr als 80 Prozent der Fläche landwirtschaftlich genutzt werden. Vorherrschende Agrarprodukte sind verschiedene Getreidesorten (die Landes sind Frankreichs bedeutendster Maisproduzent). Darüber hinaus kultiviert man u. a. Kiwis am Adour, Tabak bei Bergerac und Marmande, Walnüsse im Périgord und Pflaumen im Agenais (die berühmten *prunes d'Agen*).

Eine wichtige Rolle spielt die Fleischwirtschaft: Besonders bekannt sind Schinken aus Bayonne sowie Lammfleisch aus dem Pays Basque, das auch für seinen Käse berühmt ist. Wertschätzung genießen u. a. *foie gras* und *confits* aus der Dordogne, Geflügel aus Saint-Sever und den Landes sowie Rindfleisch aus Chalosse und Bazas. Drei Viertel des Weinanbaus fallen auf die Gironde. Die Region zählt zu Frankreichs

Biarritz ist seit dem 19. Jahrhundert ein Urlaubsort

führenden Produzenten von Qualitätsweinen *(appellation d'origine protégée)*.

Ein traditioneller Einkommenszweig ist die Holzwirtschaft, immerhin weist Aquitanien Europas größtes Waldgebiet mit über 1,8 Millionen Hektar Land auf. Hier wachsen vor allem Kiefern für die Bau- und Papierwirtschaft, dazu Eichen, Kastanien und Buchen. Fischerei sowie Fisch- und Austernzucht nehmen eine Schlüsselposition ein in dieser Region mit vier großen Hafenstädten, dem Golfe de Gascogne und den vielen *estuaires* (trichterförmigen Flussmündungen, in denen sich das salzhaltige Meerwasser mit dem Süßwasser mischt).

Eingang zum Cos d'Estournel

Die Rolle der Industrie

Die Industrie erbringt 17 Prozent der regionalen Wirtschaftsleistung. Bereits im Jahr 1930 wurde in Biscarrosse das Flugzeugbau-Unternehmen Latécoère gegründet, auch heute ist die Region führend in der Luft- und Raumfahrtindustrie. Zivil- und militärische Flugzeuge, Hubschrauber und Bordsysteme – etwa für Ariane-Raketen – werden von großen Industriekonsortien oder den 600 Spezialzulieferern gebaut. Die Branche arbeitet für Forschung und Entwicklung eng mit den Universitäten zusammen. Unter den Hochschulen der Region finden sich einige von europäischem Rang. Weitere Produktionszweige sind die Chemie-, Elektronik- und Metall verarbeitende Industrie.

Die wirtschaftliche Hauptrolle spielt jedoch der Dienstleistungssektor. Er umfasst drei Viertel der Wirtschaftsleistung, hängt maßgeblich vom Tourismus ab und wächst schnell an. Pro Jahr ziehen die grandiose Natur, die großartige Architektur und die zahlreichen Feste ungefähr sechs Millionen Besucher an, davon eine Million aus dem Ausland. Dennoch hat der Tourismus bisher weder den besonderen Charakter noch das kulturelle Erbe Aquitaniens beeinträchtigen können.

Mosaik der Kulturen

Zu den berühmtesten Geistesgrößen Aquitaniens zählt der Staatsphilosoph Baron de Montesquieu. Er entwickelte im 18. Jahrhundert die Theorie, dass das politische System einer Region von menschlichen, lokalen und Umweltfaktoren bestimmt wird, etwa Höhenlage, Topografie, Entfernung vom

Pilger auf dem Weg nach Santiago de Compostela

Baskische Fans des Rugby-Teams von Biarritz

Meer, Sprache usw. Mit seinen diversen Sprachen und tief verwurzelten Kulturen ist Aquitanien hierfür geradezu ein exzellentes Beispiel.

Auch der stetige Strom ausländischer Pilger, die Aquitanien seit dem 11. Jahrhundert auf dem Weg zum Grab des heiligen Jakobus in Santiago de Compostela durchqueren, verwässerte die lokalen Traditionen nur wenig. In der Region kreuzen sich vier wichtige Pilgerrouten, die von Paris via Tours, von Vézelay, von Le Puy-en-Velay und von Arles via Toulouse verlaufen. Entlang den Routen wurden Kirchen und Herbergen für die Wallfahrer errichtet. Besonders schön sind die Cathédrale Saint-André in Bordeaux und die Cathédrale Saint-Étienne in Périgueux, die beide zum Welterbe der UNESCO zählen. Die romanischen beziehungsweise gotischen Bauwerke weisen charakteristische lokale Stilelemente auf.

Statue im Parc Théodore-Denis, Dax

Das Pays Basque wird geprägt durch ein sehr starkes baskisches Identitätsgefühl, das sich in der eigenen Sprache, Euskara (die in allen Schulen gelehrt wird), manifestiert, aber auch in den vielen typischen, *etxe* genannten Fachwerkhäusern *(siehe S. 28)*. Im Pays Basque gibt es zudem eine überaus starke nationalistische Bewegung. Weiter östlich spricht man im Béarn am Fuß der Pyrenäen den Dialekt Béarnais – vor allem in Oloron-Sainte-Marie, der Heimat der Baskenmütze. In den zentralen Landes, einer abwechslungsreichen Landschaft mit langen Stränden, Wäldern, Tälern, Seen und Flüssen, zählen die seit dem Jahr 1850 ausgerichteten Stierkämpfe *(siehe S. 32f)* zu den spektakulärsten Traditionen. Das kleine Agenais hat sich seine lokale Identität auch auf kulinarischem Gebiet bewahrt – von dort kommen die berühmten *prunes d'Agen*. Einzigartig sind im Périgord die prächtigen Châteaux sowie die prähistorischen Höhlen. Auf der Dordogne segeln noch immer die traditionellen Frachtboote, *gabares* genannt, die heute

Die Stèle de Roland am Col d'Ibañeta erinnert an den Neffen und Paladin Karls des Großen

Tradition und Moderne in Bordeaux

touristisch genutzt werden. Bis weit in das 15. Jahrhundert hinein sprach man in der Gironde Gaskonisch. Weitere Sprachen und Mundarten in Aquitanien sind Okzitanisch sowie Bordeluche, der nur noch ganz selten gesprochene Dialekt von Bordeaux.

Europäische Region

Das starke Geschichtsbewusstsein der Aquitanier bedeutet nicht, dass sich die Menschen hier der Moderne und dem Rest der Welt verschließen. Die Verkehrsanbindung wird stetig verbessert. Eine neue Autobahn führt von Bordeaux nach Clermont-Ferrand, auch die Flugverbindung mit Lyon dient der günstigeren Erreichbarkeit des Südwestens Frankreichs. Zudem verlaufen durch Aquitanien schon von jeher die großen Handelsrouten zwischen Nordfrankreich und der Iberischen Halbinsel und damit die Wege nach Nordafrika. Bereits seit vielen Jahrhunderten profitiert die Bevölkerung in dieser Region kulturell und wirtschaftlich von den Waren- und Menschenströmen, die ihren Weg in der Regel über Bordeaux und Bayonne nehmen.

Durch diese uralten Verbindungen präsentiert sich Aquitanien als eine Zentralregion des modernen Europa. Es zählt zu den charakteristischen Stärken dieser vielfältigen Region, dass sie immer wieder neue Einflüsse aufnahm und sie erfolgreich mit ihren eigenen, lokalen Traditionen zu einer ganz besonderen Kultur verschmelzen konnte.

Im Château de La Brède wurde Charles de Montesquieu geboren

Landschaften, Flora und Fauna

Der Südwesten Frankreichs liegt auf der Wanderroute von Zugvögeln, darunter sind Nonnen- und Graugänse, Pfeifenten, Säbelschnäbler, Regenpfeifer, Knutts und Brachvögel. In den hohen Bergregionen erspäht man mit etwas Glück Steinadler, Bart-, Gänse- und Schmutzgeier, aber auch Gämsen oder Nachkommen jener Murmeltiere, die um 1950 dort angesiedelt wurden. In den Hochgebieten wachsen zudem einige der schönsten Pflanzen der Region: Enzian und Gelber Scheinmohn, Pyrenäen-Schachblume, Lilien und Schwertlilien. An der Küste gedeihen Stranddisteln, in den Dünen findet man Seelilien, Goldlack und Ackerwinden, und es wachsen Leinkraut, Labkraut, Habichtskraut und Wicken.

Ringeltauben überqueren auf ihrem jährlichen Flug in den Süden die Pyrenäen und überwintern in Spanien. Seit dem Mittelalter werden sie wegen ihres Fleisches gejagt.

Sandküste

Südlich des Adour erstrecken sich ab Pointe de Grave über 230 Kilometer Sanddünen, die bei Le Pyla bis zu 110 Meter hoch sind. Zur typischen Dünenvegetation zählen Sanddisteln und Seelilien, Goldruten, Luzerne, Wolfsmilch (Euphorbien) und auch Meerträubel (Ephedra).

Astragalus baionensis, eine Tragant-Art, wächst auf den Küstendünen und steht unter Naturschutz.

Der Austernfischer sucht an den Stränden nach Nahrung, die aus Herz- und Miesmuscheln, Strandschnecken und Krebsen besteht.

Flussmündungen und Marschland

Von November bis März treffen Zugvögel auf dem Weg nach Süden ein – an den Mündungen von Gironde und Bidassoa, den Marschen von Blayais und dem nördlichen Médoc, an der Bucht von Arcachon, der Sandbank von Arguin und der Baie de Fontarrabie.

Graugänse legen im Herbst in der Region auf ihrem Zug nach Süden Rast ein.

Der Säbelschnäbler stöbert mit seinem gebogenen Schnabel im seichten Wasser der Marschen nach Krustentieren.

Fische

Goldbrassen, Doraden, Wolfsbarsche, Meeraale, Blauhaie, Bonitos, Seelachse, Seezungen, Steinbutt und Scharben gibt es im Überfluss an der knapp 300 Kilometer langen Küste. Maifische, Neunaugen und Aale leben in den Flussmündungen von Gironde und Adour. Thunfisch und Sardellen bilden den Hauptfang in den offenen Gewässern vor der Küste des Golfe de Gascogne, wo rund 2000 Fischer mit mehr als 400 Fischerbooten ihrem harten und entbehrungsreichen Beruf nachgehen.

Störe schwimmen zwischen März und Juni von den Mündungen von Dordogne und Garonne flussaufwärts zu den Laichgründen. Ein Teil der Eier wird geerntet, gesiebt, gewaschen und in Salz gewendet zu Kaviar verarbeitet.

Maifische haben ihren Bestand vergrößert, seitdem ihre Laichplätze im Fluss bei Bergerac geschützt und am Tuillères-Damm Laichplätze eingerichtet wurden. Der jährliche Fang beträgt rund 200 bis 400 Tonnen.

Forêt Landaise

In dem mit einer Million Hektar Fläche größten Wald Europas wachsen Strandkiefern. Diese wurden im 19. Jahrhundert in den Dünen gepflanzt, damit der Sand nicht mehr ins Inland vordringen konnte. Noch 1990 zapfte man Kiefernharz, das in den Landes einst eine Haupteinnahmequelle darstellte.

Kraniche lassen sich regelmäßig in dem Gebiet rund um die Mündung der Bidassoa nieder. Einige Hundert überwintern zwischen November und März in den Landes, bevorzugt bei Le Poteau.

Strandkiefern bilden im Frühsommer männliche Zapfen aus.

Pyrenäen

In den Felsen des Massif des Arbailles und in der Forêt d'Iraty leben Auerhähne, Spechte, Steinadler, Bart-, Gänse- und Schmutzgeier, in steinigen Gebieten finden sich Raufußhühner und Murmeltiere. Die immer selteneren Braunbären haben sich in die Hochtäler von Aspe und Ossau zurückgezogen.

Der Bartgeier lebt in der Haute Soule und im hohen Aspe-Tal.

Der Gänsegeier nistet in der Regel im Massif de la Pierre-St-Martin, im Nivelle-Tal *(siehe S. 204)*, im Aldudes-Tal *(siehe S. 208f)* sowie in der Forêt des Arbailles *(siehe S. 214)*.

Sakrale Architektur

Die vier alten Pilgerrouten nach Santiago de Compostela in Spanien *(siehe S. 212f)*, die den Südwesten Frankreichs durchqueren, haben dort zur Entwicklung einer bemerkenswerten sakralen Architektur beigetragen. Sage und schreibe 20 historische Bauten der Region wurden von der UNESCO in die Liste der Welterbestätten aufgenommen. Seit dem 7. Jahrhundert entstanden in Aquitanien Pilgerherbergen, befestigte Kirchen und imposante Abteien. Sie wurden später mit majestätischen Kathedralen oder grandiosen Kuppelkirchen im Stil von Gotik und Renaissance ausgestattet.

Fassade der Kirche von Dax in den Landes

Romanisch (7.–11. Jh.)

In der Region finden sich verschiedene Arten von romanischen Bauwerken. Hierzu zählen die befestigten Kirchen des Périgord, die zur Verteidigung dienten, oder Pilgerherbergen wie das Hôpital-Saint-Blaise im Pays Basque. Typische romanische Bauwerke des Südwestens sind zudem Abteien wie etwa von Cadouin, Moirax, La Sauve-Majeure und Saint-Sever.

Portal der Église Sainte-Foy (11. Jh.), Morlaàs

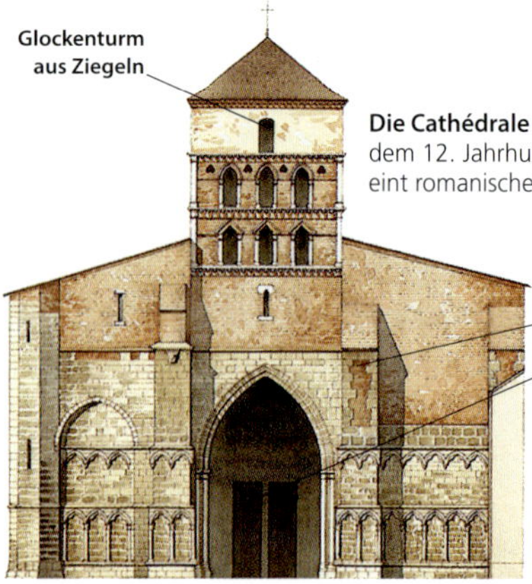

Die Cathédrale Sainte-Quitterie in Aire-sur-l'Adour stammt aus dem 12. Jahrhundert und wurde mehrmals umgebaut. Sie vereint romanische und gotische Elemente.

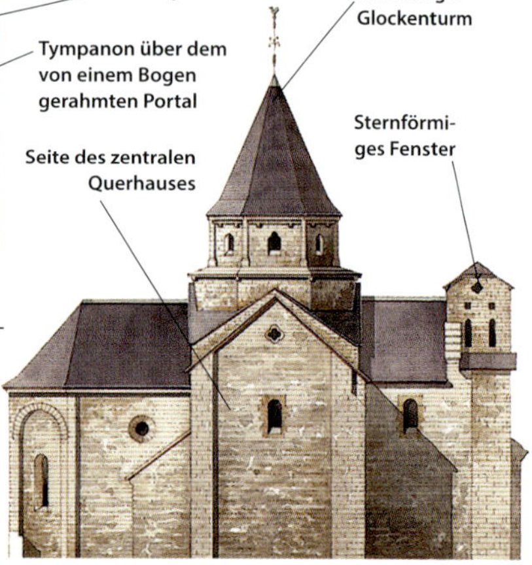

Die Kirche des l'Hôpital-Saint-Blaise, einer Pilgerherberge am Weg nach Compostela, vereint romanische und byzantinische Elemente. Der Bau aus Schiefer und Sandstein ist Welterbestätte.

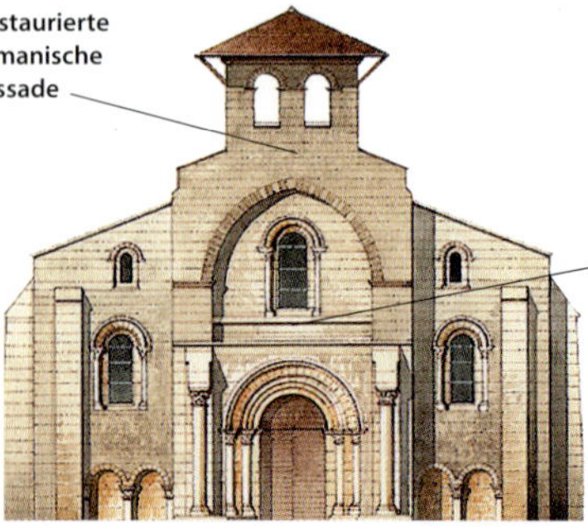

Die Kirche von Moirax in Lot-et-Garonne gehörte zu einer Kluniazenserabtei. Den vorstehenden zentralen Mittelteil der Fassade des schönen romanischen Bauwerks aus dem 11. und 12. Jahrhundert überragt ein offener Glockenturm mit einem überstehenden Dach.

Kuppelkirchen (12. Jh.)

Ab dem 12. Jahrhundert baute man im Südwesten, vor allem in der Region Ribérac, viele Kirchen mit byzantinischen Kuppeln und romanischem Grundriss. Mit ihren fünf in Form eines griechischen Kreuzes angeordneten Kuppeln ist die später umgebaute Cathédrale Saint-Front in Périgueux hierfür ein schönes Beispiel. Typische Kuppelkirchen sind auch die Église Sainte-Marie in Aubiac und die Église Sainte-Croix in Oloron-Sainte-Marie mit ihrer gerippten maurischen Kuppel.

Kuppelkirche in Souillac *(siehe S. 124)*

Die Cathédrale Saint-Front in Périgueux ist eine romanisch-byzantinische Stilmischung. Der Grundbau aus dem 10. Jahrhundert ist romanisch. Die fünf als griechisches Kreuz angeordneten Kuppeln stammen aus dem 12. Jahrhundert.

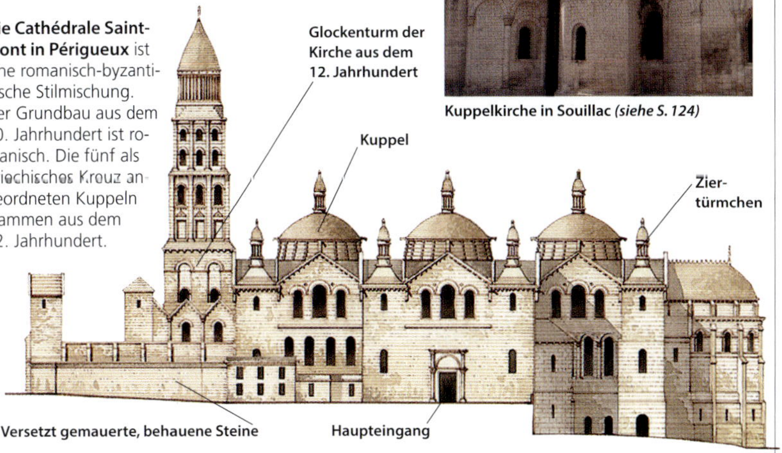

Gotik bis Renaissance (13.–16. Jh.)

In Aquitanien erfolgte der Übergang von der Romanik zur Gotik schrittweise. Erkennbar ist die Entwicklung an den Kathedralen der Region, etwa der Cathédrale Saint-André in Bordeaux. Die ab 1233 erbaute Cathédrale de Bazas war eine der ersten gotischen Kirchen.

Gotisches Portal (15. Jh.) an der Cathédrale de Bazas

Die Cathédrale Saint-André in Bordeaux wurde 1096 geweiht. Sie hat ein romanisches Schiff mit gotischen Spitzen und Türmen. Renaissance-Elemente sind die Strebepfeiler und der frühere Lettner.

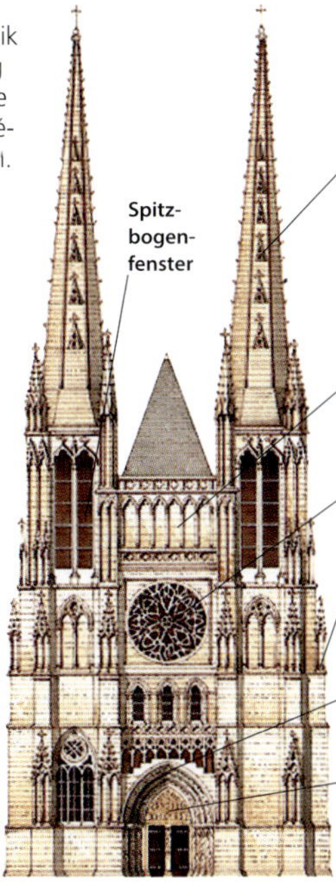

Weltliche Architektur

Dank seiner verschiedenen, teils unterschiedlichen Gebiete gibt es in Aquitanien diverse Architekturstile, die den jeweiligen geografischen Bedingungen und Erfordernissen angepasst sind. Die Bandbreite reicht von Fachwerkhäusern in den Landes über baskische *etxes* bis zu Bauernhäusern im Périgord und gar zu Taubenschlägen. Die typischen Stadthäuser wie die *échoppes bordelaises* und die Arcachon-Villen spiegeln die soziale und wirtschaftliche Entwicklung der Orte wider.

Erkerfenster kennzeichnen zahlreiche Häuser in Arcachon

Bauernhäuser im Périgord sind den ländlichen Anforderungen perfekt angepasst und weisen lokale Unterschiede auf. Die solide gebauten Häuser sind in der Regel in Wohnbereich, Stall und Erntespeicher unterteilt. Auf diese Weise können bäuerliches Wohnen und Arbeiten unter einem Dach vereint werden.

Die *etxe* (oder *etche*) genannten charakteristischen Häuser des Pays Basque gibt es in verschiedenen Varianten, typisch etwa für Soule oder Basse-Navarre. Am verbreitetsten sind *etxe* im Labourd-Stil *(rechts)*, mit weißen Mauern und farbigem Fachwerk.

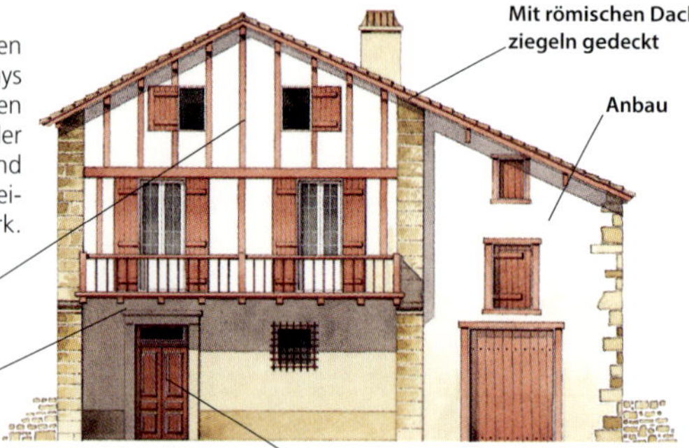

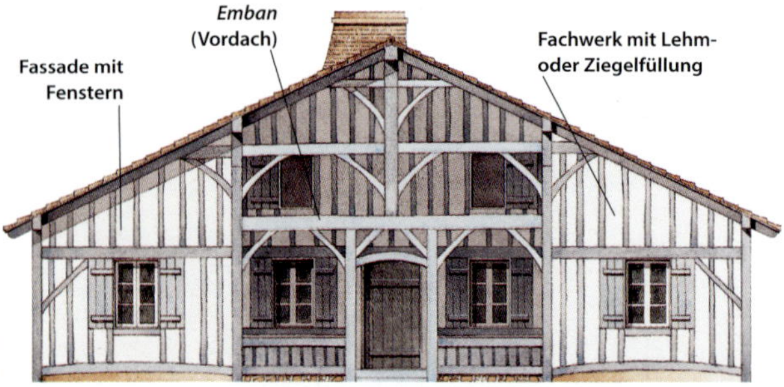

Häuser in den Landes sind durch relativ flache Dächer und Fachwerk gekennzeichnet. Häufig stehen sie in einem *airial*, einer von Laubbäumen umgebenen Lichtung, wobei die Fassade zum Schutz gegen die Stürme vom Atlantik nach Osten weist.

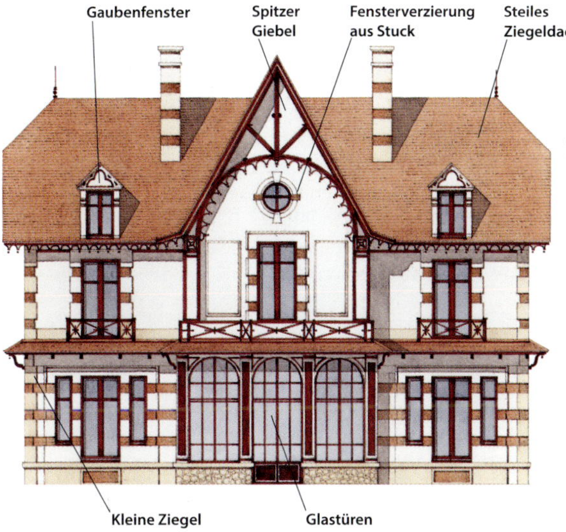

***Arcachon*-Häuser** wurden ab Mitte des 19. Jahrhunderts erstmals im Stadtviertel Ville d'Hiver gebaut, das heute unter Denkmalschutz steht *(siehe S. 71)*. In den ein- oder zweistöckigen Häusern lebten die Diener im »feuchten« Erdgeschoss, in der manchmal mit einem Erker verzierten ersten Etage lagen die Wohnräume. Die Besitzer schliefen dagegen im zweiten Stock unter dem steilen Dach.

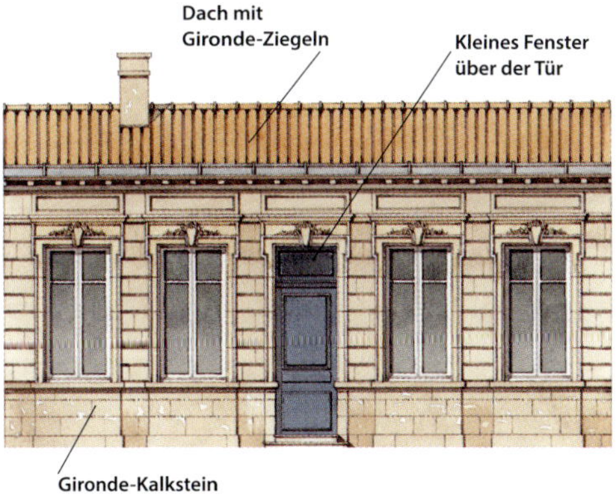

Échoppe bordelaise sind eingeschossige Häuser, die manchmal einen Hintergarten haben. Die für Bordeaux und Umgebung charakteristischen Häuser (über 10 000 Exemplare sind dort vorhanden) waren früher bescheidene Arbeiterunterkünfte und wurden im Lauf der Zeit komfortable Mittelschichtshäuser.

Taubenschläge

Besonders in Lot-et-Garonne sind die Taubenschläge ein typisches Element der ländlichen Architektur. Früher beherbergten sie Vögel, deren *colombine* (von *colombe*, Taube) genannter Kot gesammelt und als Dünger genutzt wurde. Weil die Taubenhaltung einen relativ großen Landbesitz erfordert, waren Taubenschläge ein Zeichen für Wohlstand. Die Vogelhäuser wurden in verschiedenen Formen und Größen, aus Ziegeln oder Stein gebaut und oft mit Fachwerk verziert, sie hatten immer ein Dach und manchmal einen Turm. Auf Pfählen oder direkt auf dem Boden standen sie in freier Landschaft, wo der Geruch und der Lärm der Vögel nicht weiter störten. Taubenschläge wurden auch in Form von Hohlräumen oder Türmchen in Häuser integriert oder in Städten beziehungsweise Bastiden wie Monflanquin aufgestellt, wo man die Vögel wohl wegen ihres Fleisches hielt.

Zum Schutz gegen Raubtiere stehen Taubenschläge auf Pfählen

Bastiden

Zwischen 1220 und 1370 ließen die Grafen von Toulouse und der englische König Edward I nahezu 300 befestigte Städte *(bastides)* in Südwestfrankreich aus politischen, wirtschaftlichen und militärischen Gründen planvoll errichten. Durch die Bastiden brachte man die lokale Bevölkerung zusammen und konnte den Ertrag des bebauten Landes maximieren. Per Übereinkunft sicherten sich die Gründer der Städte und Besitzer der umgebenden Ländereien gegenseitig ihre Rechte. Die Verwalter, die die Bastiden regierten, galten als Vertreter des Königs.

Eingang zur *bastide* Penne-d'Agenais

Die Kirchen, ein unverzichtbares Element der Bastiden, dienten in Gefahrenzeiten als Schutzräume. In ihnen wurden die Reliquien von Heiligen aufbewahrt. Ausgestattet mit Glockenturm, Bogen, Pechnasen und Ecktürmchen, waren manche Kirchen richtige Festungen.

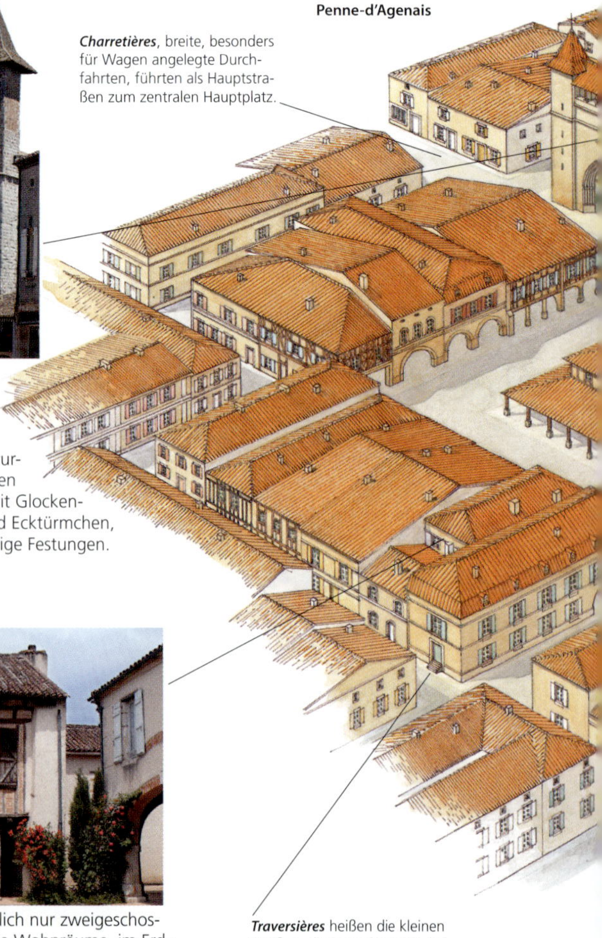

Charretières, breite, besonders für Wagen angelegte Durchfahrten, führten als Hauptstraßen zum zentralen Hauptplatz.

Traversières heißen die kleinen Straßen, die im rechten Winkel zu den *charretières* verlaufen.

Die Häuser waren ursprünglich nur zweigeschossig. Im ersten Stock lagen die Wohnräume, im Erdgeschoss Werkstätten, Läden oder Lager.

Die Markthalle aus Holz stand auf dem Hauptplatz. Im oberen Stock kam der Stadtrat zusammen.

Der Hauptplatz war der allgemeine Mittelpunkt. Hier befand sich die Verwaltung der Stadt, zudem wurden hier Feste und Märkte abgehalten.

Zum Straßennetz gehörten neben *charretières* und *traversières* kleine Gassen *(carreyrous)* sowie schmale Durchgänge *(andrones)* zwischen den Häusern. Diese sollten verhindern, dass sich ein Brand allzu leicht ausbreiten konnte.

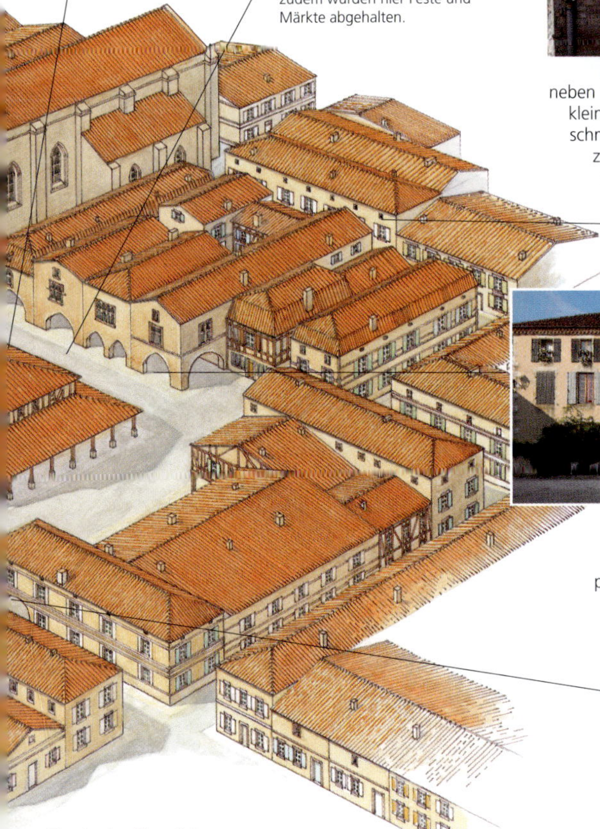

Couverts, Arkaden unter den Wohnhäusern, boten rund um den Hauptplatz angenehmen Schatten.

Die Mauern der Fachwerkhäuser wurden aus den Rohstoffen Lehm oder Ziegel gebaut.

Typische Bastide

Im Gegensatz zu den meisten mittelalterlichen Städten mit ihren schmalen, krummen Straßen wurden Bastiden nach einem strengen, gleichförmigen Plan angelegt. In den rechteckigen oder quadratischen Anlagen verlaufen gerade Straßen in einem rechtwinkligen Netz. Die auf ungefähr gleich großen Grundstücken errichteten Häuser waren im Allgemeinen lang und schmal und hatten entweder vorne oder hinten einen Hof oder Garten.

Stierkampf und Stierrennen

Vor allem in den Landes sind diverse Arten von Stierkämpfen *(courses des taureaux)* und Stierrennen schon seit Jahrhunderten beliebt. Solche weltlichen Veranstaltungen waren oft Teil religiöser Feste, wie sie in Saint-Sever zu Ehren des heiligen Johannes oder in Mont-de-Marsan für die Stadtpatronin Madeleine stattfanden. Zwar wurde bereits 1289 ein Stierlauf in den Straßen von Bayonne urkundlich erwähnt, doch stellte man für dieses Spektakel erst im 19. Jahrhundert feste Regeln auf. Etwa um die gleiche Zeit kam auch der Stierkampf aus Spanien in die Region. Der erste französische Stierkampf fand in dem zu Bayonne gehörenden Distrikt Saint-Esprit am 21. August 1853 statt.

Plakat für einen Stierkampf in Bayonne von 1897

Der *paseo* ist die Eröffnungszeremonie vor dem Stierkampf. Die Matadore ziehen in die Arena ein, gefolgt von Assistenten und Picadores.

Die montera wird in den ersten beiden *tercios* getragen.

Die reich bestickte Montur der Stierkämpfer kann bis zu zehn Kilogramm wiegen.

Die *Banderillos* sticht der *maestro* (Matador) selbst oder ein *banderillero* aus der *cuadrilla*, dem Team des Matadors, in den Stier.

Stierkampf

Ein Stierkampf (lidia) *besteht aus drei Phasen* (tercios). *In der ersten Phase, dem* tercio des piques, *wird der Stier mit einem Umhang gereizt* (oben), *danach provozieren ihn die* picadores *mit ihren Lanzenstichen. Es folgen der* tercio des banderilles *und schließlich die* faena. *In dieser Schlussphase nähert sich der Matador dem Stier mit eleganten Schritten und reizt ihn mit der roten* muleta. *Zuletzt tötet der Matador den Stier mit einem Degen.*

Das Reizen des Stiers mit dem roten Tuch ist die aufregendste Phase. Das Können des Stierkämpfers zeigt sich in seinen vielfältigen Schritten.

Der Stier wird *al volapié* getötet, das heißt, der Matador versetzt ihm »fliegenden Fußes« den Todesstoß.

Der Sprung gehört zu den beiden wichtigsten Übungen beim Stierrennen. Die neueste Variante ist die oben dargestellte tollkühne Rückwärtsspirale.

Der *écart* ist die zweite Hauptübung beim Stierrennen. Dabei weicht man dem heranstürmenden Stier mit einer eleganten Bewegung aus.

Stierrennen *(course landaise)*

Das farbenfrohe Spektakel erfordert Mut und Beweglichkeit. Der écarteur *weicht dem* coursière *genannten, heranstürmenden Stier mit unterschiedlich schwierigen, tänzerischen Bewegungen aus. Dabei werden Eleganz und Risikofreude hoch bewertet. Heute bindet man die rennenden Stiere zur Sicherheit an ein Seil und kürzt ihre Hörner. Auch endet das Stierrennen nicht mehr mit dem Schlachten der Tiere.*

Der *écarteur* trägt weiße Hosen und einen mit Gold- oder Silberstickerei verzierten Bolero.

Ein *coursière* kann jährlich bei rund 20 Stierrennen laufen und mindestens zehn Jahre eingesetzt werden.

Das Seil wird vom *courdayre* gehalten, der den heranstürmenden Stier unter Kontrolle hält.

Der *saut périlleux* (»gefährlicher Sprung«), eine artistische Bravourleistung, weckt Bewunderung, aber reizt das Tier auch.

Der *saut de l'ange* (Engelssprung) über den Stier zählt zu den häufigsten Sprüngen.

Stierkampf-Arenen

Die meisten Stierkämpfe und -rennen werden von März bis Oktober abgehalten. Stierrennen finden in vielen Orten in den Landes statt, Arenen für Stierkämpfe sind aber dünn gesät. Zu den angesehensten zählen jene in den folgenden Städten:

Bayonne
Bureau des Arènes. **Straßenkarte** A4. ☎ 08 11 80 64 64.

Dax
Bd Paul-Lasaosa. **Straßenkarte** B4. ☎ 05 58 90 99 09.

Mont-de-Marsan
Bd de la République. **Straßenkarte** C4. ☎ 05 58 75 39 08.

Saint-Sever
Butte de Morlanne. **Straßenkarte** C4. ☎ 05 58 76 34 64.

Baskische Traditionen

Die Basken sind besonders stolz auf ihre Kultur und ihre alte Sprache Euskara, deren Ursprünge nicht genau bestimmt werden können. Ihre starke ethnische Identifizierung zeigt sich augenfällig bei den zahlreichen lokalen Festen (etwa in Bayonne), zu denen man die traditionellen rot-weißen baskischen Trachten trägt, Paraden abhält, singt, tanzt und musiziert. Dazu finden Turniere und sportliche Wettkämpfe statt, etwa Kraftsportarten oder Rennen mit Booten, die den alten Walfangbooten gleichen. Schnelligkeit und Geschicklichkeit werden beim *pelota*, dem baskischen Ballspiel, demonstriert.

Ikurriña

Die baskische Flagge – l'ikurriña – wurde im späten 19. Jahrhundert in Euskadi, wie das spanische Baskenland auf Baskisch heißt, entworfen. Der rote Hintergrund symbolisiert das baskische Volk, das weiße Kreuz das Christentum und das grüne Andreaskreuz das Gesetz. Neben der baskischen Sprache, Euskara, zählt die Flagge zu den stärksten Symbolen des baskischen Nationalstolzes.

Die Gewichte beim Gewichtheben können über 200 Kilogramm schwer sein.

Baskische Kraftsportwettkämpfe bestehen aus sieben verschiedenen Übungen, dazu zählt auch das Steinheben. Wettkämpfe finden im französischen Pays Basque und im spanischen Euskadi statt.

Oberschenkelpolster schützen die starken Männer vor Blutergüssen, wenn sie das Gewicht auf den Schenkeln lagern.

Baskische Musikkapellen machen bei den Festen in Bayonne und während der Stierrennen Stimmung.

Beim *Soka-tira* (Seilziehen) messen zwei Teams aus acht bis zehn Männern ihre Kräfte.

Die flötenähnliche *txistu* hat drei Löcher und wird mit einer Hand gespielt. *Txistu*-Musik erklingt zu vielen religiösen Zeremonien.

Baskische Literatur

Von den 790 000 Baskisch Sprechenden leben rund 40 000 in Frankreich. Derzeit erlebt die baskische Literatur eine Renaissance: Etwa 100 Herausgeber und fast 300 Autoren haben seit 1975 rund 1500 Titel jährlich veröffentlicht. Autoren wie Bernardo Atxaga wollen die baskische Literatur lebendig erhalten und verbreiten. Atxagas Roman *Obabakoak* etwa wurde in 25 Sprachen übersetzt.

Baskischer Roman *Obabakoak*

Bei der Parade *l'alarde* nehmen Hunderte junge Leute in traditioneller baskischer Tracht zum Klang von Flöten teil.

Der *zamalzain* oder »Reiter« ist eine Figur im Karneval, der jährlich in einem anderen Dorf in der baskischen Region Soule stattfindet. Diese Maskerade in baskischen Kostümen beginnt und endet mit meisterhaft aufgeführten Tänzen.

Baskische Lieder fehlen auf keinem Fest. Bei den *Bertxulari*-Wettbewerben improvisieren die Sänger zu einem vorgegebenen Thema.

Bestattungsriten

Die Ursprünge der runden baskischen Grabsteine reichen ins Mittelalter zurück, angeblich stammen sie jedoch aus vorchristlicher Zeit. Quadrate und Kreise auf den scheibenförmigen Steinen symbolisieren den Übergang vom Diesseits ins Jenseits. Man entdeckt religiöse Motive, lateinische oder baskische Inschriften sowie Darstellungen von Werkzeugen und Utensilien, die mit dem Leben des Verstorbenen in Verbindung stehen.

Verzierte Rundkreuze auf einem baskischen Friedhof

Wein

Bordeaux gilt vielen als Welthauptstadt des Weins. Fruchtbare Böden, das milde Klima, die traditionsreichen Produktionsmethoden sowie der Handel auf den Flüssen und über das Meer haben zu dieser Entwicklung beigetragen. Neben den international bekannten Weinen Pauillac, Pessac-Léognan, Pomerol, Saint-Émilion und Sauternes bringt Aquitanien weitere sehr gute Sorten hervor – so Bergerac, Buzet, Côtes de Duras, Monbazillac, Jurançon und Irouléguy, aber auch Armagnac sowie Floc de Gascogne.

Das Château Lafite Rothschild bei Pauillac produziert beste Médoc-Weine

Weinlese am Château Latour im Médoc

Weinberge

An den Flusstälern der Region liegen viele Weinberge. Die Garonne fließt durch die Weingebiete von Bordeaux und Agen, die Dordogne durch jene von Bergerac. Bei den Pyrenäen bewässert der Adour die Weingärten von Tursan, Pacherenc und Madiran, der Gave de Pau dagegen den Jurançon.

Die Weinberge von Irouléguy liegen südlich von Bayonne bei Saint-Étienne-de-Baïgorry und Saint-Jean-Pied-de-Port. Hier werden Rot-, Weiß- und Roséweine produziert.

Wissenswertes über Wein

Lage und Klima

Die Weinberge von Médoc verfügen über zwei große Vorteile: gut entwässerte Böden und ein mildes Klima mit starken Regenfällen im Winter und reichlich Sonne im Sommer und Herbst. Der Untergrund aus Lehm und Kalk eignet sich hervorragend für den Weinbau.

Trauben

Bei Bordeaux werden v. a. Cabernet-Sauvignon, Merlot und Cabernet Franc für Rotwein, Sémillon und Sauvignon für Weißwein angebaut.

Große Jahrgänge

1945, 1947, 1949, 1953, 1959, 1970, 1988, 1989, 1990 und 1998 wurden Spitzenjahrgänge in der Region gekeltert, in letzter Zeit waren in Saint-Émilion und Pomerol die Jahrgänge 1998, 2000, 2001, 2005, 2009 und 2010 herausragend sowie im Médoc und in den Graves die Jahrgänge 1995, 1996, 1999, 2000, 2003, 2005, 2009 und 2010. Süße Weißweine wie Loupiac, Sauternes und Cérons waren 1996, 1998, 2001, 2003, 2005, 2009 und 2014 exzellent, auch die Weißweine von Graves und Pessac-Léognan von 1997, 2000, 2001, 2002 und 2005.

Die Weine des Château Mouton Rothschild zählen zu den besten der Region. Sie erhielten dank der Bemühungen von Besitzer Baron Philippe de Rothschild 1973 die höchste Bewertung *premier cru classé*. Die Familie Rothschild besitzt das Château Brane-Mouton seit über 150 Jahren. 1855 wurden ihre Weine als *second cru classé* klassifiziert.

Weinkeller im Château Lanessan, Haut-Médoc

Margaux-Weine gehören zu den teuersten Bordeaux-Weinen. Die *appellation* bezieht sich auf fünf Gebiete im Médoc: Margaux, Cantenac, Arsac, Labarde und Soussans.

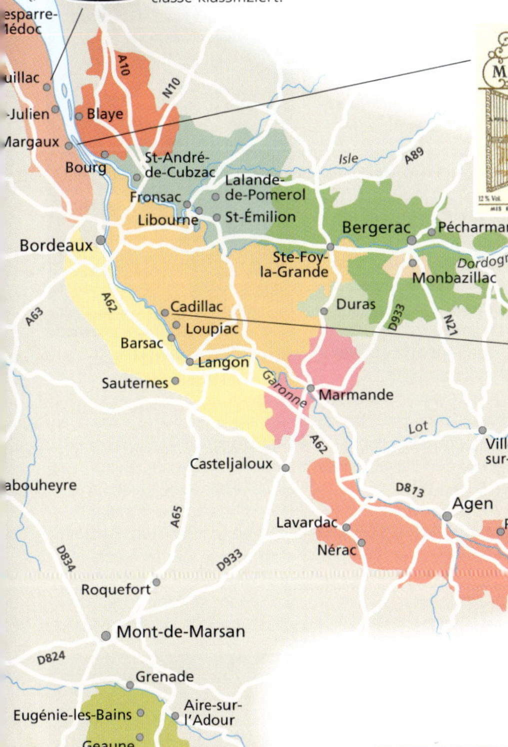

Cadillac-Weine werden seit 1980 aus Trauben vom rechten Garonne-Ufer gekeltert. Die süßen Weißweine müssen den Vergleich mit den Tropfen aus Cérons und, weiter im Süden, Sauternes nicht scheuen.

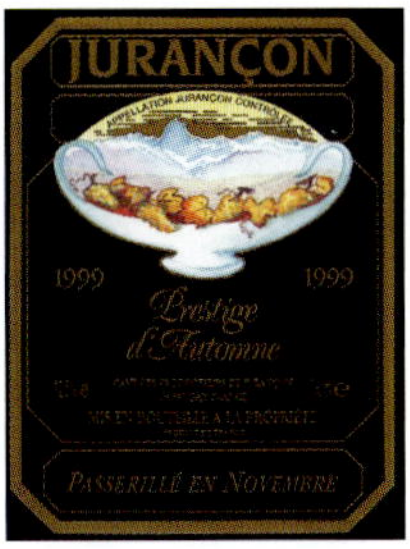

Im Jurançon liefern die Trauben von den Weinbergen bei Pau trockene und süße Weine.

Legende

- Médoc und Haut-Médoc
- Graves und Sauternes
- Bourgeais und Blayais
- Libournais
- Entre-deux-Mers und Coteaux de la Garonne
- Bergeracois
- Monbazillac
- Côtes de Duras
- Côtes du Marmandais
- Brulhois und Buzet
- Tursan
- Madiran und Pacherenc
- Béarn und Jurançon
- Irouléguy
- Cahors

Das Jahr in Aquitanien

Aquitanien hat zu jeder Jahreszeit viel zu bieten, zahlreiche Festivals und Festivitäten kultureller oder folkloristischer Art. In allen Orten, die etwas auf sich halten, ist der Veranstaltungskalener prall gefüllt. Im Frühjahr erstrahlt die Landschaft in üppigem Grün, bei vielen Open-Air-Festen wird mit traditionellem, aber auch mit modernem Tanz und Gesang das reiche kulturelle Erbe der Region gefeiert. In den Sommermonaten beginnen in den Landes die bei der Bevölkerung sehr beliebten Stierkämpfe und -rennen, zudem finden wichtige Sportereignisse statt. Im Herbst und im Winter zelebriert man auf Volksfesten die zahlreichen einheimischen Spezialitäten und natürlich die Weinlese. Im Pays Basque ist dies die Zeit des Karnevals und der Maskeraden.

Frühling

Besonders während der Schulferien erwachen im Frühjahr die Badeorte entlang der Küste von Aquitanien aus dem Winterschlaf. Zu dieser Jahreszeit finden auch zahlreiche traditionelle Feste statt.

März

Bi Harriz Lau Xori *(1. Wochenende nach Ostern)*, Biarritz. Mit Musik, Tanz, Theater und Film feiert man die baskische Sprache Euskara.

April

Fête des Soufflaculs *(Anfang Apr)*, Nontron. Bei dem mittelalterlichen Fest jagen sich die in Nachthemden gekleideten Einwohner durch die Straßen, um böse Geister zu vertreiben.

Bayonne Schinkenmesse *(Karwoche)*, Bayonne. Hunderte Schinken aus lokaler Produktion werden angeboten und verzehrt, die Musik kommt von baskischen Kapellen.

Festival des Vallées et des Bergers *(Ende Apr–Anfang Mai)*, Oloron-Sainte-Marie. Zweitägiges Festival mit Gesang auf Béarnisch.

Mai

Foire aux Vin et aux Fromage *(8. Mai)*, Monflanquin. Erzeugermesse für Wein, Käse und aquitanische Spezialitäten *(siehe S. 258f)*.

Fête de l'Agneau *(Mitte Mai)*, Pauillac. Lammgerichte stehen im Fokus des Lammfestes. Dazu gibt es andere Produkte.

Herri Urrats *(Mitte Mai)*. Tanz, Gesang und andere Aktivitäten, rund um den See von Saint-Pée-sur-Nivelle.

Festival Art et Courage *(Ende Mai)*, Pomarez. Ein Großereignis im Mekka der Stierrennen *(siehe S. 33)*, das Einheimische und auch Besucher in seinen Bann zieht.

Werbeplakat für Bayonnes Festivalprogramm ***(Aug)***

Sommer

Der Sommer lockt Scharen von Urlaubern an die Küste, im Hinterland finden in vielen Städten und Dörfern Feste statt. Einige Großveranstaltungen wie die in Bayonne, Dax und Mont-de-Marsan sind regelrechte Publikumsmagneten.

Festival d'Art Flamenco ***(Juni–Juli)*****, Mont-de-Marsan**

Durchschnittliche tägliche Sonnenstunden

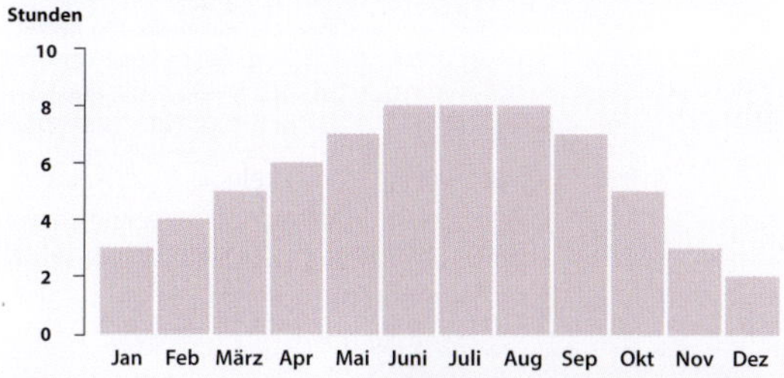

Sonnenschein
Die Gironde wartet mit über 2000 Sonnenstunden im Jahr auf. Am häufigsten scheint die Sonne im Sommer, doch selbst dann bringt der Nordwestwind angenehme Kühlung. Von Oktober bis Februar ist es oft neblig.

Juni

Jurade *(3. So im Juni),* Saint-Émilion. Bei der im Jahr 1948 wiedereingeführten mittelalterlichen Zeremonie wird der Wein der Saison verkostet und erhält dabei zum Abschluss das offizielle Siegel von Saint-Émilion.

Festival d'Art Flamenco *(Ende Juni–Anfang Juli),* Mont-de-Marsan. Sechs Tage dauerndes Flamenco-Festival mit viel Tanz, Musik und Theater.

Internationaux de Cesta Punta Professionel *(Juni/Juli),* Saint-Jean-de-Luz. Profis spielen auf offenen Plätzen.

Fête du Vin *(Ende Juni)* und **Fête du Fleuve** *(Ende Juni),* Bordeaux. Zwei Feste wechseln sich ab. Weinprobe, Sport und Ausstellungen.

Juli

Fête de la Transhumance *(Anfang Juli),* Ossau-Tal. Bei traditionellem Gesang und Tanz gibt es auch Käse und *garbure* (Suppe).

La Félibrée *(Anfang Juli),* Dordogne. Das Fest der okzitanischen Sprache und Kultur wird jedes Jahr in einem anderen Ort gefeiert.

Den Viehhirten gilt ein Festival im Ossau-Tal *(Juli)*

Fête du Thon *(Mitte Juli),* St-Jean-de-Luz. Der Thunfisch steht im Mittelpunkt mit Essen, Tanz und Feuerwerk.

Fêtes de la Madeleine *(Mitte Juli),* Mont-de-Marsan. Spanisch angehauchtes Fest zu Ehren der Stadtpatronin.

Les Eclectiques *(Mitte Juli),* Rocamadour. Festival mit verschiedenen Musik-, Tanz- und Theatergenres.

Festival des Jeux du Théâtre *(Mitte Juli–Anfang Aug),* Sarlat. Open-Air-Theaterfestival.

Fête du Fromage *(Ende Juli),* Aspe-Tal. Das Städtchen Etsaut präsentiert seinen Schafmilchkäse *(siehe S. 215).*

Nuits Atypiques de Langon *(Ende Juli).* Ein Festival der Weltmusik, mit *Peuhl*-Flöten und Balalaikas.

Fête de l'Huître *(Juli–Aug),* Bassin d'Arcachon. Gute Gelegenheit, Austern zu kosten und Austernzüchter in traditioneller Tracht zu sehen.

Begeisterte Zuschauer bei der Féria de Dax *(Aug)*

August

Fêtes de Bayonne *(Ende Juli–Anfang Aug).* Fünftägige Non-stop-Fiesta mit Stierrennen, baskischen Kapellen und Festessen in den Bodegas der Stadt. Kindertag am Donnerstag, großer Stierkampf am Sonntag.

Mimos *(Anfang Aug),* Périgueux. Theaterfestival mit international bekannten Mimen.

Féria de Dax *(Mitte Aug).* Eines der bekanntesten Ereignisse der Region mit traditionellen Feierlichkeiten und Stierkampf.

Journées Médiévales *(Mitte Aug),* Monflanquin. Mittelalterliche Musik und Tänze.

Festival de Force Basque *(Mitte Aug),* Saint-Palais. Die starken Männer des Pays Basque messen sich im Kraftsport *(siehe S. 34).*

Lacanau Pro Surf *(Mitte Aug).* Weltmeisterschaft im Surfen (eine der ältesten Surfveranstaltungen Frankreichs).

Festival du Périgord Noir *(Aug–Sep).* Barocke und klassische Musik in historischen Gebäuden und an ungewöhnlichen Orten.

Durchschnittliche monatliche Niederschläge

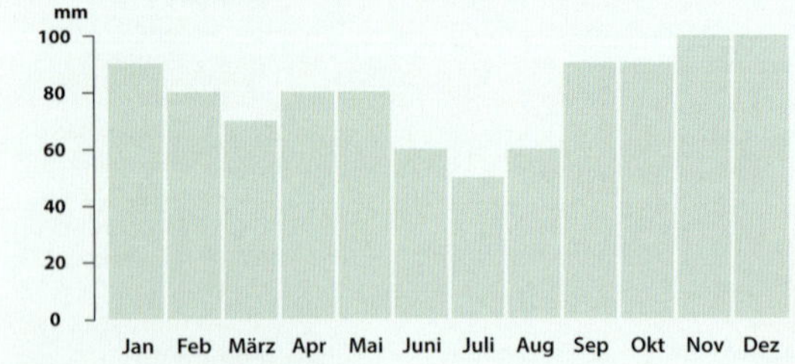

Niederschläge
Aquitanien ist eine niederschlagsreiche Region, in der Regel regnet es im Winter mehr als im Sommer. Auch sind hier eher leichte als extreme Starkniederschläge zu verzeichnen. Die jährliche Niederschlagsmenge liegt in der Gironde zwischen 700 und 1000 Millimeter.

Saint-Émilions *jurats* (Weinverkoster) auf der Tour du Roy

Herbst

Das Wetter ist im Frühherbst meist warm genug für Aktivitäten im Freien. Im ganzen Südwesten beginnt nun die Weinlese, mit zahlreichen farbenfrohen Festen feiert man die lokalen Weine, aber auch Kunst, Tanz und regionale Spezialitäten.

September

Académie Internationale de Musique Maurice Ravel *(Anfang Sep),* Saint-Jean-de-Luz und Ciboure. Junge Musiker führen Stücke von bekannten klassischen und modernen französischen Komponisten auf.

Fête du Sel *(Mitte Sep),* Salies-de-Béarn. Weltmeisterschaft im Fassheben, organisiert von der Jurade du Sel *(siehe S. 223).*

Hot Air Balloon Festival *(Anfang Sep),* Rocamadour. Großes Ballonfestival.

Jurade *(Ende Sep),* Saint-Émilion. Bei dieser mit der zeremoniellen Weinverkostung im Juni *(siehe S. 39)* verbundenen Veranstaltung wird die Qualität der jährlichen Traubenlese beurteilt.

Oktober

Foire aux Fromages und Marché à l'Ancienne *(erstes Wochenende im Okt),* Laruns. Mit Straßentheater-Aufführungen, Gesang, Tanz und historischer Kleidung lässt man die Ära von Henri IV *(siehe S. 49)* wieder lebendig werden.

Championnat de France de Course Landaise *(Anfang Okt).* Der Wettkampf beendet die Saison der Stierrennen mit der Wahl des Meisters. Dieses Ereignis findet jedes Jahr in einer anderen Arena statt.

Pfefferschote, Fête du Piment, Espelette

Fête du Piment *(Ende Okt),* Espelette *(siehe S. 205).* Girlanden mit den süßen roten Pfefferschoten der Region hängen an den Häuserfassaden. Baskischer Kraftsport und Aufnahmen in die lokalen Brüderschaften begleiten dieses Fest.

November

Festival du Film *(Anfang Nov),* Sarlat. Vorführungen, Preisverleihungen, Seminare und Workshops von Filmemachern für angehende Produzenten und Regisseure.

Festival Novart Bordeaux *(Nov, alle zwei Jahre).* Großveranstaltung für alle Arten zeitgenössischer Kunst.

Festivolailles *(Ende Nov),* Saint-Sever. Geflügel- und *Foie-gras*-Messe für Gourmets und Connaisseurs, inklusive Preiseverleihung.

Hot Air Balloon Festival *(Anfang Sep)* in Rocamadour

Durchschnittliche monatliche Temperaturen

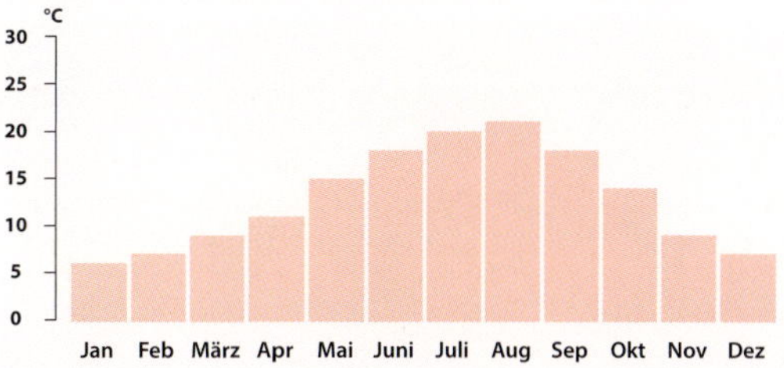

Temperaturen
Dank der Lage sind die Winter durch den maritimen Einfluss mild und die Sommer angenehm warm. Die Durchschnittstemperatur liegt im Januar bei 5 bis 7 °C, im Juli und im August bei 19 bis 21 °C. Etwa drei Wochen im Jahr klettern die Werte auf 30 °C.

Winter

Vor Weihnachten findet man auf den Weihnachtsmärkten Kunsthandwerk und Delikatessen. Im Winter wird auch die berühmte *foie gras* zubereitet – der Gänseleber sind eine ganze Reihe von Festveranstaltungen gewidmet.

Dezember

Journée Portes Ouvertes en Jurançon *(Mitte Dez)*. Insgesamt mehr als 40 Weinproduzenten aus der Umgebung laden auf ihren Weingütern und in Lokalen zur Verkostung. Ausstellungen, musikalische Darbietungen und regionale Gerichte runden das Angebot dieser Feierlichkeiten ab.

Olentzero *(Mitte Dez)*, Pays Basque. Das Fest gründet auf der vorchristlichen Tradition der Wintersonnwendfeiern. Die baskische Folklorefigur Olentzero wurde in den 1960er Jahren zum Weihnachtsmann. Der Legende zufolge bringt er von den Bergen Holz in die Städte und Dörfer hinab, damit niemand frieren muss.

Januar

Masquerades *(1. So im Jan bis 1. Do der Fastenzeit)*, La Soule. Dieser ritualisierte Tanzkarneval findet jeden Sonntag in einem anderen Ort statt. Der Haupttanz dieser Veranstaltung, *Godalet Dantza* (»Glastanz«), wird um ein Weinglas getanzt. Das Festival endet in Tardets, wo sich alle Teilnehmer versammeln.

Masquerades-Tänzer, La Soule

Foire aux Pottoks *(letzter Di und Mi im Jan)*, Espelette. Auf dem Pferdemarkt werden *pottoks*, die kleinen baskischen Pferde *(siehe S. 204)*, gehandelt. Er findet zweimal im Jahr statt.

Carnavals *(Lichtmess bis Fastenzeit oder Ostern)*, im ganzen Pays Basque und angrenzenden Gebieten. In den Städten und Dörfern gibt es Musik, Tanz und farbenprächtige Paraden. Zu den Höhepunkten gehört alljährlich das rituelle Aufwecken eines Bären, durch das der Frühlingsanfang symbolisiert wird.

In den Pyrénées-Atlantiques gibt es einige Wintersportorte

Februar

Jumping International *(Anfang Feb)*, Bordeaux. Der bekannte Wettkampf findet im Parc des Expositions zeitgleich mit der Ausstellung Chevalexpo statt. Das Großereignis im internationalen Springreiten zieht viele berühmte Namen an. Zum Programm gehört auch ein Wettbewerb für behinderte Reiter.

Fête des Bœufs Gras *(Feb–März)*, Bazas. Das Fest wurzelt im 13. Jahrhundert und in der Herrschaft des englischen Königs Edward I in Aquitanien. Es findet am Donnerstag vor Faschingsdienstag statt und läutet das Ende des Karnevals ein. Mit Schleifen und Blumen geschmückte Ochsen werden gewogen, vorgeführt und vor der Kathedrale bewertet. Nach der Preisverleihung werden die Gewinner präsentiert, dann folgt ein großes Festmahl mit Rindfleisch. Alle Tiere stammen von einer lokalen Rasse, die ursprünglich aus Spanien stammt und hier eingeführt wurde.

Feiertage

Jour de l'an Neujahr *(1. Jan)*
Pâques Ostern *(März/Apr)*
Ascension Christi Himmelfahrt
Fête du Travail *(1. Mai)*
Fête de la Victoire *(8. Mai)*
Nationalfeiertag *(14. Juli)*
Assomption Maria Himmelfahrt *(15. Aug)*
Toussaint Allerheiligen *(1. Nov)*
Armistice Waffenstillstandstag *(11. Nov)*
Noël Weihnachten *(25. Dez)*

Die Geschichte Aquitaniens

Die Römer nannten Südwestfrankreich »Aquitania« – die »wasserreiche« oder »nahe dem Meer gelegene Region« –, die Engländer des 13. Jahrhunderts »Guyenne«. Die Grenzen des heute französischen Aquitaine haben sich im Lauf der Jahrhunderte immer wieder verändert. Denn nur wenige Gegenden Frankreichs haben eine so bewegte Geschichte wie der Südwesten des Landes vorzuweisen. Im Schmelztiegel Aquitanien vermischten sich die verschiedensten Völker und Stämme und schufen so eine vielfältige, durch starke Kontraste gekennzeichnete Region. Sie vereint jedoch ein reiches Kulturerbe, das bis in die grauen Anfänge der Menschheitsgeschichte zurückreicht.

Graue Vorzeit

Keine Region in Frankreich wartet mit bedeutenderen vorgeschichtlichen Funden auf als Aquitanien. Dies gilt besonders für das Périgord mit seinen reichen prähistorischen Stätten.

Die ersten Jäger erreichten vor rund 400 000 Jahren das Vézère-Tal in der Dordogne, wo sie in Höhlen in den Kalksteinfelsen lebten und steinzeitliche Werkzeuge herstellten. Spuren ihrer Aktivitäten wurden bislang in über 150 Stätten und etwa 50 Höhlen mit Malereien gefunden.

Die Entdeckung der Felswohnungen in Le Moustier brachte tiefe Einblicke in Leben und Glaubenswelt prähistorischer Jäger vor 80 000 bis 30 000 Jahren. Die 10 000 bis 35 000 Jahre alten Artefakte aus den Cromagnon-Stätten in Les Eyzies zeugen von einer erstaunlich hohen Kunstfertigkeit, fantastisch sind auch die Höhlenmalereien von Lascaux mit ihren herrlichen Darstellungen von Mammuts, Pferden und Rentieren sowie die sogenannten Venusstatuetten, kleine Schnitzereien, die man in der Dordogne in Laussel und in den Landes in Brassempouy fand.

Im Neolithikum stieg die Bevölkerungzahl stark an. Die Menschen wurden sesshaft, bearbeiteten den Boden und verfeinerten ihr handwerkliches Geschick. Sie webten Wollstoffe, bearbeiteten Holz und Leder und fertigten erst aus Kupfer, später aus Bronze kunstvolle Metallwerkzeuge. Im Médoc wurden um 1500 v. Chr. große Bronzeäxte hergestellt.

Diese Höhlenmalerei von Lascaux zeigt einen Wisent

400 000 v. Chr. Erste Menschen siedeln im Vézère-Tal

Um 200 000 v. Chr. Erste zweckgebundene Werkzeuge, etwa Schaber und Ahlen, tauchen auf

120 000 v. Chr. Werkzeuge werden erheblich komplexer und sind regelmäßiger geformt

Venus von Brassempouy

35 000–10 000 v. Chr. Der Cromagnonmensch fertigt ausgefeiltere Werkzeuge und Waffen

18 000–15 000 v. Chr. Höhlenmalereien in Lascaux

400 000 v. Chr. | **200 000 v. Chr.** | **100 000 v. Chr.** | **50 000 v. Chr.** | **10 000 v. Chr.**

◀ **Hochzeit von Louis XIV und Maria Theresia von Spanien, 9. Juni 1660 in Saint-Jean-de-Luz, Laumosnier**

Römisches Gallien

Anfang des 3. Jahrhunderts v. Chr. siedelten sich keltische Gallier im damals kaum erschlossenen Aquitanien an. Sie vermischten sich rasch mit der einheimischen Bevölkerung und ließen sich vor allem in Städten wie Burdigala (Bordeaux) und Aginum (Agen) nieder. Ihre Anführer knüpften Handelsbeziehungen mit Narbonensis, einer römischen Provinz im südlichen Gallien, und importierten Waren aus Italien, z. B. Wein.

Nach dem Sieg der Römer über die Gallier in der Schlacht von Alesia (52 v. Chr.) begann das römische Zeitalter. Entlang der großen Flüsse baute man große landwirtschaftliche Güter mit Villen, auch in den Städten entstanden neue Bauwerke: Aquädukte, Amphitheater und Tempel, von denen man heute noch die Tour de Vésone in Périgueux sehen kann. Eine spezifische gallorömische Kultur entwickelte sich, doch bereits Ende des 3. Jahrhunderts erschütterten die ersten Invasionen germanischer Stämme aus dem Osten die Region. Die Bevölkerung versuchte, sich hinter rasch aufgeworfenen Wällen zu schützen. Eine turbulente Ära begann.

Marmorstatue der Diana, gallorömische Periode

Dunkles Zeitalter

Im frühen 5. Jahrhundert ließen sich die Westgoten in Aquitanien nieder, das sie im Jahr 481 n. Chr. ihrem Reich einverleibten. Sie wurden später von den Franken verdrängt. Zu jener Zeit etablierte sich auch das Christentum in den Städten. Auf dem Land fand die neue Religion allerdings erst im 11. Jahrhundert weite Verbreitung, doch entstanden damals die ersten bedeutenden Abteien und Kirchen Aquitaniens. Nach dem Tod ihres Königs Chlodwig 511 verloren die Merowinger, ein Königsgeschlecht der Franken, durch die Aufteilung der Region in separate Verwaltungsgebiete an Macht. Dies nutzten die Waskonier aus den Pyrenäen, die

Römisches Mosaik im Musée d'Aquitaine, Bordeaux

Römische Villa von Plassac

Ab dem 1. Jahrhundert v. Chr. gründeten die Römer überall im heutigen Südwestfrankreich landwirtschaftliche Besitzungen mit einem zentralen Villenkomplex. Dazu gehörten das Wohnhaus des Eigentümers, Unterkünfte für die Arbeiter und verschiedene Hofgebäude. Rund um diese Zentren baute man Getreide an, ab dem 1. Jahrhundert n. Chr. auch Wein. Ausgrabungen auf dem Gelände einer gallorömischen Villa bei Plassac an der Mündung der Gironde legten 1963 und 1978 die Grundmauern eines Hauses frei, das in den Jahren zwischen 14 und 20 n. Chr. von einem reichen Grundbesitzer aus dem heutigen Italien errichtet worden war. Die in der Folgezeit mehrfach umgebaute Villa war reich mit verschiedenen edlen Materialien verziert, beispielsweise mit nordafrikanischem Marmor.

Um 300 v. Chr. Erste keltische Stämme siedeln in Aquitanien

Römische Skulptur

14–20 n. Chr. Die römische Villa von Plassac wird gebaut. Der Weinbau breitet sich in Südwestfrankreich aus

300 v. Chr.	200 v. Chr.	100 v. Chr.	0	100	200

56 v. Chr. Crassus, der Heerführer von Julius Caesar, erobert Aquitanien

284–305 In Bordeaux und Périgueux werden Schutzwälle errichtet

Herkulesfigur (3. Jahrhundert)

manchmal mit den Basken gleichgesetzt werden. Sie fielen 580 in das Land ein und ließen sich zwischen Garonne und Pyrenäen nieder. Im 7. Jahrhundert wurde dieser Landstrich als Gascogne bekannt. Hundert Jahre später kamen die Araber, die jedoch 732 bei Poitiers von Karl Martell zurückgeschlagen wurden. In der Folge annektierten die Karolinger das Gebiet, in dem sie jedoch nur kurz herrschten. Mitte des 9. Jahrhunderts segelten die Normannen den Adour, die Dordogne und die Garonne hinauf, auf ihrem Weg plünderten und zerstörten sie Städte, Kirchen und Abteien. Bordeaux wurde 848 niedergebrannt. Die galloromische Zivilisation war zerschlagen und verschwand nach und nach.

Merowingische Fibel

Ausbreitung des Christentums

Im 11. und 12. Jahrhundert stabilisierten sich die politischen Verhältnisse. Die Bevölkerungzahl stieg, in ganz Aquitanien entstanden neue Kirchen und Abteien. 1079 gründete Gérard de Corbie die Abbaye de la Sauve-Majeure. Als er 1095 starb, wirkten in der Abtei, die über rund 20 Klöster herrschte, mehr als 300 Mönche. Die religiösen Gemeinschaften breiteten sich immer mehr aus. Abteien und Klöster entstanden vor allem an den wichtigen Pilgerrouten, die sich durch Frankreich über den Pyrenäen-Pass Col de Roncevaux nach Santiago de Compostela zogen. Im Zuge dieser Entwicklung wurde immer mehr Land urbar gemacht. Sakralbauten wie die Kathedrale Saint-Front in Périgueux entstanden nun im byzantinisch-romanischen Stil. Die meisten Kirchen wurden verschwenderisch mit Mosaiken, Fresken und Skulpturen ausgestattet. Ab dem 13. Jahrhundert errichtete man weniger neue Kirchen, im 14. Jahrhundert jedoch wurden die großen gotischen Kathedralen von Bordeaux, Bazas und Bayonne nach den Zerstörungen des Hundertjährigen Kriegs wiederaufgebaut.

Dank Philippe IV, le Bel, einem strengen Herrscher und geschickten Diplomaten, wurde Bertrand de Got, der Erzbischof von Bordeaux, 1305 zum Papst gewählt. Als Clemens V. begünstigte das Kirchenoberhaupt den gascognischen Klerus und veranlasste die Errichtung der großen Burgen in Roquetaillade, Fargues, Budos und Villandraut, wo er regelmäßig erschien.

Bertrand de Got wurde 1305 zum Papst Clemens V. gewählt

07–408 Vandalen, ueben und Alanen ringen ein

481 Aquitanien wird westgotisches Königreich

518–587 Kämpfe zwischen Gascognern und Franken

Ohrring, 6. Jahrhundert

778 Karl der Große gründet das Königreich Aquitanien

844 Normannen dringen auf der Garonne vor

848 Bordeaux von Normannen niedergebrannt

950 Erste Wallfahrten nach Santiago de Compostela

1079 St. Gérard de Corbie gründet die Abbaye de la Sauve-Majeure

400 | 500 | 600 | 700 | 800 | 900 | 1000

Englische Herrschaft

Eleonore von Aquitanien (Aliénor d'Aquitaine), Erbtochter des Herzogs von Aquitanien William X (Guillaume X), heiratete 1137 den späteren König Louis VII von Frankreich. Da sie aber keinen Thronerben gebar und ihr Lebenswandel ihrem Gatten missfiel, wurde die Ehe 1152 aufgelöst. Etwas später heiratete Eleonore Henry Plantagenet, der 1154 König Henry II von England wurde. Außer Armagnac und Béarn stand das Herzogtum Aquitanien nun unter englischer Herrschaft. Die Feindseligkeiten zwischen Franzosen und Engländern begannen 1328 und hielten bis 1453 an, als die Engländer in der Schlacht von Castillon vernichtend geschlagen wurden.

Engl. Aquitanien (1362)

Armagnac und Béarn (S. 219)

Edward I von England legt vor Philippe le Bel den Lehnseid ab

Als Philippe IV, le Bel (Philipp der Schöne) 1285 zum König von Frankreich gekrönt wurde, musste ihm der englische König Edward I als sein Vasall für die französischen Gebiete Treue schwören.

König von Frankreich

König von England

Wappen von Bordeaux

Über der Grosse Cloche, dem Glockenturm des Rathauses von Bordeaux aus dem 13. Jahrhundert, sind die drei Löwen Englands zu sehen. Unterhalb des Turms fließt die Garonne. Das Sichelmotiv im Wasser spielt auf die Form des Hafens von Bordeaux an.

Eleanore von Aquitanien

Eleonore hatte zwei Töchter mit Louis VII und sieben Kinder mit ihrem zweiten Mann, Henry II. Zu ihnen zählten Richard Löwenherz und König John. Sie verließ jedoch Henry II und kehrte in ihre Heimat Aquitanien zurück, wo sie die Künste förderte, vor allem die höfischen Lieder und die Dichtkunst der Minnesänger. Eleonore wurde im Jahr 1204 in der Abbaye de Fontevraud bei Angers bestattet.

Der Schwarze Prinz
Als Edward III von England den Lehnseid verweigerte, erhob der französische König 1337 Anspruch auf Aquitanien. Edwards Sohn, der »Schwarze Prinz« Edward of Woodstock, griff zu den Waffen, um Englands Stellung zu behaupten. Unterstützung erhielt er von Bordeaux, dessen städtische Privilegien er zwei Jahre zuvor verteidigt hatte. Unter seinem Kommando triumphierten die Engländer in den Schlachten von Crécy (1346) und Poitiers (1356), in der der französische König Jean II, le Bon (Johann der Gute) in Gefangenschaft geriet. Aquitanien wurde zum autonomen Fürstentum erklärt.

Belagerung von Duras
Die französische Belagerung von Duras wurde zum Inbegriff der Angriffe von Bertrand du Guesclin auf die Engländer in Aquitanien. Nach seinem Tod 1380 beherrschten die Engländer nur mehr Bordeaux und Bayonne.

Fleur-de-lis, die Lilien des französischen Königtums

Höflinge

Schlacht von Castillon
Anfang des 15. Jahrhunderts eroberte England Teile von Aquitanien zurück, ab 1438 wurden wieder Schlachten geführt. Sie endeten im Juni 1451 mit der Einnahme von Bordeaux durch die Franzosen und mit der Schlacht von Castillon, durch die Charles VII die Engländer endgültig aus Guyenne vertrieb. Dies war das Ende des Hundertjährigen Kriegs.

1137 Eleonore von Aquitanien heiratet Louis VII von Frankreich

1328 Der Hundertjährige Krieg beginnt

1360 Vertrag von Brétigny; Aquitanien wird englische Besitzung

1100 | **1200** | **1300**

Wappen von England

1152 Eleonore von Aquitanien heiratet Henry Plantagenet

Um 1300 *Bastiden* werden gegründet

1356 In der Schlacht von Poitiers wird Jean II vom Schwarzen Prinzen Edward gefangen genommen

1380 Nach den von Bertrand du Guesclin angeführten Schlachten bleiben nur die Enklaven Bordeaux und Bayonne englisch

Adel, Bauern und Bürger

Im Mittelalter stand Aquitanien lange unter der Herrschaft Englands, das seine Position gegenüber Frankreichs Gebietsansprüchen verteidigen musste. Im Zuge der ständigen Konflikte entstanden vor allem im Périgord viele Burgen, etwa Beynac und Castelnaud. Jede Burg gehörte einem Adligen, der entweder unter dem Schutz des französischen oder des englischen Königs stand. Bertran de Born (geb. 1140), der berühmte Minnesänger und Herr von Hautefort, beschrieb die kriegerische Gesellschaft des 12. Jahrhunderts so: Die Männer lebten für Jagd und Kampf, für Prunk und die Liebe einer edlen Dame. Als Burgherr missbilligte Bertran die zunehmende Urbarmachung des Landes. Durch sie würde Waldland zerstört, entstünden neue Siedlungen und Städte, würden Händler und Bürgertum reich und somit die Macht des Adels geschwächt.

Troubadour von Aquitanien

Dessen ungeachtet wurden im 11. und 12. Jahrhundert die Rodungen noch ausgeweitet – mit Unterstützung der Kirche und einiger geschäftstüchtiger Adliger, die neue Wege suchten, ihren aufwendigen, ritterlichen Lebensstil aufrechtzuerhalten. Man rief Bauern sogar dazu auf, das Land für den Ackerbau urbar zu machen und sogenannte *sauvetés* (wie in Sauveterre-de-Guyenne, Gironde) zu schaffen. Im Gegenzug versprach man ihnen besondere Begünstigungen.

Durch das rapide Bevölkerungswachstum verdoppelten die Städte im 13. und 14. Jahrhundert ihre Einwohnerzahl. Große Zentren wie Périgueux, Bayonne und Sarlat, aber auch kleinere Orte wie Mussidan und Ribérac bekamen das Stadtrecht, das den Bürgern ganz bestimmte Privilegien zusicherte. Von Frondiensten befreit, konnte das Bürgertum jetzt am öffentlichen Leben teilnehmen.

Wiedergeburt des intellektuellen Lebens

Im 16. Jahrhundert trugen Gelehrte wie Michel Eyquem de Montaigne (1533–1592), Étienne de La Boétie (1530–1563), Pierre de Bourdeilles, Geistlicher und Herr von Brantôme (1538–1614), Blaise de

Michel Eyquem de Montaigne (1533–1592), Autor der *Essays*, Mitglied des Parlement de Bordeaux

1441 Gründung der Universität von Bordeaux

1462 Gründung des Parlement de Bordeaux

1523 Der Verwaltungsbezirk Guyenne wird gegründet

1450

1500

1453 Schlacht von Castillon

1498 Anfänge der Drucktechnik in Périgueux

Wappen von Guyenne

Lasseran de Massencôme, Herr von Monluc (1500–1577) und Joseph Juste Scaliger (1540–1609) zu einem kompletten Neubeginn des intellektuellen Lebens in Aquitanien bei. Viele waren weit gereist und sprachen Latein. Die Einführung des Buchdrucks 1498 in Périgueux sowie die Gründung des Collège de Guyenne 1533 trugen zur Verbreitung neuen Gedankenguts bei. Agen, Nérac und Bordeaux entwickelten sich zu geistigen Zentren des philosophischen Humanismus. Marguerite de Navarre arbeitete an ihrem *Heptameron*, Montaigne verbrachte viele Stunden in der Bibliothek beim Verfassen seiner *Essays*.

Jeanne d'Albret, die Mutter von Henri IV

Katholiken contra Protestanten

Ab 1532 breitete sich calvinistisches Gedankengut in Aquitanien aus, maßgeblich durch Marguerite de Navarre, deren Tochter Jeanne d'Albret und einige adlige Familien wie die Duras, die La Force und die Gramont. Die Städte Nérac, Oloron, Sainte-Foy, Agen und Bergerac wurden zu Hochburgen des Protestantismus. Der französische König verurteilte den reformierten Glauben, in der Folgezeit begannen sich ab 1562 Katholiken und Protestanten in ganz Frankreich gegenseitig zu bekämpfen. Mit dem Tod von Jeanne d'Albret verschärfte sich die Krise. Ihr Sohn, Henri de Navarre (1559–1610), der spätere König Henri IV von Frankreich, wurde zum Anführer der Protestanten.

Aquitanien und die Könige von Frankreich

Nach dem Hundertjährigen Krieg gründeten die französischen Könige Regierungsinstitutionen wie 1462 das Parlement de Bordeaux oder 1523 den Verwaltungsbezirk Guyenne. Dadurch erlangten sie immer mehr Macht, die ihnen direkt unterstellte Militärgouverneure und Verwalter durchsetzten. Am Ende der Regierungszeit von Louis XIII brachen jedoch auf dem Land Unruhen aus.

Henri IV

Sie sollte Protestanten und Katholiken versöhnen, doch stand die am 18. August 1572 in Paris geschlossene Ehe von Henri de Navarre und Marguerite de Valois unter keinem glücklichen Stern. In der Bartholomäusnacht 1572 wurden Tausende Pariser Protestanten massakriert. Henri blieb am Leben, weil er seiner Religion abschwor. Drei Jahre später kehrte er in seine aquitanische Heimat zurück und führte die protestantische Armee an. Nach dem Tod Henris III wurde er zum französischen König gekrönt. Um das Land zu stabilisieren, schwor er 1593 erneut dem Protestantismus ab und erließ 1598 das Toleranzedikt von Nantes. 1610 wurde er von einem fanatischen Katholiken getötet.

Henri de Navarre

1550

1559 Geburt von Henri de Navarre in Pau

1560 Jeanne d'Albret führt den Calvinismus in Pau ein

1580 Montaigne veröffentlicht seine *Essays*

1598 Edikt von Nantes (garantiert partielle Religionsfreiheit)

1600

1610 Henri IV wird ermordet; Louis XIII wird König und Marie de Médici Regentin

Joseph Juste Scaliger

1620 Béarn kommt zu Frankreich

Pierre de Bourdeilles

Blick auf Bordeaux von Château Trompette, von Claude Joseph Vernet (1759)

Im Jahr 1637 rebellierten im Périgord die *croquants* (Bauern, die sich gegen Steuererhöhungen wehrten) gegen die übermäßige Macht des Adels und der örtlichen Eintreiber der Salzsteuer. Sie fochten gegen die Truppen des Herzogs d'Épernon, des Gouverneurs von Guyenne, die Steuerrevolte wurde jedoch niedergeschlagen.

Weitaus schlagkräftiger war die Fronde (1643–53). Diese von Adligen und Parlamentariern angeführte revolutionäre Bewegung wollte die Macht des Königs einschränken und veröffentlichte unzählige *mazarinades*, Pamphlete gegen Kardinal Mazarin, den eigentlichen Herrscher während der Regierung des minderjährigen Louis XIV. Die in Bordeaux *Ormée* genannte Widerstandsbewegung wurde jedoch rigoros bekämpft. Der zunehmenden Unterdrückung der Bürger von Bordeaux durch den König diente das Château Trompette, das am Stadtrand auf den Grundmauern der alten Stadtbefestigungen von Charles VII entstand.

Die Zuckerinseln – Eldorado des Südwestens

Von Anfang des 18. Jahrhunderts bis zur Französischen Revolution blühte der Handel mit der Karibik auf. Farbstoffe wie Indigo und Annatto, Kakao, Kaffee, Baumwolle und vor allem Zucker erreichten Bordeaux per Schiff und wurden in ganz Frankreich und Europa vertrieben. In diesen Handel waren zunächst zwei, ab 1750

Ausschnitt aus *Der Hafen von Bordeaux und seine überseeischen Beziehungen* von Frédéric de Buzon (1925)

1610 Ermordung von Henri IV

1649–53 Die Fronde in Bordeaux

Les mazarinades, Karikatur

1685 Aufhebung des Edikts von Nantes; im Béarn, Agenais und Périgord werden Protestanten verfolgt

1713 Gründung der Académie de Bordeaux

1729–55 In Bordeaux wird die Place Louis XV angelegt

1730 Die K… Bayo… werd… erneu…

1732 In Bordeaux wird die erste Freimaurerloge gegründet

1600 | 1660 | 1700 | 1725

Bordeaux war im 18. Jahrhundert Frankreichs Haupthafen

drei Regionen involviert: Die Schiffe luden an der afrikanischen Küste Sklaven und tauschten diese auf den Karibischen Inseln gegen exotische Waren ein, die in Bordeaux vertrieben wurden. Zahlreiche Kaufleute wurden durch den Sklavenhandel reich und leisteten sich elegante Stadthäuser oder stilvolle Landsitze wie beispielsweise das Château de Nairac in Barsac. Bordeaux und die Gebiete im Hinterland, die am Karibikhandel teilnahmen, profitierten sowohl von den Gütern, die von den Inseln kamen, als auch von den Handelsbeziehungen mit Nordeuropa. Im Laufe des 18. Jahrhunderts entwickelte sich die Stadt zur wichtigsten Hafenstadt Frankreichs.

Zeitalter der Aufklärung

Das intellektuelle Leben Südwestfrankreichs war im 18. Jahrhundert hauptsächlich auf Akademien (Bildungsgesellschaften von Gelehrten und Wissenschaftlern), Künstler und Literaten beschränkt. Es gab Akademien in Bordeaux, Pau und Agen sowie eine lockere Verbindung in Périgueux. In diesen Zirkeln der intellektuellen adligen und bürgerlichen Elite keimten neue Ideen auf, so vor allem die Philosophie Montesquieus. Adlige wie Sarraut de Boynet et Journu in Bordeaux, Charles de Borda in Dax und der Chevalier de Vivens in Clairac waren an Naturwissenschaft und Medizin ebenso interessiert wie an Kunst und Musik. Neue Ideen fassten auch in den Freimaurerlogen Fuß, in denen Klassenunterschiede oft verschwammen.

Philosoph und Politiker Montesquieu aus Bordeaux

Unter dem Einfluss von Aristokratie und Regierungsbeamten wurden die Städte Südwestfrankreichs gründlich erneuert. Bayonne erhielt im späten 18. Jahrhundert eine Straßenbeleuchtung, die alten Stadtwälle von Bordeaux wurden niedergerissen und wichen dekorativen Toren und Plätzen, etwa der Place Louis XV (Place de la Bourse). Man baute Gehsteige und legte Parks an. Bordeaux wurde als Hauptstadt von Guyenne Vorbild für die Stadtsanierungen im Südwesten. 1780 eröffnete das unter Maréchal Duc de Richelieu, damals Gouverneur von Guyenne, errichtete Grand-Théâtre. In der ganzen Region, vor allem in Bordeaux, besaßen viele Adlige und Kaufleute jetzt mehrere

Ziermaske, Bordeaux, 18. Jahrhundert

735 | 1745 | 1775 | 1785

1743–57 Marquis de Tourny, Regent von Bordeaux, lässt die eleganten Plätze und Boulevards der Stadt anlegen

1748 Die erste Ausgabe von Montesquieus *Vom Geist der Gesetze* erscheint

1771 Höhepunkt des Seehandels in Bordeaux

1780 Einweihung des Grand-Théâtre in Bordeaux

Handelsschiff in Bordeaux

Das von Victor Louis erbaute Grand-Théâtre in Bordeaux wurde 1780 eingeweiht

Häuser – die Winter verbrachten sie in der Stadt, die Sommer auf einem Château auf dem Land. Nicht wenige reisten regelmäßig nach Paris und brachten neue Ideen über Umgangsformen und Mode mit, aber auch neue Kenntnisse über Landwirtschaft, Hygiene und Medizin. Der Comte de Lur Saluces etwa führte im späten 18. Jahrhundert Tapeten in Uza ein und wertete seinen Grundbesitz durch die Errichtung einer Eisenhütte auf.

Von den Girondisten zu Napoléon

Die vom Handel mit der Karibik abhängige Wirtschaft des Südwestens brach während der Französischen Revolution zusammen. Der Fall des Ancien Régime war bei der Aristokratie zwar unpopulär, wurde jedoch von der neuen Adelsklasse und der Bourgeoisie begrüßt. Mitglieder des Parlement de Bordeaux hatten als Erste die königliche Macht infrage gestellt, indem sie den Erlass zur Einberufung von Regio-

Das Goldene Zeitalter des Weinbaus in Aquitanien

Comte de Lur Saluces

Ab dem späten 17. und frühen 18. Jahrhundert erwarben Adlige nicht nur in Médoc, Sauternes und Graves Weingüter, sondern auch außerhalb der Region um Bordeaux, bis hin zu Clairac in Lot-et-Garonne und Monbazillac in der Dordogne. Sie machten die Winzerei zu einem bedeutenden Wirtschaftsfaktor, bauten Weinkeller und lagerten mithilfe fähiger Gutsverwalter Qualitätsweine für den Export in die Karibik, nach England und Nordeuropa ein. Führend in diesem Bereich waren im 17. Jahrhundert Monsieur de Pontac, im 18. Jahrhundert der Marquis de Ségur und der Comte de Lur Saluces mit seiner Gattin, Comtesse de Sauvage d'Yquem.

Comtesse de Sauvage d'Yquem

1785

1788–89 Parlement de Bordeaux nach Libourne vertrieben

1790 Zivilverordnung für den Klerus

1793 Niederlage der Girondisten

1795

Wahlkarte aus der Zeit der Französischen Revolution

1802 Frieden von Amiens; Seehandel wird wieder aufgenommen

1805

1806 Kontinentalsperre gegen Großbritannien

1808 Napoléon besucht Bordeaux

Kaiser Napoléon

nalversammlungen ablehnten. Im August 1787 befahl Louis XVI ihre Ausweisung nach Libourne.

In Bordeaux läutete diese Entscheidung den Beginn der Französischen Revolution ein, bewirkte sie doch eine kurzfristige Solidarität zwischen Adel und einfachem Volk, die sich aber aufgrund der Zivilverordnung für den Klerus (Juli 1790) und der Missernten im Südwesten 1791 wieder zerschlug. Die Abgeordneten der Gironde, zu denen einige rhetorisch geschickte Anwälte gehörten, hatten großen Einfluss in der Nationalversammlung. Bei der Ausarbeitung der Verfassung machten sich Girondisten wie Guadet, Vergniaud und Ducos als Fürsprecher von Wirtschaftsliberalismus und Dezentralisierung einen Namen.

Der Girondist Pierre-Victurnien Vergniaud starb unter der Guillotine

Am 2. Juni 1792 gerieten die Girondisten jedoch in die Minderheit, die Macht ging an ihre Gegner über. Einige Girondisten wurden festgenommen, andere konnten fliehen oder sogar eine föderalistische Rebellion organisieren. Im Oktober 1793 starben Vergniaud und weitere Abgeordnete unter der Guillotine. Guadet floh in die Normandie und versteckte sich in seiner Heimatstadt Saint-Émilion, bevor er gefangen genommen und im Juni 1794 enthauptet wurde. Unter der für Bordeaux leidvollen Schreckensherrschaft der berüchtigten Jakobiner wurden zahlreiche Bürger getötet.

In den anderen Städten des Südwestens verschleierten die Ratsvorsitzenden ihre Differenzen mit der Zentralregierung oftmals geschickter. Nach dem Sturz von Robespierre wurden frühere Föderalisten, die der Schreckensherrschaft entkommen waren, wieder in ihre Ämter eingesetzt. Die politische Situation stabilisierte sich unter dem Direktorium, dem Konsulat und in der Kaiserzeit.

Die Oberschicht blieb Napoléon gegenüber feindselig, denn die Kontinentalsperre gegen England erschwerte den Handel in Bordeaux. Die Beschränkung des Schiffsverkehrs (besonders des Weinexports) behinderte die einst guten Wirtschaftsbeziehungen zu England und zu anderen nordeuropäischen Handelspartnern. Im März 1814 empfing deshalb die

Bordeaux im 19. Jahrhundert (der Pont de Pierre wurde 1821 fertiggestellt)

1815 Die Duchesse d'Angoulême zieht triumphal in Bordeaux ein

Der Maler Goya y Lucentes starb in Bordeaux

1810 | **1820** | **1830**

12. März 1814 Engländer in Bordeaux

1828 Goya stirbt in Bordeaux

Einzug des Duc und der Duchesse d'Angoulême 1815 in Bordeaux

Bevölkerung von Bordeaux die aus Spanien kommenden englischen Truppen mit offenen Armen. Sie war nun vom kaiserlichen Joch erlöst und begrüßte das Ende der Napoleonischen Kriege.

Wirtschaftlicher Niedergang im frühen 19. Jahrhundert

Nach der Französischen Revolution und dem napoleonischen Kaiserreich löste sich Aquitanien allmählich aus seiner Erstarrung. Mit Freuden kehrte die Bevölkerung zur Monarchie zurück – ein deutliches Zeichen setzte der triumphale Einzug des Duc und der Duchesse d'Angoulême in Bordeaux im März 1815. Doch die wirtschaftliche Lage blieb unsicher. Der Mangel an Energiequellen und Ressourcen verzögerte die industrielle Entwicklung der Region, in der zudem die Kommunikationswege noch immer unzulänglich waren. Dies galt vor allem für die Landes, die ihren agrarischen Charakter weitgehend behielten und in denen die industrielle Revolution so gut wie nicht stattfand. Eine niedrige Geburtenrate (außer in den Pyrenäen) verursachte zudem einen Mangel an Arbeitskräften. Viele Menschen suchten in der Not ihr Glück in der Emigration: Basken und auch Bewohner des Béarn vor allem in den USA, Menschen aus den Tälern der Dordogne und der Garonne eher im Großraum Paris.

Der Ökonom und Parlamentarier Isaac Péreire, Bild von Léon Bonnat

Aufschwung im Zweiten Kaiserreich

Dank der Brüder Péreire, zwei rührigen Financiers, blühte Aquitaniens Wirtschaft trotz allem auf. Ihre Bemühungen und Beziehungen hatten weitreichende Folgen: In den Landes wurden Kiefernwälder im großen Stil aufgeforstet, im Garonne-Tal Obst-, Gemüse- und Tabakanbau eingeführt und 1855 Bordeaux-Weine erstmals klassifiziert. Mit dem immensen Anstieg der Weinexporte expandierten auch die Häfen von Bordeaux und Bayonne, außerdem nahm der Fremdenverkehr in und rund um die aufstrebenden Seebäder Arcachon und Biarritz zu.

Im Zuge des Wirtschaftswachstums baute man auch die Verkehrswege aus, allen voran die zu damaliger Zeit hochmoderne Eisenbahn. Noch im frühen 19. Jahrhundert war ein Reisender von Bordeaux zum Bassin d'Arcachon mit der Pferdekutsche etwa 14 Stunden unterwegs – mit der Eisenbahn brauchte er nur noch zwei.

1840 – **1850** – **1860**

1841 Die erste Bahnlinie der Region wird zwischen Bordeaux und La Teste eröffnet

1852–70 Kaiserin Eugénie besucht die baskische Küste und die Kurorte in den Pyrenäen

1852 Louis-Napoléon hält einen Vortrag in Bordeaux

1855 Bordeaux-Weine werden offiziell klassifiziert

1857 Gründung von Arcachon

Kaiserin Eugén… in Biarritz

1869 Weingärter… Bordeaux von der Rebl… (*Phylloxera*) befal…

Überall war inzwischen auch die Stadtplanung in vollem Gang. In Bordeaux, Périgueux, Agen und Pau entstanden großzügige Boulevards, Bahnhöfe wurden zu einem gewohnten Anblick. Im Windschatten des Kaiserpaars, das einige Zeit in Arcachon verbrachte (Eugénie weilte auch mehrfach in Biarritz und besuchte öfter die Kurbäder der Pyrenäen), zog Aquitanien zudem die gesellschaftliche Elite an. Im Jahr 1857 erließ Kaiser Napoléon III ein Gesetz zur Rodung großer Landstriche, die mit Strandkiefern aufgeforstet werden mussten. In Solférino gründete er sogar eine Versuchsplantage. Innerhalb von nur 50 Jahren verdreifachten sich so die Waldgebiete Aquitaniens auf über eine Million Hektar und verdrängten die weiten offenen Ebenen der Landes, die bis dahin für die Schafzucht genutzt wurden. Mit ihnen verschwand auch ein Wahrzeichen der Region: die Schäfer auf Stelzen.

Plakat zur Exposition Maritime Internationale de Bordeaux von 1907

Dritte Republik

In den Jahren 1871, 1914 (im Ersten Weltkrieg) und 1940 (im Zweiten Weltkrieg) wich die französische Regierung vor den heranrückenden deutschen Truppen nach Bordeaux aus, das damit dreimal als Regierungssitz Frankreichs fungierte. Als Übergangsparlament diente jeweils das Grand-Théâtre. In den Jahren zwischen den beiden Weltkriegen verbreiteten sich im Südwesten radikale Ideen, vor allem in der Dordogne und in Lot-et-Garonne. In Bordeaux war der sozialistische Bürgermeister Adrien Marquet äußerst beliebt, bis er 1940 mit dem Vichy-Regime zusammenarbeitete. Die Stadt richtete auch große Ausstellungen aus, beispielsweise die

Mit der Aufforstung verschwanden in den Landes die Schäfer mit ihren traditionellen Stelzen

1887 Die Bordeaux-Brühe, ein Fungizid gegen Pflanzenpilze, kommt auf den Markt

1907 Die Exposition Maritime Internationale findet in Bordeaux statt

1925 Frugès, eine neue, von Le Corbusier entworfene Stadt, fertiggestellt

Eisenbahnplakat (Anfang 20. Jh.)

870 | 1900 | 1930

1871 Die Assemblée Nationale zieht während des Deutsch-Französischen Kriegs nach Bordeaux

1940 Flüchtlinge in Bordeaux; Aquitanien wird durch Demarkationslinie geteilt

1914 Regierung zieht nach Bordeaux um

Deutsche Truppen vor dem Grand-Théâtre in Bordeaux, Juli 1940

berühmte Exposition Maritime Internationale 1907, und profitierte vom Aufschwung der Lebensmittel- und Werftindustrie. Weitere Zentren entstanden mit den neuen Eisenhütten in Le Boucau und den Metall verarbeitenden Betrieben in Fumel. Die Compagnie du Midi brachte mit dem Bau von Wasserkraftwerken moderne technische Anlagen in die Region. Diese Entwicklung wurde jedoch von der Weltwirtschaftskrise 1930 und dem Zweiten Weltkrieg unterbrochen.

Général de Gaulle in Bordeaux, 1944

Kriegsjahre

Nach dem Spanischen Bürgerkrieg flohen Republikaner vor Francos Diktatur nach Südwestfrankreich. 1940 fiel Frankreich in die Hand der Deutschen, die den Norden besetzten. Die französische Regierung und unzählige Flüchtlinge aus Frankreich und Belgien retteten sich nach Bordeaux und in andere Städte des Südwestens.

Der Flüchtlingsstrom brachte viel Elend mit sich. Nach dem im Juni 1940 geschlossenen Waffenstillstand teilte eine Demarkationslinie die Region, bis 1942 standen Bordeaux und die gesamte Atlantikküste Frankreichs unter feindlicher Besatzung. Allmählich formierte sich die Résistance, gegen die die Gestapo und auch die französische Miliz mit unerbittlicher Härte vorgingen.

Aus Furcht vor einer Landung der Alliierten errichteten die Deutschen an der ganzen Küste die Bunker des sogenannten Atlantikwalls. Als Général de Gaulle im Jahr 1944 nach Frankreich zurückkehrte, besuchte er im September Bordeaux und ehrte in einer Rede alle, die mutig zur Befreiung des Landes beigetragen hatten.

Spätes 20. Jahrhundert

Nach 1945 kam Aquitanien bis Mitte der 1970er Jahre nicht zur Ruhe. Die politische Szene beherrschte der Gaullist Jacques Chaban-Delmas, der »Herzog von Aquitanien«. In den 1950er Jahren litt die Region unter Landflucht, dennoch entwickelten sich Entenzucht und Maisanbau im Périgord und in den Landes. Vor allem italienische Einwanderer halfen mit ihrer Erfahrung, das landwirtschaftliche Potenzial der Region zu ent-

Jacques Chaban-Delmas

1942 Deutsche Truppen dringen in unbesetzte Zone ein

1945

1947–95 Jacques Chaban-Delmas ist Bürgermeister von Bordeaux

1948 Conseil Interprofessionnel du Vin de Bordeaux (CIVB) gegründet

1951 Erdgasförderung bei Lacq

1954 Ölförderung bei Parentis

1955

Logo des Parc des Landes de Gascogne

1962 Französische Kolonisten aus Algerien siedeln sich in der Gascogne an

1965

1967 Der Pont d'Aquitaine in Bordeaux wird eröffnet

1970 Der Parc Naturel Régional des Landes de Gascogne wird eröffnet

1975 Beginn der Wirtschaftskrise, die Aquitanien stark beeinflusst

1975

1979 CAPC in Bordeaux gegründet

1984 Lascaux II wird von Jack Lang eröffnet

falten. Ähnlich war die Entwicklung nach 1962, als viele Rückkehrer aus dem nun unabhängigen Algerien Obst- und Gemüsebetriebe entlang den Hauptflüssen des Südwestens anlegten. Der im Jahr 1948 gegründete Conseil Interprofessional du Vin de Bordeaux (CIVB) sicherte ausländische Absatzmärkte für die renommierten Weine aus Bordeaux und Umgebung.

Alain Juppé wurde 2014 zum vierten Mal zum Bürgermeister von Bordeaux gewählt

Ab den frühen 1950er Jahren blühte durch die Entdeckung von Erdgas bei Lacq und von Erdöl bei Parentis die Wirtschaft im Süden der Region auf. Pau wurde ein wichtiges Industriezentrum, die Flugzeughersteller Dassault und SOGERMA sowie der Autohersteller Ford errichteten Fabriken bei Bordeaux. Ende der 1960er Jahre brach jedoch der Absatz in einigen traditionellen Industriezweigen ein, viele Firmen mussten daraufhin schließen. Besonders schwer traf es die Schuhfabriken, die Metall verarbeitende Industrie und viele Nahrungsmittelbetriebe.

Anfang der 1970er Jahre trieb dann die Ölkrise zahlreiche Firmen in den Ruin. In den Städten ging der Modernisierungsprozess dennoch weiter. Orte wie Mériadeck in Bordeaux und Agen stiegen zu wichtigen Geschäfts- bzw. Agrarzentren auf. Die gesamte Region wurde durch moderne Verkehrsmittel, etwa den TGV Atlantique, erschlossen.

Der Fremdenverkehr ist neben der Landwirtschaft, Holzindustrie und Luftfahrttechnik seit vielen Jahren der wichtigste Wirtschaftszweig dieser Region mit ihren Weinbergen, Flüssen, kleinen Städtchen und Seebädern. Mit den Naturschutzparks Parc Naturel Régional des Landes de Gascogne und Parc National des Pyrénées sowie mit dem Internationalen Zentrum der Höhlenkunst (Lascaux IV) in Montignac ergaben sich zusätzliche Attraktionen für Tausende von Besuchern.

Die Tram, Symbol des modernen Bordeaux, fährt über den Pont de Pierre

1999 Ein gewaltiger Sturm zerstört Wälder in den Landes und im Médoc

2009 Erneut richtet ein Sturm schwere Schäden an

1995 **2005** **2015** **2020**

Höhlenmalerei in Lascaux II

2014 Bei einem Sturm havariert nahe Biarritz ein Frachtschiff

2003 Einweihung der Tram in Bordeaux

2016 La Cité du Vin wird in Bordeaux eröffnet; Eröffnung von Lascaux IV *(siehe S. 114)*

DIE REGIONEN AQUITANIENS

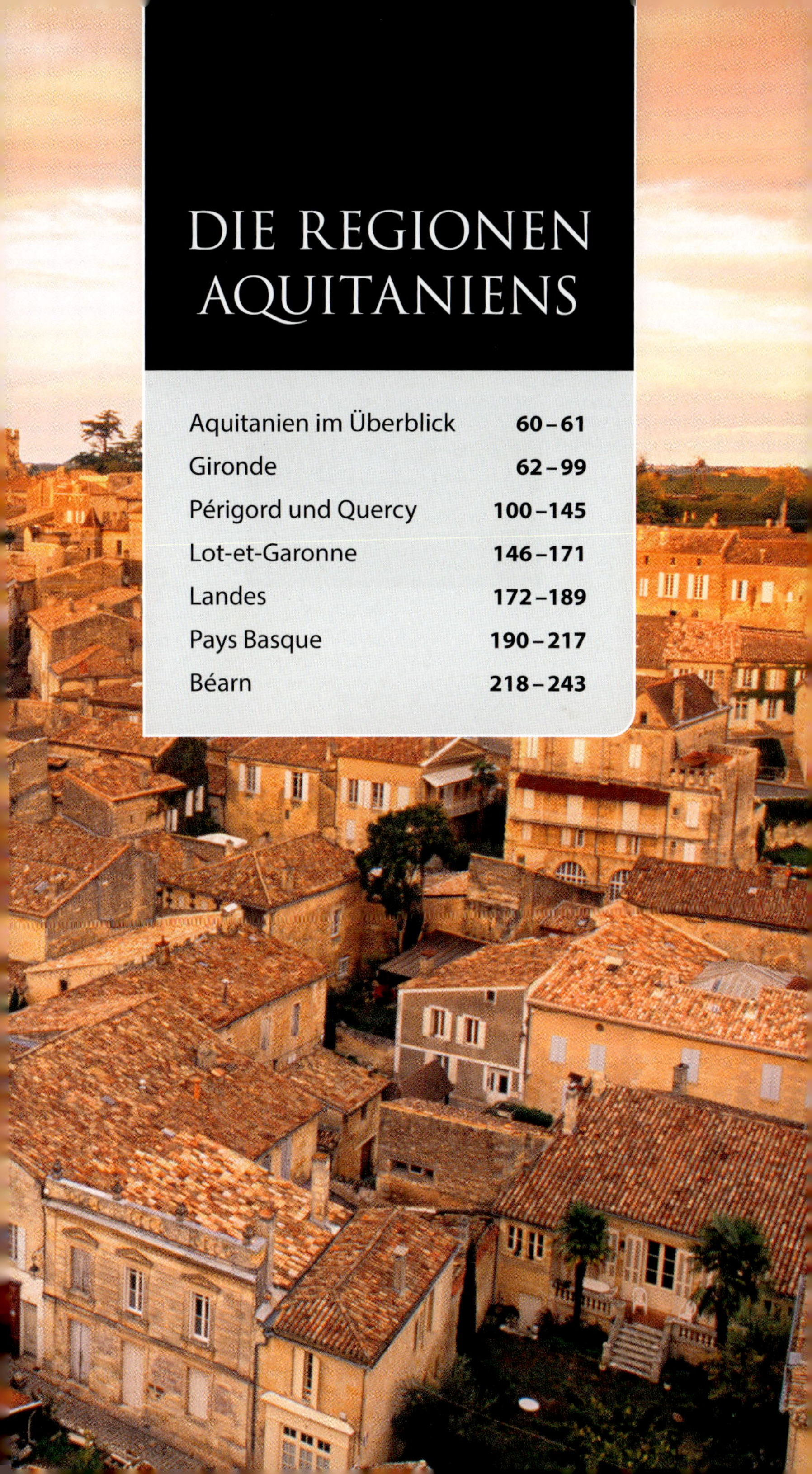

Aquitanien im Überblick

Die weiten Sandstrände an der Atlantikküste und im Bassin d'Arcachon ziehen im Sommer Scharen von Besuchern an. Im Süden bieten die Pyrenäen atemberaubende Landschaften und die Möglichkeit zum Wandern und Bergsteigen. In der ganzen Region mit ihren malerischen Bastiden, historischen Festungen, stattlichen Schlössern und majestätischen Abteien wird Geschichte lebendig. Die Hauptstadt Bordeaux verdankt ihren Reichtum den Qualitätsweinen der Region, die sie zum renommierten Zentrum des Weinhandels in Frankreich machen.

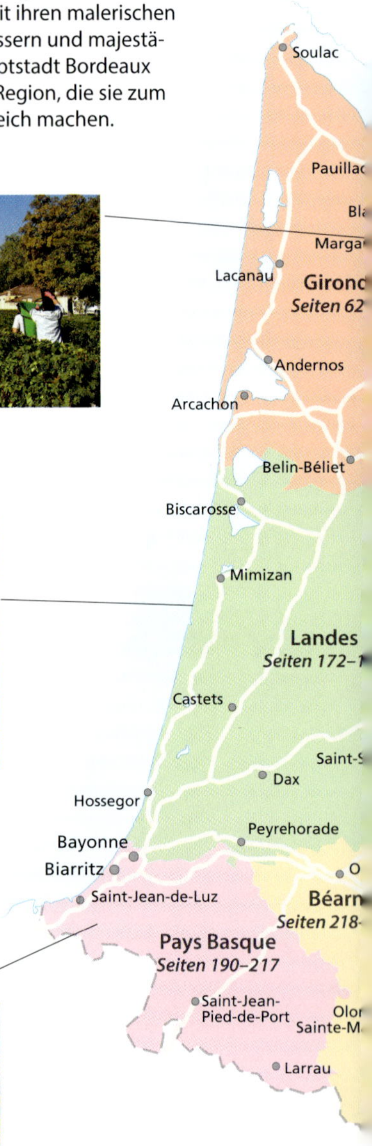

Die Weine des Château Margaux zählen weltweit zur absoluten Spitzenklasse. Zum Château gehören fantastische Weinberge, ein Schloss und Weinkeller mit ungewöhnlichen Gewölben.

Die Küsten der Landes säumen endlose Sandstrände, die im Sommer zahllose Gäste locken. Die dortigen Kiefern haben sich dem Boden angepasst. Sie bedecken ungefähr eine Million Hektar in Europas größtem Waldgebiet.

Die baskischen Traditionen sind ein wichtiger Aspekt der kulturellen Identität. Vor allem bei traditionellen Festen sieht man die Tracht aus weißem Hemd und weißer Hose, Schärpe, Halstuch und Baskenmütze.

◀ **Blick auf Saint-Émilion** ***(siehe S. 84–87)*****, Gironde**

Vom Château de Beynac, das hoch auf einem Hügel thront, hat man einen atemberaubenden Blick auf den Fluss Dordogne. Das Bauwerk bietet mittelalterliche Festungsarchitektur.

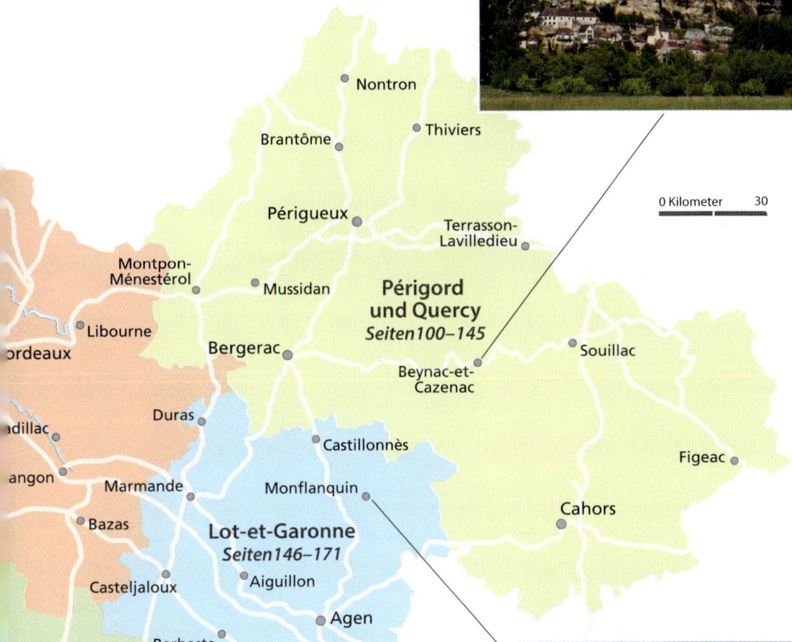

Die Bastide Monflanquin aus dem 13. Jahrhundert liegt hoch über dem Fluss Lède. In der oval angelegten Wehrstadt verlaufen die Straßen in einem gitterförmigen Netz. Das Zentrum bildet der quadratische Stadtplatz mit seinen umlaufenden Arkaden.

Der Pic du Midi d'Ossau ist 2884 Meter hoch und Heimat von Wildziegen. Für erfahrene Bergsteiger zählt er zu den größten Herausforderungen in den Pyrenäen.

Gironde

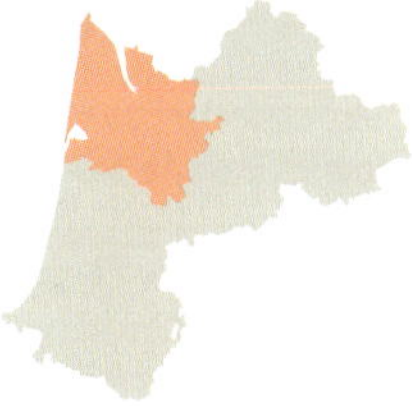

Von den Ufern der Garonne und der Dordogne bis zum Hafen der Hauptstadt Bordeaux, von Blaye im Norden bis Bazas im Süden bedecken die berühmten Weinberge den größten Teil des Départements Gironde. Die Küste mit den langen Sandstränden ist ideal zum Entspannen und Wassersport, das reiche und vielfältige kulturelle Erbe zeigt sich in den interessanten Städten.

An den kilometerlangen, weitläufigen Sandstränden der Gironde schaffen hohe Brecher perfekte Bedingungen für Surfer und andere Wassersportler. Dagegen ist das Mündungsgebiet der Gironde ein wahres Angelparadies. An den idyllischen Flussufern findet man zahllose renommierte Weingüter sowie romanische und gotische Architektur von Weltrang. Bordeaux, im 18. Jahrhundert der größte Hafen, hat sich dank seiner vielen herrlichen Bauten ein majestätisch-elegantes Flair bewahrt.

Die Römer nutzten das große Potenzial der Gironde, legten Weinberge an und errichteten an den Hängen luxuriöse Villen. Zu den Bordeaux-Weinen zählen heute einige der besten *appellations* der Welt, von Médoc bis Saint-Émilion, von Graves bis Sauternes. Im Mittelalter erbauten dann missionierende Mönche berühmte Abteien, etwa die Abbaye de Saint-Ferme oder die Abbaye de la Sauve-Majeure. Die Region gewann zunehmend an Bedeutung, als Papst Clemens V. Gebietsansprüche auf Uzeste und Villandraut erhob. Unter der englischen Herrschaft entstanden Bastiden wie Monségur und Sauveterre-de-Guyenne.

Im 19. Jahrhundert entdeckte man die heilsame Wirkung der Seeluft in Arcachon und Soulac. Mit dem Ausbau des Eisenbahnnetzes wurde die Region auch verkehrstechnisch erschlossen. Selbst wenn das Bassin d'Arcachon heute ein sehr beliebtes Ferienziel ist, bleiben traditionelle Gewerbe wie die Austernzucht ein wichtiger Wirtschaftsfaktor.

Die Gironde spielt zudem eine Rolle im Leben einiger berühmter Franzosen, darunter des Philosophen Montesquieu, des Schriftstellers Montaigne, des Malers Albert Marquet und des Romanciers François Mauriac.

Die flachen Fischerboote sind typisch für das Bassin d'Arcachon

◀ **Place de la Bourse** ***(siehe S. 72)*** **in Bordeaux**

Überblick: Gironde

Das rund 10 700 Quadratkilometer große Département Gironde heißt nach dem Mündungsgebiet am Zusammenfluss von Dordogne und Garonne. Bekannt sind vor allem die Hauptstadt Bordeaux und das Bassin d'Arcachon sowie die zahlreichen Weinbaugebiete, die einige der berühmtesten Weine der Welt produzieren. Auf Schritt und Tritt findet man Châteaux in den unterschiedlichsten Architekturstilen, elegante Kathedralen, Kirchen und Bastidenstädte. Die Atlantikküste und die Seengebiete der Gironde eignen sich ideal zum Radfahren, Schwimmen und für andere Wassersportarten.

Sehenswürdigkeiten auf einen Blick

1 Phare de Cordouan
2 Pointe de Grave
3 Soulac-sur-Mer
4 Lac d'Hourtin-Carcans
5 Lacanau
6 *Bassin d'Arcachon S. 68–70*
7 Arcachon
8 Dune du Pyla
9 *Bordeaux S. 72–79*
11 Margaux
12 Moulis-en-Médoc
13 Fort-Médoc
14 Pauillac
15 Blaye
16 Bourg
17 Libourne
18 *Saint-Émilion S. 84–86*
20 Entre-deux-Mers
21 La Sauve-Majeure
22 Castillon-la-Bataille
23 Rauzan
24 Blasimon
25 Sainte-Foy-la-Grande
26 Sauveterre-de-Guyenne
27 Abbaye de Saint-Ferme
28 Monségur
29 La Réole
30 *Roquetaillade S. 92f*
31 Saint-Macaire
32 Cadillac
33 La Brède
34 Graves
35 Barsac
36 Malle
37 Sauternais
38 Villandraut
39 *Cazeneuve S. 98f*
40 Uzeste
41 Bazas

Touren

10 Médoc
19 Weingärten von Saint-Émilion

Malerische Fischerhütten im Bassin d'Arcachon

Weitere Zeichenerklärungen *siehe hintere Umschlagklappe*

Das von Weinbergen umgebene Château Rayne-Vigneau ist einer der vielen eleganten Landsitze im Sauternais

In der Gironde unterwegs

Bordeaux, die Hauptstadt der Gironde, besitzt bei Mérignac einen internationalen Flughafen. Der TGV verbindet Paris und Bordeaux in knapp drei Stunden, mit Halt in Libourne und Anschluss nach Arcachon (in vier Stunden) während der Hauptsaison. Die A10 von Paris verläuft durch die Gironde nach Bordeaux. Die A63 und ihre Anschlussstrecke, die A660, verbinden Bordeaux mit dem Bassin d'Arcachon im Westen. Von Bordeaux führt die A89 nach Libourne und weiter nach Osten in die Dordogne.

❶ Phare de Cordouan

Der elegante Leuchtturm steht sieben Kilometer westlich der Pointe de Grave. Er wurde ab 1584 nach Plänen von Louis de Foix begonnen, zehn Jahre später ließ Henri IV die Originalentwürfe ändern. 1611 fügte man einen Renaissanceturm an, 1789 stockte der Ingenieur Teulère die Höhe auf insgesamt 67,5 Meter auf. 1862 erklärte man den Turm zum historischen Baudenkmal, das dank seiner klaren, klassischen Architektur als das »Versailles des Meeres« schnell berühmt wurde.

Infobox

Information
Straßenkarte B1. Le Verdon-sur-Mer; 05 56 09 61 78. Apr–Okt: Sa–Do (Juni–Sep: tägl.).

Anfahrt
Meschers sur Gironde.

Besichtigung des Leuchtturms
Bei Ebbe kann der 260 Meter lange, 1739 erbaute Damm zum Leuchtturm begangen werden.

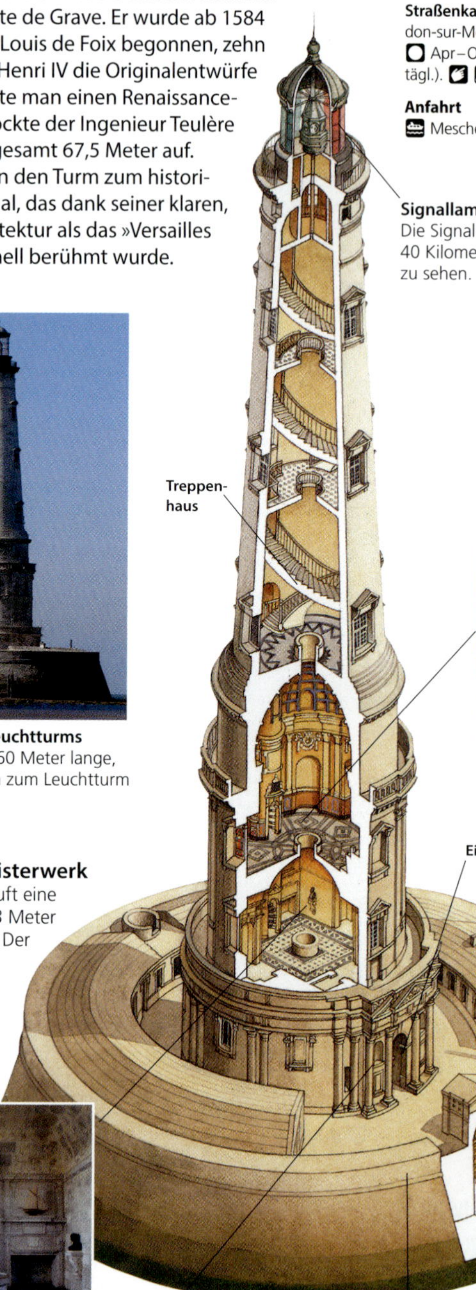

Signallampe
Die Signallampe ist 40 Kilometer weit zu sehen.

Treppenhaus

Chapelle Notre-Dame-de-Cordouan
Die Buntglasfenster stammen aus dem 19. Jahrhundert.

Eingang

Technisches Meisterwerk
Um den Turm verläuft eine 41 Meter lange, 8,3 Meter hohe Außenmauer. Der ganze Bau ruht auf dem Meeresboden.

Königliche Gemächer
Die Renaissance-Gemächer liegen im ersten Stock.

Dorische Säulen zieren den prächtigen Vorbau.

Außenmauer

Außentreppe

Hotels und Restaurants in der Gironde *siehe Seiten 250f und 262f*

Elegante Villa an der Küste von Soulac-sur-Mer

❷ Pointe de Grave

Straßenkarte B1. Le Verdon-sur-Mer. Pointe de Grave; 05 56 09 61 78. **tourisme-leverdon.com**

Der **Phare de Grave** beherbergt das Musée du Phare de Cordouan et des Phares et Balises. Die Exponate zeigen den Alltag eines Leuchtturmwärters. Die 107 Stufen des 28 Meter hohen Turms führen auf eine Aussichtsplattform, von der man den Phare de Cordouan im Meer, die Strände und den Hafen von **Le Verdon** sieht. Der Urlaubsort bietet drei Strände.

Gallische Kultfigur eines Wildschweins

Umgebung: Etwa 15 Kilometer südöstlich von Pointe de Grave beherbergt der **Phare de Richard** ein Museum.

Phare de Grave
05 56 09 00 25. Mai–Nov: Fr–Mo nachm. (Juli, Aug: tägl.).

Phare de Richard
05 56 09 42 12. März–Juni, Sep, Okt: Mi–Mo nachm.; Juli, Aug: tägl.

❸ Soulac-sur-Mer

Straßenkarte B1. 2700. 68, rue de la Plage; 05 56 09 86 61. tägl. **soulac.com**

Das zwischen Wald und Meer gelegene Soulac blühte ab dem Zweiten Kaiserreich (1852–70) auf, als dort ein Seebad mit Eisenbahnanbindung entstand. Im späten 19. und frühen 20. Jahrhundert wurde eine prächtige Villa nach der anderen gebaut. Soulac bietet feine Sandstrände, die Plage Amélie und die Plage la Négade (ein Nacktbadestrand wie 18 Kilometer entfernt der Strand von Vendays-Montalivet) mit Sonnen- und Thalassotherapie-Zentrum (1950 eröffnet).

Die **Basilique Notre-Dame-de-la-Fin-des-Terres** an der alten Pilgerroute von Britannien nach Santiago de Compostela ist eine UNESCO-Welterbestätte. Die romanische Kirche (12. Jh.) besitzt moderne Glasfenster und Bildkapitelle. Das **Musée d'Art et d'Archéologie** präsentiert prähistorische, gallische und gallorömische Artefakte.

Basilique Notre-Dame-de-la-Fin-des-Terres
tägl.

Musée d'Art et d'Archéologie
1, avenue El-Burgo-de-Osma.
05 56 09 83 99. Apr–Juni: Mi–So nachm.; Juli, Aug: tägl. nachm.; Sep: Di–So nachm.

❹ Lac d'Hourtin-Carcans

Straßenkarte B1. Place de l'Europe, Lacanau-Océan; 05 56 03 21 01. **medococean.com**

Der 17 Kilometer lange, über 7500 Hektar große See gehört zu den größten in Frankreich. Hier leben Wildtiere wie Reiher, Fuchs, Hase und Kaninchen, gedeihen Wasserlobelien und diverse Spezies fleischfressender Pflanzen, beispielsweise Sonnentau und Krugpflanze.

Umgebung: Der nahe Ferienort **Carcans-Maubuisson** bietet diverse Sportmöglichkeiten (Tennis, Radfahren, Reiten und Wassersport) und das sehenswerte Heimatmuseum Musée des Arts et Traditions Populaires (Mitte Juni–Mitte Sep: Di–Do).

❺ Lacanau

Straßenkarte B2. 4400. Place de l'Europe, Lacanau-Océan; 05 56 03 21 01. Mi vormittags. **medococean.com**

Der 2000 Hektar große Lac de Lacanau ist ideal für Segler und Surfer. Seit mehr als 20 Jahren finden in Lacanau-Océan Etappenwettbewerbe für die Weltmeisterschaften im Surfen statt. Hier stehen zahlreiche Strandvillen aus dem frühen 20. Jahrhundert.

Umgebung: Fünf Kilometer nordöstlich von Lacanau liegt der **Étang de Cousseau**, ein See mit Naturschutzgebiet.

Sommergäste am langen Strand von Lacanau-Océan

6 Bassin d'Arcachon

Zwischen der Dune du Pyla und der Spitze von Cap-Ferret bildet das Bassin d'Arcachon ein über 100 Kilometer langes Dreieck. Da es fast ganz vom Land eingeschlossen ist, gleicht es einem Binnenmeer. Beim Höchststand der Flut füllt sich das 156 Quadratkilometer große Becken mit 370 Millionen Kubikliter Wasser. Bei Ebbe bleibt nur etwa ein Viertel davon übrig, dann werden Sandbänke, Watt und Salzwiesen freigelegt. Das Bassin ist ein wichtiges Schutzgebiet für zahlreiche Vogelarten. Hier leben gefleckte Austernfischer, Brachvögel und Kormorane, aber auch Zugvögel wie Strandläufer, Säbelschnäbler und Graugänse machen im Naturschutzgebiet Banc d'Arguin im Parc Ornithologique du Teich Station. In der ganzen Bucht findet man zahlreiche Austernfarmen.

Segler im Bassin d'Arcachon

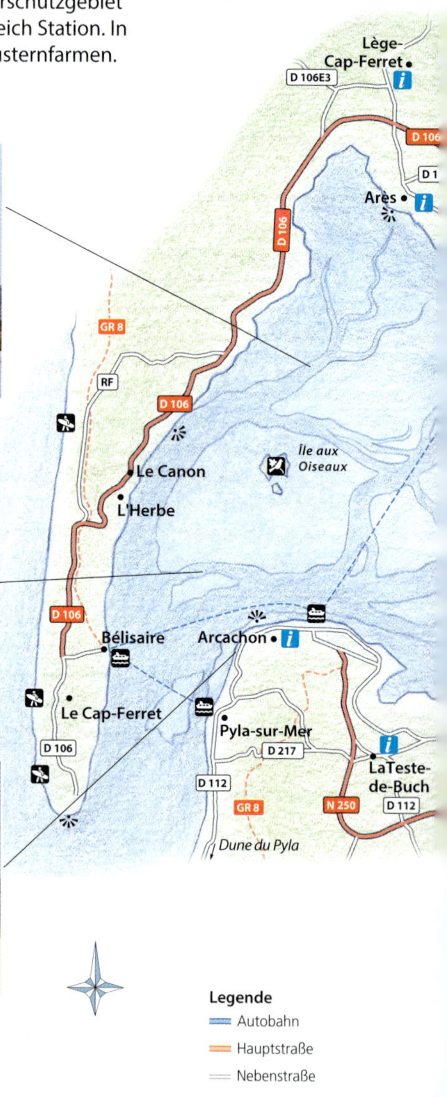

Pfahlbauten
Die Pfahlbauten heißen im Gaskonischen *maisons tchanquées*, Stelzenhäuser. Solche Bauten stehen überall rund um das Bassin d'Arcachon.

Bei Ebbe tauchen aus dem seichten Wasser Sandbänke auf

0 Kilometer 1

Strände von Arcachon
Kilometerlange, fast weiße Sandstrände wie die Plage Péreire und die Plage du Moulleau sind ein Paradies für Sommerurlauber. Die sicheren, familienfreundlichen Strände bieten ideale Bademöglichkeiten. Vorsicht vor der starken Strömung!

Hotels und Restaurants in der Gironde *siehe Seiten 250f und 262f*

Eine *pinasse* – typisch für das Bassin
Die wendigen und stabilen *pinasses* eignen sich ideal zum Navigieren zwischen den Untiefen.

Infobox

Information
Straßenkarte B2. Arcachon 05 57 52 97 97; La Teste-de-Buch 05 56 54 63 14; Gujan-Mestras 05 56 66 12 65; Le Teich 05 56 22 80 46; Biganos, Audenge & Lanton 05 57 70 67 56; Andernos 05 56 82 02 95; Arès 05 56 60 18 07; Lège-Cap-Ferret 05 56 03 94 49.
bassin-arcachon.com

Anfahrt
Arcachon, Gujan-Mestras & Le Teich, La Teste-de-Buch. Die Fähre Transbassin pendelt von Arcachon nach Cap-Ferret.

Schifffahrt
Das Bassin kreuzen viele Fischerboote, Yachten, Schnellboote, *pinasses* und Motorboote, die regelmäßig zwischen Arcachon und Cap-Ferret pendeln.

Réserve Ornithologique du Teich
Das Vogelschutzgebiet wurde 1971 gegründet, um den natürlichen Lebensraum verschiedener Vogelarten zu schützen.

Austernzucht im Bassin d'Arcachon

Seitdem der Naturforscher J.-M. Coste 1860 im Bassin d'Arcachon die ersten Austernbänke anlegte, werden hier Austern gezüchtet. Die Austernlarven werden auf kalküberzogenen Ziegeln herangezüchtet. Im Frühjahr löst man sie ab und setzt sie auf vier bis fünf Kilometer weit im Meer gelegene Austernbänke. Dort bleiben sie, bis sie nach 18 Monaten bis drei Jahren ausgewachsen sind. Dann werden sie gewaschen und zum Verkauf verpackt. Jährlich werden hier etwa 8000 bis 10 000 Tonnen Austern geerntet.

Arbeit auf der Austernfarm im frühen 20. Jahrhundert

Überblick: Bassin d'Arcachon
Den seichten, gezeitenabhängigen Golf umgeben unterschiedlichste Landschaften.

Gujan-Mestras

19, avenue de Lattre-de-Tassigny; 05 56 66 12 65. Mi, Fr abends (Juni–Aug). Foire aux Huîtres (erste zwei Wochen im Aug).

Das Städtchen hat sieben Häfen und ist mit 55 Prozent Anteil an der Austernernte der Bucht die regionale Hauptstadt der Austernzucht. Das Austern-Informationszentrum **Maison de l'Huître** liegt im Hafen Larros. *Pinasses*, schmale Boote, ankern in den Kanälen.

Maison de l'Huître
05 56 66 23 71. Juli, Aug: tägl.; Sep–Juni: Mo–Sa. zwei Wochen über Weihnachten.

Halbinsel Lège-Cap-Ferret

1, avenue du Général-de-Gaulle; 05 56 03 94 49.

22 Kilometer Sandstrand liegen auf der Westseite dieser dicht bewaldeten Halbinsel. An der zur Bucht gelegenen Ostseite findet man bei Claouey, Grand-Piquey, Petit-Piquey und Piraillan geschützte Strände. Die urigen Austernzuchtdörfer **Canon** und **L'Herbe** lassen sich gut zu Fuß erkunden. Dort befinden sich in den meisten Häuschen heute Ferienwohnungen. Von dem 1965 abgerissenen, prächtigen Herrenhaus Villa Algérienne zwischen La Vigne und L'Herbe ist nur die Kapelle im maurischen Stil bei L'Herbe verblieben.

Fischerhütte mit rechteckigem Fischnetz

Der eleganteste Urlaubsort der Halbinsel liegt beim **Phare du Cap-Ferret**. Der Leuchtturm (52 m) mit der roten Signallampe überragt die Bucht.

Phare du Cap-Ferret
05 56 03 94 49. Apr–Sep: tägl.; Okt–März: Mi–So nachm. Nov–Dez.

Île aux Oiseaux

Die drei Kilometer nördlich von Arcachon gelegene Insel verdankt ihren Namen den dortigen Seevögeln. Sie ist ein Zentrum der Austernzucht und beliebt bei Jägern. Diese warten auf Beute in auf Stelzen stehenden Hochständen, die nach dem gaskonischen Wort *tchanque* (Stelze) *cabanes tchanques* heißen.

Möwe

Réserve Ornithologique du Teich

Maison de la Nature du Bassin d'Arcachon; 05 56 22 80 93. tägl.
reserve-ornithologique-du-teich.com

Das 100 Hektar große Naturschutzgebiet an einem der ursprünglichsten Strände der Bucht am Eyrre-Delta entstand um die brackigen Gewässer aufgegebener Salzwiesen. Im Lauf des Jahres sind hier mehr als 260 Zugvogelarten zu beobachten: Wildenten, Fischreiher, Silberreiher, Schwäne, Störche und Blaukehlchen in ihrer natürlichen Umgebung, in der salzliebende Pflanzen wie Salzwasserweiden und Tamarisken wachsen.

Domaine de Certes

Audenge; 05 57 70 67 56. Naturführer (Juli, Aug).

Die flachen Süß- und Salzwasserbecken für die Fischzucht bei Certes sind über 400 Hektar groß und durch ein kleines Stück Festland miteinander verbunden. Hier züchtet man Seebarsche, Meeräschen und Seebrassen. Das Gebiet wurde 1984 vom Conservatoire du Littoral erworben. Ein Fußweg führt an der Küste entlang. Vogelfreunde können eine große Artenvielfalt in ihrem natürlichen Lebensraum beobachten, etwa Fischreiher, Kormorane und Enten.

Andernos-les-Bains

Esplanade du Broustic; 05 56 82 02 95.

Der Ferienort schmiegt sich an den Nordostrand der Bucht. Obwohl es hier bei Ebbe kein Wasser gibt, ist Andernos im Sommer beliebt. Bei Flut sind die vielen kleinen Strände ideal zum Schwimmen und Erholen.

Andernos hat eine Austernzucht und einen Yachthafen in Le Bétey mit dem längsten Anlegesteg Frankreichs (232 m). Am Strand stehen die Ruinen einer frühchristlichen Basilika und die Église Saint-Éloi mit einer Apsis aus dem 12. Jahrhundert.

Der Küstenort Audenge lebt von der Austernzucht

Hotels und Restaurants in der Gironde *siehe Seiten 250f und 262f*

❼ Arcachon

Straßenkarte B2. 11 900. nach Cap-Ferret. Esplanade Georges-Pompidou; 05 57 52 97 97. tägl. (Okt–Juni: Di–So). La Fête d'Arcachon (März); 18 Heures à la Voile et Tchanquetas (Ende Juni–Anfang Juli); Fêtes de la Mer (14.–15. Aug).
arcachon.com

Dass Arcachon Seebad wurde, verdankt es Napoléon III, der sich in den Ort verliebt hatte. Mit dem Eisenbahnanschluss 1857 war die Ortsentwicklung komplett. Nur wenige französische Städte sind ähnlich ausgedehnt wie das 20 000 Hektar große Arcachon, das fast mit dem Nachbarort La Teste-de-Buch zusammenwächst. In den 1960er Jahren wurde ein Yachthafen angelegt, der lange Pier an der Hafenpromenade ist der wichtigste Treffpunkt der Stadt. Im Parc Péreire stehen moderne Villen in schönen Gärten mit herrlichen Blick auf die Küstenstraße. Am Strand in der Nähe des Casinos kann man im **Musée-Aquarium** die Unterwasserfauna bestaunen.

Die Dune du Pyla verändert sich ständig und ist etwa 110 Meter hoch

Musée-Aquarium
2, rue du Professeur-Jolyet.
05 56 54 89 28. Feb–Nov: Sa nachm.–Fr.

❽ Dune du Pyla

Straßenkarte B2. Rond-Point du Figuier, Pyla-sur-Mer; 05 56 54 02 22 oder 05 56 22 12 85 (Sommer).

Frankreichs »bewegtestes« Denkmal ist etwa drei Kilometer lang, 500 Meter breit und mit etwa 110 Meter Höhe die höchste Sanddüne Europas. Die Dune du Pyla überragt den Banc d'Arguin und ist mit Strandhafer, Levkojen und Winden bewachsen. Zu ihrer Entstehung trug besonders der stetige Westwind bei, der die Sandkörner aufwirbelt und davonträgt. 1855 war die Düne erst 35 Meter hoch, jährlich kommen jedoch ein bis vier Meter hinzu. Vom Dünenkamm hat man eine fantastische Aussicht auf die Forêt de La Teste und den Atlantik.

Im Château Deganne befindet sich heute das Casino von Arcachon

Kostbare historische Architektur

Die Ville d'Hiver (Winterstadt) von Arcachon ist ein Werk der Brüder Péreire, die sich in der Gegend niedergelassen hatten. 1862 erwarben die beiden Bankiers etwa 400 Hektar waldbestandenes Dünenland oberhalb von Arcachon, das sie in Parzellen aufteilten. Sie beauftragten den Architekten Régnaud und den Landschaftsplaner Alphand mit dem Bau hübscher Villen für die Kurgäste. Die harzige Waldluft Arcachons war berühmt für ihre Heilwirkung. Die windgeschützt inmitten von Kiefern gebaute Ville d'Hiver umfasst 300 Villen. Jede wurde anders gestaltet, sei es im maurischen Stil, im Kolonialstil oder als neogotische Herrenhäuser, wie sie die Place des Palmiers säumen. Gesimse, Ziergiebel, Balkone mit filigran durchbrochenen Holzgeländern, halbrunde Fenster und Gauben schmücken diese eleganten Bauwerke. Im 19. Jahrhundert residierten hier der italienische Schriftsteller Gabriele D'Annunzio (in der Villa Saint-Dominique) und der Komponist Charles Gounod (oft in der Villa Faust).

Villa in Arcachon

⑨ Im Detail: Bordeaux

Die Stadt an der Garonne war schon in vorrömischer Zeit ein bedeutender Hafen, doch sind kaum Zeugnisse dieser langen Geschichte erhalten. Weil man hier schon immer zukunftsorientiert dachte, erlebte Bordeaux im 18. Jahrhundert einen radikalen Wandel. Heute umgeben Industrie- und Hafengebiete das Zentrum mit den prächtigen Boulevards und neoklassizistischen Stadtplätzen. Direkt am Wasser liegt die Place de la Bourse, an der die vornehmen Häuser der Weinhändler früher die dahinterliegenden mittelalterlichen Armenviertel kaschierten. Von der prächtigen Esplanade des Quinconces hat man einen schönen Blick auf das reich geschmückte Monument aux Girondins. Die Place des Grands-Hommes nahe der Église Notre-Dame ist ein seltenes Beispiel für die Stadtplanung von Bordeaux während der Französischen Revolution.

Église Notre-Dame
wurde zwischen 1684 und 1707 erbaut.

Bar à Vins und École du Vin du CIVB
veranstalten Weinproben.

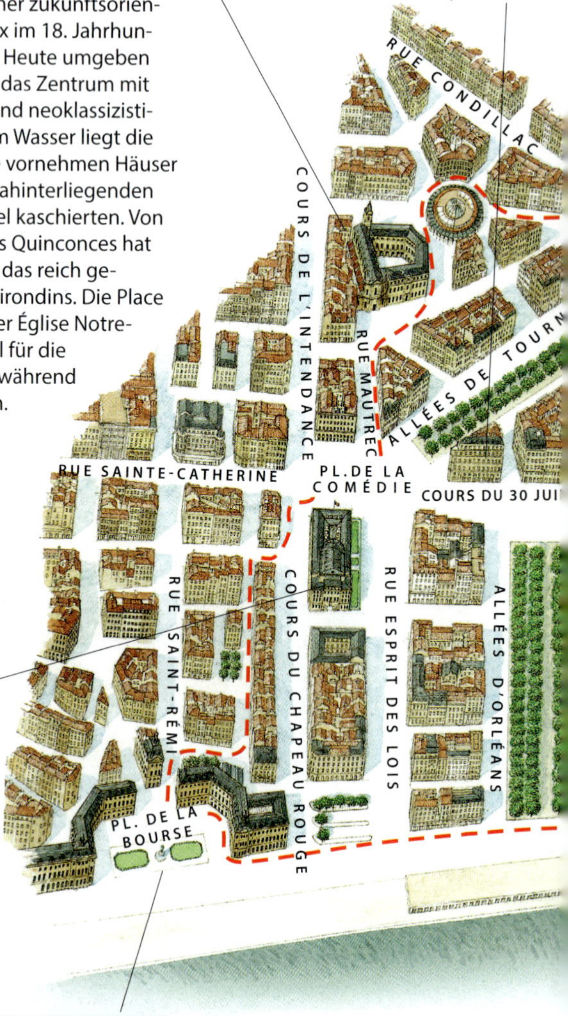

★ Grand-Théâtre
Die Fassade des Theaters (1773–80) zieren Statuen der neun Musen und der Göttinnen Juno, Minerva und Venus.

★ Place de la Bourse
Das harmonische städtebauliche Meisterwerk flankieren zwei majestätische Bauten (18. Jh.), die alte Börse (Bourse) und das Hôtel des Fermes, in dem das Musée des Douanes zu Hause ist.

Legende
– Routenempfehlung

Monument aux Girondins
Die Brunnenfiguren an den Seiten des Denkmals (1894–1902) symbolisieren den Triumph der Einheit und der Republik. Darüber thront eine Freiheitsstatue, die ihre Ketten sprengt.

Infobox

Information
Straßenkarte C2. 236 000.
12, cours du 30-Juillet; 05 56 00 66 00 & 28, rue des Argentiers; 05 56 48 04 24.
Fête Le Fleuve (Juni); Fête du Vin (Juni). **bordeaux-tourisme.com**

Anfahrt
10 km westl. von Bordeaux.
Gare Saint-Jean. Esplanade des Quinconces.

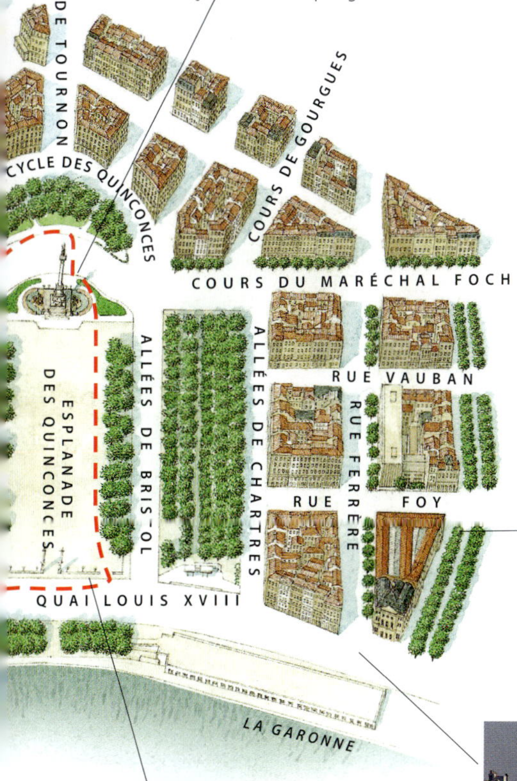

CAPC (Centre d'Art Plastique Contemporain)
Das Museum für moderne Kunst befindet sich in einem Hafenspeicher aus dem 19. Jahrhundert.

★ Esplanade des Quinconces
Der von Bäumen gesäumte Platz mit den Statuen von Montaigne und Montesquieu wurde 1827–1858 angelegt.

Les Chartrons
Das Viertel, in dem früher reiche Weinhändler wohnten, wurde restauriert. Die schönen Stadthäuser sind heiß begehrte Objekte.

Überblick: Bordeaux

Nach sorgfältigen Restaurierungen erstrahlt Bordeaux wieder mit reich verzierten Fassaden und prächtigen gotischen Kirchen, die seine große Bedeutung im mittelalterlichen Europa dokumentieren. Ganze Stadtteile wurden in Fußgängerzonen umgewandelt, auf den Hafendämmen kann man nun ausgiebig spazieren gehen. Besonders beeindruckt die klassizistische Architektur aus dem 18. Jahrhundert. In jener Ära begann die Blütezeit der Stadt. Die großzügigen Plätze, von Bäumen beschatteten Alleen und eleganten Stadthäuser stammen aus dieser Zeit.

Westportal der Cathédrale Saint-André

Quartier Saint-Pierre

Um das Viertel zwischen Garonne und Zentrum verliefen bis zum 18. Jahrhundert Mauern. Nach seiner Restaurierung lädt es zu schönen Spaziergängen ein. Die **Place de la Bourse** entstand 1729–55 als Place Royale, nach Plänen des Baumeisters Jacques Gabriel und seines Sohns Ange. An der Nordseite steht die Bourse, an der Südseite das Hôtel des Fermes mit Säulen am oberen Stockwerk. Die majestätischen Fassaden zieren dekorative Bildhauerarbeiten, Masken und schmiedeeiserne Balkone. In der Mitte des Platzes stand einst eine Statue von Louis XV, seit 1864 sieht man hier die Fontaine des Trois-Grâces.

Cafés, Restaurants und harmonische Architektur bietet die von Tourny 1754 in Auftrag gegebene **Place du Parlement**, vormals Place du Marché-Royal. Häuser aus der Zeit von Louis XV stehen um einen gepflasterten Hof mit Brunnen (1867). An der **Place Saint-Pierre**, auf der donnerstags ein Biomarkt stattfindet, erhebt sich die im 19. Jahrhundert umgebaute Église Saint-Pierre (14./15. Jh.).

Musée National des Douanes

1, place de la Bourse. 05 56 48 82 82. Di–So. 25. Dez, 1. Jan.

In einem Seitenflügel des Hôtel des Fermes, dem früheren Zollhaus, befindet sich das Museum zur Geschichte und Arbeit französischer Zöllner bis in die Gegenwart. Zu den Exponaten gehört auch ein Gemälde von Monet, *La Cabane du Douanier, Effet d'Après-midi* (1882).

Porte Cailhau

Place du Palais. Juni–Sep: tägl. nachm.

Von hier hat man eine schöne Aussicht auf den Pont de Pierre und das nördliche Flussufer. Das Tor wurde 1495 anlässlich eines Siegs des französischen Königs Charles VIII in Italien errichtet.

Brunnen an der Place du Parlement

Cathédrale Saint-André

Place Pey-Berland. tägl.

Die schönste Kirche von Bordeaux zählt zum UNESCO-Welterbe. Sie wurde 1096 von Papst Urban II. geweiht, als er in der Stadt für den ersten Kreuzzug warb. Das Kirchenschiff (11./12. Jh.) wurde im 15. Jahrhundert umgebaut. Darstellungen von Aposteln, Bischöfen, Märtyrern und vom Jüngsten Gericht zieren das West- und Nordportal sowie den Zugang zum Südflügel des Querschiffs (13./14. Jh.). Die Kathedrale wurde im 19. Jahrhundert restauriert, nachdem man sie in der Zeit der Revolution als Tierfutterlager benutzt hatte.

Musée d'Aquitaine

20, cours Pasteur. 05 56 01 51 00. Di–So. Feiertage.

Das 1886 als Fakultät für Literatur und Wissenschaft errichtete Gebäude wurde 1987 in ein Museum umgewandelt, das eine archäologische Sammlung ausstellt. Zu den prähistorischen Kunstwerken gehört die Venus von Laussel. Herausragende Exponate sind der gallische Goldschatz von Tayac und die römische Bronzefigur des Herkules *(siehe S. 44)*. Gezeigt werden zudem Exponate vom Mittelalter bis ins 19. Jahrhundert. Sehenswert sind auch die afrikanischen und die ozeanischen Sammlungen.

Fries an der Fassade des Musée d'Aquitaine

Hotels und Restaurants in der Gironde *siehe Seiten 250f und 262f*

Tour Pey-Berland

Place Pey-Berland. 05 56 81 26 25. Juni–Sep: tägl.; Okt–Mai: Di–So. 1. Jan, 1. Mai, 25. Dez.

Die Statue (19. Jahrhundert) auf dem Glockenturm der Kathedrale im gotischen Flamboyant-Stil wurde vergoldet. Von den Aussichtsplattformen hat man einen wunderschönen Ausblick.

Centre National Jean-Moulin

Place Jean Moulin. 05 56 10 19 90. Di–So nachm. Feiertage.

Die 1967 eröffnete Gedenkstätte ist der Résistance, der Deportation der französischen Juden sowie der Rolle der Forces Françaises Libres während des Kriegs gewidmet.

Grosse Cloche

Rue Saint-James.

Die Uhr ist der einzige Überrest der Porte Saint-Éloi, des Tors in der Stadtbefestigung (13. Jh.). Der Glockenturm war Teil des früheren Rathauses.

Die Grosse Cloche gehörte zur Porte Saint-Éloi

Palais Rohan

Place Pey-Berland. Mi.

Das 1771–83 als Residenz für den Erzbischof Mériadec de Rohan errichtete Palais ist seit 1937 Sitz des Rathauses. Die Seitenflügel des Gebäudes mit den großzügigen Wohntrakten laufen um einen quadratischen Innenhof. Von Interesse sind vor allem das reich verzierte Esszimmer und die Prunktreppe.

La Cité du Vin

134–150, quai de Bacalan. 05 56 16 20 20. Zeiten variieren, siehe Website.

laciteduvin.com

Die 2016 in einem futuristischen Bau eröffnete Cité du Vin ist ein Museum und Freizeitpark zum Thema Wein.

Zentrum von Bordeaux

1. Centre d'Art Plastique Contemporain (CAPC)
2. Monument aux Girondins
3. Église Notre-Dame
4. Grand-Théâtre
5. Musée National des Douanes
6. Porte Cailhau
7. Grosse Cloche
8. Musée d'Aquitaine
9. Cathédrale Saint-André
10. Palais Rohan
11. Musée des Beaux-Arts
12. Musée des Arts Décoratifs
13. Centre National Jean-Moulin

Legende

Detailkarte *siehe S. 72f*

0 Meter 800

Zeichenerklärung *siehe hintere Umschlagklappe*

Bordeaux: Grand-Théâtre

Maréchal-duc de Richelieu, der Gouverneur von Guyenne, beauftragte Victor Louis (1731–1811) mit dem Bau des Grand-Théâtre. Das klassizistische Gebäude entstand von 1773 bis 1780 am Standort des »Piliers de Tutelle« genannten gallorömischen Tempels. Um den 88 mal 47 Meter großen rechteckigen Bau verlaufen Gewölbegalerien mit zwölf korinthischen Säulen an der Hauptfassade. Darüber stehen Steinskulpturen der neun Musen und der Göttinnen Juno, Venus und Minerva. Einzigartig sind das Säulenatrium, der monumentale Treppenaufgang und der für seine Akustik berühmte Zuschauerraum, der bei einer Restaurierung seine Originalfarbgebung in Blau, Weiß und Gold zurückerhielt. Das Grand Foyer wurde in Salon Gérard Boireau umbenannt und ist ein gutes Beispiel für den Stil des Second Empire (1852–70).

★ Prunktreppe
Die üppig geschmückte Treppe war Vorbild für Garniers Aufgang in der Pariser Oper.

Klassische Statuen
Die Statuen der Göttinnen Juno, Venus und Minerva sowie der neun Musen an der Fassade sind ein Werk von Pierre-François Berruer (1733–1797).

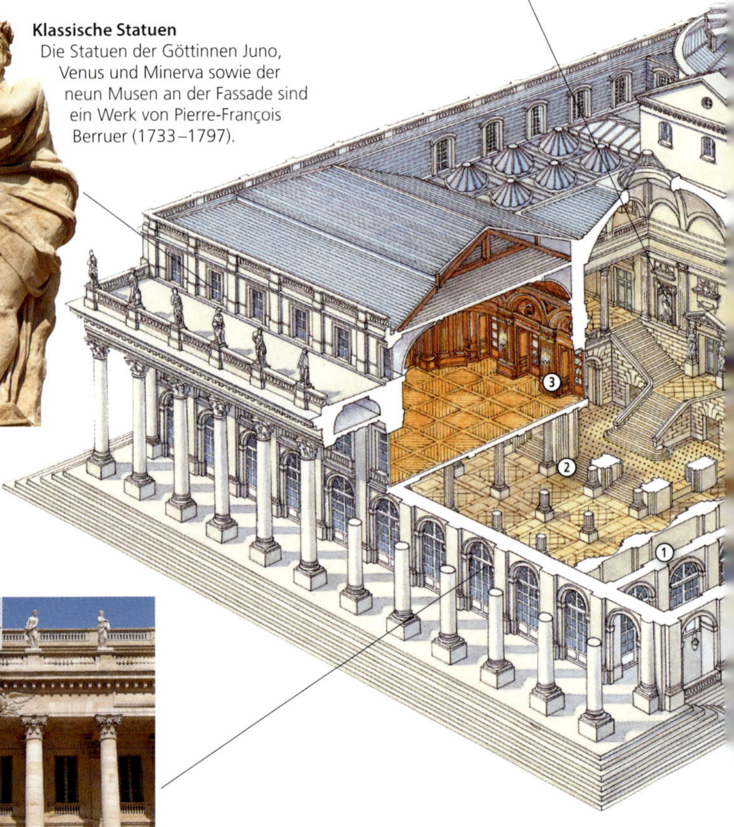

★ Fassade
An der Hauptfassade stehen zwölf korinthische Säulen. In den Seitenarkaden befanden sich früher kleine Läden.

Hotels und Restaurants in der Gironde *siehe Seiten 250f und 262f*

Bühne
Die für ihre Entstehungszeit ungewöhnlich große Bühne nimmt über ein Drittel des Innenraums ein.

Infobox

Information
Place de la Comédie.
05 56 00 85 95.
zu Vorstellungen; den Zeitplan für Führungen erfährt man im Fremdenverkehrsbüro.
opera-bordeaux.com

Anfahrt
Linien B und C. 10, 15, 29, 31, 53, 54, 55, 56, 58.

Außerdem

① **Kartenverkauf**

② **Atrium**

③ **Großes Foyer**

④ **Kristallleuchter mit 400 Lichtern**

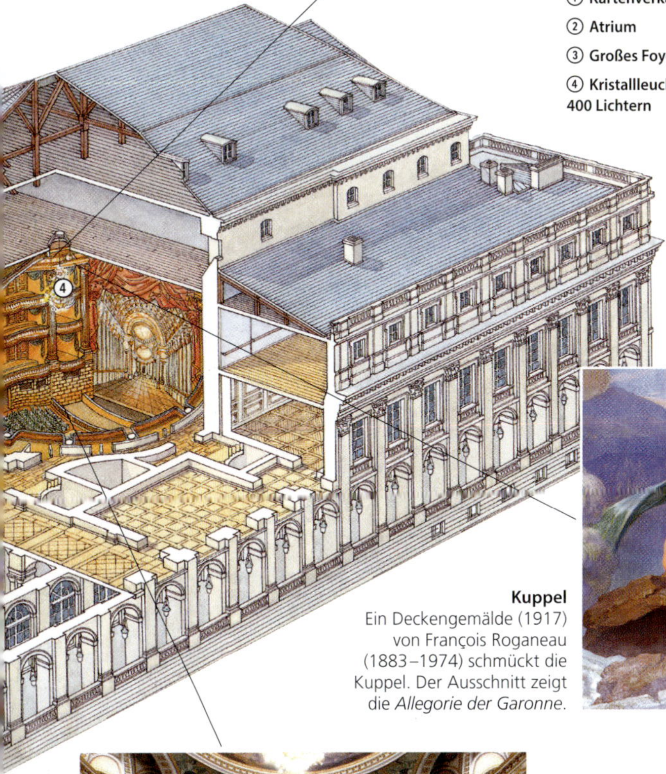

Kuppel
Ein Deckengemälde (1917) von François Roganeau (1883–1974) schmückt die Kuppel. Der Ausschnitt zeigt die *Allegorie der Garonne*.

★ **Zuschauerraum**
Der hufeisenförmige Zuschauerraum hat 1114 Plätze. Der majestätische Schwung der drei oberen Ränge wird von zwölf Säulen im klassischen Stil aufgelockert. 1871 war der Saal Sitz der Nationalversammlung.

***Griechenland auf den Ruinen von Missolonghi,* Eugène Delacroix**

Musée des Beaux-Arts

20, cours d'Albret. 05 56 10 20 56. Mi–Mo. Feiertage.

Die Sammlung des Museums in dem 1878–81 von Charles Burguet angebauten Nord- und Südflügel deckt die Geschichte der westlichen Kunst von der Renaissance bis ins späte 20. Jahrhundert ab. Sie zeigt Werke der italienischen Schule von Perugino und Tizian und herrliche flämische Arbeiten von Brueghel, van Dyck und Rubens. Die romantische Malerei vertreten etwa Delacroix und Corot, ferner gibt es Impressionisten wie Boudin, moderne Kunst von Matisse und Kokoschka und Werke von Künstlern aus Bordeaux, etwa Redon und Marquet.

Musée des Arts Décoratifs

39, rue Bouffard. 05 56 10 14 00. Mi–Mo, Sa–So nur nachm. Feiertage.

In dem Museum im **Hôtel de Lalande**, das Étienne Laclotte 1775–79 erbaute, kann man den für die Stadthäuser von Bordeaux im 18. Jahrhundert so typischen Luxus der Interieurs nachvollziehen. Zu sehen sind Gemälde, Miniaturen, Drucke, Skulpturen, Möbel, Keramik, Metall- und Glasarbeiten des 18. und 19. Jahrhunderts.

Nördlich des Zentrums

Auch wenn das Quartier des Chartrons und das Quartier Saint-Michel heute weitgehend von Industrie geprägt sind, befinden sich hier einige der schönsten sakralen Bauwerke der Stadt. Stilistisch reichen sie von der Zeit der Merowinger, wie man in der Krypta der Basilique Saint-Seurin sehen kann, über die Romanik, die sich in der Église Sainte-Croix zeigt, bis zur Gotik, vertreten durch die Basilique Saint-Michel und die Église Sainte-Eulalie. Schöne Bauten des 18. Jahrhunderts sind die hübschen Stadthäuser am Cours Xavier-Arnozan und das Petit Hôtel Labottière.

Quartier des Chartrons

Dieses Viertel war das historische Zentrum des Weinhandels von Bordeaux, der bis in die Römerzeit zurückreicht. Hier konzentrierte sich der Reichtum der Stadt, die großen Weinhandelsdynastien wurden hier begründet.

Muschelförmige Schale von de Caranza

In den Kellergewölben des **Musée du Vin et du Négoce de Bordeaux** wird die Bedeutung des Weins für Bordeaux und seine Umgebung eindrucksvoll dokumentiert. Zu den interessantesten Ausstellungsstücken der Sammlung zählen neben den Gemälden auch einige *gabares* genannte Frachtboote.

Sehenswert sind zudem die klassizistische protestantische Kirche **Temple des Chartrons** und die Halle des Chartrons (Markthalle) von 1869, ein Bau aus Gusseisen, Glas und Stein.

Stadthäuser reicher Weinhändler säumen den berühmten **Cours Xavier-Arnozan**, auch bekannt als Pavé des Chartrons. An ihren Fassaden im Louis-XVI-Stil stützen Steinsäulen die Balkone. Seit 1984 hat das **CAPC (Centre d'Art Plastique Contemporain)** seinen Sitz in einem früheren Lagerhaus für Kolonialwaren. Das Museum zeigt Werke von Daniel Buren, Simon Hantaï, Sol LeWitt und weiteren Gegenwartskünstlern wie Peter Halley und Robert Combas.

Der von Gabriel angelegte **Jardin Public**, früher Jardin Royal, wurde 1756 vollendet, während der Revolution und im Kaiserreich verwüstet. Hundert Jahre später wandelte man ihn in einen Landschaftsgarten mit botanischem Garten um.

Das **Muséum d'Histoire Naturelle** befindet sich im Hôtel de Lisleferme, das Bonfin im Jahr 1770 erbaute.

Musée du Vin et du Négoce de Bordeaux
41, rue Borie. 05 56 90 19 13. tägl.

Temple des Chartrons
Rue Notre-Dame.

CAPC (Centre d'Art Plastique Contemporain)
Entrepôt Lainé, 7, rue Ferrère. 05 56 00 81 50. Di–So.

Muséum d'Histoire Naturelle
5, place Bardineau. 05 24 57 65 30. wg. Renovierung bis 2017.

Bezaubernd elegante Arkade aus den 1830er Jahren

Hotels und Restaurants in der Gironde *siehe Seiten 250f und 262f*

Westlich des Zentrums

Das **Petit Hôtel Labottière** (1783–88) ist ein hübsches klassizistisches Stadthaus mit Innenhof und Garten. Zur Gartenseite hin hat das Dach eine Balustrade.

Das **Palais Gallien** aus dem späten 3. Jahrhundert ist das einzige Relikt des antiken Burdigala, wie Bordeaux zur gallorömischen Zeit hieß. Das etwa 130 Meter lange und 110 Meter breite Amphitheater bot 15 000 Zuschauern Platz. Es wurde von den Franken 276 n. Chr. niedergebrannt und während der Revolution teilweise zerstört.

Die **Basilique Saint-Seurin** an der Place des Martyrs-de-la-Résistance hat am Westeingang Kapitelle aus dem frühen 12. Jahrhundert und eine Krypta aus dem 11. Jahrhundert mit merowingischen Gräbern. In der **Archäologischen Krypta** gegenüber entdeckte man 1910 Gräber aus dem 4. bis 18. Jahrhundert, gallorömische und merowingische Sarkophage und Amphoren, die als Kindergräber dienten.

Bogen des Palais Gallien

Petit Hôtel Labottière
13, rue Saint-Laurent. 06 75 67 86 71. nach Vereinbarung.

Palais Gallien
Rue du Docteur-Albert-Barraud. Juni–Sep: tägl. nachmittags.

Basilique Saint-Seurin
Rue Jean-Burguet. Di–So.

Archäologische Krypta
Juni–Sep: tägl. nachmittags.

Südlich des Zentrums

Die gotische **Église Sainte-Eulalie** aus dem 14. Jahrhundert wurde im 19. Jahrhundert umgebaut. Sie besitzt Kunstwerke aus Kirchen und Klöstern von Bordeaux. Das **Hôpital Saint-André** gegenüber erbaute Jean Burguet 1824–30. Um den großen Kreuzgang verlaufen zweistöckige Arkadengalerien.

Die wie ein Triumphbogen gebaute **Porte d'Aquitaine** ist eines von insgesamt acht solcher Tore, die in die Stadt führen. Sie ersetzten im 18. Jahrhundert die mittelalterlichen Seitentore. Die Porte d'Aquitaine steht am Anfang der Rue Sainte-Catherine. Die verkehrsberuhigte Einkaufsstraße führt nordwärts zur Place de la Comédie gegenüber dem Grand-Théâtre *(siehe S. 76f)*.

Die romanische **Église Sainte-Croix** im sanierten Viertel bei der École des Beaux-Arts und dem Théâtre du Port-de-la-Lune in einer alten Zuckerraffinerie wurde im 19. Jahrhundert umgebaut, doch stammt ihre reich verzierte Fassade aus dem 12. Jahrhundert. Die sechseckigen Kuppeln kamen im 13. Jahrhundert dazu. Den nördlichen romanischen Glockenturm fügte Paul Abadie 1860 hinzu.

Die **Basilique Saint-Michel** an der Place Canteloup steht in einem Viertel mit Antiquitätenläden. Dort finden montags und samstags ein Markt und sonntags ein Flohmarkt statt. Die im 14. Jahrhundert begonnene Kirche wurde 200 Jahre später im gotischen Flamboyant-Stil vollendet. Die Chapelle Saint-Jacques entstand für die Pilgerbruderschaft von Bordeaux. Den 114 Meter hohen Glockenturm **La Flèche** (15. Jh.) restaurierte Abadie im 19. Jahrhundert und trennte ihn von der Basilika ab. Die Krypta aus dem 15. Jahrhundert unter dem Glockenturm liegt über dem ehemaligen Friedhof des Kartäuserklosters.

Basilique Saint-Seurin, zwischen 12. und 18. Jahrhundert immer wieder umgebaut

Église Sainte-Croix
tägl.

Basilique Saint-Michel
tägl. nachmittags (La Flèche nur Juni–Sep).

Steinerne Gesichter

In Stein gehauene Masken zieren viele Häuser in Bordeaux. Zwar stammen die ältesten aus dem 16. Jahrhundert, doch eigentlich sind sie typisch für das 18. Jahrhundert. An der Place de la Bourse überwacht Merkur, der Gott des Handels, den Schiffsverkehr im Hafen. Bärtige Flussgötter stehen für den Zusammenfluss von Dordogne und Garonne, Ceres und Bacchus für den Wohlstand, den die Stadt dem Wein verdankt, und die Zephyre blähen mit aller Kraft die Wangen. Der Ausdruck der Götter, Nymphen und Satyrn reicht von zornig über melancholisch bis spöttisch. In den umliegenden Straßen werden die Gesichter profaner. Am Quai Richelieu grenzen manche Gesichter ans Groteske, an der Maison Francia in der Rue du Mirail blinzelt keck ein Pirat.

Steingesichter

⑩ Tour durch das Médoc

Aus dem Médoc kommen einige der besten Weine der Welt. Das Gebiet erstreckt sich um den 45. nördlichen Breitengrad zwischen der Gironde-Mündung und einem Waldgebiet mit dem Atlantik im Westen. Das mild-feuchte Klima ist ideal für den Weinanbau, Gleiches gilt für den Boden aus Kies, Sand und Lehm. Diese Faktoren und das Wissen der Winzer tragen dazu bei, dass aus Rebsorten wie Cabernet Sauvignon, Cabernet Franc, Merlot und Petit Verdot erstklassige Weine entstehen können.

⑧ Château Cos d'Estournel
Das auffallende, exotische Gebäude thront über den dazugehörigen Weinbergen. Das Château keltert die Appellation Saint-Estèphe, einen bemerkenswerten *deuxième cru classé*.

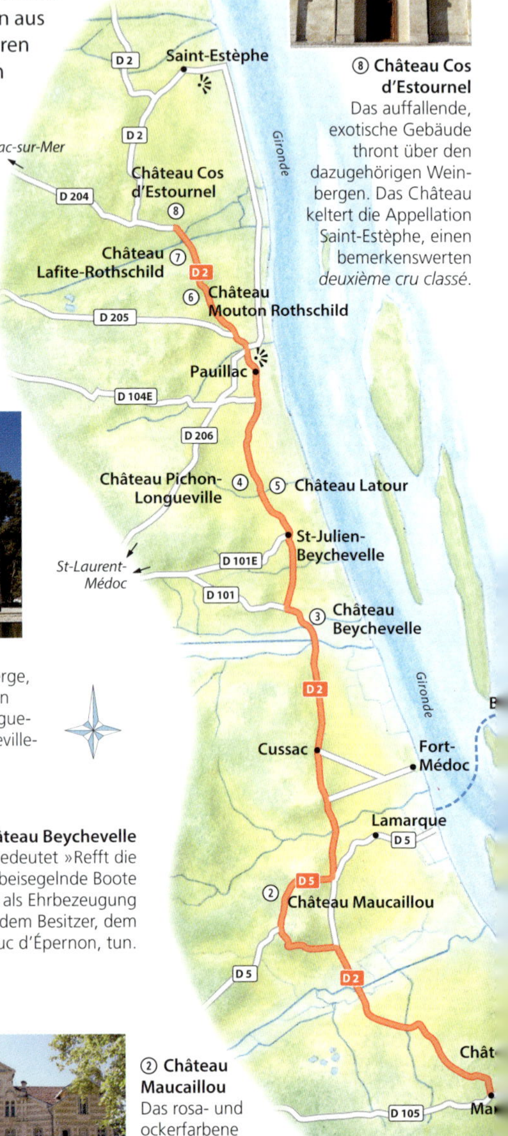

⑥ Château Mouton Rothschild
1973 wurde der Wein als *premier grand cru classé* eingestuft. Château Mouton gehört seit 1853 den Rothschilds. Weinkeller und Museum sind nach Vereinbarung zu besichtigen (05 56 73 21 29, Mo–Fr).

④ Château Pichon-Longueville
Im 19. Jahrhundert wurden die Weinberge, ein *deuxième grand cru classé*, zwischen den zwei Besitzen Château Pichon-Longueville-Baron und Château Pichon-Longueville-Comtesse-de-Lalande aufgeteilt.

③ Château Beychevelle
Der Name bedeutet »Refft die Segel«. Vorbeisegelnde Boote mussten dies als Ehrbezeugung gegenüber dem Besitzer, dem mächtigen Duc d'Épernon, tun.

0 Kilometer 3

② Château Maucaillou
Das rosa- und ockerfarbene Château bei Moulis-en-Médoc hat ein interessantes Weinbau- und Winzereimuseum.

Legende
- Routenempfehlung
- Andere Straße
- Fährroute

Routeninfos

Länge: 23 km
Rasten: Château Le Foulon (05 56 58 20 18) bei Castelnau-le-Médoc ist ein angenehmes Gasthaus. Beobachten Sie am Hafen von Parempuyre die Segelboote. Im Port de Lagrange gibt es Mahlzeiten mit lokalen Spezialitäten und guten Weinen.

⑦ **Château Lafite-Rothschild**
Das mittelalterliche Château wurde im 18. Jahrhundert umgestaltet. Ricardo Bofill baute die Kellergewölbe. Das Anwesen ist nach telefonischer Anmeldung (05 56 59 26 83) zu besichtigen.

⑤ **Château Latour**
Dieses Château stammt aus dem 19. Jahrhundert. Der runde Turm, der die Weinberge überragt, ist ein Relikt der Festung, die dort früher stand.

① **Château Margaux**
Das stattliche klassizistische Château entstand 1810–16 unter Combes, einem Schüler von Victor Louis, dem Baumeister des Grand-Théâtre.

Die strenge klassizistische Fassade des Château Margaux

⑪ Margaux

Straßenkarte C2. 1400. **Château Margaux** 05 57 88 83 83. Mo–Fr, nach Vereinbarung. Feiertage, Aug und und Weinlese. zwei Wochen vorher buchen.

Aus den Weinbergen bei Arsac, Cantenac, Labarde, Margaux und Soussans stammen die offiziell als Margaux klassifizierten Weine. In dem etwa 1200 Hektar großen Hügelgebiet wächst der Wein auf kiesigem Boden. Château Margaux, ein *premier grand cru classé*, bringt anspruchsvollen Wein mit fruchtigem Bukett. Die Weinkeller können besichtigt werden. Informationen liefert das Besucherzentrum **Maison du Vin et du Tourisme** am Rand von Margaux.

Umgebung: Etwa 25 Kilometer nördlich von Bordeaux steht das schöne **Château d'Issan** (17. Jh.). Am Wochenende bieten die Cafés und Lokale im kleinen Hafen Macau Fisch und Meeresfrüchte an (u. a. Schollen, Aale und Krabben).

Maison du Vin et du Tourisme
7, place la Trémoille. 05 57 88 70 82. Mo–Sa (Juni–Sep: tägl.).
maisonduvindemargaux.com

⑫ Moulis-en-Médoc

Straßenkarte B2. 1700. La Verrerie, Pauillac; 05 56 59 03 08.

Die romanische Kirche aus dem 12. Jahrhundert mit dem gotischen Glockenturm zeigt Bildkapitelle mit naiven Darstellungen wilder Tiere, von Fabelwesen und Szenen aus dem Alten Testament.

Die **Maison du Vin de Moulis** organisiert Besichtigungstouren zu den Châteaux im Anbaugebiet des Médoc.

Richtung Norden führt die D5 nach **Port de Lamarque** an der Gironde. Dort setzt die Fähre nach Blaye *(siehe S. 82)* am Ostufer über.

Maison du Vin de Moulis
05 56 58 32 74. Mitte Juni–Mitte Sep: Di, Do–Sa; Mitte Sep–Mitte Juni: Mo, Di, Do, Fr.
moulis.com

Port de Lamarque
05 57 42 04 49.

Befestigte romanische Kirche in Moulis-en-Médoc mit gotischem Turm

Giebelfeld der Porte Royale in Fort-Médoc

⓭ Fort-Médoc

Straßenkarte C2. 16, avenue du Haut-Médoc, Cussac-Fort-Médoc; 05 56 58 98 40. Feb, März: tägl. nur nachm.

Die Festung wurde im späten 17. Jahrhundert von Vauban erbaut und gehörte mit den Zitadellen von Blaye und Fort-Paté zu den Wehranlagen an der Gironde-Mündung. Durch das Eingangstor Porte Royale mit dem Sonnenrelief, das Louis XIV symbolisiert, gelangt man in einen Innenhof. Dahinter befinden sich die noch erhaltenen Teile der Festung, die Wachstube und die Geschützplattform. An der rechteckigen Anlage ragt an jeder Seite ein Bastionsturm auf. Von einem bietet sich ein schöner Blick über die Gironde-Mündung und auf das andere Ufer.

Umgebung: Zwei Kilometer entfernt kann man im **Château Lanessan** den Keller mit Weinen aus dem Haut-Médoc besichtigen sowie das Pferdemuseum Musée du Cheval.

Château Lanessan
Cussac-Fort-Médoc. 05 56 58 94 80. tägl. (nach Vereinbarung).

⓮ Pauillac

Straßenkarte B1. 5200. La Verrerie; 05 56 59 03 08. Sa. Fête du Nautisme (Juni); Fête de l'Agneau de Pauillac (Mai); Marathon des Châteaux du Médoc (Sep).
pauillac-medoc.com

Die Marina von Pauillac ist ein populärer Ankerplatz für Segelboote am Canal du Midi und in den Sommermonaten sehr beliebt. Pauillac ist das Zentrum der Weinproduktion im Médoc und darüber hinaus in Frankreich für sein hochwertiges Lammfleisch berühmt. Die örtliche **Maison du Tourisme et du Vin** verkauft regionale Grand-Cru-Weine und organisiert Besichtigungstouren zu den Châteaux der Gegend, bei denen man auch die Winzer kennenlernen kann.

Maison du Tourisme et du Vin
Vinothèque La Verrerie.
05 56 59 03 08. tägl.
pauillac-medoc.com

Umgebung: Acht Kilometer nordwestlich von Pauillac ist in **Vertheuil** nur ein Gebäude (18. Jh.) von der im 11. Jahrhundert gegründeten Abbaye des Prémontrés erhalten geblieben. Die **Église Saint-Pierre** aus dem 11. Jahrhundert hat ein romanisches Kirchenschiff mit Seitenschiffen und zwei Glockentürme aus dem 12. Jahrhundert. Ein Bogenfries mit Szenen aus dem Leben Christi ziert das Nordportal.

Église Saint-Pierre
Vertheuil. tägl. So nachm.

⓯ Blaye

Straßenkarte C1. 5000. nach Lamarque. Rue Couvent des Minimes, La Citadelle; 05 57 42 12 09. Mi, Sa. Concert Cita'delta (Aug: So); Channel 8 Regatta (Sep). **tourisme-blaye.com**

Blaye liegt unweit der Grenze zur Charente. Vaubans 1689 erbaute Zitadelle mit den sternförmigen Bastionen beschützte den Ort. Hoch über der Gironde kann man auf der Tour de l'Aiguillette schöne Sonnenuntergänge genießen. Danach versteht man, weshalb das Mündungsgebiet der Gironde für sein Licht berühmt ist. In das Dorf (18 000 m²) gelangt man durch die Porte Royale (mit dem Auto) oder durch die Porte Dauphine (zu Fuß). Im Sommer sind hier viele Kunsthandwerker. Das Château des Rudel liegt nördlich der Zitadelle. Im Lagerhaus Manutention bei der Place d'Armes befinden sich das **Musée de la Boulangerie et Archéologie** und die Ausstellungen **Estuaire Vivant** (»Lebendiges Mündungsgebiet«) und **Blaye – 7000 Ans d'Histoire**.

Musée de la Boulangerie et Archéologie
Manutention. 06 82 34 72 66 (Infos beim Conservatoire de l'Estuaire, Place d'Armes). tägl.

Estuaire Vivant
Manutention. Apr–Okt: Di–So nachmittags.

Blaye – 7000 Ans d'Histoire
Manutention. tägl.

Die Zitadelle von Blaye an der Gironde

Hotels und Restaurants in der Gironde *siehe Seiten 250f und 262f*

Das Château du Bouilh entwarf Victor Louis, der Architekt des Grand-Théâtre in Bordeaux

16 Bourg

Straßenkarte C2. 2200. Hôtel de la Jurade, place de la Libération; 05 57 68 31 76. So. Foire du Troque-Sel (Salzmesse; Juni). **tourisme.bourg-en-gironde.fr**

Das aus örtlichem Kalkstein erbaute Bourg war im Mittelalter eine Wehrstadt, die mit dem Salz der Charente, Weinen und Steinen aus den nahen Steinbrüchen handelte. Der hoch über dem Fluss gelegene Ort bietet eine schöne Aussicht und ist nur zu Fuß zu besichtigen. Bekannt ist er für seine Côtes-de-Bourg-Weine.

Im oberen Teil des Orts steht das **Château de la Citadelle**. Der elegante, lang gestreckte Prunkbau mit seinen geometrischen Garten war einst Sommersitz der Erzbischöfe von Bordeaux. Heute befindet sich dort das Kutschenmuseum **Musée des Calèches**. Die im 13. Jahrhundert aus dem Fels gehauene Porte Batailleyre trennt den oberen vom unteren Teil des Orts.

In der Umgebung von Bourg gibt es Aussichtspunkte, von denen aus man den Schiffsverkehr auf der Gironde beobachten und den Fischern bei ihrer Tätigkeit zusehen kann. Eine schöne Autofahrt führt von Bourg nach La Roque de Thau.

Château de la Citadelle
Parc du Château. tägl.

Musée des Calèches
05 57 68 23 57. Juni–Sep: tägl.; März–Mai, Okt: Sa–So. Nov–Feb.

Umgebung: Die Wände der 1881 entdeckten prähistorischen **Grotte de Pair-non-Pair**, 4,5 Kilometer östlich an der D669, bedecken Ritzzeichnungen. Sie kann als einzige bemalte Höhle in der Gironde besichtigt werden. Etwa zehn Kilometer südöstlich befindet sich das **Château du Bouilh** von Victor Louis.

Grotte de Pair-non-Pair
Prignac-et-Marcamps. 05 57 68 33 40. Di–So (im Voraus buchen). Feiertage.

Château du Bouilh
Saint-André-de-Cubzac. 05 57 43 06 59. tel. erfragen.

17 Libourne

Straßenkarte C2. 23 500. 40, place Abel-Surchamp; 05 57 51 15 04. Di, Fr, So. Fest'Arts (Aug). **tourisme-libourne.com**

Der Reichtum der Bastide am Zusammenfluss von Isle und Dordogne hing früher in hohem Maß vom regen Handel auf dem Fluss ab. Teile der Befestigungen und das Stadttor Porte du Grand-Port sind noch erhalten. Im Rathaus (15. Jh.) befindet sich das sehenswerte **Musée des Beaux-Arts**.

Musée des Beaux-Arts
42, place Abel-Surchamp. 05 57 55 33 44. Di nachm., Mi–Sa.

Umgebung: Die **Domaine de la Chataignière** präsentiert in einer Windmühle in Périssac, etwa 17 Kilometer nordwestlich von Libourne, auf eindrucksvolle Weise den Anbau in den Weinbergen von Fronsac, die kräftige, vollmundige Rotweine hervorbringen.

Im Norden liegen die Weinberge von **Pomerol**. Die Weine, die dort gekeltert werden, etwa der vielfach ausgezeichnete Château Pétrus, verdanken ihre Süffigkeit dem Eisenoxid im Boden.

Etwa 15 Kilometer nördlich steht in **Guîtres** eine große romanische Abtei aus dem 11. bis 15. Jahrhundert. Im **Musée Ferroviaire** mit seiner eigenen kleinen Bahnlinie können Besucher in das Zeitalter der Dampf- und Dieselloks eintauchen.

Ein wahres Erlebnis nicht nur für Freunde nostalgischer Eisenbahnen ist eine Fahrt mit dem dampfgetriebenen **Train Touristique de Guîtres**, der eine 14 Kilometer lange Strecke zwischen Guîtres und Marcenais befährt. Ebenso spannend ist eine Bootsfahrt auf der Isle. Daneben lohnt sich ein Spaziergang durch Guîtres, den man mit einer Weinverkostung verbinden kann.

Domaine de la Chataignière
1, les Grandes Terres, Périssac. 06 85 52 26 88 (vorher anrufen).

Abbatiale de Guîtres
Guîtres. 05 57 69 10 34. Juli–Mitte Sep: tägl. nachm.

Musée Ferroviaire
Gare de Guîtres. 05 57 69 10 69. Mai–Okt: So.

Train Touristique de Guîtres
Guîtres. 05 57 69 10 69. Mai–Okt: So (Dampflok); Juli, Aug: Mi nachm. (Diesellok).

⓲ Im Detail: Saint-Émilion

Der Mönch Aemilianus aus Vannes in der Bretagne gründete hier im 8. Jahrhundert am Nordhang des Dordogne-Tals eine Einsiedelei. Im 12. Jahrhundert kamen Befestigungsanlagen hinzu und im Mittelalter Häuser, Kapellen und Klöster. Mit seinen ockerfarbenen Steinmauern und dem leuchtenden Rot der Dachziegel ist St-Émilion ein malerischer Ort mit einem wunderbaren architekturhistorischen Erbe. Das Städtchen wechselte im Hundertjährigen Krieg mehrmals die Fronten, verbündete sich letztlich mit den Franzosen und erhielt dafür 1456 von Charles VII besondere Privilegien zugesprochen.

★ Kreuzgang und Abteikirche
Der quadratische Kreuzgang mit 30 Meter Seitenlänge wurde im romanischen Stil erbaut und später gotisiert.

Place de l'Église-Monolithe
Restaurants säumen die Place du Marché, der während der Revolution gepflanzte »Freiheitsbaum« wurde ersetzt.

★ Glockenturm
Besonders schön ist der Glockenturm der Église Monolithe. Er ist der zweithöchste in der Gironde nach dem Turm der Église Saint-Michel in Bordeaux.

0 Meter 20

Infobox

Information
Straßenkarte C2. 2000.
Doyenné (Dekanat), Place des Créneaux; 05 57 55 28 28.
So. Grandes Heures de Saint-Émilion (März–Dez); Jurade (3. So im Juni und Sep).
saint-emilion-tourisme.com

Anfahrt

Die Dächer von Saint-Émilion mit dem Turm der Église Monolithe

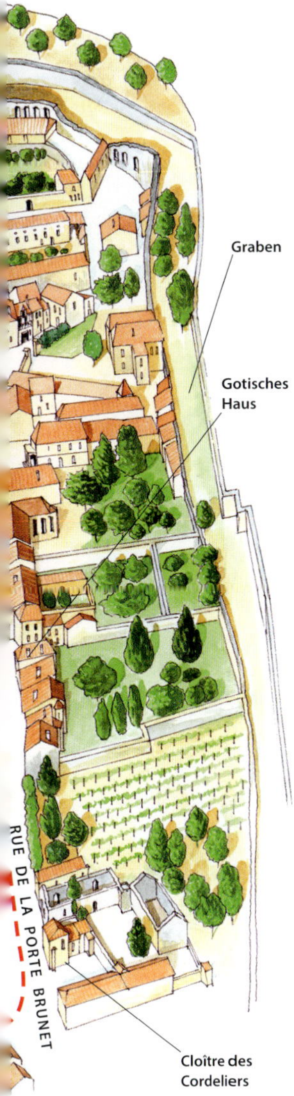

Überblick: Saint-Émilion

Das Städtchen mit den schmalen, steilen **Pflasterstraßen** *(tertres)* und **Treppchen** *(escalettes)*, die teilweise fantastische Ausblicke gewähren, kann man nur zu Fuß erkunden. Wer vom Norden über die D243 kommt, sieht zuerst die mächtigen **Befestigungsanlagen**, Relikte des Dominikanerklosters, das einstmals hier stand.

Église Monolithe

Place de l'Église-Monolithe. über das Fremdenverkehrsbüro, tägl. nachm.

Dort finden sich ein alter überdachter Markt und viele Restaurants. Die in Europa einzigartige Kirche wurde im 10. Jahrhundert direkt aus dem Kalkstein gehauen. Steinreliefs schmücken das zwölf Meter hohe Kirchenschiff, Darstellungen des Jüngsten Gerichts und der Auferstehung der Toten den Tympanon des gotischen Portals aus dem 14. Jahrhundert. Bei Ausgrabungen entdeckte man Wasserrohre, mit denen die Mönche Regenwasser ableiteten.

Glockenturm der Église Monolithe

Gegenüber dem Fremdenverkehrsbüro. tägl.

Der Glockenturm (133 m) ragt über die Place du Marché auf. Von oben hat man eine herrliche Aussicht auf Saint-Émilion und die Weinberge.

Katakomben

Place de l'Église-Monolithe. über das Fremdenverkehrsbüro, tägl.

Hinter dem Eingangsportal der Église Monolithe führt ein unterirdischer Gang zu einem Raum mit in den Felsen gehauenen Grabnischen. Seine Kuppel bildet den Boden eines Brunnens, an dessen Mauern eine Wendeltreppe verläuft. Es ist nachgewiesen, dass die Katakomben ursprünglich als Grabkapelle dienten.

Chapelle de la Trinité

Place de l'Église-Monolithe. über das Fremdenverkehrsbüro, tägl.

Eine Apsis mit achtgliedrigem Kreuzgewölbe und Wandfresken ziert die gotische Chapelle de la Trinité aus dem 13. Jahrhundert.

Thronender Christus

Ermitage de Saint-Émilion

Place de l'Église-Monolithe. über das Fremdenverkehrsbüro, tägl.

Die Ermitage de Saint-Émilion war der Überlieferung zufolge die Einsiedlerzelle, in der der Mönch Aemilianus im 8. Jahrhundert sein Dasein fristete. Dem Quellwasser aus dem nahen Fels sagt man seit Jahrhunderten Heilwirkung nach.

Rue de la Cadène

Von der Place de l'Église-Monolithe führt die Rue de la Cadène zur **Porte de la Cadène**, dem früheren Durchgang zwischen Ober- und Unterstadt. Auf dem Tor steht ein Holzhaus (15. Jh.).

In der Tour du Roy in Saint-Émilion findet die Jurade statt

Abteikirche und Kreuzgänge

Eingang zur Kirche an der Avenue de Verdun. Eintritt zu den Kreuzgängen über Fremdenverkehrsbüro. tägl.

Die byzantinischen Kuppeln des original romanischen Kirchenschiffs aus dem 12. Jahrhundert ruhen auf Steinpfeilern. Unter den in Spuren verbliebenen Fresken finden sich eine Madonna und das Martyrium der heiligen Katharina. Der Chorraum entstand im 14. Jahrhundert. Neben der Sakristeitür steht eine Statue des heiligen Valéry, Schutzpatron der örtlichen Winzer. Der Kreuzgang stammt aus dem 14. Jahrhundert.

Tour du Roy

Apr–Sep: tägl.; Okt–März: Sa, So, Ferien. Jan.

Die Festung wurde als Symbol königlicher Macht im 13. Jahrhundert in Saint-Émilion erbaut. Die Fêtes de la Jurade (ein Komitee von Weinprüfern, die den Wein von Saint-Émilion für den Export freigeben; *siehe S. 40*) finden hier statt.

Festungswälle

Die von einem Graben umgebenen Festungswälle schützten den oberen Teil der Stadt. Von den früher insgesamt sechs Toren sind lediglich die romanische **Porte Brunet** im Südosten, die **Tour du Guetteur** im Süden sowie **L'Éperon**, der Wachtturm an der **Porte Bouqueyre**, erhalten.

⑲ Weingärten von Saint-Émilion

Die Weingärten von Saint-Émilion und den umliegenden Dörfern sind klimatisch besonders begünstigt und besitzen ausgezeichnete Böden für den Weinbau. Seit 1289 unterliegen die Dörfer der Gerichtsbarkeit von Saint-Émilion, seit 1999 ist das Gebiet UNESCO-Welterbestätte. Malerische Dörfer und schmale Landstraßen zwischen den Weinbergen prägen das Bild der 7700 Hektar großen Hügellandschaft, die ihren Reiz im Farbenspiel der Jahreszeiten entwickelt. Vom Weinbaugebiet von Saint-Émilion kommen 74 *grands crus classés*. Die berühmtesten sind der Ausone (nach Ausonius, dem gallorömischen Konsul und Dichter aus dem 4. Jh.) und der Cheval Blanc.

⑦ Saint-Laurent-des-Combes
Das Dorf schmiegt sich in mehrere bewaldete Taleinschnitte. Seine romanische Kirche steht am Rand des Plateaus.

⑥ Saint-Sulpice-de-Faleyrens In der Nähe des Dorfes steht bei Pierrefitte ein fünf Meter hoher prähistorischer Menhir aus Kalkstein, den man auf dem Plateau von Saint-Émilion findet.

⑤ Vignonet
Die Weinberge des Dorfs, das ausschließlich vom Weinanbau lebt, reichen bis an die Ufer der Dordogne. Die romanische Dorfkirche wurde im 18. Jahrhundert erweitert.

Hotels und Restaurants in der Gironde *siehe Seiten 250f und 262f*

① **Saint-Christophe-des-Bardes** Die romanische Kirche von Saint-Christophe-des-Bardes hat ein Portal aus dem 12. Jahrhundert. Auf dem Hügel steht das Château Laroque *(links)*, es gibt auch einen *grand cru classé* gleichen Namens.

② **Saint-Hippolyte** Zu dem inmitten von Weinbergen gelegenen Dorf mit einem Château aus dem 16.–18. Jahrhundert, einer romanischen Kirche und der fantastischen Aussicht führt eine kurvenreiche Straße.

③ **Saint-Étienne-de-Lisse** In der Mitte des hübschen Dorfs steht eine Kirche aus dem 12. Jahrhundert mit dem Grundriss eines lateinischen Kreuzes. Oberhalb des Dorfs sieht man das von Engländern erbaute Château de Preyssac (15. Jh.). Es wurde im 18. Jahrhundert umgestaltet.

④ **Saint-Pey-d'Armens** Das Städtchen an der Straße von Libourne nach Castillon heißt nach dem heiligen Petrus (gaskonisch *Sent Pey*), dem die Kirche geweiht ist.

Legende

- Routenempfehlung
- Andere Straße

Routeninfos

Länge: 26 km

Rasten: Broschüren mit Informationen über Übernachtungsmöglichkeiten, geöffnete Châteaux und Weinproben erhält man im Fremdenverkehrsbüro von Saint-Émilion *(siehe S. 85)*.

Zwischen Dordogne und Garonne bietet Entre-deux-Mers ideale Bedingungen zum Wassersport und Erholen

⑳ Entre-deux-Mers

Straßenkarte C2. 4, rue Issartier, Monségur; 05 56 61 82 73. Fr vormittags. **entredeuxmers.com**

Der Name täuscht: Entre-deux-Mers liegt nicht zwischen zwei Meeren, sondern zwischen der Dordogne und der Garonne. Das große, von kleinen Tälern durchzogene Plateau mit Feldern, Wiesen und Wäldern ist seit prähistorischer Zeit besiedelt. Entre-deux-Mers ist stolz auf historische Wehrstädte, romanische Kirchen und Wehrmühlen.

Hoch über der Dordogne liegt **Vayres**, das Tor zur Region. Auf **Château de Vayres** (13.–17. Jh.) herrschte Henri IV. In den Weinbergen der Genossenschaft AOC Entre-deux-Mers bauen 250 Winzer auf 1500 Hektar trockene, fruchtige Weißweine an. Weinproben gibt es in der **Maison des Vins de l'Entre-deux-Mers**.

Château de Vayres
05 57 84 96 58. Juli–Mitte Sep: tägl. nachm.; Ostern–Juni, Mitte Sep–1. Nov: So nachm.

Maison des Vins de l'Entre-deux-Mers
16, rue de l'Abbaye, La Sauve.
05 57 34 32 12. Juni–Sep: Mo–Sa; Okt–Mai: Mo–Fr.
vins-entre-deux-mers.com

㉑ La Sauve-Majeure

Straßenkarte C2. La Gare, Boulevard Victor-Hugo, Créon; 05 56 23 23 00.

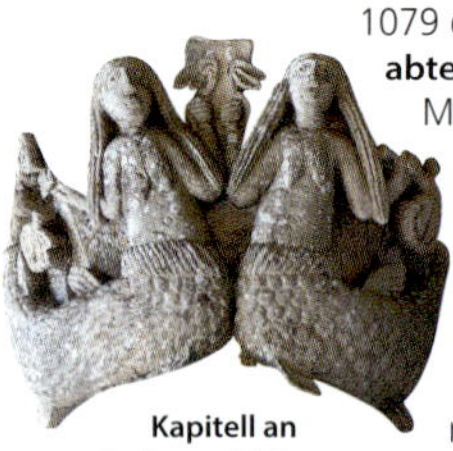

Kapitell an La Sauve-Majeure

Gérard de Corbie gründete 1079 die **Benediktinerabtei** von La Sauve-Majeure an der Route nach Santiago de Compostela. Sie wurde ein religiöses und Handelszentrum, das 70 Prioreien vorstand. Die durch Kriege und Unruhen während der Französischen Revolution zerstörte Abtei wurde seit 1952 oft restauriert und im Jahr 1988 zum UNESCO-Welterbe erklärt.

Die majestätische romanisch-gotische Ruine der Abtei steht in einer schönen, weiten Landschaft. Der Chorraum wartet mit romanischen Bildkapitellen mit erstaunlich expressiven biblischen Szenen auf. Neben der Kirche finden sich die Überreste des Kreuzgangs aus dem 13. Jahrhundert, der Kapitelraum und das Refektorium. Ein Museum zeigt die Ausgrabungsfunde.

Schöne Fresken aus dem 13. Jahrhundert findet man im Ort in der Église Saint-Pierre.

Benediktinerabtei
05 56 23 01 55. Juni–Sep: tägl.; Okt–Mai: Di–So.

Umgebung: Etwa zehn Kilometer westlich kann man bei **Sadirac** ungewöhnliche Köstlichkeiten wie verschiedene Sorten von Kürbissen, Topinambur und Chinesische Artischocken im Bauernhofpark **Oh! Légumes Oubliés** (»Oh! Vergessene Gemüse«) kennenlernen.

Die **Maison de la Poterie** präsentiert traditionelle Keramik, wie sie in Sadirac bereits seit der Antike hergestellt wird.

Oh! Légumes Oubliés
Château de Belloc, Sadirac.
05 56 30 62 00. Apr–Okt: Mo–Sa nachmittags.
ohlegumesoublies.com

Maison de la Poterie
05 56 30 60 03. Di–Sa nachmittags.

Abteiruine von La Sauve-Majeure

Hotels und Restaurants in der Gironde *siehe Seiten 250f und 262f*

Wehrbauten in Castillon-la-Bataille

㉒ Castillon-la-Bataille

Straßenkarte C2. 3400. Place Marcel Paul; 05 57 40 27 58. Mo. **tourisme-castillonpujols.fr**

Dieser Ort heißt nach der Entscheidungsschlacht zwischen Franzosen und Engländern auf der Plaine de Colly im Juli des Jahres 1453. Die von den Brüdern Bureau geführten Truppen von Charles VII töteten General Talbot und dezimierten die 8000 Mann starke englische Armee. Die Niederlage der Engländer beendete den Hundertjährigen Krieg und ließ Aquitanien und den Südwesten wieder an die französische Krone fallen.

Zeugen der Stadtgeschichte sind das Stadttor Porte de Fer (11./12. Jh.) und die Église Saint-Symphorien (17./18. Jh.). Das Rathaus, ein ehemaliger Gasthof in Form einer Rotunde, wurde im Jahr 1779 mit Geldern von Maréchal de Turenne gebaut. Die im Jahr 1989 gegründete Genossenschaft Appellation Côtes-de-Castillon erstreckt sich über etwa 3000 Hektar, die von 366 Winzern bewirtschaftet werden. Sie hat eine eigene **Maison du Vin**.

Maison du Vin des Côtes-de-Castillon
6, allées de la République.
05 57 40 00 88.

Umgebung: 17 Kilometer nördlich steht in **Petit-Palais-et-Cornemps** hinter dem Friedhof die Église Saint-Pierre, deren romanische Fassade zu den schönsten im Südwesten zählt. Jeweils vier Doppelsäulen stützen die drei übereinanderliegenden Blendarkaden. Das Portal zieren fantastische Darstellungen von Löwen und Menschen, darunter ein *Spinario* (ein junger Mann, der sich einen Dorn aus dem Fuß zieht) nach dem Vorbild der berühmten römischen Statue.

㉓ Rauzan

Straßenkarte C2. 1100. 12, rue Chapelle; 05 57 84 03 88. Sa.

Die Burg in ihrer heutigen Gestalt wurde von den Plantagenets im 14. Jahrhundert erbaut und später gotisiert. Nach dem Hundertjährigen Krieg kam sie in den Besitz der Familie Durfort de Duras. 1900 erwarben sie die Stadtväter von Rauzan. Der auf einem Kalksteinplateau thronende Komplex beeindruckt noch immer mit dem *donjon*, den Wohngemächern und dem Ehrenturm. Man betritt die Anlage über eine Brücke, die zu einem massiven Eingangstor führt. Vom *donjon* in 30 Meter Höhe hat man einen weiten Ausblick.

Der um 1845 entdeckte unterirdische Fluss **Grotte Célestine** steht Besuchern offen. Feste Schuhe, schützende Kleidung und Helme mit Stirnlampen sind Pflicht und werden ausgeliehen.

Burg
Juli, Aug: tägl.; Sep–Juni: Di–Sa.

Grotte Célestine
05 57 84 08 69. tägl. (Sep–Juni: Di–Sa; vorher anrufen).

㉔ Blasimon

Straßenkarte C2. 750.
Rathaus; 05 56 71 52 12.

Der 1273 gegründete Ort wurde 1322 auf Befehl des englischen Königs Edward II zur Bastide ausgebaut.

Blasimons **Benediktinerabtei** steht geschützt in einem kleinen, waldigen Flusstal der Gamage. Sie wurde im 12. und 13. Jahrhundert erbaut und gehörte zur Abtei von La Sauve-Majeure. Sehr schön wirkt die zweigliedrige Fassade im goldenen Licht des Sonnenuntergangs. Das Portal und die Bogen, die sie gliedern, werden von den schönsten romanischen Steinornamenten der Gironde verziert. Die meisten Klostergebäude sind Ruinen.

Im Juli und August findet hier mittwochabends ein großer Markt mit Handwerksprodukten sowie Obst und Gemüse aus der Region statt.

Benediktinerabtei
Quai Pascal Elissalt. Innenhof: ganzjährig.

Die Abtei von Blasimon steht im schmalen Flusstal der Gamage

In dem mittelalterlichen Haus ist Sainte-Foys Fremdenverkehrsbüro

㉕ Sainte-Foy-la-Grande

Straßenkarte D2. 2500. Saint-Jean-de-Luz. 102, rue de la République; 05 57 46 03 00. Sa.

Die Bastide an der Dordogne wurde im 13. Jahrhundert von Alphonse von Poitiers, dem Bruder von Louis IX, gegründet. Nach 1271 lag Sainte-Foy auf englischem Gebiet. 1453 wurde es von den Franzosen zurückerobert und entwickelte sich bis zum 16. Jahrhundert zu einem wichtigen Handelszentrum und zu einer der dynamischsten Hugenottenstädte. Aus dem Mittelalter sind vier heute bewohnte Türme erhalten, aus dem 15. bis 17. Jahrhundert Fachwerkhäuser mit Türmen und steinbehauenen Fenstereinfassungen, aus dem 18. Jahrhundert etliche Häuser. Das in der Touristinfo untergebrachte **Musée Charles-Nardin** widmet sich der Archäologie und Frühgeschichte. In Sainte-Foy-la-Grande kamen der Kunsthistoriker Élie Faure (1873–1937) und der Geograf Élisée Reclus (1830–1905), der Verfasser der 19-bändigen *Géographie Universelle*, zur Welt.

In Port-Sainte-Foy am anderen Flussufer findet man das **Musée de la Batellerie** in der Maison du Fleuve. Das Museum über Flussschifffahrt zeigt u. a. Modelle von *gabares*, Lastkähnen, die den Fluss bis zum Atlantik hinabsegelten.

Musée Charles-Nardin
Fremdenverkehrsbüro. Mo–Sa (Juli, Aug: So vormittags).

Musée de la Batellerie
Maison du Fleuve. 05 53 58 37 34. Mitte Juni–Mitte Sep: Di–So nachmittags; Okt–Mai: nur nach Vereinbarung.

㉖ Sauveterre-de-Guyenne

Straßenkarte C2. 1800. Place de la République; 05 56 71 53 45. Di (seit 1530). Fête de la Vigne et de la Gastronomie (letztes Wochenende im Juli).

König Edward VII von England gründete 1283 auf dem Gebiet des Städtchens Athala aus dem 9. Jahrhundert die Bastide Selva-Terra, das spätere Sauveterre. Wegen seiner strategischen Lage war Sauveterre lange ein Zankapfel zwischen Franzosen und Engländern, kreuzten sich doch hier die Straßen von Libourne nach La Réole und von Bordeaux nach Duras. 1451 fiel Sauveterre endgültig an die Franzosen.

Die Befestigungen der Stadt im Herzen von Entre-deux-Mers *(siehe S. 88)* wurden im frühen 19. Jahrhundert geschleift, doch die vier Stadttore an den Eckpunkten blieben erhalten. Ein weiteres Relikt aus Sauveterres Zeit als Wehrstadt ist die Tour Saubotte im Westen, ein Turm mit Schießscharten und Wehrgang.

Umgebung: Vier Kilometer südwestlich steht in **Casteviel** eine Kirche mit einem schönen romanischen Portal. Allegorische Darstellungen der Tugenden und der Laster schmücken das Tonnengewölbe.

Rund sieben Kilometer südwestlich liegt **Castelmoron-d'Albret**. Mit 62 Einwohnern

Eines der vier mittelalterlichen Tore in Sauveterre-de-Guyenne

Hotels und Restaurants in der Gironde *siehe Seiten 250f und 262f*

ist es das kleinste Dorf Frankreichs. Der Ort gehörte früher dem Seneschallengeschlecht des Hauses Albret. Er liegt, von Stadtmauern umgeben, auf einem Felsvorsprung mit 80 Meter tief abfallenden Klippen.

㉗ Abbaye de Saint-Ferme

Straßenkarte C2. 370. Place de l'Abbaye; 05 56 61 69 92.

Die gewaltige Abbaye de Saint-Ferme aus dem 11. Jahrhundert scheint das Städtchen beinahe zu erdrücken. Die Abtei wurde aufgrund ihrer Lage nahe dem Dropt, dem Grenzfluss zwischen französischem und englischem Gebiet, befestigt und von geschäftstüchtigen Mönchen geführt, die die Pilger auf dem Weg nach Santiago de Compostela beherbergten. Im Hundertjährigen Krieg (1337–1453) und während der Hugenottenkriege (1562–98) fanden Plünderungen statt.

Die älteste gotische Kuppel in der Gironde krönt die **Abteikirche** (12. Jh.). Wunderbare Darstellungen von Daniel in der Löwengrube und anderen biblischen Szenen schmücken die romanischen Bildkapitelle. Heute ist in dem **Klostergebäude** das Rathaus untergebracht.

Abteikirche und Klostergebäude
05 56 61 69 92. tägl.
(Kirche und Kloster frei).
Mi nachmittags (kostenpflichtig).

㉘ Monségur

Straßenkarte C2. 1500. 33, rue des Victimes-du-3-Août-1944; 05 56 61 89 40. Fr. Foire au Gras (zweiter So im Dez und Feb).

Aufgrund eines Erlasses von Éléonore de Provence, der Gattin von Henry III von England (der gleichzeitig Duc d'Aquitaine war), wurde die Bastide 1265 auf einen markanten Bergvorsprung über dem Flusstal des Dropt gegründet – Monségur bedeutet »sicherer Berg« und sollte nicht mit der gleichnamigen Katharerburg am Nordhang der östlichen Pyrenäen verwechselt werden.

Bis heute haben sich aus dem Mittelalter einige Fachwerkhäuser, die schmale Gasse Ruelle du Souley und der gotische Turm Tour du Gouverneur erhalten. Die Nordostecke des Arkadenplatzes nimmt die spätgotische Église Notre-Dame ein.

In der aus Eisen und Glas gebauten Markthalle (zweite Hälfte 19. Jh.) konnten 700 bis 800 Tonnen der jährlich geernteten regionalen Pflaumen *prunes d'Agen (siehe S. 159)* gelagert werden. Heute finden hier einige Festivals statt. Ein Teil der Befestigung ist erhalten geblieben. Von dort bietet sich ein schöner Blick ins Tal.

㉙ La Réole

Straßenkarte C2. 4200. 15, rue Armand Caduc; 05 56 61 13 55. Mi, Sa, So. Festival VivaCité (Juli/Aug, abwechselnd mit Festival International de Folklore).

Doppeltreppe an der Priorei in La Réole

Place du Marché und Église Notre-Dame in Monségur

Dank der strategisch günstigen Lage am Ufer der Garonne in der Nähe der Talöffnung des Dropt gelangte diese alte Befestigungsstadt im Mittelalter zu großem Reichtum.

Das von Richard Löwenherz um 1200 gegründete Rathaus zählt zu den ältesten in Frankreich. Das Château des Quat' Sos befindet sich mittlerweile in Privatbesitz. Die ehemalige Benediktinerpriorei beherbergt heute die Stadtverwaltung. Das Gitter über dem Haupteingang dieses architektonischen Kleinods (18. Jh.) fertigte der geniale Kunstschmied Blaise Charlut, der auch das Geländer der Innentreppe schmiedete. Die Gebäudefront ziert eine steinerne Doppeltreppe.

Die Église Saint-Pierre mit romanischer Apsis und gotischem Gewölbe wurde im 17. Jahrhundert umgebaut. Auf einem ausgeschilderten Rundweg mit Informationstafeln kann man die historische Architektur erkunden. Der überwiegende Teil der Befestigungsanlagen von La Réole wurde 1629 auf Anweisung von Kardinal Richelieu abgerissen. Heute sind nur noch Überreste zu sehen, u. a. die Porte de Sault de Piis. Die Hängebrücke über die Garonne wurde von Gustav Eiffel konstruiert, als er noch kaum bekannt war.

㉚ Château de Roquetaillade

Eine der erstaunlichsten Burgen der Gironde steht in einem weitläufigen Landschaftsgarten mit jahrhundertealten Bäumen in idealer Verteidigungsposition hoch auf einem Felsen. Zu ihr gehören das Château-Vieux (Alte Burg) aus dem 12. Jahrhundert mit befestigtem Pförtnerhaus, Wachstube und *donjon* (Wohnturm) sowie das Château-Neuf (Neue Burg). Sie wurde von Kardinal Gaillard de La Mothe, dem Neffen von Papst Clemens V., 1306 mit Erlaubnis von Aquitaniens Herrscher, König Edward I von England, erbaut und ist bis heute im Besitz der Kardinalsfamilie. Im 19. Jahrhundert verwandelte der große Architekt der französischen Neogotik, Viollet-le-Duc, die Burg mit den sechs stolzen Türmen und dem eindrucksvollen *donjon* in ein romantisch verklärtes mittelalterliches Juwel.

Monumentaler Kamin
Er befindet sich im Synodenraum, hier hielt Papst Clemens V. Versammlungen ab.

★ Rosa Zimmer
Wie die Kapelle, das Grüne Zimmer und das Speisezimmer wurde es von Viollet-le-Duc generalüberholt. Die Inneneinrichtung steht unter Denkmalschutz.

Viollet-le-Duc, Vater der Neogotik

Die Familie Mauvesin erbte die Burg 1864 und beauftragte Eugène Viollet-le-Duc (1814–1879) mit der Renovierung. Der berühmte Architekt hatte schon bei der Restaurierung mittelalterlicher Bauwerke in Carcassonne und Vézelay sowie von Notre-Dame-de-Paris und Pierrefonds seine Mittelalterbegeisterung gezeigt.

Viollet-le-Duc

Die Renovierung von Roquetaillade begann 1865 mit den Außenarbeiten. Viollet-le-Duc vergrößerte das Erdgeschoss, baute die Zugbrücke und schuf die Prunktreppe und das Speisezimmer. Das Grüne und das Rosa Zimmer gestaltete Edmond Duthoit (1837–1889). Die Innendekoration des Schlosses, die den Jugendstil vorwegnimmt, wurde nie ganz fertig.

Außerdem

① **Unterirdischer Durchgang**

② **Zugbrücke**

③ **Graben**

④ **Modell der Burg**

⑤ **Den Brunnen** neben der Prunktreppe ließ Viollet-le-Duc anlegen.

⑥ **Der *donjon*** mit Räumen im ersten und zweiten Stock.

Hotels und Restaurants in der Gironde *siehe Seiten 250f und 262f*

Schwanenleuchter
Duthoit entwarf den 350 Kilogramm schweren vergoldeten Leuchter.

Infobox

Information
Straßenkarte C3. Mazères. 05 56 76 14 16. Juli, Aug: tägl.; Sep, Okt: tägl. nachm.; Nov–Ostern: So nachm.; Ostern–Juni: tägl. nachm. Die mittelalterlichen Räume werden vermietet. **chateau roquetaillade.free.fr**

Wasserspeier
Solche architektonischen Elemente (frz. *gargouille*) wurden bei Viollet-le-Ducs Restaurierung angebracht.

★ Prunktreppe
Viollet-le-Duc hatte den Treppenaufgang für die Opéra Garnier in Paris geplant, verlor aber den Wettbewerb für diesen Auftrag und verwandte seinen Entwurf kurzerhand für Roquetaillade. Die Treppe ist mit Schwänen verziert, dem Wappentier der Familie Mauvesin, die die Burg restaurieren ließ.

Restaurierte Fresken (14. Jh.) in der Kirche von Saint-Macaire

㉛ Saint-Macaire

Straßenkarte C2. 2000. 8, rue du Canton; 05 56 63 32 14. Do. Les Médiévales (Aug).

Der Flusshandel machte den mittelalterlichen Ort am Rand der Bordeaux-Region reich. Hier stehen schöne Gebäude aus ockerfarbenem Kalkstein und die Prioratskirche Saint-Sauveur, in der man Fresken (14. Jh.) und eine Statue der Madonna mit Kind sieht. Stattliche Kaufmannshäuser (15./16. Jh.) säumen die Place du Mercadiou. Im Sommer finden während der Nuits Macariennes Theateraufführungen und Konzerte statt. Beim Festival du Polar dreht sich alles um den Kriminalroman.

Umgebung: Etwa 7,5 Kilometer nordöstlich steht an der D672 das Weingut **Château Malromé** (14.–16. Jh.). Hier lebte der Maler Henri de Toulouse-Lautrec bis zu seinem Tod im September 1901. Er wurde auf dem Friedhof von **Verdelais** begraben, drei Kilometer nördlich von Malromé. Die Gebäude sind nicht öffentlich zugänglich.

Drei Kilometer nordwestlich widmet sich das **Centre François-Mauriac** in **Saint-Maixant** dem Schriftsteller und Nobelpreisträger (1883–1970).

Château Malromé
Saint-André-du-Bois. 05 56 76 44 92. Mai–Okt: Mo–Sa. **malrome.com**

Centre François-Mauriac
Domaine de Malagar, Saint-Maixant. 05 57 98 17 17. Apr–Okt: tägl.; Nov–März: Mo–Fr nachm., Sa, So, Feiertage ganztags. **malagar.aquitaine.fr**

㉜ Cadillac

Straßenkarte C2. 2400. 9, place de la Libération; 05 56 62 12 92. Sa. **cadillac-tourisme.com**

Die Bastide wurde 1280 an der Garonne errichtet, um die französischen Truppen aufzuhalten. Die Porte de la Mer gemahnt an jene kriegerischen Zeiten. Das Stadtbild dominiert das **Château des Ducs d'Épernon**. Errichten ließ es 1599 ein Günstling von Henri III an der Stelle der mittelalterlichen Festung. Besonders sehenswert sind im Inneren die Deckenornamente und acht monumentale Kaminsimse. Das Gebäude wurde in der Französischen Revolution geplündert und diente 1818 als Frauengefängnis. Von 1890 bis 1952 war es eine Besserungsanstalt für straffällige Jugendliche.

Château des Ducs d'Épernon
05 56 62 69 58. Juni–Sep: tägl.; Okt–Mai: Di–So.

Umgebung: Das einst gallo-römische Städtchen **Rions** mit seinen mittelalterlichen Befestigungsanlagen liegt 4,5 Kilometer nördlich an der D10. Elf Kilometer nordwestlich an der D10 erhebt sich die beeindruckende Anlage **Forteresse de Langoiran**.

Forteresse de Langoiran
05 56 67 12 00. tägl. nachmittags.

㉝ La Brède

Straßenkarte C2. 3700. 3, place Marcel Vayssière, Martillac; 05 56 78 47 72.

Eine breite Allee führt zum **Château de La Brède**, in dem Montesquieu geboren wurde und lebte. Ein künstlicher See und ein Burggraben umgeben das düstere gotische Gebäude. Der zentrale Turm *(donjon)*

Château de La Brède, Geburtsort von Charles de Montesquieu

Hotels und Restaurants in der Gironde *siehe Seiten 250f und 262f*

stammt aus dem 13. Jahrhundert, die Rundtürme, Kapelle und anderen Gebäude wurden im 15. Jahrhundert erbaut. Bis heute erhalten ist Montesquieus Schlaf- und zugleich Arbeitszimmer, in dem er *Vom Geist der Gesetze* verfasste. Seine großartige Bibliothek umfasst 7000 Bücher. Den Landschaftsgarten entwarf Montesquieu nach einer Englandreise selbst. Seit 2011 wird hier Wein hergestellt.

Château de La Brède
05 56 20 20 49. Juni–Sep: Mi–Mo nachm.; Ostern–Mai, Okt–Mitte Nov: telefon. erfragen.

Montesquieu (1689–1755)

Charles-Louis de Secondat, später Baron de La Brède et de Montesquieu, wurde 1689 in La Brède geboren. Der Jurist interessierte sich auch für Naturwissenschaften. 1721 erschienen in Amsterdam die *Persischen Briefe*, eine brillante Gesellschaftskritik und eine politische Satire auf die Herrschaft von Louis XIV. Montesquieu wurde zum Präsidenten des Parlement de Bordeaux gewählt, stand in Kontakt mit Pariser Literaten und reiste viel. Seine Beobachtungen flossen in sein Werk *Vom Geist der Gesetze* (1748) ein, das die Politikwissenschaft begründete. Der Intellektuelle und Gutsherr starb 1755 in Paris.

Charles de Montesquieu

34 Graves

Straßenkarte C2.

Graves, die älteste Weingegend der Region Bordeaux, liegt am Südufer der Garonne, südlich von Bordeaux auf der Seite von Pessac und Léognan. Das Gebiet heißt nach dem kiesigen Boden *(graveleux)*. Die 350 Güter in den Graves keltern Rot- oder Weißweine, einige, etwa das **Château Haut-Brion**, auch beide. Die Appellation Graves ist 3700 Hektar groß und stellt 182 000 Hektoliter Wein im Jahr her.

Podensac, im 18. Jahrhundert ein großer Hafen an der Garonne, besitzt einige schöne Häuser aus dieser Zeit. Ein Aperitif von hier ist Lillet, eine Mischung aus Wein, Fruchtlikör und Chinarinde *(siehe S. 260f)*. Die örtliche **Maison des Vins de Graves** präsentiert die Geschichte der örtlichen Winzerei. In Podensac kann man auch am besten die große Welle *(mascaret)* sehen, die mit der Flut das Wasser der Gironde-Mündung ansteigen lässt.

In **Portets** im Herzen der Graves beeindruckt Château Langueloup mit riesigen Weinkellern aus dem 19. Jahrhundert, deren technische Ausstattung ihrer Zeit voraus gewesen sein muss. Sehenswert ist hier auch das **Musée de la Vigne et du Vin**.

Château Haut-Brion
05 56 00 29 30. nach Vereinbarung. **haut-brion.com**

Maison des Vins de Graves
61, cours du Maréchal-Foch, Podensac. 05 56 27 09 25. Mai–Okt: tägl.; Nov–Apr: Mo–Fr. **vins-graves.com**

Musée de la Vigne et du Vin
2–4, rue de la Liberté, Portets. 05 56 67 18 11. Juni–Mitte Sep: tägl.; Mitte Sep–Mai: tägl. nachm. Anfang Jan.

Weinfässer im Weinkeller des Château Haut-Brion

Altarbild in der Kirche von Barsac

35 Barsac

Straßenkarte C2. 2000. 11, allée Jean-Jaurès, Langon; 05 56 63 68 00.

Ab dem 18. Jahrhundert war Barsac ein wichtiges Handelszentrum, das durch Weinbau und den hiesigen Kalkstein reich wurde. Der Stein wurde damals überall in der Region als Baumaterial verwendet. Die dem heiligen Vincent, dem Schutzheiligen der Gironde-Winzer, geweihte Kirche wurde im 18. Jahrhundert grundlegend umgestaltet. Der barocke Innenraum besticht durch ein Altarbild von Vernet und eine Orgelempore von Mollié.

Die Appellation Barsac gilt für mehrere Châteaux, darunter auch für die *premiers crus classés* **Climens** und Coutet.

Château Climens
Barsac. 05 56 27 15 33. Mo–Fr nach Vereinbarung.

Der zentrale Pavillon des Château de Malle im Louis-XIV-Stil und ein Gebäudeflügel

㊱ Château de Malle

Straßenkarte C2. Preignac. 05 56 62 36 86. Apr–Okt: Mo–Fr nachm. **chateau-de-malle.fr**

Die schöne, heute von der A62, der D1113 und der Eisenbahnlinie Bordeaux–Langon umringte Residenz entstand im 17. Jahrhundert für Jacques de Malle, Friedensrichter aus Bordeaux. Original erhalten sind das Hauptgebäude mit den beiden rechtwinklig angebauten Seitenflügeln, die jeweils mit einem Rundturm abschließen. Aus dem 18. Jahrhundert stammt der zweigeschossige Mittelpavillon. Die Terrasse mit Balustrade führt in einen mediterranen Garten mit Freilichtbühne und Steinfiguren.

Das Innere ist mit antiken Möbeln eingerichtet, die Sammlung von Trompe-l'Œil-Silhouetten (17. Jh.) ist Kulisse in Theateraufführungen.

Hier werden zwei unterschiedliche Typen von Weinen gekeltert: ein edler, lieblicher Sauternes *cru classé* sowie ein bodenständigerer Graves.

㊲ Sauternais

Straßenkarte C2/3. 700. 11, rue Principale, Sauternes; 05 56 76 69 13 (Ostern–Sep).

Das Sauternais mit seinen Kieselerde-, Kalk- und Schotterböden liegt 40 Kilometer südöstlich von Bordeaux am südlichen Ufer der Garonne. Für das günstige Klima sorgt der Fluss Ciron. Das berühmteste der vielen Sauternais-Châteaux ist das **Château d'Yquem**. Seine als *premier cru supérieur* klassifizierten Sauternes zählen zu den edelsten und teuersten Weinen der Welt. Das Château mit den über 100 Hektar großen Weinbergen hat seinen Ursprung im 15. Jahrhundert und zählt zu den ältesten Weinkellereien des Gebiets.

Zur Appellation Sauternes gehören fünf Dörfer: Sauternes, Bommes, Fargues, Preignac und Barsac. Die *grands crus* können in der **Maison des Vins de Sauternes** verkostet und gekauft werden.

Château d'Yquem
05 57 98 07 07. per E-Mail anfragen (info@yquem.fr). Aug.

Maison des Vins de Sauternes
14, place de la Mairie, Sauternes. 05 56 76 69 83. tägl.

Umgebung: 4,5 Kilometer westlich von Sauternes wurde die Festung **Budos** 1308 als eine der Burgen von Papst Clemens V. errichtet. Die Ruinen einer weiteren Burg dieses Papstes findet man fünf Kilometer östlich in **Fargues**.

Sauternes

Die Trauben für den Sauternes müssen mit dem Edelfäulepilz *Botrytis cinerea* geimpft werden. Er lässt die Beeren schrumpfen, wodurch sie einen hohen Zuckergehalt entwickeln, von dem die Weinsüße abhängt. Die Traubenlese ist eine mühselige Arbeit, bei der jede einzelne Traube von Hand gepflückt wird. Nach der Fermentierung reift der Wein zwei Jahre in Fässern heran, bevor er auf Flaschen gezogen wird. Man trinkt den Sauternes gut gekühlt, nicht nur als Dessertwein, sondern auch als Aperitif, zu *foie gras* oder Roquefortkäse.

Der Sauternes reift zwei Jahre in Fässern heran

㊳ Villandraut

Straßenkarte C3. 930. 9, place du Général-de-Gaulle, Noaillan; 05 56 25 31 39. Do.

Das eindrucksvolle hiesige **Château** ließ Papst Clemens V. *(siehe S. 45)*, der aus Villandraut stammte, 1305 als Residenz und Verteidigungsanlage bauen. Wie beim Château de Roquetaillade *(siehe S. 92f)* schützten rechteckig angelegte, mit sechs Türmen bestückte Verteidigungswälle das riesige Gebäude mit Innenhof. Von den Türmen hat man einen herrlichen Blick auf die umliegende Landschaft.

Château de Villandraut
05 56 25 87 57. März–Mai: Sa, So, Feiertage nachm.; Juni: tägl. nachm.; Juli–Sep: tägl.; Okt–Feb nach Vereinbarung.

Umgebung: Der Schriftsteller François Mauriac verbrachte seine Kindheit zehn Kilometer westlich in **Saint-Symphorien**. Das Dorf inspirierte ihn zu *Thérèse Desqueyroux*.

39 Château de Cazeneuve

Siehe S. 98f.

40 Uzeste

Straßenkarte C3. 450. 9, place du Général-de-Gaulle, Noaillan; 05 56 25 31 39. Festival d'Uzeste (Aug).

Die unter Papst Clemens V. *(siehe S. 45)* geweihte Kirche **Collégiale d'Uzeste** zählt zu den schönsten gotischen Bauwerken der Gironde. Im Vergleich zum Dorf wirkt die Abteikirche riesig, hier sollte vermutlich das Grab des Papstes stehen (im Chor). Der Glockenturm wurde im gotischen Flamboyant Stil erbaut.

Die imposante Collégiale d'Uzeste

Collégiale d'Uzeste
06 09 92 20 23. tägl.
Sommer.

41 Bazas

Straßenkarte C3. 4600. Place de la Cathédrale; 05 56 25 25 84. Sa. Fête des Bœufs Gras (Do vor dem Karneval im Feb).
tourisme-bazadais.com

Bazas wurde vor mehr als 2000 Jahren als römische Provinzhauptstadt von Vasates gegründet und später ein Bistum an der Pilgerroute nach Santiago de Compostela. Die herrliche gotische Kathedrale entstand zwischen dem 13. und 17. Jahrhundert. Besonders schön sind das Rosettenfenster und das Eingangsportal mit seinen feinen Bildhauerarbeiten, beide aus dem 13. Jahrhundert. Hinter dem Gebäude liegen die Gärten des Domkapitels.

Auf der leicht abfallenden Place de la Cathédrale findet schon seit Jahrhunderten ein bunter Markt statt. Den Platz säumen Häuser aus dem 16. und 17. Jahrhundert mit schön verzierten Fassaden und Bogengängen.

Das **Musée de Bazas** widmet sich der Archäologie und der Stadtgeschichte, die **Apothicairerie de l'Hôpital Saint-Antoine** präsentiert schöne Keramiken und Glasobjekte. Ein ausgeschilderter Rundgang lädt ein, die malerischen alten Straßen zu erkunden.

Musée de Bazas
05 56 25 25 84. Do nachmittags (nach Vereinbarung).

Apothicairerie de l'Hôpital Saint-Antoine
05 56 25 25 84. nach Vereinbarung.

Umgebung: Der Ort **Captieux** liegt 17 Kilometer südlich von Bazas an der Flugroute der Kraniche, die von Skandinavien Richtung Süden nach Spanien fliegen. Informationen dazu erteilt die Ligue de Protection des Oiseaux Aquitaine in Bègles (05 56 91 33 81).

Die Kathedrale von Bazas zählt zum Welterbe der UNESCO

㊴ Château de Cazeneuve

Über der tiefen, malerischen Schlucht des Ciron liegt das Schloss inmitten eines 50 Hektar großen Landschaftsgartens. Der elegante Bau ist zwar das Ergebnis verschiedener Bauphasen, wirkt aber dennoch einheitlich. Er entstand aus einem einfachen *donjon* (zentraler Wohnturm einer Burg) aus dem 11. Jahrhundert, der auf einem Hügel stand. 300 Jahre später war die Anlage zur Festung ausgebaut, im 17. Jahrhundert wurde sie eine luxuriöse Residenz. Die noch bewohnten Gebäude gruppieren sich um den Innenhof. Eine Besichtigungstour führt durch die einzelnen Bauabschnitte und stellt berühmte Besucher und Bewohner vor, darunter Henri IV von Frankreich, dem das Schloss einst gehörte, seine Ehefrau Marguerite und die Herzöge von Albret.

Das Schloss thront hoch über dem Fluss Ciron

Kapelle
Durch sieben Fenster strömt Licht in das große, gewölbte Gebäude mit den zwei Seitenschiffen.

Keller
In den mittelalterlichen Kellern stapeln sich Fässer mit den Spitzenweinen des Bordeaux.

Außerdem

① **Merowingergräber**

② **Der untere Hof** führt zu den mittelalterlichen Weinkellern.

③ **Arbeitszimmer**

④ **Prähistorische Höhle** ***(grottes troglodytis)***

★ Schlafgemach von Henri IV
Interessant sind der Louis-XIV-Schrank, der Schreibtisch und die Initialen H (für Henri) und zwei F (für die Allianz von Frankreich und Navarra) am Bettende.

Infobox

Information
Straßenkarte C3. Préchac.
05 56 25 48 16. Juni–Sep: tägl. nachmittags; Ostern–Mai, Okt: Sa–So, Feiertage nachmittags. Gruppen; Weinprobe nach Anfrage.
chateaudecazeneuve.com

Schlafgemach von Königin Marguerite
Sehenswert sind der Aubusson-Wandteppich und der riesige Louis-XIII-Schrank der »Reine Margot«.

★ Salon von Marguerite
Hier sind ein schöner Renaissancekamin und Louis-XV-Möbel zu bewundern.

Königin Marguerites Liebesleben

1572 erbte Henri III de Navarre, später König Henri IV von Frankreich, das Château de Cazeneuve und heiratete Marguerite de Valois (1553–1615). Die Tochter von Henri II und Catherine de Médici war intelligent und kultiviert. Weil sie keinen Thronerben gebar, verbannte Henri sie 1583 nach Cazeneuve, während er auf die Annullierung der Ehe wartete. All das hinderte Marguerite nicht daran, ein frivoles Leben zu führen. Schließlich hatte Henri ihren Lebenswandel satt und ließ sie im Château d'Usson (Auvergne) einkerkern, wo sie 18 Jahre (1587–1605) blieb und ihre Memoiren schrieb. Später kehrte sie nach Paris zurück, wo sie 1615 starb.

Porträt der Königin Marguerite

Périgord und Quercy

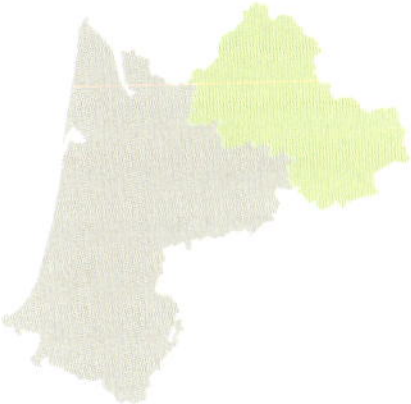

Die reizvollen und urwüchsigen Landschaften des Périgord reichen von den steilen Schluchten der Vézère und den überaus fruchtbaren Ebenen des Dordogne-Tals über die Höhen des Cingle de Trémolat zu den dicht bewachsenen Wäldern am Rand des Limousin. In dieser Region zeugen prähistorische Höhlenmalereien, mittelalterliche Dörfer und wuchtig-trutzige Burgen von einer Siedlungsgeschichte, die bis in die Urzeiten des Menschen zurückreicht.

Die Dordogne, das drittgrößte Département Frankreichs, bildet die historische Landschaft Périgord, sie wird zusammen mit der benachbarten alten Provinz Quercy vorgestellt, die heute zum Département Lot gehört.

Das Gebiet ist landschaftlich und kulturhistorisch außerordentlich abwechslungsreich: Im Norden erstrecken sich Wiesen und Wälder bis ins nahe Limousin, im Süden gehen die Weinberge beinahe nahtlos in die des Bordeaux über, im Osten findet man zerklüftete Kalksteinplateaus vor und im Westen weite Ebenen, die im glitzernden Licht der Küste flimmern. In all diesen Gebieten haben Menschen seit prähistorischen Zeiten ihre Spuren hinterlassen. Von der rund 2,5 Millionen Jahre langen Siedlungsgeschichte zeugen die Höhlen im Tal der Vézère, die Exponate im gallorömischen Museum in Périgueux, die imposante Burg Castelnaud, die den Hundertjährigen Krieg überstand, viele mittelalterliche Bastiden und die Renaissancehäuser in Sarlat.

Von den eiszeitlichen Höhlenwohnungen über die auf hohen Felsen thronenden Festungstürme bis hin zu den Wassermühlen und vielen romanischen Kirchen aus ockerfarbenem Sandstein fügt sich die Architektur perfekt in die Landschaft dieser facettenreichen Region ein.

Die Gänse des Périgord werden für *foie gras* gezüchtet

◀ **Rocamadour *(siehe S. 126–129)* in der Abenddämmerung**

Überblick: Périgord und Quercy

Das Gebiet erstreckt sich überwiegend im Département Dordogne, dessen Hauptstadt Périgueux an der Isle liegt. Die Dordogne wird in vier Gebiete unterteilt. Das Périgord Blanc (Weißes Périgord) mit seinen Kalksteinplateaus zieht sich vom Isle-Tal zum Vern-Tal im Osten und zur Forêt de la Double im Westen. Das Périgord Vert (Grünes Périgord) umfasst den Norden des Départements von Ribérac bis Hautefort. Zum Périgord Noir (Schwarzes Périgord) gehören die Täler der Vézère und der Dordogne, die Region bis Sarlat und zur Grenze zum Quercy. Das Périgord Pourpre (Purpurrotes Périgord) im Südwesten prägen unzählige Weinberge und die Bastiden-Dörfer in der Umgebung von Bergerac.

Im Périgord und in Quercy unterwegs

Von Bergerac, das einen internationalen Flughafen hat, fährt ein Shuttlebus zu den TGV-Hochgeschwindigkeitszügen in Bordeaux. Die Bahn verbindet Périgueux und Bergerac mit Sarlat, Bordeaux und Limoges. Die A89 führt von Périgueux nach Bordeaux, in die entgegengesetzte Richtung fährt die A89 nach Brive-la-Gaillarde. Die D6089 durchquert das Périgord von Osten nach Westen, die N21 von Norden nach Süden. Das Périgord ist durch ein Netz von Straßen erschlossen, die entlang der Hauptläler verlaufen. In Quercy verbindet die A20 Brive und Cahors, die D840 führt über Figeac, Rocamadour und Padirac. Zwischen Périgueux und Bergerac und zwischen den größeren Orten der Dordogne verkehren öffentliche Busse.

Die Jardins de l'Imaginaire bei Terrasson-Lavilledieu

Weitere Zeichenerklärungen *siehe hintere Umschlagklappe*

Steile Gasse in Saint-Cirq-Lapopie

Sehenswürdigkeiten auf einen Blick

1. *Périgueux S. 104–107*
2. Abbaye de Chancelade
3. Ribérac
4. La Double und Le Landais
5. Brantôme
6. Saint-Jean-de-Côle
7. Château de Hautefort
8. Vallée de l'Auvézère
9. Terrasson-Lavilledieu
10. Vallée de la Vézère
11. Saint-Amand-de-Coly
12. Saint-Léon-sur-Vézère
13. Lascaux
14. Vallée de l'Homme
15. *Jardin du Manoir d'Eyrignac S. 116f*
16. *Les Eyzies-de-Tayac S. 118f*
17. Le Bugue-sur-Vézère
18. *Sarlat S. 120–123*
20. Souillac
21. Martel
22. Padirac
23. Castelnau-Bretenoux
24. *Rocamadour S. 126–129*
25. Saint-Céré
26. Assier
27. Figeac
28. Saint-Cirq-Lapopie
29. *Pech-Merle S. 132f*
30. *Cahors S. 134–136*
32. Gourdon
33. *Castelnaud S. 140f*
34. Beynac
35. Belvès
36. Le Buisson-de-Cadouin
37. Monpazier
38. Beaumont-du-Périgord
39. Biron
40. Eymet
41. *Bergerac S. 144f*
42. Saint-Michel-de-Montaigne

Touren

19. Vallée de la Dordogne
31. Weinberge von Cahors

Türmchen mit Fachwerk in Autoire, Quercy

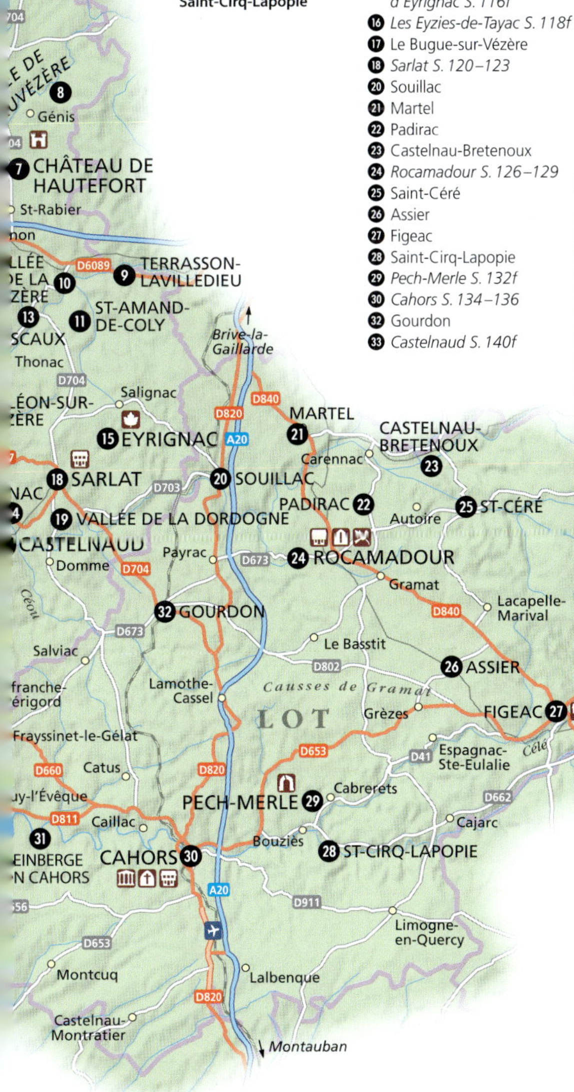

❶ Im Detail: Périgueux

Die Altstadt von Périgueux zählt zu den größten urbanen Denkmalschutzgebieten Frankreichs. Ein 1970 begonnenes Sanierungsprogramm hat die Sträßchen zwischen den Boulevards der Oberstadt und der Isle sowie den Vierteln Mataguerre und Plantier wieder mit Leben erfüllt. Bei der Kathedrale liegt das hübsche, zur Fußgängerzone deklarierte mittelalterliche Viertel. An der Place de la Mairie, der Place du Coderc und der Place de la Claútre herrscht an Markttagen viel Betrieb. Die Place Saint-Louis nahe der Rue Limogeanne und die Gassen rund um die Place de la Vertu laden zum Bummeln ein.

In der Fußgängerzone Rue Limogeanne reihen sich Läden und Renaissancehäuser

★ Place Saint-Louis
Das schönste Bauwerk am Platz ist die Maison du Pâtissier oder Maison Tenant, ein wunderschönes Renaissance-Stadthaus aus dem 14. Jahrhundert. Die Tür wurde im 16. Jahrhundert hinzugefügt. Der Giebel trägt eine lateinische Inschrift.

Hôtel La Joubertie
Das Stadthaus in der Rue de la Sagesse Nr. 1 hat ein prächtiges Renaissance-Treppenhaus mit Kassettengewölbe und Säulenkapitellen, die Fantasietiere zieren.

Hôtel de Ville

Hôtel Estignard ist ein Stadthaus aus der Regierungszeit von François I (1515–47).

Place du Coderc
Auf dem Platz stehen Marktstände nahe dem Hôtel de Ville (Rathaus).

Legende
— Routenempfehlung

Hotels und Restaurants im Périgord und in Quercy *siehe Seiten 251f und 263–265*

Logis Saint-Front oder Hôtel Gamenson
Der Komplex in der Rue de la Constitution Nr. 7 umfasst zwei Häuser (15. Jh.), einen Fachwerkflügel (16. Jh.) und einen quadratischen Treppenturm.

Freimaurersaal
Die Freimaurerzeichen an diesem Haus von 1869 wurden unter dem Vichy-Regime (1940–44) zerstört und 1987 restauriert.

Infobox

Information
Straßenkarte D1. 29 000. 26, place Francheville, 05 53 53 10 63. Großer Markt: Mi, Sa vormittags; *Foie-gras*-Markt: Mitte Nov–März. Mimos (Mimen-Festival; Anfang Aug); Sinfonia (Ende Aug); Salon International du Livre Gourmand (Nov, gerade Jahre).

Anfahrt

★ Häuser am Kai
Zu den Renaissancehäusern zählen das Hôtel Salleton (17. Jh.), die Maison des Consuls (oder Maison Cayla, 15. Jh.) mit gotischen Dachfenstern und die Maison Lambert mit Kassettendecke und verzierten Pilastern.

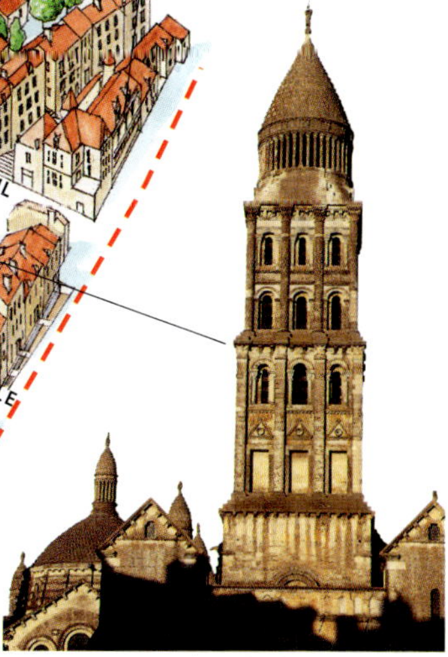

Jardin du Thouin

Alte Mühle

0 Meter 20

★ Cathédrale Saint-Front
Die einst romanische Kirche brannte 1120 ab und wurde mit dem Grundriss eines griechischen Kreuzes wiederaufgebaut. Die schlichte Innengestaltung betont die eleganten Proportionen. Die 38 Meter hohen Kuppeln haben einen Durchmesser von 25 Metern.

Überblick: Périgueux

Périgueux liegt an der Stelle der im Jahr 16 v. Chr. gegründeten gallorömischen Siedlung Vesunna, die etwa ab dem 4. Jahrhundert verlassen wurde. Im Mittelalter entwickelte sich um die heutige Église de la Cité und das Château Barrière eine neue Siedlung. Diese lag jedoch im Schatten des bedeutenderen Le Puy-Saint-Front im Norden, das durch die Versorgung der Wallfahrer auf dem Pilgerweg nach Santiago de Compostela zu Wohlstand gelangte. Nach Jahren der Feindseligkeiten schlossen die beiden Orte 1240 Frieden. In der Renaissance begann Périgueux ausgehend vom Siedlungskern um die Kathedrale anzuwachsen. Das Viertel um die Kirche ist bis heute der Mittelpunkt der Stadt geblieben.

Reste des römischen Amphitheaters im Jardin des Arènes

Vesunna

Parc de Vésone. 05 53 53 00 92. Juli, Aug: tägl.; Sep–Dez, Mitte Jan–Juni: Di–So.

Die Artefakte des Museums, das nach der antiken Vorläuferin von Périgueux heißt, geben Einblick in den Alltag der gallorömischen Zeit. Der Bau des Architekten Jean Nouvel (geb. 1945) schützt die Überreste eines 1959 entdeckten römischen Hauses. Die nahe imposante **Tour de Vésone** gehörte einst zu einem Tempel. Mit rund 24 Meter Höhe und einem inneren Durchmesser von 17 Metern lässt der Turm die einstige Größe des Sakralbaus erahnen. Im Jardin des Arènes finden sich die Überreste eines Amphitheaters, das 20 000 Besucher fasste.

Château Barrière

Rue de Turenne, nur von außen.

Jahrhundertelang diente das Schloss (12. Jh.) als Festung und Rückzugsort für den Adel des Périgord. Es wurde im 15. Jahrhundert umgebaut und in den Hugenottenkriegen 1575 von den Protestanten angegriffen. Auf der Rückseite stehen die ältesten Gebäudeteile, eine gallorömische Mauer und ein fünfstöckiger Turm. Er entstand wie die Wohnquartiere in der Renaissance.

Zentrum von Périgueux

1. Maison du Pâtissier
2. Musée d'Art et d'Archéologie du Périgord
3. Häuser am Kai
4. Cathédrale Saint-Front
5. Logis St-Front
6. Musée Militaire
7. Tour Mataguerre
8. Église de la Cité
9. Château Barrière
10. Vesunna
11. Tour de Vésone

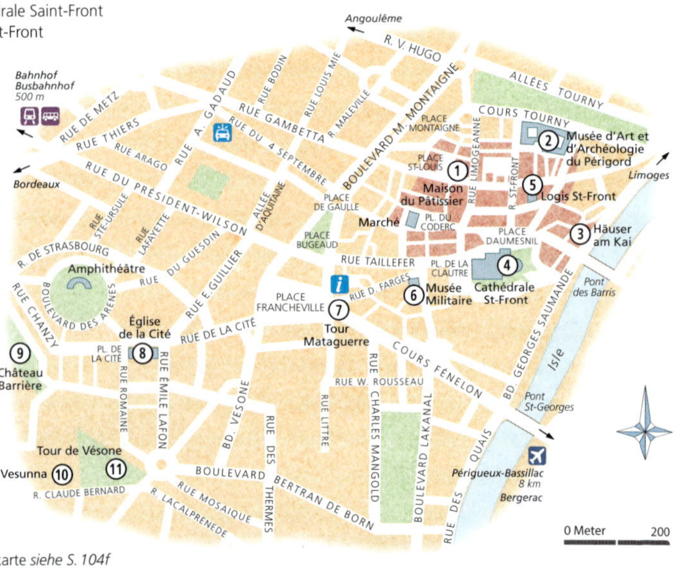

Legende

Detailkarte *siehe S. 104f*

Zeichenerklärungen *siehe hintere Umschlagklappe*

Eine Seele im Himmel (1878) von W. A. Bouguereau, Musée du Périgord

Cathédrale Saint-Front

Place de la Clautre.

Die byzantinisch-romanischen Elemente der 1669 zur Kathedrale geweihten Kirche stammen von Paul Abadie. Der Bauherr von Sacré-Cœur in Paris fügte fünf Kuppeln und zwölf Türmchen hinzu. Das Innere zieren eine prächtige barocke Altarwand (17. Jahrhundert) und ein Kreuzweg von Jacques-Émile Lafon. Im Kreuzgang stehen Reste des alten Glockenturms. In den Sommermonaten finden Konzerte auf einer Orgel statt, die im Jahr 1869 gefertigt wurde.

Église de la Cité

Place de la Cité.

Die romanische, einschiffige Kirche aus dem 11. Jahrhundert war die erste Kathedrale der Stadt. Im 17. Jahrhundert wurde sie umgebaut und verlor ihren Kathedralenstatus. Von ihren einstmals vier Kuppeln sind nur noch zwei vorhanden.

Tour Mataguerre

Place Francheville. 05 53 53 10 63. Juli, Aug: tägl.

Dies ist der letzte der einstmals 28 Türme von Le Puy-Saint-Front. Das Fremdenverkehrsbüro nebenan organisiert Führungen durch dieses Relikt der Befestigungsanlage, die vom 12. bis zum 19. Jahrhundert Périgueux umgab. Von der Höhe des Turms eröffnet sich ein atemberaubender Blick über Périgueux. Ganz in der Nähe stehen einige der ältesten Gebäude der Stadt, beispielsweise die Maison des Dames de la Foi aus dem 12. Jahrhundert in der Rue des Farges Nr. 4–6.

Die Tour Mataguerre (15. Jh.) gehörte zur Stadtbefestigung

Musée d'Art et d'Archéologie du Périgord

22, cours Tourny. 05 53 06 40 70. Mi–Mo, Sa, So: nachmittags. Feiertage.

Das Museum, das in Teilen einem Kuriositätenkabinett gleicht, präsentiert eine große prähistorische Sammlung. Zu bestaunen ist beispielsweise das am besten erhaltene Neandertalerskelett der Welt, das in Régourdou gefunden wurde. Sehenswert sind aber auch Gläser, Mosaiken und Töpferwaren aus dem antiken Vesunna, Artefakte aus Afrika und Ozeanien sowie Gemälde, Skulpturen und Töpferwaren aus der Hinterlassenschaft von Étienne Hajdu (1907–1996).

Musée Militaire

32, rue des Farges. 05 53 53 47 36. Mo–Sa nachmittags.

Frankreichs ältestes Militärmuseum zeigt rund 13 000 Exponate, darunter bewegende Zeichnungen aus den Schützengräben des Ersten Weltkriegs von Gilbert Privat (1892–1965), der mit dem Prix de Rome ausgezeichnet wurde. Die Sammlungen zur Kolonialzeit und zum Zweiten Weltkrieg sowie Orden, Abzeichen und andere Erinnerungsstücke gedenken der Kriegsopfer und mahnen an die Notwendigkeit, den Frieden zu bewahren.

Umgebung: Die Stadt **Sorges** nordöstlich von Périgueux ist die Trüffelhauptstadt des Périgord. Das **Écomusée de la Truffe** zeigt, wie Trüffeln wachsen, wie man sie findet und wie groß sie werden.

Écomusée de la Truffe

Sorges. 05 53 05 90 11. Di–So (Mitte Juni–Sep: tägl.).

Trüffel – eine teure Delikatesse

Die Périgord-Trüffel *Tuber melanosporum* ist Zutat vieler lokaler Spezialitäten, aber auch eine teure Delikatesse, die Gourmets fast in Gold aufwiegen würden. Der unter der Erde wachsende Pilz ist inzwischen selten geworden. 1870 sammelte man allein auf dem Kalksteinplateau von Sorges sechs Tonnen Trüffeln – dieser Ertrag wird heute in der gesamten Dordogne erreicht. Der Hauptmarkt für Trüffeln findet in Sainte-Alvère bei Bergerac statt. Der Preis für die Knollen liegt bei bis zu 3000 Euro pro Kilogramm.

Trockensteinhütte eines Trüffelsammlers im Écomusée in Sorges

Hotels und Restaurants im Périgord und in Quercy *siehe Seiten 251f und 263–265*

Die Abbaye de Chancelade wurde im 12. Jahrhundert erbaut

❷ Abbaye de Chancelade

Straßenkarte D1. 4200. Périgueux. Maison de la Communauté de Chancelade; 05 53 04 10 46. tägl. (nur von außen). **abbaye-chancelade.com**

Die Abbaye de Chancelade im Beauronne-Tal stammt aus dem 12. Jahrhundert und war ein wichtiges geistiges Zentrum. Nachdem die Augustinerabtei den Hundertjährigen Krieg und die Hugenottenkriege überstanden hatte, gewann sie im 17. Jahrhundert wieder an Einfluss. Sie zählt zu den wenigen Sakralbauten jener Zeit, bei denen auch Ställe, Werkstätten, ein Waschhaus und eine Mühle erhalten sind.

Umgebung: Von der Abtei führt ein 14 Kilometer langer markierter Weg durch den Wald zum Dorf **Les Maines** mit Blick auf die Templer-Häuser von Les Andrivaux.

Vier Kilometer nordöstlich wurde die **Prieuré de Merlande** von den Mönchen aus Chancelade gegründet.

❸ Ribérac

Straßenkarte D1. 4000. Périgueux. Place du Général-de-Gaulle; 05 53 90 03 10. Fr. Les Musicales (Mai).

Da in der Umgebung von Ribérac, dem Geburtsort des Troubadours Arnaud Daniel aus dem 12. Jahrhundert, viele Engländer leben, wird am Freitagsmarkt auf Englisch und Okzitanisch gehandelt. Die Abteikirche aus dem 12. Jahrhundert zieren Malereien aus dem 17. Jahrhundert und eine Kuppel über dem Chor.

Bei Ribérac stehen viele romanische Kuppelkirchen: Die im 14. Jahrhundert befestigte Kirche von **Siorac-de-Ribérac** birgt eine interessante bemalte und vergoldete Holzstatue aus dem 18. Jahrhundert, die Kirche von **Grand-Brassac** hat ein herrlich geschnitztes Portal sowie drei Kuppeln auf Steinsäulen. Ein Juwel ist die Kirche in **Saint-Privat-des-Prés** mit ihrem reich verzierten Rundbogen über dem Eingang.

Umgebung: 30 Kilometer nordwestlich von Ribérac kann man in den Torfmooren von **Tourbières de Vendoire** fantastische Pflanzenfossilien sehen.

30 Kilometer nördlich steht mit dem **Château de Mareuil** die einzige in der Ebene gebaute Festung. Die Burg mit Türmen und Mauern aus dem 12. Jahrhundert, einem *donjon* (Turm) mit Wohnräumen aus dem 15. Jahrhundert und einer Kapelle im Stil der Flamboyant-Gotik gehörte einst der Familie Talleyrand.

Tourbières de Vendoire
05 53 90 79 56. Juni–Sep: Mo–Sa; Okt–Mai: nach Vereinbarung.

Château de Mareuil
An der Kreuzung D939 und D708. 05 53 60 46 18. Apr–Okt: Mo, Mi–Sa, So nachmittags.

❹ La Double und Le Landais

Straßenkarte D2. Zwischen Montpon und Ribérac, über die D708.

Die Landschaft hier ist wild und sumpfig – mit dichten Wäldern, Teichen und Lichtungen. Beim Gehöft **Ferme du Parcot** können Besucher ein-

Das Dorf Grand-Brassac mit seiner schönen Kirche liegt bei Ribérac

Überdachter Markt und Burg von Saint-Jean-de-Côle

heimische Häuser mit Wänden aus Holzfachwerk und Lehmstroh besichtigen. In **Saint-Aulaye** locken eine Kirche, ein Cognac-Museum (Juli, Aug) und ein Strand am Ufer der Dronne. Im nahe gelegenen **La Latière** gibt es bereits seit dem Mittelalter einen gut besuchten Viehmarkt.

Ferme du Parcot
An der Straße nach Saint-Astier, Échourgnac. 05 53 81 99 28. Mai, Juni, Sep: Sa, So nachmittags; Juli, Aug: Di–So.

❺ Brantôme

Straßenkarte D1. 2100. Périgueux. Église Notre Dame; 05 53 05 80 63. Fr vormittags.

Brantôme liegt auf einer Halbinsel in einer Flussschleife der Dronne. Die Häuser der Ortschaft drängen sich um die **Benediktinerabtei** aus dem 9. Jahrhundert mit dem Glockenturm aus dem 11. Jahrhundert. Eine Brücke (16. Jh.) verbindet die Abtei mit ihren Gärten. In der nahen Grotte du Jugement Dernier ziert ein Basrelief des Jüngsten Gerichts (15. Jh.) die Höhle.

Benediktinerabtei
05 53 05 80 63. tägl. Jan.

Umgebung: 10,5 Kilometer südwestlich befindet sich das **Château de Bourdeilles** aus dem 13. Jahrhundert mit achteckigem *donjon* (Turm), Gebäude und Mauern aus der Spätrenaissance.

Zehn Kilometer nordöstlich wartet das **Château de Puyguilhem** aus dem 16. Jahrhundert mit einem eleganten Hauptgebäude, Türmen, Zinnen und prächtiger Innenausstattung auf.

15 Kilometer nordöstlich erstreckt sich das 13 Kilometer lange Höhlennetz der **Grotte de Villars** mit faszinierenden Felsformationen und einigen prähistorischen Malereien.

Brantôme, das »Venedig des Périgord«

Château de Bourdeilles
05 53 03 73 36. Feb–Dez: tägl. Juli, Aug.

Château de Puyguilhem
Villars. 05 53 54 82 18. Mai–Aug: tägl.; Sep–Apr: Mi–So. Feiertage.

Grotte de Villars
05 53 54 82 36. Apr–Sep: tägl.; Okt–Mitte Nov: tägl. nachmittags. **grotte-villars.com**

❻ Saint-Jean-de-Côle

Straßenkarte D1. 340. Thiviers. Rue du Château; 05 53 62 14 15. Floralies (Ende Apr oder Anfang Mai).

Das Dorf an der Côle gilt als eines der schönsten in Frankreich. Der Ort mit der Priorei (11. Jh.) im Zentrum wurde von den Engländern im Hundertjährigen Krieg niedergebrannt, 1569 in den Hugenottenkriegen geplündert und im 17. Jahrhundert wiederaufgebaut.

Der Grundriss der byzantinisch-romanischen Kirche (12. Jh.) weist einen Halbkreis um die Apsis auf. Schnitzereien im Chor stammen aus dem 18. Jahrhundert.

Besonders malerisch sind die mittelalterliche Brücke und die Rue du Fond-du-Bourg mit Fachwerkhäusern aus dem 14. Jahrhundert. Das Château de la Marthonie (12. Jh.) an der Place Saint-Jean wurde im 15. und 17. Jahrhundert umgebaut und vergrößert.

Umgebung: 20 Kilometer nordöstlich hat das **Château de Jumilhac** (13. Jh.) ein grandioses Dach mit Türmchen und Dachfenstern von 1600. Nebengebäude und Mauern wurden im 17. Jahrhundert abgerissen. An ihrer Stelle entstanden luxuriöse Empfangsbereiche mit einem Salon im Stil von Versailles und einer Louis-XIII-Treppe.

Château de Jumilhac
Jumilhac. 05 53 52 42 97. Ostern–Mai, Okt, Nov: tägl. nachmittags; Juni–Sep: tägl.

❼ Château de Hautefort

Die Burg Hautefort war im Mittelalter eng mit dem Namen des Ritters und Troubadours Bertran de Born verbunden. Zwischen 1630 und 1670 baute Nicolas Rambourg sie zur eindrucksvollen Residenz um, Auftraggeber war der Marquis de Hautefort, der sich einen klassischen Bau im Stil der Loire-Schlösser vorstellte. Eine Ziehbrücke führt in den Innenhof zum Hauptgebäude mit Arkaden und einem steilen Schieferdach. Die von der Familie de Bastard begonnene Restaurierung des Hauptgebäudes in den 1920er Jahren beendete ein Brand am 31. August 1968 abrupt. Nur die Gobelins aus dem 16. Jahrhundert konnten gerettet werden. Die Verwüstungen des Feuers sieht man auf Fotos in der Tour de Bretagne (14. Jh.), dem einzigen Relikt der alten Burg. Weitere Restaurierungen wurden 1995 und 2005 vollendet.

★ Große Treppe
Hier zeigt sich der klassische Stil besonders schön.

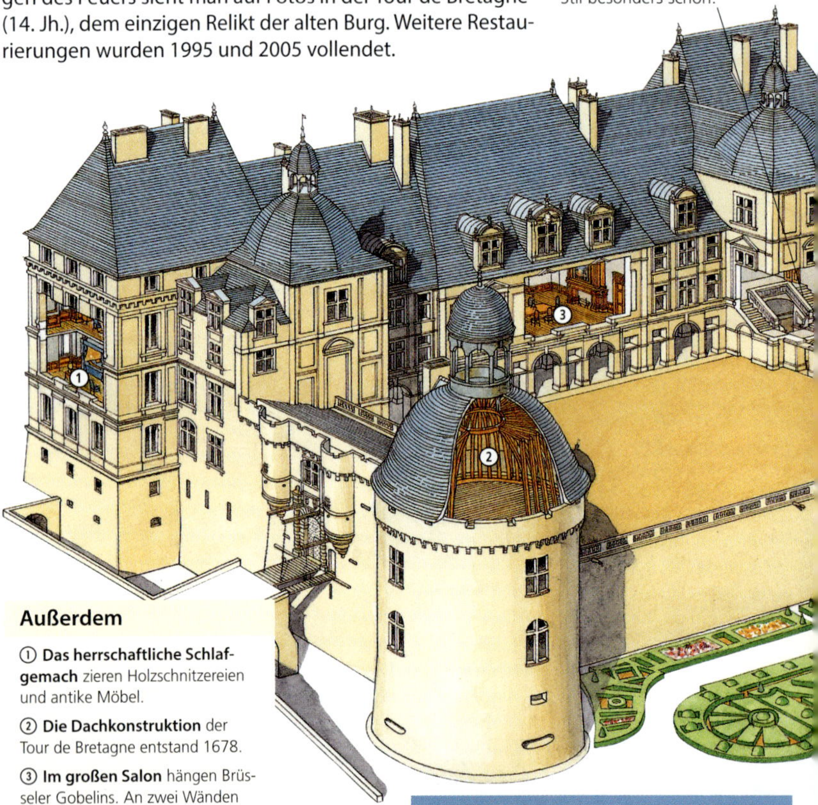

Außerdem

① **Das herrschaftliche Schlafgemach** zieren Holzschnitzereien und antike Möbel.

② **Die Dachkonstruktion** der Tour de Bretagne entstand 1678.

③ **Im großen Salon** hängen Brüsseler Gobelins. An zwei Wänden befinden sich Kamine.

④ **Die Gärten** sieht man am besten vom Haupthof. Von dort bietet sich auch ein schöner Blick über die Südseite des Dorfs.

⑤ **Die Terrasse** wurde in den 1930er Jahren neu angelegt. Buchsbäume und Eiben wurden zu runden Formen gestutzt, die die Silhouette des Schlosses und seiner Türme aufnehmen. Der Garten ist in Form einer Fontäne angelegt.

Das Dorf Hautefort mit dem imposanten Château

Hotels und Restaurants im Périgord und in Quercy *siehe Seiten 251f und 263–265*

Infobox

Information
Straßenkarte E1. 05 53 50 51 23. Apr–Okt: tägl.; März, 1. Hälfte Nov: Sa, So, Feiertage nachm. Mitte Nov–Feb. **chateau-hautefort.com**

Anfahrt
Terrasson-Lavilledieu.

★ Kapelle
Die Decke weist die Trompe-l'Œil-Malerei einer kassettierten Kuppel auf.

Der Troubadour von Hautefort

Bertran de Born (um 1150–1215), Baron von Hautefort, ist im Pays d'Oc eine Legende. Über 40 seiner Lieder sind erhalten, vor allem Liebeslyrik, aber auch Gedichte über Politik und Krieg. Mit seinem Bruder und der englischen Monarchie (damals die Herzöge von Aquitanien) focht er häufig um den Besitz von Hautefort. Wegen dieser Streitlust gilt er als Mitverursacher des Konflikts zwischen Frankreich und England. In Dantes *Inferno* schmort er als Zwietrachtsäer in der Hölle. Er starb als Mönch in der Abbaye du Dalon.

Miniatur des Bertran de Born hoch zu Ross

❽ Vallée de l'Auvézère

Straßenkarte E1. Périgueux. Place du Marquis, Hautefort; 05 53 50 40 27. Oder: 4, place Thomas-Robert-Bugeaud, Lanouaille; 05 53 62 17 82. Fête de la Noix (Nailhac; Aug). **ot-hautefort.com**

Das Tal lockt mit einigen Sehenswürdigkeiten. Die **Chapelle d'Auberoche** mit dem traditionellen Périgord-Ziegeldach thront auf einem Felsen mit herrlicher Aussicht. Flussaufwärts stürzt bei **La Boissière d'Ans** der Blâme in Kaskaden in die Auvézère. Einen weiten Blick über die Täler der Loue und Auvézère bietet die **Colline de Saint-Raphaël**. An der Vorderseite der Kirche sind zwei massive Säulen die Reste einer Benediktinerpriorei. In **Génis** blickt man auf einem Plateau hinab ins Tal des Dalon. Stromaufwärts finden sich die alte Mühle **Moulin du Pervendoux**, Stromschnellen und die **Cascade du Saut-Ruban**. Den Wasserfall erreicht man über den Weg (GR 646) ab der **Église de Saint-Mesmin**. Bei Le Puy-des-Âges steht auf einem Felsen die Kapelle **Notre-Dame-de-Partout** mit vielen Votivgaben. Vom Burgberg bei **Savignac-Lédrier** blickt man auf eine Schmiede (17. Jh.), bei **Payzac** steht die ehemalige Papiermühle Vaux. Überall im Tal sind strohgedeckte Steinscheunen.

Das Auvézère-Tal bietet viel ursprüngliche Landschaft

In den Jardins de l'Imaginaire an der Vézère bei Terrasson-Lavilledieu

❾ Terrasson-Lavilledieu

Straßenkarte E2. An der D6089. 6200. Rue Jean-Rouby; 05 53 50 37 56. Do vormittags. Les Chemins de l'Imaginaire (Juli).

Der Ort am oberen Ende des Vézère-Tals, das in das Périgord führt, entstand um eine Merowinger-Abtei. Der steinerne Pont Vieux (12. Jh.) wurde wie die Kirche und das Kloster im Hundertjährigen Krieg beschädigt und im späten 15. Jahrhundert wiederaufgebaut. Terrasson hatte während der Hugenottenkriege (16. Jh.) strategische Bedeutung. Der Französischen Revolution stand es ablehnend gegenüber.

Die sechs Hektar großen **Jardins de l'Imaginaire** oberhalb der alten Stadt sind nach historischen und mythologischen Themen gestaltet, bieten einen Rosengarten, einen heiligen Wald, einen Wassergarten, eine schöne Aussichtsterrasse sowie mehrere Quellen.

Jardins de l'Imaginaire
Place de Genouillac; 05 53 50 86 82. Mitte Apr–Okt.

❿ Vallée de la Vézère

Straßenkarte E2. Périgueux. Les Eyzies. 19, rue de la Préhistoire, Les Eyzies; 05 53 06 97 05. Festival du Périgord Noir (Juli–Okt); Festival du Folklore International (Montignac, Juli).

Das Tal lockt mit malerischen Ortschaften. Die ehemalige Templer-Stadt **Condat-sur-Vézère** am Zusammenfluss von Vézère und Coly hat eine romanische Kirche und eine Burg mit quadratischem Turm. In Fanlac, das sich um seine Kirche mit Glockenturm drängt, wurde der Film *Jacquou, der Rebell* nach dem Roman von Eugène Le Roy gedreht. Die Kulisse bildeten die nahe Forêt Barade und das **Château de l'Herm**. Die im Wald gelegene Ruine hat einen vieleckigen Turm mit gotischem Eingang und Wendeltreppe.

Rouffignac wurde im Zweiten Weltkrieg fast völlig zerstört, nur die Kirche mit dem schönen Renaissancetor blieb verschont. Die **Grotte de Rouffignac** war um 10 000 v. Chr. besiedelt und ist seit dem 16. Jahrhundert zu besichtigen. Heute fährt ein kleiner Zug durch die acht Kilometer langen Gänge mit ihren Malereien und Gravuren (158 Mammut-Darstellungen!).

In **Plazac** wurde der *donjon* (Burgturm; 12. Jh.) in eine romanische Kirche umgebaut, mit quadratischem Glockenturm und Friedhof. Das Dorf **Saint-Geniès** hat schöne Häuser aus ockerfarbenem Sandstein, eine Kirche (15. Jh.) und ein Schloss (17. Jh.). Bibelszenen (14. Jh.) zieren die gotische Kapelle von Le Cheylard.

Das Schloss bei **Salignac** ist heute eine elegante Residenz mit Ziegeldach, auch der Landsitz Manoir de Lacypierre (16./17. Jh.) bei **Saint-Crépin** ist einen Abstecher wert.

Jenseits der Beune führt die Straße von **Tamniès** oberhalb eines Sees nach **Marquay** mit seiner befestigten Kirche. Etwas weiter steht in einem seit prähistorischen Zeiten besiedelten Tal das **Château de Commarque**. Die teils zerstörte Burg hat eine Kirche aus dem

Tibetische Lamas im Périgord

Im Jahr 1977 wählte eine Gruppe tibetischer Buddhisten unter Führung seiner Heiligkeit Dudjom Rinpoche in der Nähe von Saint-Léon-sur-Vézère einen Hang beim Dorf Le Moustier als Stätte für eine neue spirituelle Gemeinde mit dem Namen **Laugeral**. Hier wird nach der Lehre der buddhistischen Nyingma-Schule meditiert und studiert. Jeder ist zu einem Besuch eingeladen (Tel. 05 53 50 75 29), solange er in Frieden kommt. Neben anderen Berühmtheiten haben schon geistliche Würdenträger wie der Dalai-Lama und Abbé Pierre den einzigartigen Ort besucht.

Stupa in Laugeral

4. Jahrhundert. Der Weg zum *donjon* bietet eine schöne Aussicht auf das **Château de Laussel**. Bei **Sireuil** stehen *bories*, für das Périgord typische Rundhütten aus Trockenmauern, einige davon, die **Cabanes du Breuil**, sieht man im Freilichtmuseum Bénivès.

Das **Château de Puymartin** (spätes 13. Jh.) steht in einem Wald. Es wurde im 15. Jahrhundert umgebaut und um 1890 renoviert. Stilmöbel, Gobelins und Gemälde mit mythologischen Szenen an den Decken und Mauern einiger Zimmer zieren das Schloss.

Château de l'Herm
An der D31, Rouffignac-St-Cernin-de-Reilhac. 05 53 05 46 61. Apr–Sep: tägl. nach Vereinbarung.

Grotte de Rouffignac
An der D32, Rouffignac-St-Cernin-de-Reilhac. 05 53 05 41 71. Apr–Okt: tägl.

Château de Commarque
An der D48, Sireuil. 05 53 59 00 25. Apr–Mitte Nov: tägl.

Cabanes du Breuil
An der D47, Saint-André-d'Allas. 06 80 72 38 59. Apr–Mitte Nov: tägl.; Mitte Nov–Feb: nach Vereinb.

Château de Puymartin
An der D47, Marquay. 05 53 59 29 97. Apr–Sep: tägl.; Okt–Mitte Nov: nachmittags.

Traditionelle Trockenmauer-Rundhütten des Périgord in Le Breuil

11 Saint-Amand-de-Coly

Straßenkarte E2. Nahe der D704 oder D62. 390. Maison du Patrimoine (Sommer); 05 53 51 47 85. Kirche.

Die Wehrkirche mit dem 48 Meter langen Hauptschiff und dem Grundriss eines lateinischen Kreuzes gehörte ursprünglich zu einer romanischen Abtei aus dem 7. Jahrhundert. Mit der 300 Meter langen Schutzmauer und dem 30 Meter hohen Glockenturm hat sie bis heute einen festungsartigen Charakter behalten. Ein Fenster mit Glasmalerei über dem dreibogigen Eingang erhellt das Hauptschiff. Der Boden im leeren, schönen Innenraum fällt leicht zum Chor hin ab.

Die romanische Kirche von Saint-Léon-sur-Vézère

In dieser Kirche sowie in den Kirchen von Saint-Léon-sur-Vézère und Auriac finden Konzerte des Festival du Périgord Noir *(siehe S. 39)* statt. Die Gotteshäuser haben außer Atmosphäre eine exzellente Akustik.

Die imposante Kirche von Saint-Amand-de-Coly

12 Saint-Léon-sur-Vézère

Straßenkarte E2. An der D706. 440. Place Bertran-de-Born, Montignac; 05 53 51 82 60. Mi, Sa.

Die romanische Kirche des Dorfs stammt aus dem 11. Jahrhundert und zählt zu den ältesten seiner Art im Périgord. Im Inneren sieht man Fresken aus dem 12. und 17. Jahrhundert. Das **Château de Chabans** (14.–17. Jh.) präsentiert Glasmalereien und Gobelins, ist aber der Öffentlichkeit derzeit leider nicht zugänglich.

Im nahe gelegenen Le Moustier befindet sich das buddhistische Zentrum **Laugeral**.

Laugeral Saint-Léon-sur-Vézère. 05 53 70 75 29. tägl., Studenten nach Vereinbarung.

⓭ Grottes de Lascaux, Lascaux II und Lascaux IV

Straßenkarte E2. Brive und Sarlat. Place Bertran-de-Born, Montignac; 05 53 51 82 60 oder 05 53 05 65 65. Apr–Okt: tägl.; Anfang Feb, März, Nov, Dez: Di–So. Jan–Anfang Feb.
projet-lascaux.com

Am 12. September 1940 entdeckten vier Jugendliche beim Spielen die Höhle, die als »Sixtinische Kapelle der Prähistorie« berühmt werden sollte. Sie birgt Malereien, die um etwa 18000 v. Chr. entstanden und einen Einblick in diese fernen Zeiten erlauben. Inzwischen weiß man, dass die Höhle niemals bewohnt war. Die genaue Bedeutung der Malereien bleibt unklar. Stiere, Hirsche, Pferde und Steinböcke bedecken die Wände vom Boden bis zur Decke. Die prähistorischen Maler nutzten das Relief der Höhlenwände sehr geschickt aus, um den Abbildungen Leben einzuhauchen.

Die Höhle zog jährlich zahlreiche Besucher an, die schädliche Mikroorganismen mitbrachten, durch die sich der Zustand der Bilder verschlechterte. Man schloss die Höhle deshalb 1963, fertigte jedoch 200 Meter weiter (Richtung Montignac) einen exakten Nachbau an.

Die 1983 eröffnete Höhle **Lascaux II** ist eine wissenschaftliche und künstlerische Spitzenleistung. Rund 70 Prozent der Originale auf den Wänden der beiden Haupthöhlen, Diverticule Axial und Salle des Taureaux (Saal der Stiere) wurden akkurat repliziert. Dabei kamen dieselben Techniken und Materialien zum Einsatz, die einst unsere Vorfahren benutzten. Das neue museale Zentrum **Lascaux IV** (Centre International de l'Art Pariétal Montignac-Lascaux) präsentiert die Kopien sämtlicher Kunstwerke aus der Höhle.

Umgebung: Zehn Kilometer südwestlich von Lascaux steht in Thonac das **Château de Losse**, das 1576 auf den Ruinen der mittelalterlichen Festung der Stadt erbaut wurde. Hier lebte Jean II de Losse, der Privatlehrer von Henri IV. Die Tour de l'Éperon (14. Jh.) steht auf den Wällen, ein befestigtes Pförtnerhaus sichert die Brücke, die in den Haupthof führt. In den Renaissance-Innenräumen sind Möbel aus dem 15. und 17. Jahrhundert zu sehen.

In der Nähe steht die **Tour de la Vermondie** (13. Jh.). Der Turm wurde schief gebaut, damit das junge Mädchen, das darin gefangen war, sich nicht herauslehnen konnte, um ihren vorbeigehenden Verlobten zu küssen.

Auch Pferde und Rotwild sind in den Grottes de Lascaux abgebildet

Das Château de Losse (16. Jh.) steht bei Lascaux

Château de Losse
Thonac. 05 53 50 80 08. Mai–Sep: So–Fr. teilweise.

⓮ Vallée de l'Homme

Straßenkarte E2. An der D706, zwischen Montignac und Les Eyzies.

In diesem Teil des Vézère-Tals, der »Tal des Menschen« genannt wird, befinden sich zahlreiche prähistorische Stätten und Museen, die sich mit der Vorgeschichte befassen.

Le Thot, Espace Cro-Magnon
Thonac. 05 53 50 70 44. Apr–Okt: tägl.; Feb, März, Nov, Dez: Di–So.

Im Zoo von Le Thot leben Nachkommen der Wildtiere, die die Region im Jungpaläolithikum bevölkerten und deren Abbilder an den Wänden der Höhlen von Lascaux bewundert werden können – Rentiere, Auerochsen und Przewalskipferde. Zu sehen sind zudem Nachbildungen ausgestorbener Arten, etwa Mammuts und Wollnashörner.

Das Museum zeigt, wie eine prähistorische Höhle nachgebaut wird, und erläutert die

Die Mammutjagd ist eine der rekonstruierten prähistorischen Szenen im Préhisto Parc, Vallée de l'Homme

Techniken für die Wandmalereien und Ritzbilder. Eine Ausstellung erzählt die Geschichte von Lascaux. Leuchttafeln zeigen vier Faksimiles von Malereien, die nicht in Lascaux zu sehen sind: menschliche Figuren, Hirsche, eine Kuh, Pferde und ein Wisent.

Préhisto Parc

Tursac. 05 53 50 73 19. Mitte Feb–Mitte Nov: tägl.

Der Park zeigt rekonstruierte Szenen aus dem prähistorischen Alltag, führt durch die Zeit vom Neandertaler bis zum Cromagnonmenschen und bietet Kurse an in Fertigkeiten wie Feuersteinschlagen, Speerwerfen, Höhlenmalerei und Feuermachen.

Village de la Madeleine

Tursac. 05 53 46 36 88. Mitte Feb–Mitte Nov: tägl.

Der Felsüberhang La Madeleine gab dem Zeitabschnitt Magdalénien (18 000 bis 10 000 v. Chr.) seinen Namen. Ausgrabungen brachten Gegenstände der Jäger und Sammler zutage, u. a. das Fragment eines gravierten Mammut-Stoßzahnes und ein mit Muscheln und rotem Ocker dekoriertes Kindergrab. Das in den Felsen über der Vézère gehauene Höhlendorf nutzte man ab dem 8. Jahrhundert als Zufluchtsort.

La Roque-Saint-Christophe

Peyzac-Le Moustier. 05 53 50 70 45. tägl. **roque-st-christophe.com**

Die 80 Meter hohe und einen Kilometer lange steile Felswand über der Vézère war seit Urzeiten bewohnt. Festung und Dorf wurden ab dem 10. Jahrhundert in den Felsen gehauen und im Mittelalter zum besseren Schutz erweitert. Die natürliche Festung bot gut 1000 Menschen Platz. Von den flachen, terrassenähnlichen Flächen hat man einen schönen Blick über das Tal. Die Rekonstruktion eines mittelalterlichen Gebäudekomplexes vermittelt einen Eindruck vom Alltagsleben in jener Zeit.

Das Château de Belcayre steht zwischen Thonac und Sergeac

Sergeac

Place Bertran-de-Born, Montignac; 05 53 51 82 60.

Am Eingang des Dorfs, das früher ein Hauptstützpunkt der Tempelritter im Périgord war, erkennt man ein gemeißeltes Kreuz aus dem 15. Jahrhundert. Neben der Residenz des Kommandanten (14./15. Jh.) befindet sich eine Wehrkirche mit dem traditionellen Ziegeldach des Périgord.

Unweit von Sergeac gibt es im schmalen Tal von **Castel-Merle** Felsüberhänge, die vom Paläolithikum bis zur Eisenzeit bewohnt waren. Zwischen Thonac und Sergeac steht das prächtige Château de Belcayre.

Grottes du Roc de Cazelle

An der D47 nach Sarlat, hinter Les Eyzies. 05 53 59 46 09. tägl.

Die Ausstellung im Felsüberhang Roc de Cazelle zeigt die menschliche Besiedlung der Höhlen vom Jungpaläolithikum bis 1966 und präsentiert rekonstruierte Szenen aus dem Alltag von frühen Jägern und Sammlern bis zu den Bauern des 20. Jahrhunderts. Man erfährt, wie der Fels bewohnbar gemacht, Festungen gebaut und Häuser aus dem Felsen gehauen wurden.

⑮ Jardin du Manoir d’Eyrignac

Der im 18. Jahrhundert angelegte, durch sieben Quellen bewässerte Park des Herrenhauses ist eine grüne Oase im trockenen, felsigen Kalk des Périgord Noir. Er wurde im 19. Jahrhundert im romantischen Stil umgestaltet und verwahrloste in den folgenden hundert Jahren so sehr, dass Besitzer Gilles Sermadiras und später sein Sohn fast 40 Jahre benötigten, um ihn wieder in aller Pracht erstehen zu lassen. Der seit 1987 öffentliche Park zeigt heute eine Mischung aus strengem französischen und natürlicherem italienischen Stil, mit weiten Rasenflächen und großen Bäumen und Büschen, etwa Buchs, Eibe, Hainbuche und Zypresse. Der streng symmetrische französische Garten steht mit seinen Formschnitten und sorgfältig arrangierten Blumenbeeten im starken Kontrast zum unregelmäßigeren italienischen Garten.

Der mit Steinen gepflasterte Weg harmoniert perfekt mit dem Grün der Anlagen

★ Hainbuchenweg
Die lange Hainbuchenallee verläuft parallel zu einem mit Urnen gesäumten Weg. Sie ist ein geometrisches Meisterwerk in verschiedensten Grüntönen. Die akribisch gestutzten Eiben und Hainbuchen schaffen eine beeindruckende Blickachse.

Außerdem

① **Chinesische Pagode**

② **Restaurant Côté Jardin**

③ **Von der »Verzauberten Terrasse«** mit dem dahinterliegenden Rosengarten hat man einen schönen Blick auf das Herrenhaus und den Französischen Garten.

④ **Im Obstgarten** gedeihen u. a. Äpfel und Birnen.

⑤ **Potager**

⑥ **Das Herrenhaus** wurde im Jahr 1653 erbaut.

⑦ **Vasenstraße**

Englische Arkade
Der von Pflanzen überwucherte Weg führt in einem raffinierten Muster aus Licht und Schatten vom Pavillon neben dem Hainbuchenweg zu einem sandigen Hof vor dem Haus.

Hotels und Restaurants im Périgord und in Quercy *siehe Seiten 251f und 263–265*

Weißer Garten
Die Blumenbeete an den breiten, geraden Wegen sind nur mit weißen Rosen bepflanzt. Im Frühsommer ist die Luft vom Duft der Blüten erfüllt.

Infobox

Information
Straßenkarte E2. An der D60. Salignac. 1100. 05 53 28 99 71. tägl.
eyrignac.com

Anfahrt
Souillac u. Brive-la-Gaillarde.

Brunnen
Fünf geometrisch angelegte Brunnenbecken vervollständigen den Rosengarten. Fontänen säumen das große zentrale Becken.

★ **Französischer Garten**
Vor der Terrasse mit den Blumenrabatten wurde eine Fläche mit Sandboden und kleinem Teich angelegt. Der Garten besteht aus symmetrischen Buchsbaum-Arabesken mit Rasen.

⓰ Les Eyzies-de-Tayac

Les Eyzies ist mit seinen Höhlenmalereien und Felsüberhängen als »Hauptstadt der Prähistorie« bekannt. Über die Stadt im zentralen Vézère-Tal ragen ockerfarbene Felswände auf, in denen man Spuren frühester menschlicher Siedlungen fand. Ideale Vorbereitung für die Besichtigung der bemalten Höhlen ist das Museum, dessen Exponate fast alle Erkenntnisse über die Steinzeit abdecken. Sehenswert ist zudem der Weiler Tayac nahe Les Eyzies mit seiner Wehrkirche aus dem 12. Jahrhundert.

Infobox

Information
Straßenkarte E2. An der D47 zwischen Périgueux und Sarlat.
900. 19, ave de la Préhistoire; 05 53 06 97 05.
lascaux-dordogne.com
Apr–Okt: Mo vormittags; Juli, Aug: Fr nachmittags.

Anfahrt
Périgueux, Agen.

Musée National de la Préhistoire

05 53 06 45 45. Juli, Aug: tägl.; Sep–Juni: Mi–Mo.
Die Museumssammlung umfasst überwiegend Funde aus dem Valée de la Vézère – Steinwerkzeuge, Grabbeigaben, Knochen prähistorischer Tiere, Schmuck, kleine Skulpturen und Gravierungen. Auf der Terrasse öffnet sich ein beeindruckender Ausblick über das Tal.

Abri Pataud

05 53 06 92 46.
Apr–Mitte Okt: telefonisch erfragen.
An den Wänden der mit Gravuren bedeckten Felszuflucht fand man Spuren von rund 40 Lagern aus den Zeitperioden und Kulturen Aurignacien, Gravettien und Solutréen (35 000 bis 20 000 v. Chr.). Gleich darunter befindet sich eine andere Felszuflucht, deren Decke die herrliche Darstellung einer Oryx-Antilope ziert (Solutréen, 17 000 v. Chr.). Das Museum präsentiert Funde von dieser Stätte sowie Details der archäologischen Ausgrabungen.

Abri du Cap Blanc

Marquay. 05 53 06 86 00. ganzjährig. Sa, Feiertage.
Vor über 15 000 Jahren ritzten prähistorische Menschen Darstellungen von Pferden, Wisenten und Rentieren in die Wand dieser Felszuflucht. Eine kleine Darstellung bringt Einblicke in das Alltagsleben und die Kunst des Magdalénien.

Le Moustier, La Micoque und La Ferrassie

05 53 06 86 00. Sommer; nur mit Buchung.
Die Felszuflucht Le Moustier ist Fundort eines Neandertalerskeletts und verlieh der Moustérien-Kultur (80 000 bis 30 000 v. Chr.) ihren Namen. Die älteste Fundstätte in der Dordogne ist die ab 300 000 v. Chr. bewohnte Micoque. In der von 40 000 bis 25 000 v. Chr. bewohnten Felszuflucht La Ferrassie fand man Neandertalergräber. Ausgrabungen brachten gemeißelte Steinplatten aus dem Aurignacien zutage, die ältesten prähistorischen Kunstwerke aus dem Vézère-Tal.

Prähistorischer Mensch, Musée de la Préhistoire

Abri de Laugerie-Haute

05 53 06 86 00. Sa, Feiertage. nur mit Buchung.
Die zwischen 22 000 und 12 000 v. Chr. bewohnte, riesige Felszuflucht *(abri)* wurde verlassen, als die Decke einbrach. Hier fand man Feuerstein- und Knochenwerkzeuge sowie zahlreiche Harpunen.

Abri du Poisson

05 53 06 86 00. Sa, Feiertage. nur mit Buchung.
Die kleine Felszuflucht im Tal der Gorge d'Enfer heißt nach dem um 25 000 v. Chr. erstellten Relief eines ein Meter langen Lachses, das hier gefunden wurde.

Grotte des Combarelles

05 53 06 86 00. Sa, Feiertage.
Diese im Magdalénien (um 15 000 v. Chr.) benutzte Höhle

Darstellung eines Hirschen in der Grotte de Font-de-Gaume

zieren etwa 600 geritzte und gemalte Darstellungen von Pferden, Rentieren, Mammuts, Wollnashörnern und anthropomorphen Figuren.

Grotte de Font-de-Gaume
05 53 06 86 00. Sa, Feiertage. nur mit Buchung.
Großartige, vielfarbige Malereien aus der Zeit des Magdalénien bedecken die Wände der Höhle. Zu besichtigen sind darüber hinaus beinahe 200 Ritz- und andere Zeichnungen von Tieren, darunter insgesamt 82 Wisente.

Grotte de Bernifal
Meyrals. 05 53 29 66 39. Juli–Sep: tägl., nach Vereinbarung.
Diese kleine Höhle erreicht man nach einer Wanderung durch dichtes Waldland. Im Fackellicht sieht man rund 100 Darstellungen von Mammuts und menschlichen Figuren sowie Zeichen und Symbole aus dem Magdalénien.

Abri de Laugerie-Basse
05 53 06 92 70. Anfang Feb–Dez: Di–So (Apr–Okt: tägl.). Kombiticket mit Besuch der Grotte du Grand Roc erhältlich.
In dieser Felszuflucht aus dem Magdalénien informieren Darstellungen über das Leben der Cromagnonmenschen, ihre Werkzeuge, Essgewohnheiten, Jagdmethoden und Kunst. Einige der hier ausgestellten Objekte sind Nachbildungen, die Originale wurden in Museen auf der ganzen Welt verbracht. Hier wurde die älteste in Frankreich entdeckte weibliche Skulptur gefunden, die berühmte *Venus Impudique* (»Unzüchtige Venus«).

Grotte du Grand Roc
05 53 06 92 70. Feb–Dez: Di–So (Apr–Okt: tägl.). Günstiges Kombiticket mit Besuch der Abri de Laugerie-Basse erhältlich.
Die Höhle birgt eine Vielzahl fantastischer Mineralformationen, darunter Stalagmiten, Stalaktiten und verschiedenste bizarre, teilweise sogar hohle Formen wie etwa das erstaunliche kristallisierte Kreuz.

⓱ Le Bugue-sur-Vézère

Straßenkarte E2. An der D710. Agen, Périgueux. 2800. Porte de la Vézère; 05 53 07 20 48. Di, Sa.

Die Attraktionen des Ortes reichen vom **Aquarium du Périgord Noir** bis zum Freilichtmuseum **Village du Bournat**. Dieses informiert mit nachgebildeten Szenen über das frühere ländliche Leben im Périgord.

Aquarium du Périgord Noir
05 53 07 10 74. Feb–Mitte Nov: So, Mo–Sa nachm. (Apr–Sep: tägl.).

Village du Bournat
05 53 08 41 99. Apr–Sep: tägl.

Grotte de Bara-Bahau
Le Bugue. 05 53 07 44 58. Apr–Mitte Nov: tägl.; Mitte Nov–Dez, Feb–März: Di–So. Jan.
In der Höhle führt eine Galerie mit bizarren Felsen zu einem

Atmosphärische Lichtinstallationen im Gouffre de Proumeyssac

Der Grand Roc bei Les Eyzies am Ufer der Vézère

Raum, den Gravuren von Bären, Pferden, Wisenten, Händen und anderen Symbolen zieren.

Gouffre de Proumeyssac
4 km von Le Bugue entfernt auf der Straße nach Audrix. 05 53 07 27 47. Feb, Nov, Dez: tägl. nachmittags (ansonsten tägl.); Juli, Aug: Reservierung ratsam. Jan.
Unter der domartigen Kuppel der Höhle sind im Inneren der Erde Felsformationen zu bestaunen, über die geologischen Abläufe wird informiert. Bei vorhergehender Abmachung können Besucher wie die ersten Erforscher der Höhle mit einem Schlitten, der an Kabeln hängt, in die Tiefe fahren.

Umgebung: Fünf Kilometer südwestlich von Le Bugue lockt am Zusammenfluss von Vézère und Dordogne das Dorf **Limeuil** mit einem schönen Strand am Fluss, Kunsthandwerksstätten, Gassen, einer Burg und einem Arboretum. Thomas Becket besuchte hier einst die Kapelle Saint-Martin.

Zehn Kilometer südlich von Le Bugue sind bei Le Buisson de Cadouin die **Grottes de Maxange** einen Besuch wert. Die im Jahr 2000 entdeckten Höhlen bergen fantastische Felsformationen.

Grottes de Maxange
Le Buisson de Cadouin. 05 53 23 42 80. Mitte Apr–Mitte Nov: tägl.

⑱ Im Detail: Sarlat

Die Gassen und Höfe der schön restaurierten Stadt am Fuß der *pechs* genannten kleinen Hügel erstrahlen in alter Pracht. Bei einigen Häusern trägt ein mittelalterliches Erdgeschoss weitere Stockwerke aus der Renaissance. Das Handelszentrum an der Straße nach Santiago de Compostela wuchs schnell im 13. und dann wieder Mitte des 15. Jahrhunderts, aus jener Zeit stammen auch die prächtigen Renaissancehäuser. Die »La Traverse« genannte Rue de la République wurde im 19. Jahrhundert angelegt und durchschneidet die malerische Altstadt. Sarlat lockt seine Gäste nicht nur mit den architektonischen Highlights seiner restaurierten Altstadt, sondern vor allem mit Trüffeln und *foie gras*.

★ Place de la Liberté
Das Zentrum von Sarlat war mit seinen malerischen Häusern aus dem 16. und 18. Jahrhundert Kulisse für einige Filme. Die Église Sainte-Marie *(Hintergrund)* wurde von Jean Nouvel restauriert und ist heute eine Markthalle.

Die Rue des Consuls säumen schöne Häuser aus dem 15. bis 17. Jahrhundert.

Place aux Oies
Am »Gänseplatz« stehen die zwei schönen Renaissancehäuser Hôtel de Vassal (mit Türmchen) und Hôtel Chassaing. An den Geflügelmarkt, der hier früher stattfand, erinnern zwei Bronzegänse von Lalanne.

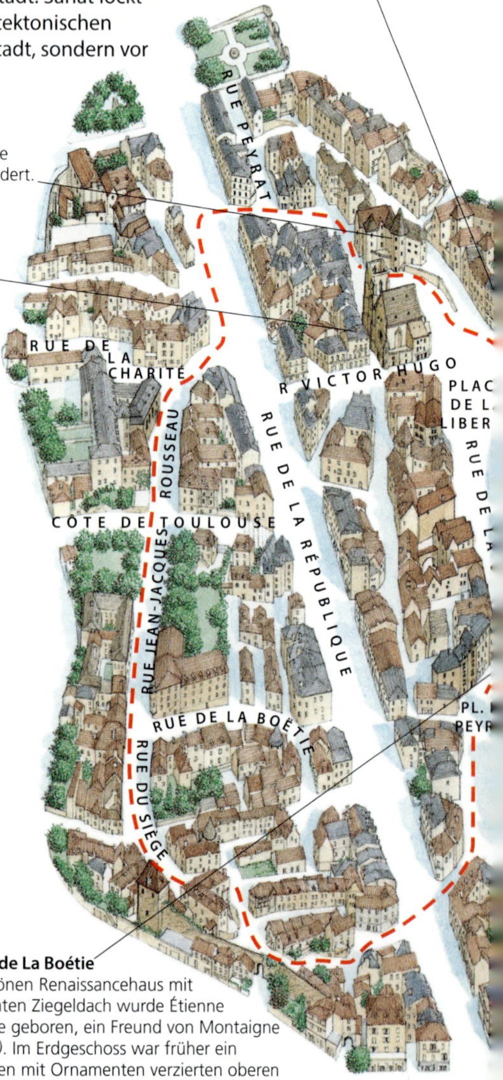

★ Maison de La Boétie
In dem schönen Renaissancehaus mit dem eleganten Ziegeldach wurde Étienne de La Boétie geboren, ein Freund von Montaigne *(siehe S. 48)*. Im Erdgeschoss war früher ein Laden. In den mit Ornamenten verzierten oberen Geschossen rahmen Pilaster die Fenster mit den steinernen Fensterkreuzen.

Hotels und Restaurants im Périgord und in Quercy *siehe Seiten 251f und 263–265*

Cathédrale Saint-Sacerdos
Der Kathedrale, deren Bau 1504 begonnen und im 17. Jahrhundert beendet wurde, fehlt jeder einheitliche Stil. Eine Besonderheit ist der Orgelbalkon von 1770.

Infobox

Information
Straßenkarte E2. 9931.
3, rue Tourny; 05 53 31 45 45. Apr–Sep. Mi, Sa vorm.; Ostern–10. Nov: Fr–Mi (überdachter Markt); Trüffelmarkt: Dez–Feb. Fête de la Truffe (Jan); Festival des Jeux du Théâtre (Mitte Juli–Anfang Aug); Festival du Film de Sarlat (2. Woche Nov); Journées du Terroir (Christi Himmelfahrt).
sarlat-tourisme.com

Anfahrt
Souillac.

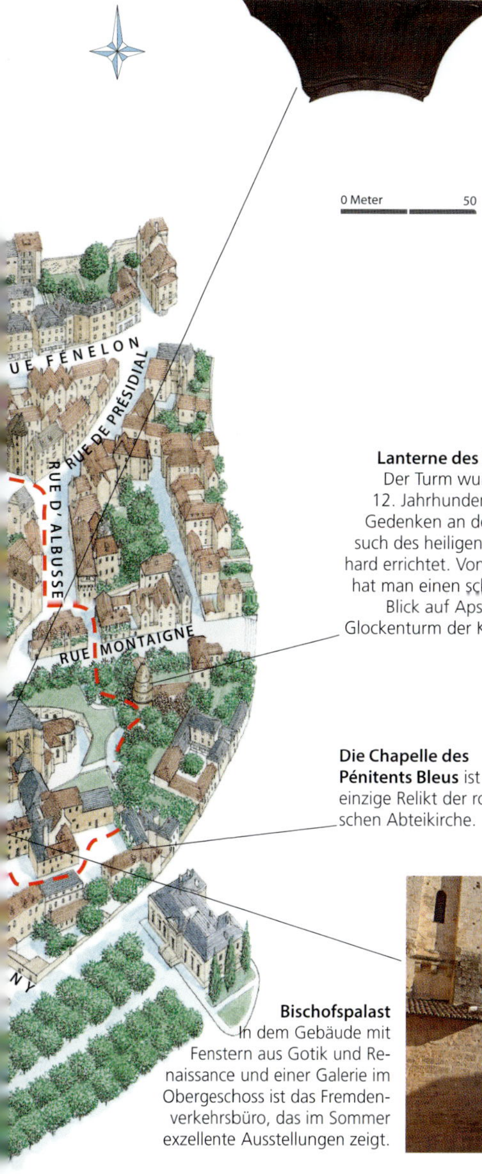

Lanterne des Morts
Der Turm wurde im 12. Jahrhundert zum Gedenken an den Besuch des heiligen Bernhard errichtet. Von oben hat man einen schönen Blick auf Apsis und Glockenturm der Kirche.

Die Chapelle des Pénitents Bleus ist das einzige Relikt der romanischen Abteikirche.

Legende

Routenempfehlung

Bischofspalast
In dem Gebäude mit Fenstern aus Gotik und Renaissance und einer Galerie im Obergeschoss ist das Fremdenverkehrsbüro, das im Sommer exzellente Ausstellungen zeigt.

Überblick: Sarlat
Im Sommer ist das Herz der Altstadt von Sarlat für den Verkehr gesperrt und angenehm zu Fuß zu erkunden. Das Hôtel de Maleville (oder Hôtel de Vienne) wurde in einer Mischung aus französischem und italienischem Renaissancestil erbaut. Die Gasse Henri-de-Ségogne in der restaurierten Altstadt säumen Fachwerkhäuser mit Ziegeldächern aus dem 13., 15. und 16. Jahrhundert.

Cathédrale Saint-Sacerdos
Die Kathedrale wurde im 16. und 17. Jahrhundert an der Stelle einer romanischen Abteikirche erbaut. Das Kirchenschiff ist ein viergeteilter Spitzbogenbau. Ein Bummel führt zum Cour des Fontaines, zur Chapelle des Pénitents Bleus, Relikte eines alten Klosters,

Häuser in Sarlats Altstadt mit traditionellen Périgord-Ziegeldächern

sowie zum Jardin des Enfeus, einem ehemaligen Friedhof mit in die Wand gehauenen Grabnischen. Unklar ist, wozu die Lanterne des Morts (Totenlaterne) aus dem 12. Jahrhundert diente, in der man eine Lampe anzünden konnte.

Östliches Sarlat
Im ehemaligen **Présidial** in der Rue Landry tagte im 17. Jahrhundert das Gericht, heute ist hier ein Restaurant. Ein niedriger Bogengang mit einer Laterne ziert die Fassade. Neben dem **Rathaus** stehen Giebelhäuser aus dem 15. und 17. Jahrhundert. An der Rue Fénelon sieht man gegenüber

⑲ Vallée de la Dordogne

Viele Châteaux präsentieren sich an diesem Abschnitt der Dordogne, wenn man auf dem Fluss in einem Kanu oder einer *gabare* (lokale Schute) oder auf der Straße fährt. Die Hügel bieten weite Rundblicke, die Esplanade in Domme eine herrliche Aussicht auf die Flussschleife von Montfort. Die Dordogne windet sich im Sonnenlicht wie ein silbernes Band durch altes Kulturland.

⑤ Château de Beynac
Jenseits des hübschen Dorfs Envaux führt die enge Straße durch die Ebene und bringt das imposante Château de Beynac *(siehe S. 138)* in Sicht. Von hier kann man kilometerweit in alle Richtungen sehen.

⑥ Château des Milandes
Josephine Baker (1906–1975), Sängerin, Tänzerin, Entertainerin und Philanthropin, war einst die Besitzerin des 1489 im Renaissancestil erbauten und im 19. Jahrhundert umgebauten Schlosses. Ein Teil der Schlossführung ist ihrem Leben gewidmet. Im Garten erinnern einige Tafeln an die mittelalterliche Falknerei.

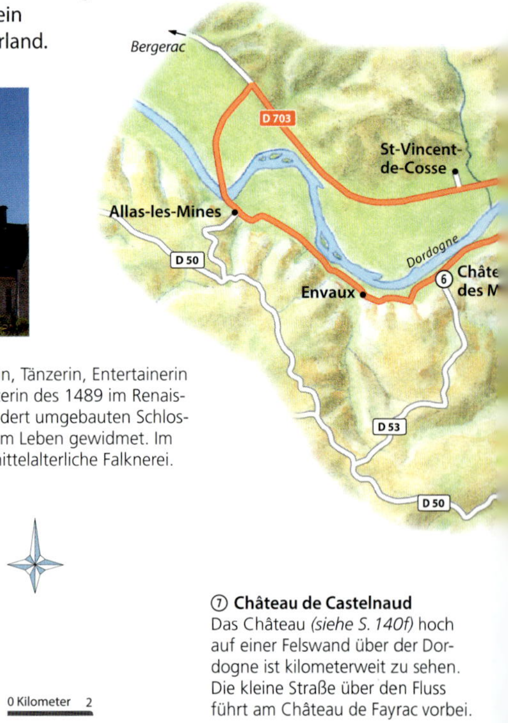

Routeninfos

Straßenkarte E2
Länge: 37 km
Rasten: Am Weg stehen einige Bauerngasthöfe und Restaurants. Informationen erhält man in Sarlat unter 05 53 31 45 45.

⑦ Château de Castelnaud
Das Château *(siehe S. 140f)* hoch auf einer Felswand über der Dordogne ist kilometerweit zu sehen. Die kleine Straße über den Fluss führt am Château de Fayrac vorbei.

der Gasse zum Hôtel de Gérard (16. Jh.) einen Torweg, der von vier mit Lilien verzierten Säulen gerahmt wird – früher der Eingang zum Rathaus.

Place de la Liberté
Mittelpunkt des Theaterfestivals im Sommer ist das **Hôtel de Gisson** (15. Jh.). Wasserspeier schmücken den Glockenturm der **Église Sainte-Marie**, heute eine Markthalle.

Rue des Consuls
Die Straße wird gesäumt von schönen Häusern, darunter dem Hôtel Plamon (14. bis 17. Jh.) und dem **Hôtel de Mirandol** nahe der Fontaine Sainte-Marie. Hinter dem Bogen an der Straßenecke steht das **Hôtel Tapinois de Bétou** mit einem hölzernen Treppenhaus aus dem 17. Jahrhundert.

Sarlats Altstadt lädt zu einem Abendspaziergang ein

Westliches Sarlat
Die Fachwerkhäuser in der Rue des Armes sieht man gut vom Weg an den Befestigungen. Die **Chapelle des Pénitents Blancs** ist der Überrest eines Nonnenklosters, etwas weiter steht die ehemalige **Abtei Sainte-Claire** (beide 17. Jh.).

Umgebung: 18 Kilometer südöstlich wurde im **Château de Fénelon** der Philosoph François de Salignac de la Mothe Fénelon (1651–1715) geboren.

Château de Fénelon
Sainte-Mondane. 05 53 29 81 45. Apr–Okt: So, Mo, Mi–Fr (Juli, Aug: So–Fr).

④ Parc de Marqueyssac
Die insgesamt sechs Kilometer langen, kurvigen Fußwege führen durch den 24 Hektar großen Park mit 150 000 schön geschnittenen Buchsbäumen und Zypressen zu einer phänomenalen Aussichtsterrasse. Vom Weg hat man einen herrlichen Blick auf die vielen Dörfer und Schlösser der Umgebung.

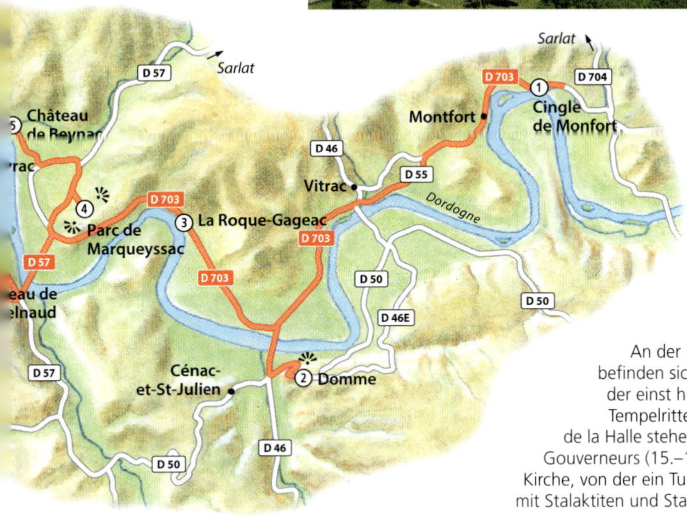

① Cingle de Monfort
Bei einer Kanufahrt auf der Flussschleife sieht man das Château de Monfort.

② Domme
An der Porte des Tours befinden sich Zeichnungen der einst hier gefangenen Tempelritter. An der Place de la Halle stehen das Haus des Gouverneurs (15.–16. Jh.) und die Kirche, von der ein Tunnel zu Höhlen mit Stalaktiten und Stalagmiten führt.

③ La Roque-Gageac
Die ockerfarbenen Häuser des Dorfs breiten sich zum Flussufer hinab aus. Nicht weit von der Kirche mit Glockenturmmauer und dem eleganten Manoir de Tarde liegt ein Garten mit exotischen Pflanzen. Im Felsen befindet sich eine Höhlenfestung. Der steile Weg hinauf wird durch den Ausblick belohnt.

Legende
Routenempfehlung
Andere Straße

⑳ Souillac

Straßenkarte E2. A20 Paris–Toulouse. 3900. Souillac. Boulevard Louis-Jean-Malvy; 05 65 33 22 00. Fr vormittags. Festival de Jazz (Juli); Les Mercredis du Mime (Mitte Juli–Mitte Aug: Mi).
valle-dordogne.com

Souillac liegt in Haut-Quercy zwischen Dordogne und Borrèze. Das Städtchen entstand bei einem Benediktinerkloster, das um 655 gegründet und im 16. Jahrhundert Abtei wurde. Bis zu 150 Prioreien in der Umgebung standen unter dem Einfluss von Souillac, das zum Handelszentrum aufstieg. Bis zum Bau der Eisenbahn im 19. Jahrhundert wurden die Waren auf Lastkähnen hierhertransportiert.

Die Abteikirche **Sainte-Marie** wurde im 11. und 12. Jahrhundert mit dem Grundriss eines lateinischen Kreuzes und mit drei Kuppeln auf Steinsäulen erbaut. Ihr reiner byzantinisch-romanischer Stil ist durch die Hagia Sophia in Istanbul inspiriert. Sehenswert sind das Portal, das im 17. Jahrhundert nach innen gedreht wurde, und die Schnitzereien (12. Jh.) auf einer Säule, die Tier und Mensch im grimmigen Kampf zeigen. Die Darstellung des Propheten Jesaja wirkt ungewöhnlich lebendig.

Die ehemalige Kirche Église Saint-Martin mit dem beschädigten Kirchturm und einem gotischen Gewölbe beherbergt heute das Fremdenverkehrsbüro, in dem auch Kunstausstellungen stattfinden. Das Stadtzentrum lässt sich besonders in der Rue des Craquelins, an der Place Poucou und der Place Benetou angenehm zu Fuß erkunden.

Das **Musée de l'Automate**, mit 3000 Exponaten das größte seiner Art in Europa, wurde 1988 in den Abteigärten eröffnet. Die Sammlung aus dem 19. und 20. Jahrhundert stammt überwiegend aus den Werkstätten von Roullet-Decamps, in denen ab 1865 Automaten hergestellt wurden. Die Exponate, darunter eine Frau, die ihr Gesicht pudert, eine Jazzband und ein Schlangenbeschwörer, sind wahre Wunderwerke der Feinmechanik. Die Roboter-Abteilung wurde in Zusammenarbeit mit der Pariser Cité des Sciences et de l'Industrie gestaltet und dokumentiert den neuesten Stand der Technik.

Musée de l'Automate

Umgebung: Elf Kilometer südöstlich von Souillac liegen die 1902 entdeckten **Grottes de Lacave**. 1,6 Kilometer lange Galerien und ein Dutzend Höhlen können hier mit einem kleinen Zug und einem Lift besichtigt werden. Die eindrucksvollste Tropfsteinhöhle Frankreichs wartet mit bizarren Stalaktiten und Stalagmiten auf, von denen einige an fantastische Tiere erinnern.

Musée de l'Automate
Place de l'Abbaye. 05 65 37 07 07. Dez–März: Mi–So nachmittags; Apr–Okt: Di–So (Juli, Aug: tägl.).

Grottes de Lacave
05 65 37 87 03. Anfang Feb–Dez: tägl. **vert-marine.com**

㉑ Martel

Straßenkarte E2. An der D840, nahe der A20. 1600. Quatre-Routes. Palais de la Raymondie, Place des Consuls; 05 65 37 43 44. Mi, Sa vormittags.
valle-dordogne.com

Martel war einst Sitz des Vicomte de Turenne. Einer der sieben Türme ist der Glockenturm der befestigten gotischen Kirche, an der man Schießscharten entdeckt. Sehenswert sind auch die Reste der Wälle aus dem 12. bis 14. Jahrhundert, das Palais de la Raymondie (13./14. Jh.), heute ein Museum für Frühgeschichte (Juli, Aug geöffnet) mit gallo-römischen Artefakten, und der im 18. Jahrhundert überdachte Markt. Neben dem regulären

Das mit Skulpturen verzierte Giebelfeld des Portals der Église Sainte-Marie, Souillac

Hotels und Restaurants im Périgord und in Quercy *siehe Seiten 251f und 263–265*

Bootsfahrten auf dem See im Gouffre de Padirac

Markt an zwei Tagen in der Woche findet im Winter ein Trüffelmarkt statt.

Umgebung: Sieben Kilometer südlich von Martel steht an der N140 die vorromanische Kirche von **Creysse** mit zwei identischen Apsiden und einer geraden Ostmauer. Das Kirchenschiff folgt der konvexen Form eines Felsvorsprungs. Das Dorf mit seinen hübschen Häusern liegt zwischen der Dordogne und Walnussgärten.

Von 1681 bis 1695 war Fénelon Priorei des befestigten Klosters von **Carennac**. Es ist 18 Kilometer südöstlich von Martel über die D103 und D20 zu erreichen. Die einzigen Überreste des Klosters sind die Residenz des Dekans, nun das lokale Fremdenverkehrsbüro, die Kirche mit einer fesselnden Darstellung des Jüngsten Gerichts über dem Türbogen, Kreuzgang und Kapitelsaal. In dem Dorf gegenüber der Île de la Calypso stehen einige interessante alte Häuser.

Detail von Carennac

20 Kilometer südöstlich von Martel hat man in **Loubressac** einen weiten Blick über die Täler der Flüsse Cère, Bave und Dordogne. Von hier kann man das Château de Castelnaud, Saint-Céré und die Türme von Saint-Laurent sehen. Innerhalb der Befestigungsmauern winden sich enge Straßen zwischen den ockerfarbenen, teilweise mit Blumen bewachsenen Häusern.

Dem Dorf **Autoire** 25 Kilometer südöstlich von Martel nähert man sich am besten von der Höhe des Kalksteinplateaus aus, von dem ein Wasserfall 40 Meter in die Tiefe hinabstürzt. Flankiert von Felswänden finden sich neben Herrenhäusern auch Häuser in der rustikalen Architektur des Quercy. Die Dächer mit ihren Gaubenfenstern, Taubenschlägen, Kaminen und Türmchen bilden ein mosaikähnliches Muster. Das Dorf ist gut zu Fuß zu erkunden. Sehenswert sind die Chapelle Saint-Roch und das im Hundertjährigen Krieg zerstörte Château des Anglais.

㉒ Gouffre de Padirac

Straßenkarte F2. Rocamadour-Padirac. Brive–Toulouse. 05 65 33 64 56. Apr–Mitte Nov. **gouffre-de-padirac.com**

Von oben betrachtet beeindruckt der riesige Schlund in der Erde, der den Zugang zu einer Reihe von unterirdischen Kavernen bildet. Die Tunnel dieser geologischen Sensation entstanden vor mindestens einer Million Jahren, das klaffende Loch im Boden, über das sie zugänglich sind, wohl erst vor rund 10000 Jahren. Entdeckt wurde das Höhlensystem 1889.

In den rund 100 Meter tiefen Höhlen herrscht eine konstante Temperatur von etwa 13 °C. Sie können bei Führungen auf einem 400 Meter langen Weg und einer 500 Meter langen Bootsfahrt auf einem unterirdischen Fluss besichtigt werden. In der 94 Meter hohen Großen Kuppel befinden sich riesige Stalagmiten und Stalaktiten. Dahinter liegt ein Sinterbecken, das von Sickerwasser gespeist wird. Der Großteil der bisher erforschten Höhlengänge (ca. 40 km) sind für Besucher nicht zugänglich.

㉓ Castelnau-Bretenoux

Straßenkarte F2. An der D803. 05 65 10 98 00. tägl. Okt–März: Di.

Die imposante Burg mit dem quadratischen *donjon* und den herrschaftlichen Quartieren wurde im 12. Jahrhundert von den Baronen von Castelnau gegründet. In der Silhouette erkennt man deutlich die Spuren der militärischen Vergangenheit. Die Anlage wurde im 16. und 17. Jahrhundert umgebaut, im 18. Jahrhundert aufgegeben und im späten 19. Jahrhundert mit Spenden des Tenors Jean Mouliérat restauriert. Heute beherbergt die Festung eine Sammlung von Gemälden und Möbeln.

Die Festung Castelnau-Bretenoux zeugt von typischer Militärarchitektur

㉔ Rocamadour

Auf einem Felsplateau hoch über dem Alzou-Tal wirkt Rocamadour, als sei es direkt aus dem Kalkfelsen gehauen. Den besten Blick auf die Anlage hat man von dem nahen Weiler L'Hospitalet. Das Dorf wurde zu einem der berühmtesten Wallfahrtsorte Frankreichs, nachdem dort 1166 ein Grab mit einem unverwesten Körper gefunden worden war, den man für den Leichnam des frühchristlichen Eremiten und Heiligen Amadour hielt. Über der Statue der Schwarzen Madonna mit Kind in der Chapelle Notre-Dame hängt eine Glocke, der man wundertätige Kräfte nachsagt. Ein Bericht von 1172 beschreibt die 126 Wunder der Madonna, die jedes Jahr am 8. September in der Semaine Mariale (Marienwoche) besonders verehrt wird.

Chapelle Saint-Michel
Herrliche Fresken aus dem 12. Jahrhundert schmücken die Kapelle.

Große Treppe
Die breite Treppenflucht verbindet das Dorf mit den Kirchen. Die Pilger rutschen hier auf den Knien hoch und beten dazu Rosenkränze.

Außerdem

① **Die Crypte de Saint Amadour** ist nach dem Eremiten benannt, dessen Reliquien sie birgt. In der Krypta beten die Wallfahrer den Heiligen an.

② **Die Burg** wurde an die Verteidigungsanlagen der Kirche aus dem 14. Jahrhundert gebaut.

③ **Befestigungsmauern**

④ **Kreuz von Jerusalem**

⑤ **Die Basilique Saint-Sauveur** (12. Jh.) ist an den Felsen gebaut.

⑥ **Die Chapelle Saint-Jean-Baptiste** blickt auf das schöne gotische Portal der Basilica Saint-Sauveur.

⑦ **Chapelle Sainte-Anne** (13. Jh.) hat ein schönes vergoldetes Altarblatt (17. Jh.).

⑧ **Chapelle Saint-Blaise**

Hotels und Restaurants im Périgord und in Quercy *siehe Seiten 251f und 263–265*

Dorf
Am Pilgerweg führt die Porte du Figuier (13. Jh.) zur Hauptstraße, an der sich Souvenirläden reihen.

Infobox

Information
Straßenkarte E2. 680.
Am L'Hospitalet und in Rocamadours mittelalterlichem Zentrum; 05 65 33 22 00.
Les Médiévales (1. Wochenende im Juli); Semaine Mariale (Mitte Sep); Les Mongolfiades (3. Wochenende im Sep)
vallee-dordogne.com

Anfahrt
Rocamadour.

Blick auf Rocamadour
Am beeindruckendsten sieht das aus den Felsen aufragende Rocamadour bei Sonnenaufgang aus.

Chapelle Notre-Dame
Die Reliquien des heiligen Amadour fand man im Boden vor der Kapelle. Auf dem Altar steht die Statue der wundertätigen Schwarzen Madonna.

Überblick: Rocamadour

Der Blick von den Mauern des Orts ist atemberaubend: Man schaut über das Alzou-Tal und sieht Pilger, die auf den Knien über die 224 Stufen der Großen Treppe zu den Schreinen rutschen und an den Rastplätzen haltmachen. Im 13. Jahrhundert strömten jährlich Tausende nach Rocamadour. Im Hundertjährigen Krieg wurde die Stadt von den Engländern geplündert und im 16. Jahrhundert in den Hugenottenkriegen entweiht, aber die Schwarze Madonna und ihre wundertätige Glocke überlebten. Die Wallfahrten zu dem Heiligengrab endeten mit der Revolution 1789 und begannen wieder im 19. Jahrhundert.

Grand'Rue

Der von den Pilgern benutzte Voie Sainte (»Heiliger Weg«) führt vom Weiler L'Hopitalet zur Grand'Rue an der Porte du Figuier (13. Jh.), einem der erhaltenen acht Festungstore, die den Zugang zur Stadt kontrollierten. Im Rathaus (15. Jh.) in der Rue de la Couronnerie hängt ein riesiger Wandteppich von Jean Lurçat (1892–1966). Das handgefertigte Kunstwerk zeigt Darstellungen von Tieren und Pflanzen aus der Region.

Chapelle Notre-Dame

Die Kapelle im gotischen Flamboyant-Stil steht seit 1476 an der Stelle im Felsen, wo der heilige Amadour gelebt haben soll. Das Ziel der Wallfahrer ist die Schwarze Madonna mit Kind. Die 69 Zentimeter hohe, mit Blattsilber bedeckte Statue aus Walnussholz (12. Jh.) ist vom Kerzenrauch geschwärzt. Der Legende nach läutete die Glocke aus dem 9. Jahrhundert von selbst, wenn die Madonna einen Menschen aus Seenot gerettet hatte.

Schrein

Zum Schrein zählen sieben in den Felsen gebaute Gotteshäuser, die Basilika Saint-Sauveur dient für Gottesdienste, die Kapelle Saint-Blaise für stille Gebete. Dieses romanische Ensemble wurde im 19. Jahrhundert umgebaut.

Chemin de Croix

Mit 14 Kreuzwegstationen führt er durch die Wälder und zum Kreuz von Jerusalem.

Befestigungsmauern

05 65 33 23 23. tägl.

Sie sind alles, was von der im 14. Jahrhundert erbauten Festung, die den Ort einst beschützte, übrig blieb. Von hier hat man einen weiten Blick auf Rocamadour und das Alzou-Tal.

Grottes des Merveilles

05 65 33 67 92. Apr–Mitte Nov: tägl.

grotte-des-merveilles.com

Die 1920 entdeckte Höhle birgt Stalaktiten und Stalagmiten. Die Wände sind mit Malereien verziert, die aus dem Jungpaläolithikum stammen. Unter den 22 Abbildungen, überwiegend Tiere wie Pferde und Hirsche, entdeckt man die Konturen von sechs menschlichen Händen.

Bemalte Pietà

Forêt des Singes

05 65 33 62 72.

Apr–Mitte Sep: tägl.; Mitte Sep–Okt: Mo–Fr nachm., Sa, So; 1.–11. Nov: Sa, So.

In den Wäldern des elf Hektar großen Tierparks leben 130 Makaken. Diese afrikanischen Affen sind vom Aussterben bedroht.

Rocher des Aigles

05 65 33 65 45. Apr–Mitte Nov: tägl. nachmittags.

Krypta des heiligen Amadour – eine der Hauptsehenswürdigkeiten von Rocamadour

Das Zentrum für die Aufzucht von Raubvögeln hält etwa 100 Greifvögel aus aller Welt. Auf Schautafeln erfährt man allerlei Wissenswertes über die Falknerei.

Prehistodino Parc
Lacave. 05 65 32 28 28.
Apr–Nov: tägl.
Europas größter Dinosaurierpark dokumentiert Leben und Aussterben dieser mächtigen Urtiere.

25 Saint-Céré

Straßenkarte F2. An der D803/D673. 3600. Bretenoux. 11, ave François de Maynard; 05 65 33 22 00. Sa vormittags. Festival Lyrique (Ende Juli–Anfang Aug). **vallee-dordogne.com**

Saint-Céré wuchs durch die Wallfahrt zum hiesigen Grabmal des heiligen Spérie. Im 12. Jahrhundert ließen sich Handwerker nieder, ein Markt entwickelte sich. Die Stadt wurde von Epidemien geschwächt und in Kriegen zerstört, erlangte aber einen großen Teil ihrer Pracht im 17. Jahrhundert wieder.

Zeugen des einstigen Wohlstands sind in der Rue du Mazel das Hôtel d'Auzier und die Maison Queyssac (15. und 17. Jh.) sowie die von Kragsteinen gestützten Fachwerkhäuser im Impasse Lagarouste.

Türmchen und ein Renaissancetor zieren das Hôtel d'Ambert in der Rue Saint-Cyr. Die Rue Paramelle führt zur türmchenbewehrten Maison Longueval und zum Hôtel de Puymule im gotischen Flamboyant-Stil (beide 15. Jh.). Die Kirche hat einen Marmoraltar (18. Jh.) und eine Karolingerkrypta. Auf einem Plateau über der Stadt stehen die Tours de Saint-Laurent, zwei *donjons* (13. und 15. Jh.), die von einer Burg übrig blieben. 1945 kaufte sie der Maler und Gobelinweber Jean Lurçat (1882–1966), heute beherbergen sie das **Atelier-Musée**, das einen Überblick über das Werk Lurçats zeigt. In Saint-Céré gibt es zahlreiche Ateliers.

Ein Gobelin von Jean Lurçat mit farbenprächtigen, innovativen Motiven

Atelier-Musée Jean-Lurçat
05 65 38 28 21. Apr–Sep: Di–So.

Umgebung: Zwei Kilometer entfernt wurde das **Château de Montal** im 19. Jahrhundert seiner schönsten architektonischen Elemente beraubt. Dank der engagierten Arbeit von Maurice Fenaille (1855–1937) wurden die Gobelins und Möbel (16. und 17. Jh.) der Burg originalgetreu restauriert. Die Rundtürme (15. Jh.) säumen einen Renaissancehof mit einer monumentalen, mit Schnitzereien verzierten Doppeltreppe. Ein Aubusson-Gobelin (17. Jh.) hängt im Wachraum. Die Zimmerdecken im Obergeschoss haben offenes Gebälk und verzierte Kassetten.

Château de Montal
Saint-Jean-Lespinasse. 05 65 38 13 72. Apr–Sep: tägl.; Okt–März: Mi–Mo. Feiertage.

Taubenschlag (16. Jh.) von Galiot, dem Herrn von Assier

26 Assier

Straßenkarte F2. 530. Brive–Toulouse. das nächste Fremdenverkehrsamt befindet sich in Figeac; 05 65 40 50 60.

Die Reste des Château d'Assier zeigen, dass dieser Renaissancepalast den schönsten Loire-Schlössern ebenbürtig war. Es wurde von Jacques Galiot de Genouillac (1465–1546), einem Artillerie-Hauptmann unter Louis XII und François I, erbaut. Von dem 1535 vollendeten Gebäude verblieb nur der Eingangsflügel mit dem spektakulären Säulenportal, das mythologische und klassische Szenen, Renaissancefiguren und militärische Embleme zierten. Im Inneren verläuft eine geschnitzte Treppe.

Die Kirche hat ein Bild von Galiot und außen ein merkwürdiges Relief über die Kunst der Kriegsführung. Die Kuppel über der Grabkapelle ist mit dem Dreifach-Kreuzgewölbe einzigartig in Frankreich.

Château d'Assier
05 65 40 40 99. Juli, Aug: tägl.; Sep–Juni: Mi–Mo. Feiertage.

Umgebung: In der Gegend stehen elf Dolmen (um 1500 v. Chr.), die beiden in der Nähe des Dorfes heißen **Table de Roux** und **Bois des Bœufs**.

Der elf Meter hohe Taubenschlag (16. Jh.) an der Straße zwischen Lacapelle und Marival hat 2300 Nestkammern. Der Ein- und Ausgang für die Vögel ist im Dachaufsatz.

㉗ Figeac

Figeac entwickelte sich um eine Abtei aus dem 9. Jahrhundert und blühte als Handelsstadt auf. Im 12. Jahrhundert ermöglichte der wachsende Reichtum vielen Einwohnern den Bau schöner Häuser. Die im 14. Jahrhundert befestigte Stadt hat ihr mittelalterliches Erscheinungsbild bewahrt, das ihre einstige Bedeutung zeigt.

Vergrößerte Kopie des Steins von Rosette an der Place des Écritures

Figeacs Architektur

Figeacs Blütezeit lag zwischen dem 12. und 14. Jahrhundert. Die aus Stein und Holz gebauten Häuser aus jener Zeit haben im Erdgeschoss häufig Läden mit Arkaden zur Straßenseite und im Obergeschoss eine *aula* (Wohnzimmer). Die Fenster waren mit romanischer Ornamentik verziert. Viele Häuser mit *solelho* (offene Kornkammer) im Dachgeschoss wurden auch im 15. und 16. Jahrhundert gebaut, z. B. die an der Place Gaillardy.

Auch in der Renaissance errichtete man noch Häuser wie im Mittelalter, aber viele Gebäude hatten Türmchen, Arkadenhöfe, Wendeltreppen und Steinbalkenfenster in der Fassade. Viele Bauten aus dem 18. Jahrhundert weisen monumentale Treppenhäuser auf.

Mit seinem reichen architektonischen Erbe bietet Figeac ein vollständiges Panorama lokaler Stadtarchitektur vom 12. Jahrhundert bis heute.

Hôtel de la Monnaie

Place Vival. **Museum und Fremdenverkehrsbüro** 📞 05 65 34 06 25. 🕒 Juli, Aug: tägl.; Sep–Juni: Mo–Sa.

Das Haus aus dem 13. Jahrhundert überstand den Teilabriss des Stadtviertels Ortabadial für die Place Vival. Die Renaissanceresidenz mit Arkaden im Erdgeschoss und Kuppelfenstern ist Sitz des Fremdenverkehrsbüros. Im Collège-Séminaire de Puy (17. Jh.) ist das kleine Musée d'Histoire de Figeac (Juli, Aug geöffnet) untergebracht.

Abbaye Saint-Sauveur

📞 05 65 34 11 63.

Die Kirche ist ein Relikt der Abtei, um die herum die Stadt entstand. Das ehemalige Ordenskapitel (13. Jh.) ist nun die Kapelle Notre-Dame-de-la-Pitié. Sie ist mit bemalten Täfelungen (17. Jh.) verziert.

Place Champollion

Der Platz (früher Place de l'Avoine) bildet mit der Place Carnot den Hauptplatz von Figeac. Hier stehen mittelalterliche Häuser, etwa die Maison du Griffon (Nr. 4) aus dem 12. Jahrhundert mit romanischer Ornamentik: mythische Figuren und Blätterwerk. Das gotische Haus Nr. 5 (14. Jh.) hat einen steinernen *solelho* (offener Speicher).

Musée Champollion: Les Écritures du Monde

Place Champollion. 📞 05 65 50 31 08. 🕒 Juli, Aug: tägl.; Sep–Juni: Di–So (Nov–März: nur nachm.).

Das Museum im Geburtshaus (13./14. Jh.) des Ägyptologen Jean-François Champollion (1790–1832) widmet sich u. a. der Präsentation verschiedener Schriften und Schriftsystemen aus der ganzen Welt. Besonders gewürdigt wird die kulturgeschichtliche Bedeutung der ägyptischen Hieroglyphen.

Place des Écritures

Den ungewöhnlichen Platz legte der Pionier der Konzeptkunst Joseph Kosuth (geb. 1945) an. Ein Teil der Dauerinstallation ist eine vergrößerte Kopie des berühmten Steins von Rosette.

Blick auf Figeac von der Église Notre-Dame-du-Puy

Hotels und Restaurants im Périgord und in Quercy *siehe Seiten 251f und 263–265*

Infobox

Information
Straßenkarte F2. 10 000. Hôtel de la Monnaie, place Vival; 05 65 34 06 25. Sa. Festival Théâtral (Ende Juli/Anf. Aug). **tourisme-figeac.com**

Anfahrt

Hôtel de Colomb

5, rue de Colomb. 05 65 50 05 40. 10. Juli–19. Sep: tägl.; Apr–9. Juli, 20. Sep–Okt: Di–So nachm.

Das Haus mit dem reich verzierten Treppenhaus ist typisch für das 17. Jahrhundert. Es beherbergt eine Dauerausstellung zum Erbe und zur Geschichte Figeacs.

Mittelalterliche Gebäude

Zu den anderen sehenswerten Bauten von Figeac zählen das Hôtel Galiot de Genouillac mit Wendeltreppe, der Palais Balène (14. Jh.) , das Hôtel d'Auglanat mit Türmchen und Portal (14. Jh.) sowie die Église Notre-Dame-du-Puy, deren Apsis (13. Jh.) im 17. Jahrhundert für das Madonnen-Altargemälde umgebaut wurde.

Umgebung: Capdenac-le-Haut liegt fünf Kilometer südöstlich von Figeac über dem Lot. Von der Esplanade kann man die strategische Bedeutung dieser Festung erkennen. Ein Spaziergang führt zu den Mauern, dem *donjon* (Wohnturm) und dem früheren Konsulhaus. Die Fontaine des Anglais ist aus dem Fels gehauen.

20 Kilometer westlich von Figeac liegt das Dorf **Espagnac-Sainte-Eulalie** in einer Schleife des Célé. Es entstand um eine Priorei (12. Jh.). Die Église Notre-Dame (13. Jh.) hat einen Fachwerkglockenturm.

㉘ Saint-Cirq-Lapopie

Straßenkarte E3. 200. Place du Sombral; 05 65 31 31 31.

Das malerische Dorf ist dank seines sehenswerten Gebäude-Ensembles ein Juwel des Lot-Tals. Etwa 100 Meter über dem Fluss erstreckt es sich in Stufen den Kalksteinfelsen hinauf. In den engen Straßen finden sich kleine Höfe und schöne Stein- und Holzhäuser aus dem 13. und 15. Jahrhundert. Im unteren Dorf beginnt an der Porte de la Pélissaria (auch Porte de Rocamadour; 13. Jh.) die Grand'Rue mit dem mittelalterlichen Dorf.

Bemerkenswert sind die **Place du Carol**, an der der Maler Henri Martin (1860–1943) wohnte, die Maison Vinot (13. Jh.), die **Maison Médiévale Daura** (14. Jh.), die **Maison Breton**, einst Eigentum des Surrealisten André Breton (1896–1966), und die Maison Bessac mit Doppelkraggewölbe. An der **Place du Sombral** stehen die Maison Larroque (15. Jh.) und das **Musée Rignault** in der Maison Rignault sowie die **Maison de la Fourdonne** mit dem Maison du Patrimoine. Nahe der Burgruine befindet sich eine Wehrkirche (spätes 16. Jh.).

Der Wohlstand des Dorfs, das im Mittelalter 1500 Einwohner zählte, beruhte auf den Handwerksstätten unter den Arkaden in der Rue de la Pélissaria und der Rue de la Peyrolerie. Robinetaïres, spezialisierte Drechsler, die die Zapfen für die Fässer der Cahors-Weine herstellen, sind heute die handwerkliche Besonderheit von Saint-Cirq-Lapopie.

Umgebung: Fünf Kilometer entfernt kann man in **Bouziès** eine Bootsfahrt auf dem Lot unternehmen (Information: 05 65 31 72 25).

Cajarc, etwa 15 Kilometer östlich von Saint-Cirq-Lapopie gelegen, ist ein kleines Dorf mit engen mittelalterlichen Straßen und schönen Häusern rund um die Maison de l'Hébrardie, eine Burg aus dem 13. Jahrhundert.

Die Wehrkirche von Saint-Cirq-Lapopie

29 Grotte du Pech-Merle

Beim Besuch der Höhlen betritt man eine mysteriöse Welt. Vor etwa 50 Millionen Jahren schuf ein unterirdischer Fluss ein ausgedehntes Höhlensystem. Die nasskalten Räume mit den bizarren Felsformationen bestehen aus mehreren Höhlen mit Hunderten von Malereien, Zeichnungen und Ritzungen, die Tiere, menschliche Figuren und abstrakte Symbole darstellen. Die Zeichnungen wurden mit Holzkohle, Eisen- und Mangandioxid ausgeführt. Einzigartig ist die Art, wie die prähistorischen Bilder und geologische Formationen miteinander kombiniert sind. Weil die Höhlen durch einen Felssturz am Ende der Eiszeit vor etwa 10 000 Jahren verschlossen wurden, blieben sie bis zu ihrer Entdeckung 1922 intakt.

Die Höhlen von Pech-Merle schuf ein unterirdischer Fluss

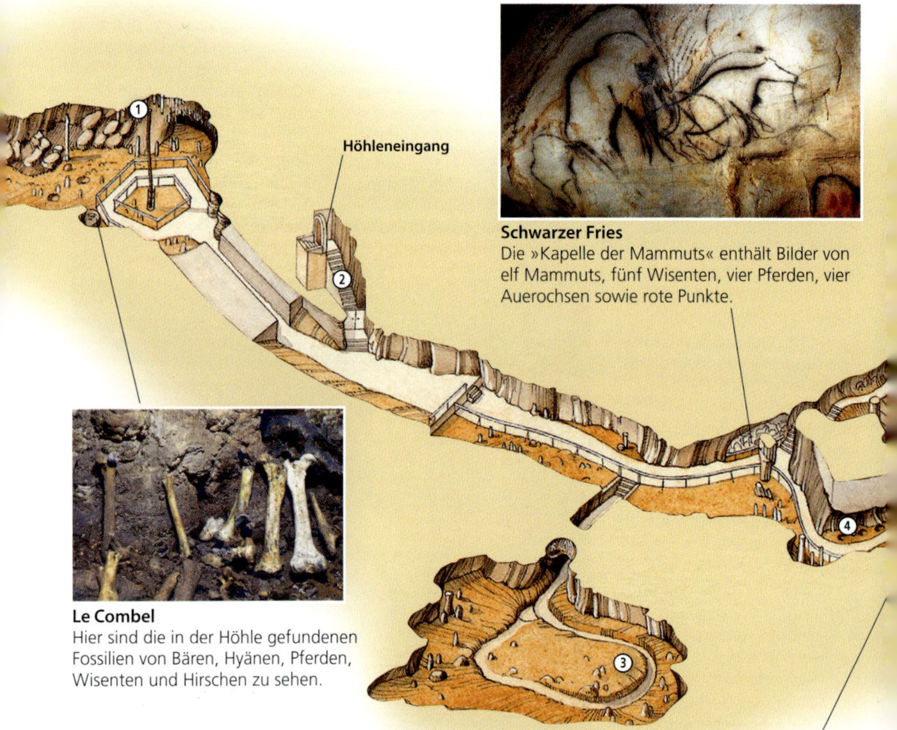

Schwarzer Fries
Die »Kapelle der Mammuts« enthält Bilder von elf Mammuts, fünf Wisenten, vier Pferden, vier Auerochsen sowie rote Punkte.

Le Combel
Hier sind die in der Höhle gefundenen Fossilien von Bären, Hyänen, Pferden, Wisenten und Hirschen zu sehen.

Außerdem

① **Wurzeln einer Eiche**

② **Treppe**

③ **Beinhaus nicht zugänglich**

④ **Bärenhöhle**

⑤ **Roter Hirsch**

⑥ **Perlen und Spitzensymbol**

⑦ **Darstellung eines Verwundeten**

⑧ **Versteinerte menschliche Fußabdrücke**

Fries der gepunkteten Pferde
Für den vier Meter langen Fries nutzte der Künstler die Unebenheit der Wand, um seinem Bild einen dreidimensionalen Effekt zu verleihen. Den Mittelpunkt bilden zwei Pferde, Rücken an Rücken stehend, ein rot gezeichneter Fisch, 252 Punkte und ein Handabdruck.

Hotels und Restaurants im Périgord und in Quercy *siehe Seiten 251f und 263–265*

Scheibensaal
In dem Hohlraum hat sich Kalk in kreisrunden Formen abgelagert, die wie Scheiben aussehen.

Infobox

Information
3 km von Cabrerets.
Straßenkarte E3. 05 65 31 27 05. Apr–Mitte Nov: tägl.; max. 700 Besucher pro Tag; in der Hochsaison mind. drei bis vier Tage vorher buchen.
Werkstätten, Museum (Centre de Préhistoire) im Eingangsbereich zur Höhle.
pechmerle.com

Anfahrt
Conduché. Cahors.

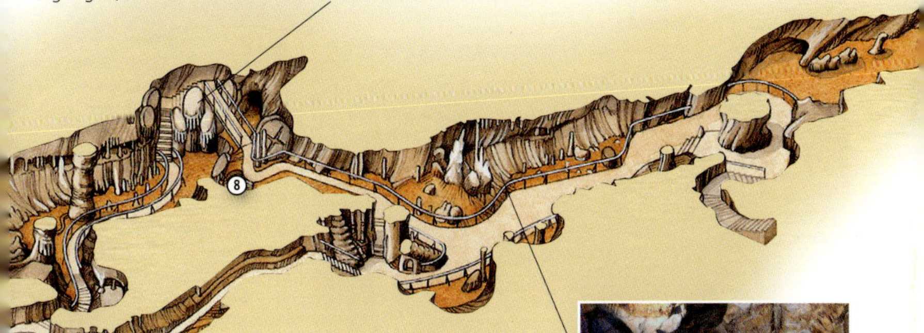

Bärengalerie
In dieser elf Meter hohen Höhle hat der Kalk bizarre, halb durchsichtige Scheiben und Faltenwürfe geformt.

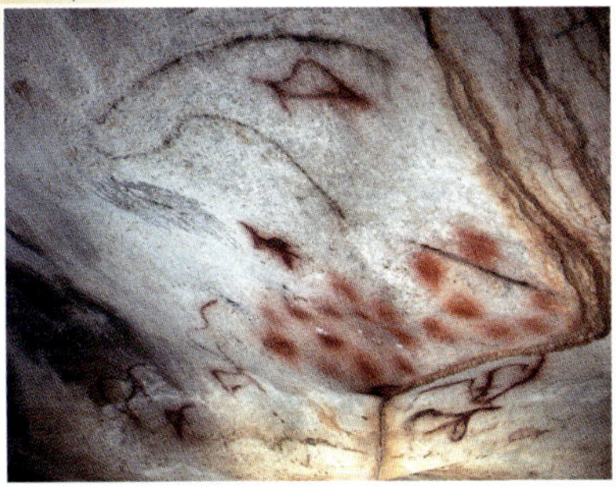

Fries der Wisent-Frauen
Dieser kleine Fries an der Unterseite eines überhängenden Felsens in der Höhle mit der »Decke der Hieroglyphen« zeigt ein Mammut und rot gezeichnete, stilisierte weibliche Gestalten.

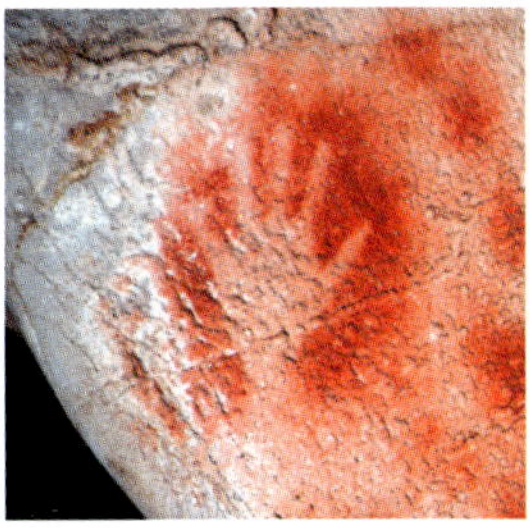

Handabdruck
Solche Negativabdrucke von Händen – dieser stammt vielleicht von einer Frau – sind seltene Motive in der Höhlenkunst. Um die Abdrucke zu schaffen, soll die Farbe an die Wand gespuckt worden sein.

㉚ Cahors

Cahors liegt in einer Flussschleife des Lot. Seine Ursprünge reichen in das 1. Jahrhundert v. Chr. zurück. Zeugnis dafür sind die gallorömischen Ruinen der Bäder, die heute »Arc de Diane« heißen. Im 13. Jahrhundert brachte der Handel der Stadt Wohlstand. In der Folge entstand das elegante Händlerviertel, die heutige Rue du Château-du-Roi. Die Befestigung – Wälle mit elf Türmen und zwei Pförtnerhäusern – stammt aus dem 14. Jahrhundert. Drei befestigte Brücken, darunter der Pont Valentré, überspannen den Fluss. Im 19. Jahrhundert begann Cahors über den mittelalterlichen Kern hinauszuwachsen, der Boulevard Gambetta mit Rathaus, Theater und Gerichten wurde gebaut, man legte Kaimauern, Gehwege und Gärten an.

Maison Henri-IV mit exquisitem Renaissancedekor

Der Pont Valentré zählt zu Europas schönsten mittelalterlichen Brücken

Vieille Ville
Vom Fremdenverkehrsbüro aus spaziert man durch die Rue du Dr-Bergounioux, Rue de Lastié, Rue Saint-Urcisse, Place Saint-James, Rue de la Chantrerie, das Daurade- und Kathedralenviertel vorbei an Höfen, Häusern mit Fachwerk oder Fassadenschnitzerei.

Für die Renaissance typisch ist ein Dekor aus Zweigen, Rosen und Sonnen. Schöne Beispiele sind an den Türen und Kaminsimsen der **Maison Henri-IV** beim Collège Pélegry und Hôtel d'Alamand zu sehen. Im 16. Jahrhundert wurden die Fenster im italienischen Stil verziert, aus dem 17. Jahrhundert stammen viele Häuser mit geschmückten Türen.

Die Tour Jean-XXII im Norden ist das einzige Relikt des Palais Duèze, das dem Bruder von Papst Johannes XXII. gehörte.

Das **Musée de la Résistance, de la Déportation et de la Libération** informiert über die jüngere Geschichte.

Musée de la Résistance
Place Bessières. ☎ 05 65 22 14 25. ○ Mo–Sa nachmittags. ● 1. Jan, 1. Mai, 25. Dez.

Pont Valentré
Die befestigte, aber nie angegriffene Brücke aus dem 14. Jahrhundert hat sechs gotische Brückenbogen mit abgeschrägten Pfeilern. Die drei Türme bieten Ausblicke aus 40 Meter Höhe auf den Lot. Als das Symbol Cahors wurde der Pont Valentré 1879 von Paul Gout restauriert und ist die besterhaltene mittelalterliche Brücke in Europa. Einen schönen Blick darauf hat man von den Terrasses Valentré (Allée des Soupirs), der Fontaine des Chartreux und der Anhöhe von Croix Magne.

Cathédrale Saint-Étienne
Die Kathedrale, eine Station auf der Pilgerroute nach Santiago de Compostela, wurde vom 11. bis zum 17. Jahrhundert erbaut und im 19. Jahrhundert restauriert. Das Ergebnis ist ein Stilmix. Das 20 Meter lange Kirchenschiff ist der älteste Teil, überragt von zwei

Eine teuflische Geschichte

Der Bau des Pont Valentré dauerte fast 50 Jahre. Laut einer Legende bat der Architekt den Teufel, zum Preis seiner Seele ihm bei der Vollendung dieser Großtat des Tiefbaus zu helfen. Um der Abmachung zu entrinnen, versuchte er den Teufel zu betrügen. Der nahm Rache: Jede Nacht fiel der zuletzt gesetzte Stein des zentralen Turms auf mysteriöse Weise herunter und musste am nächsten Tag wieder ersetzt werden. Bei der Restaurierung 1879 verewigte der Architekt Paul Gout die Geschichte, indem er den Teufel in diesem Turm einmeißeln ließ, der nun Tour du Diable (Teufelsturm) heißt.

Skulptur an der Tour du Diable

Hotels und Restaurants im Périgord und in Quercy *siehe Seiten 251f und 263–265*

Porträt von Léon Gambetta, Musée Henri-Martin

Kuppeln mit 16 Meter Durchmesser. Das romanische Nordportal (12. Jh.) ist ebenso kunstvoll wie die in Moissac und Souillac. Der Chor weist eines südlichen gotischen Stil auf. Die Place Chapou vor der Kathedrale wurde im 14. Jahrhundert angelegt, als die Kathedrale eine neue Fassade bekam. Der Kreuzgang von 1506 ist ein Meisterwerk des gotischen Flamboyant-Stils.

Musée Henri-Martin

792, rue Émile-Zola. 05 65 20 88 66. wegen Renovierungsarbeiten.

Das Museum im ehemaligen Bischofspalast (17. Jh.) im Parc Tassart wurde im Jahr 1833 gegründet. Die rund 18 000 Exponate reichen von archäologischen Artefakten und Münzen bis hin zu Ethnografica und Kunst.

Zur Sammlung zählen Bilder des Surrealisten Henri Martin (1860–1943), Skizzen von Gustave Courbet und Jean-Baptiste Camille Corot sowie Gemälde von Raoul Dufy und Jean Lurçat.

Eine Abteilung ist dem französischen Staatsmann Léon Gambetta (1838–1882), dem Vater der Dritten Republik, gewidmet, der in Cahors geboren wurde. Ungefähr 3000 Dokumente mit Bezug auf sein öffentliches Leben sind zu besichtigen.

Infobox

Information

Straßenkarte E3. Eine Stunde von Toulouse an der D820. 20 000. Place François-Mitterand; 05 65 53 20 65. Mi, Sa vormittags. Les Estivales (verschiedene Sommerevents); Cahors Blues Festival (Juli–Aug).
tourisme-cahors.fr

Anfahrt

Gemälde von H. Martin, Musée Henri-Martin

Zentrum von Cahors

1. Arc de Diane
2. Musée Henri-Martin
3. Cathédrale Saint-Étienne
4. La Chantrerie
5. Maison Henri-IV
6. Pont Valentré
7. Musée de la Résistance

Zeichenerklärung *siehe hintere Umschlagklappe*

La Chantrerie
35, rue de la Chantrerie. 05 65 35 74 55. Mi–Sa, So vormittags.
Das im 14. Jahrhundert errichtete Gebäude diente früher als Waschhaus, heute präsentiert es in den oberen Stockwerken regelmäßig wechselnde Ausstellungen.

Umgebung: Das Dorf **Lalbenque**, etwa 15 Kilometer südöstlich von Cahors, ist für seinen Trüffelmarkt berühmt, der von Dezember bis März jeden Dienstag stattfindet. Rund um die »Schwarzen Diamanten« gibt es auch viele Feste. Im Département Lot werden jedes Jahr drei bis zehn Tonnen Trüffel gesammelt. Beinahe die gesamte Ernte der schwarzen Trüffeln von Quercy kommt aus der Gegend von Lalbenque.

Die Église Saint-Pierre in Gourdon

Etwa 28 Kilometer westlich von Cahors liegt **Montcuq**, dessen hübsche Straßen von Holzhäusern gesäumt werden. Von der alten Befestigung ist nur ein Turm (17. Jh.) übrig. In der Nähe des Ortes befindet sich ein See mit sandigem Ufer, der sich zum Baden eignet.

㉜ Gourdon

Straßenkarte E2. An der D704. 4900. 24, rue du Majou; 05 65 27 52 50. Sa vormittags (Juli, Aug: auch Do); 1., 3. Di im Monat. Les Médiévales (1. Wochenende im Aug). **tourisme-gourdon.com**

Die Hauptstadt der Bouriane mit dem lebhaften Markt wurde im 16. Jahrhundert durch ihre Webereien wohlhabend. Der mittelalterliche Kern wartet mit einem Festungstor und schönen Häusern auf, u. a. Maison du Sénéchal, die Maison Cavaignac und Maison d'Anglars. Malerisch sind die Rue du Majou, die einst die Straße der Stoffhändler war, und die Rue Zig-Zag.

㉛ Tour: Weinberge von Cahors

Die Weinberge um Cahors zählen zu den ältesten Europas. Seit dem Mittelalter ist der Wein aus Cahors für seine guten Lagereigenschaften bekannt, die vom mineralreichen Boden auf dem Kalkplateau des Causse herrühren. Die Weinberge erstrecken sich über 60 Kilometer auf beiden Seiten des Lot, hauptsächlich im Tal unterhalb der Stadt. Bei einer Erkundung der Region gibt es viele Möglichkeiten zur Weinprobe, und die Landschaft selbst ist ein Hochgenuss für das Auge.

① Montcabrier
Die 1298 von Philippe IV, le Bel gegründete Bastide im Thèze-Tal hat Häuser mit großartigen Fassaden und ausgekragten Ecksteinen.

② Duravel
Die Ortschaft wuchs rund um eine Priorei (11. Jh.). In der romanischen Kirche steht ein Sarkophag mit den Reliquien dreier Heiliger. Das Dach der vorromanischen, quadratischen Krypta unter dem Kirchenschiff stützen Pfeiler und Säulen.

③ Puy-l'Évêque
Von der Kaimauer des alten Flusshafens bis zum Aussichtspunkt Place de la Truffière winden sich die engen Straßen des Dorfs zwischen den mittelalterlichen Häusern, vorbei am massiven *donjon* (13. Jh.) und der Wehrkirche Église Saint-Sauveur (14. Jh.).

Die Église Saint-Pierre, eine gotische Kirche mit asymmetrischen Türmen, hat prächtige Fenster mit Glasmalereien und barocke Holzschnitzereien. Zu den zahlreichen weiteren Sakralgebäuden des Städtchens gehören die Église des Cordeliers, erbaut im 13. und umgebaut im 19. Jahrhundert, die Chapelle Notre-Dame-des-Neiges, die Église Saint-Siméon und die Chapelle du Majou. Die mittelalterliche Burg wurde im 18. Jahrhundert zerstört, aber die Esplanade davor blieb erhalten und bietet schöne Ausblicke.

Umgebung: Drei Kilometer von Gourdon entfernt bergen an der D17 die **Grottes de Cougnac** unzählige Stalaktiten, Stalagmiten und Felsformationen, die angeleuchtet magisch erscheinen. Die Cromagnonmenschen, die diese Höhle vor 25 000 bis 14 000 Jahren nutzten, verzierten einige Wände mit Bildern von Mufflons, Figuren und Symbolen.

Grottes de Cougnac
05 65 41 47 54 oder 05 65 41 22 25. Ostern–Sep: tägl.; Okt–Nov: Mo–Sa nachmittags. Besuchsdauer etwa eine Stunde.

Dieses Höhlenforscherteam entdeckte die Grottes de Cougnac

⑥ Luzech
Im Schatten des *donjon* (12. Jh.) wurde das alte Katharer-Lehen zu einer der vier Baronien des Quercy. Ein Gang um die Halbinsel führt zur Chapelle Notre-Dame-de-l'Île (16. Jh.). Die Maison des Consuls (12. Jh.) ist ein archäologisches Museum.

Routeninfos

Straßenkarte E3
Länge: 70 km
Rasten: Ein sehr stimmungsvoller Ort zum Rasten ist Parnac, wo man im Sommer in der Cave Coopérative du Vignoble de Cahors (Les Côtes d'Olt; 05 65 30 71 86) die hervorragenden Weine aus der Umgebung verkosten kann.

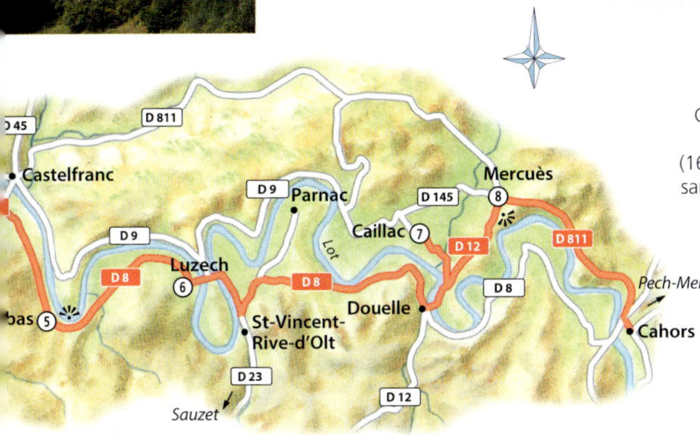

⑦ Caillac
Hier findet man drei Châteaux vor: Laroque (13.–15. Jh.), Langle (16. Jh.) und das Renaissanceschloss Lagrézette.

⑧ Mercuès
Das Château de Mercuès war einst die Sommerresidenz des Bischofs von Cahors. Es ist nun ein Hotel.

0 Kilometer 3

④ Bélaye
Das Dorf bietet einen fantastischen Blick auf das Lot-Tal und die Weinberge von Cahors, Reste einer Bischofsburg und eine Wehrkirche (15. Jh.) mit einem Altarbild aus dem 17. Jahrhundert.

⑤ Albas
In der ehemaligen Feste Albas auf einem Fels hoch über dem Lot residierte im Mittelalter der Bischof von Cahors. Das Türmchen der École des Mirepoises (18. Jh.) ragt aus dem Gassengewirr hervor.

Legende
Routenempfehlung
Andere Straße

㉝ Castelnaud

Siehe S. 140f.

㉞ Beynac

Straßenkarte E2. An der D703. 516. Sarlat. La Balme; 05 53 29 43 08. **sarlat-tourisme.com**

Beynac, wildromantisch an einer steilen Felswand gelegen, lockte Maler und Schriftsteller wie Camille Pissarro (1830–1903), Henry Miller (1891–1980) und Paul Éluard (1895–1952), der hier die letzten Jahre seines Lebens verbrachte. Auch heute noch gibt es hier viele Ateliers. In den engen Straßen, die vom Dorf zwischen alten Häusern hinauf zur Burg führen, bietet sich immer wieder eine herrliche Aussicht.

150 Meter über dem Fluss thront das schon von Weitem erkennbare **Château de Beynac**, Sitz einer der vier Baronien des Périgord. Wie sein Rivale Castelnaud steht es an einer strategisch wichtigen Position. Die Burg wurde während des Hundertjährigen Kriegs und der Hugenottenkriege im 16. Jahrhundert wiederholt angegriffen. Mit der Restauration begann man 1961.

Der Zugang führt über zwei Burggräben und durch zwei Mauerringe. Den *donjon* (Turm) aus dem 13. Jahrhundert flankieren Gebäude aus derselben Zeit, die im 16. Jahrhundert umgebaut wurden, sowie Bauten aus dem 14. und 17. Jahrhundert. In der großen Halle mit Gewölbedecke prunkt ein Renaissancekamin. 1962 ging die Burg in den Besitz von Lucien Grosso über, der sie umgestaltete, um das alte Lebensgefühl wiederzuerwecken. Die schöne Kapelle aus dem 12. Jahrhundert ist zugleich Pfarrkirche. Sie ist mit traditionellen Ziegeln aus dem Périgord gedeckt.

Im **Parc Archéologique** am Fuß der Burg vermittelt eine rekonstruierte Siedlung der Bronzezeit einen Eindruck von Häusern, Bauernhöfen, Kleidung und Essen aus jener Zeit. In Werkstätten kann man das Leben in der Jungsteinzeit und der Eisenzeit kennenlernen.

Château de Beynac
05 53 29 50 40. tägl.
nach Vereinbarung.

Parc Archéologique
05 53 29 51 28. Juli, Aug: Mo–Fr.

Umgebung: In diesem hübschen Weiler **Cazenac** kann man von der Straße links neben der Kirche (15. Jh.) einen Blick auf das Tal und auf das Château de Beynac genießen.

Belvès liegt an der Stelle einer ehemaligen Bergfeste

㉟ Belvès

Straßenkarte E2. An der D710. 1400. 1, rue des Filhols; 05 53 29 10 20. Sa vormittags. Les 100 km du Périgord Noir (Ultra-Marathon, Apr); Festival Bach (Juli, Aug); Fête Médiévale (Aug). **perigordnoir-valleedordogne.com**

Das auf einem Berg gelegene Dorf war im 11. Jahrhundert eine eindrucksvolle Feste. Der mittelalterliche Kern liegt bei der Burg, der Place d'Armes mit der Markthalle (15. Jh.) und dem Hôtel Bontemps (13. Jh.) mit schöner Renaissancefassade. Zu den sieben (Glocken-)Türmen gehören ein Turm aus dem 15. Jahrhundert, die Tour de l'Auditeur (ein *donjon* aus dem 11. Jh.) und die Tour des Frères. Von der Abtei hat nur die Église Notre-Dame mit einem Portal im gotischen Flamboyant-Stil überlebt.

Das Château de Beynac thront hoch über der Dordogne

Die in die Befestigungsanlagen gehauenen Höhlenwohnungen waren vom 13. bis 18. Jahrhundert bewohnt.

Umgebung: Acht Kilometer westlich von Belvès liegt am Rand der Forêt de la Bessède das sehenswerte Dorf **Urval** mit einem Gemeindeofen aus dem 13./14. Jahrhundert. In der Nähe steht die romanische Wehrkirche (11./12. Jh.).

36 Le Buisson-de-Cadouin

Straßenkarte D2. 2100. André Boissière, Le Buisson; 05 53 22 06 09. Mi vormittags.

Das Dorf entwickelte sich um die **Zisterzienserabtei Cadouin**, die im 12. Jahrhundert an der Pilgerroute nach Santiago de Compostela entstand und in die Liste der UNESCO-Welterbestätten aufgenommen wurde. Bis 1932 wurde hier ein heiliges Grabtuch aufbewahrt. Der Pilgerstrom zu der Reliquie machte das Dorf reich. Hinter der säulengestützten Fassade verbirgt sich ein im 15. und 16. Jahrhundert im gotischen Flamboyant- und Renaissancestil gebauter Kreuzgang mit meisterhaft gemeißelten Ornamenten und Darstellungen von biblischen und säkularen Motiven. Im Klostergarten befindet sich ein Glockenturm.

Abbaye de Cadouin
05 53 63 36 28. Mitte Feb–Dez: Di–So (Apr–Okt: tägl.).

Umgebung: Zehn Kilometer nordwestlich in **Trémolat** drehte Claude Chabrol den Film *Der Schlachter*. Vom Aussichtspunkt aus hat man einen fantastischen Blick auf die große Schleife der Dordogne (»Cingle de Trémolat«) und die fruchtbare Ebene. Besonders faszinierend ist die Wehrkirche mit dem Glockenturm. Sehenswert sind zudem einige Häuser aus dem 12. bis 18. Jahrhundert.

Markt in Le Buisson-de-Cadouin

Monpazier ist eine der am besten erhaltenen Bastiden in Frankreich

37 Monpazier

Straßenkarte D2. An der D660. 500. Belvès. Place des Cornières; 05 53 22 68 59. Do vormittags.

Monpazier ist eine klassische Bastide mit einem schachbrettartigen Netz aus Straßen und Gässchen innerhalb der Stadtmauern. Der Ort, heute einer der schönsten in Südwestfrankreich, wurde 1284 von König Edward I von England gegründet. Auch wenn nur noch drei von ehemals sechs Festungstoren stehen, blieb der Ort doch fast unverändert – und diente deshalb mehrmals als mittelalterliche Filmkulisse. Den Hauptplatz säumen Arkaden mit Läden und eine Markthalle (16. Jh.), in der noch einige alte Weizenmaße stehen. Monpazier ist der Geburtsort des Schriftstellers und Forschers Jean Galmot (1879–1928).

Umgebung: 17 Kilometer südöstlich von Monpazier liegt **Villefranche-du-Périgord**, eine 1261 gegründete Bastide am »Länderdreieck« der alten Provinzen Périgord, Quercy und Agenais. Von Mai bis Oktober findet hier ein Steinpilzmarkt in der Markthalle statt, in der noch alte Weizenmaße aufbewahrt werden. Gegenüber dem Markt stehen einige schöne Häuser mit Arkaden. Die nahen Eichenwälder sind für Spaziergänge ideal geeignet.

Einige Kilometer weiter liegt an der D57 das Dorf **Besse** mit einer prächtigen Wehrkirche. Der Glockenturm hat ein Portal (11. Jh.) mit drei Archivolten, die mit Skulpturen von Fabelwesen verziert sind.

㉝ Château de Castelnaud

Zwischen Bergen und Fluss liegt Castelnaud am Zusammenfluss von Dordogne und Céou. Im 13. Jahrhundert kämpften der Katharerfürst Bernard de Casnac und Simon de Montfort um die Burg, die abbrannte, aber schnell wieder aufgebaut wurde. Im Jahr 1442 wurde sie im Hundertjährigen Krieg von Franzosen belagert, da die Burgherren, die Caumonts, auf Seiten Englands standen. Im 16. Jahrhundert fiel sie in den Hugenottenkriegen an den Hugenotten Geoffroy de Vivans. Während der Französischen Revolution wurde die Burg aufgegeben und verfiel langsam. Im Jahr 1966 klassifizierte man sie als historisches Monument. Das Museum birgt über 200 mittelalterliche Waffen und Rüstungen.

Das Château de Castelnaud thront auf einem Felsen

★ Waffenkammer
Sie enthält verzierte Dolche, Schwerter, Helme, Armbrüste, Schilder, Dreschflegel, Streitkolben und Äxte sowie eine Hellebardensammlung.

Krieg im Mittelalter

Im Mittelalter entstanden schlagkräftige Waffen wie Falkonett (eine leichte Kanone), Bombarde (ein Steinschleuderapparat) und Arkebuse (ein Gewehr mit langem Lauf auf einem Dreibein). Katapulte dienten oft auch zur Abschreckung und Einschüchterung. Schlachten wurden im 15. Jahrhundert mit relativ kleinen Truppen geschlagen: Kavallerie, unterstützt von Infanterie, bewaffnet mit Messern und Lanzen. Ab dem 16. Jahrhundert wurden Armeen professionell trainiert und geführt.

Die Schlacht von Crécy zwischen Franzosen und Engländern, 26. August 1346

Innenhof
Im Innenhof am Fuß des *donjon* stehen ein 46 Meter tiefer Brunnen und eine Zisterne zum Sammeln von Regenwasser.

Infobox

Information
Straßenkarte E2. An der D57, 10 km von Sarlat. 05 53 31 30 00. tägl. (Nov–Jan: nachm.). im Sommer. Geschichtliche Führung; Mittelalter-Show und Nachtführung für Gruppen nach Anmeldung.
castelnaud.com

★ Außenwerk
Mit Schießscharten auf zwei Ebenen verteidigt das Außenwerk den Eingang zur Burg. Die Bombarde gegenüber (15. Jh.) verschoss über 100 Kilogramm schwere Kugeln, aber nur eine pro Stunde, da sie vor dem erneuten Laden abkühlen musste.

★ Panorama
Die Burg war dank ihrer Lage gut zu verteidigen, der weite Blick über das Tal bis Beynac, Marqueyssac und La Roque-Gageac erlaubte eine Kontrolle der lokalen Verkehrswege.

Außerdem

① **Die Blendwand** über dem oberen Innenhof am Fuß des Bergfrieds hat einen Wehrgang mit Schießscharten.

② **Der Artillerieturm** hat auf drei Geschossen Schießscharten für eine Falkonett (leichte Kanone), eine Hakenbüchse, eine Veuglaire (kleine Kanone) und zwei Orgelbüchsen (auf Rädern).

③ **Der äußere Hof**, der durch eine niedrige Mauer und zwei halbrunde Türme gesichert war, diente bei Gefahr als Schutzraum für alle Bewohner des Dorfes. Im Hof befanden sich auch die Schmiede, der Ofen, die Ställe und mehrere Werkstätten.

④ **Kleine Katapulte** arbeiteten nach dem Schleuderprinzip, sie verschossen pro Minute zwei 5 bis 15 Kilogramm schwere Steine bis zu 60 Meter weit.

⑤ **Katapulte** dienten zur Abwehr von Angriffen. Um Feinde einzuschüchtern, wurden sie sichtbar positioniert.

Die Wehrkirche von Beaumont-du-Périgord beherrscht das Stadtbild

㊳ Beaumont-du-Périgord

Straßenkarte D2. An der D25 von Le Buisson. 1150. Le Buisson-de-Cadouin. 16, place Jean Moulin; 05 53 22 39 12. Di, Sa vormittags.

Seit ihrer Gründung 1272 hat sich die von Engländern erbaute Bastide sehr verändert. Von den einst 16 Toren der Befestigung blieb nur die Porte de Luzier. Sie bildet heute den Eingang zum Ort. Der Hauptplatz wurde im 18. Jahrhundert umgestaltet, die Markthalle existiert nicht mehr. Besonders in der Rue Romieu und Rue Vidal sind einige schöne Häuser (13.–15. Jh.) zu bewundern.

Architektonischer Höhepunkt ist die schöne und imposante Wehrkirche Église Saint-Laurent-et-Saint-Front. Die große, schlichte Kirche im gotischen Stil hat vier durch einen Mauergang verbundene Türme, die Glockentürmen gleichen. Die von 1280 bis 1330 gebaute Kirche bildete einen Teil der Befestigung. Das Portal ziert ein Fries mit Grimassen schneidenden Figuren.

Umgebung: Fünf Kilometer östlich von Beaumont ist die Kirche des mittelalterlichen Dorfs **Saint-Avit-Sénieur** weithin zu sehen. Der romanische Bau wurde im 14. Jahrhundert befestigt. Ein Mauergang verbindet die beiden Türme.

Zehn Kilometer östlich von Beaumont liegt das Dorf **Montferrand-du-Périgord** mit einer prächtigen Markthalle (16. Jh.) und einer Burgruine mit *donjon* (12. Jh.). Die Kapelle (11./12. Jh.) zieren Fresken.

Zehn Kilometer nordwestlich von Beaumont steht das **Château de Lanquais** mit einem Rundturm (15. Jh.), polygonalem Treppenturm und Wohnquartieren (16./17. Jh.). Hier gibt es auch Fremdenzimmer.

Château de Lanquais
06 10 79 12 69. Apr–Juni, Sep: Mi–Mo nachm.; Juli, Aug: tägl. Dez, Jan.

㊴ Biron

Straßenkarte D2. 180.
Place des Cornières, Montpazier; 05 53 22 68 59.

Das mächtige **Château de Biron**, einst Sitz einer der vier Baronien des Périgord, steht an der Grenze von Périgord und Agenais. Mit *donjon* (12. Jh.), Renaissance-Wohnquartieren, gotischer Kapelle und kleinem Herrenhaus (14. Jh.) mit Fresken (16. Jh.) bietet es eine bunte Mischung von Baustilen des 12. bis 18. Jahrhunderts.

Weil sie Katharern 1211 Zuflucht bot, wurde die Burg von Simon de Montfort belagert. Während des Hundertjährigen Kriegs wechselte sie unzählige Male die Fronten, wurde angegriffen, beschädigt und in der Renaissance weitgehend wieder aufgebaut. Heute thront sie hoch über Biron mit seinen schönen Häusern bei der Markthalle.

Château de Biron
05 53 63 13 39. Mitte Apr–Mitte Nov: tägl.; Mitte Nov–Dez, Feb–Mitte Apr: Di–So.
semitour.com

㊵ Eymet

Straßenkarte D2. 23 km von Bergerac an der D933. 2500. Bergerac. 45, place Gambetta; 05 53 23 74 95.

Die 1270 erbaute Bastide im Dropt-Tal hat ihre ursprüngliche quadratische Anlage bewahrt. Wasserspeier zieren den

Das Château de Biron steht an der Grenze zwischen Périgord und Agenais

Hotels und Restaurants im Périgord und in Quercy *siehe Seiten 251f und 263–265*

Vom Château de Montaigne steht nur noch der Bibliotheksturm (16. Jh.)

donjon (13. Jh.), die Türmchen und die Häuser aus dem 15. und 16. Jahrhundert. Auf dem schmucken Hauptplatz plätschert ein Brunnen (17. Jh.). Heute wohnen viele ausgewanderte Engländer in dem einstigen englischen Bollwerk.

Umgebung: Etwa 20 Kilometer nordöstlich von Eymet liegt das mittelalterliche Dorf **Issigeac** mit Befestigungen (13. Jh.) und spiralförmiger Anlage. Die gotische Kirche (15./16. Jh.) mit Glockenturm über dem Eingang steht an der Stelle einer Priorei. Der einstige Bischofspalast mit den zwei Türmchen ist heute das Fremdenverkehrsbüro, der ehemalige Zehntstall ein Laden. Schöne Häuser säumen die Hauptstraße, eines besitzt Balken mit Schnitzwerk (14. Jh.).

Arkaden in der Bastide Eymet

Humanist Montaigne

Montaigne

Michel Eyquem de Montaigne wurde 1533 im Château de Montaigne geboren, studierte Jura, wurde 1557 Stadtrat in Périgueux und war Mitglied im Parlement de Bordeaux. In den Hugenottenkriegen begann er, über die Natur des menschlichen Glücks sowie an seinen berühmten *Essays* (1572–1580) zu arbeiten. Montaigne lebte zurückgezogen, pflegte aber Verbindungen zu den Mächtigen. Ab 1581 führte er als Bürgermeister von Bordeaux mit diplomatischem Geschick die Stadt durch die Kämpfe zwischen Katholiken und Protestanten und durch die Pest. Er starb 1592.

㊶ Bergerac

Siehe S. 144f.

㊷ Saint-Michel-de-Montaigne

Straßenkarte C2. 47 km von Bergerac an der D936. 300. Place Clemenceau, Montpon-Ménestérol; 05 53 82 23 77.

Die romanische Kirche hat ein Portal mit Säulen und vier Bogen. Sehenswert sind die geschnitzten Möbel (17. Jh.) und ein Kreuzweg des Künstlers Gilbert Privat (1892–1969).

Vom Château, in dem Montaigne lebte, blieb lediglich der **Turm** (16. Jh.) erhalten, in dem er seine Bibliothek hatte. Die Balken im Arbeitszimmer im obersten Stock sind mit insgesamt 57 griechischen und lateinischen Sinnsprüchen beschriftet, die die epikureischen, stoischen und skeptischen Ideen Montaignes beeinflussten. Von der Terrasse hat man einen weiten Blick über das Tal der Lidoire.

Turm
05 53 58 63 93. Juli, Aug: tägl.; Sep–Juni: Mi–So. Jan. telefonisch erfragen.

Umgebung: 44 Kilometer entfernt liegt an der D936 nach Castillon-la-Bataille **Montcaret**. Die Kapitelle der romanischen Kirche stammen von einem älteren gallorömischen Gebäude. In der Nähe sind die Überreste einer 1827 entdeckten, gallorömischen Villa zu sehen: Bodenmosaiken, säulengesäumter Innenhof, ein 60 Quadratmeter großer Wohnraum mit Dreifachapsis, Becken mit Mosaiken und Bäder mit raffiniertem Heizsystem. Die Funde zeigen, dass es sich wohl um einen Luxusbau handelte. Er wurde im 1. Jahrhundert n. Chr. errichtet und im 4. Jahrhundert umgebaut. Man vermutet, dass die Stelle seit der Antike ununterbrochen bewohnt war.

41 Bergerac

Bergerac wurde im Hundertjährigen Krieg abwechselnd von den Franzosen und den Engländern gehalten und war später eine Hochburg der Protestanten. Durch seine Lage am Ufer der Dordogne stieg es zum Handelszentrum auf. Hier machten die *gabares* (Holzkähne) halt, die Holz, Steinblöcke, Papier aus Couze, Weine, Walnüsse, Kastanien und andere Güter zwischen dem Périgord und dem Hafen von Bordeaux transportierten. Die Hugenottenstadt besaß einst mehrere Häfen. Im 18. Jahrhundert wurden hier mit ungefähr 1500 Booten alljährlich rund 15 000 Tonnen Güter umgeschlagen. Der heutige, erst 1838 erbaute Kai verlor durch den Bau der Eisenbahn im späten 19. Jahrhundert rasch seine Bedeutung. Die *gabares*, die hier noch jeden Tag regelmäßig ablegen, transportieren Besucher, die eine Ausflugsfahrt auf der Dordogne unternehmen.

Restaurant in der Fußgängerzone in der Vieille Ville von Bergerac

Vieille Ville

Die alten Fachwerkhäuser der Kapitäne stehen an der Place de la Mirpe mit der Statue von Cyrano de Bergerac, Edmond Rostands langnasigem Helden *(siehe S. 206)*. Die Rue Saint-Clar säumen auskragende Fachwerkhäuser aus Lehmstroh und Ziegeln. Die malerische Place Pélissière in einem vor einigen Jahren sanierten Areal heißt nach den Kürschnereien, die sich früher hier befanden. Am Platz stehen die sehenswerte Église Saint-Jacques und die Fontaine Font-Ronde, ein altes öffentliches Waschhaus. Diese Gebäude bilden ein malerisches Ensemble. Auf dem Platz steht eine 2005 aufgestellte Statue von Cyrano de Bergerac. Interessant sind darüber hinaus einige Bauten in der Rue Saint-James, darunter ein Haus aus dem 18. Jahrhundert, eine Louis-XIII-Residenz mit schöner Fassade, ein Haus mit Steinbalkenfenstern (16. Jh.) sowie Fachwerkhäuser (17./18. Jh.). In der Rue des Fontaines befinden sich zwei Häuser aus dem Mittelalter.

Statue von Cyrano

Église Saint-Jacques

Place Pélissière.

Die Kapelle (12. Jh.) an der Pilgerroute nach Santiago de Compostela wurde im 13. Jahrhundert als Stadtkirche vergrößert und erhielt eine Glockenturmmauer. Das Gotteshaus wurde später einige Male umgebaut, im 18. Jahrhundert gestaltete man das Kirchenschiff neu. Ein historisches Denkmal ist die neugotische Orgel, die Aristide Cavaillé-Coll 1870 baute.

Musée Costi

Zugang über den Innenhof von der Place de la Petite-Mission. 05 53 63 04 13. Juli, Aug: Di–So nachmittags; Sep–Juni nach Vereinbarung.

Das Museum in zwei Kellern des Presbytère Saint-Jacques zeigt Arbeiten, die der 1906 geborene Bildhauer Costi, ein Schüler von Antoine Bourdelle, stiftete: 52 Bronzen und sieben Gipsabgüsse aus den Jahren 1926 bis 1973.

Maison des Vins-Cloître des Récollets

1, rue des Récollets. 05 53 63 57 55. Juli, Aug: tägl.; Sep–Juni: Di–Sa. Jan.

Der Cloître des Récollets wurde 1630 auf dem Gelände der Gärten des Château Bergerac erbaut. Die Galerien (16. und 18. Jh.) sind zum Hof hin offen. Die Kapelle diente zeitweilig als Freimaurerloge. Heute ist hier der Sitz der Maison des Vins de Bergerac, die die lokale Weinproduktion reguliert und Weinproben anbietet.

Musée du Vin et de la Batellerie

5, rue des Conférences. 05 53 57 80 92. Juni–Sep: tägl.; Okt–März: Di–Sa vormittags; Apr, Mai: Di–Sa, So nachmittags.

Das Museum widmet sich der Geschichte der Flussschifffahrt

Weine aus Bergerac

Eine Flasche Monbazillac

Die Bergerac-Weine waren in England im Hundertjährigen Krieg begehrt und in Holland beliebt, als die Stadt eine protestantische Hochburg war – ihr Ruhm datiert jedoch schon aus dem 13. Jahrhundert. Heute verfügt die Region über 12 400 Hektar Weinberge mit 13 *appellations* für Rotwein, Rosé sowie trockenen und süßen Weißwein, etwa den bekannten Monbazillac. Morgendunst und Herbstsonne fördern die Edelfäule, die den Trauben ihre besondere Süße verleiht. Informationen zu lokalen Weinrouten erteilt der Conseil Interprofessionnel des Vins de la Région de Bergerac (CIVRB): 05 53 63 57 55, **vins-bergerac.fr**

Hotels und Restaurants im Périgord und in Quercy *siehe Seiten 251f und 263–265*

Cloître des Récollets, heute Sitz der Maison des Vins

und dem lokalen Weinhandel. Zu den zahlreichen Exponaten zählen vielfältige Geräte und Modelle sowie Dokumente, Fotografien und Archivmaterial, das von Bootseignern und einigen Wein produzierenden Familien der Gegend gestiftet wurde.

Musée d'Intérêt National du Tabac

Maison Peyrarède, place du Feu. 05 53 63 04 13. Juni–Sep: tägl.; Okt–März: Di–Sa vormittags; Apr, Mai: Di–Sa, So nachmittags.

Das in Europa einzigartige Museum in **Maison Peyrarède** (1604) wurde 1950 von der Direction des Musées de France gegründet. Die Exponate gehen auf die 3000-jährige Geschichte der Tabaknutzung ein.

Umgebung: Sieben Kilometer südlich von Bergerac befindet sich das **Château de Monbazillac** (16. Jh.). Neben einem Weinkeller gibt es hier auch ein Restaurant (www.chateau-monbazillac.com).

Infobox

Information
Straßenkarte D2. An der N21 Limoges–Agen. 27000.
97, rue Neuve-d'Argenson; 05 53 57 03 11. Mi vormittags, Sa vormittags. Festival d'Été (abends im Sommer); Fête des Vendanges (Anfang Okt).
bergerac-tourisme.com

Anfahrt

Zentrum von Bergerac

1. Église Saint-Jacques
2. Musée Costi
3. Musée du Vin et de la Batellerie
4. Statue von Cyrano
5. Maison des Vins-Cloître des Récollets
6. Mittelalterliche Häuser
7. Musée d'Intérêt National du Tabac
8. Quai Salvette

0 Meter 200

Zeichenerklärung *siehe hintere Umschlagklappe*

Lot-et-Garonne

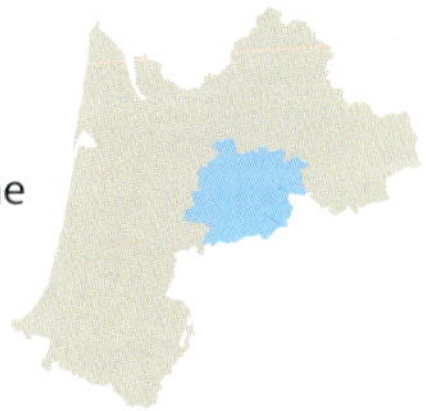

Der französische Schriftsteller Stendhal verglich im 19. Jahrhundert die sonnige, hügelige Landschaft von Lot-et-Garonne mit der italienischen Toskana. Die wohlhabende und vorwiegend agrarisch geprägte Region wartet mit dem reichen Architekturerbe einer ereignisreichen Geschichte auf – Burgen, romanische Kirchen, Bastiden und malerische Dörfer. Kultur und Landschaft haben hier viel zu bieten.

Das Département, zu dem auch die frühere Grafschaft Comté d'Agenais gehört, lag einst zwischen den Territorien der Könige von Frankreich und England (zugleich die Herzöge von Aquitanien) und war bis zum Sieg Frankreichs im Jahr 1472 hart umkämpft. Raymond VII, der Comte de Toulouse, Alphonse de Poitiers, der Bruder von Louis IX, und Edward I von England ließen im 13. und 14. Jahrhundert mehr als 40 befestigte und wehrhafte Bastiden mit zentralen, von Arkadenhäusern gesäumtem Marktplätzen und streng rechtwinkligen Straßennetzen bauen. Mit diesen Wehrstädten und -dörfern trug man nicht nur dem gewünschten Bevölkerungswachstum Rechnung, sondern auch dem bis in das 15. Jahrhundert in Aquitanien ausgetragenen Konflikt zwischen Frankreich und England.

Mit ihren fruchtbaren Hügeln und Tälern und den weiten Pinienwäldern der Landes hat die Region einige der schönsten Landschaften Frankreichs. Insgesamt weisen Lot, Garonne und Baïse sowie die unzähligen Kanäle entlang der Garonne über 200 Kilometer befahrbare Wasserwege auf. Sie waren früher die einzigen Transportwege für die einheimischen agrarischen Produkte und sonstigen Handelsgüter zwischen Guyenne und Languedoc.

Heute wird die Region als »Obstgarten Europas« tituliert. Zu den berühmtesten Erzeugnissen dieses bedeutenden Anbaugebiets für Gemüse und Früchte zählen die köstlichen *prunes d'Agen* *(siehe S. 159)*. Eine weitere Spezialität sind die edlen Weine, die den Vergleich mit denen aus dem benachbarten Bordeaux auf keinen Fall scheuen müssen.

Idyllischer See bei Lauzun

◀ **Farbenprächtige Fresken in der Apsis der Cathédrale Saint-Caprais** ***(siehe S. 165)*****, Agen**

Überblick: Lot-et-Garonne

Blumenschmuck an einem Haus in Pujols

Die zwei großen Flusstäler der Garonne und ihres Nebenflusses Lot durchziehen das Département. Das zentrale Lot-Tal ist abwechselnd eng und steil oder weit und flach. Obst, auch die bekannten *prunes d'Agen* (eine Pflaumenart), und Gemüse werden auf den fruchtbaren Uferböden angebaut. Im Südosten erstrecken sich weite Hochflächen und Täler in Agenais und im Pays de Serres. Im Südwesten liegt das einst von der Familie Henris IV kontrollierte Gebiet Albret, im Nordwesten das Pays Marmandais mit Weinbergen, Obstgärten und Gemüsefeldern. Viele malerische Bastiden prägen das Pays du Dropt im Norden und die sanften Hügel des Haut-Agenais. Dort stehen auch das mächtige mittelalterliche Château de Bonaguil im Osten und das großartige Château de Duras aus der Renaissancezeit im Westen.

Die befestigte Kirche in Villeréal

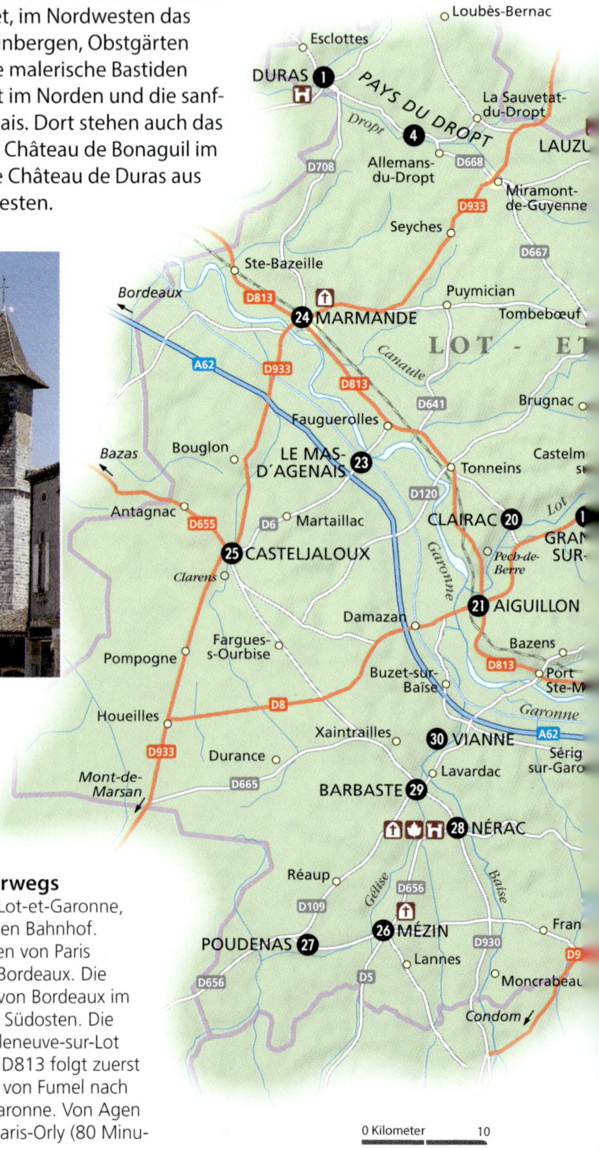

In Lot-et-Garonne unterwegs

Agen, die größte Stadt von Lot-et-Garonne, hat einen Flughafen und einen Bahnhof. Der TGV braucht vier Stunden von Paris und eine von Toulouse und Bordeaux. Die A62 durchquert die Region von Bordeaux im Nordwesten bis Toulouse im Südosten. Die N21 verbindet Agen und Villeneuve-sur-Lot mit dem Norden. Die D911/D813 folgt zuerst dem Lot, dann der Garonne von Fumel nach Marmande, die D813 der Garonne. Von Agen bestehen Direktflüge nach Paris-Orly (80 Minuten Flugzeit).

Weitere Zeichenerklärungen *siehe hintere Umschlagklappe*

Legende
- Autobahn
- Hauptstraße
- Nebenstraße
- Panoramastraße
- Eisenbahn (Hauptstrecke)
- Eisenbahn (Nebenstrecke)
- Départementgrenze

Der Lot bei Casseneuil

Taubenschlag bei Poudenas

Sehenswürdigkeiten auf einen Blick

1. Duras
2. Lauzun
3. Castillonnès
5. Villeréal
6. Monflanquin
7. Gavaudun
8. Saint-Avit
9. Sauveterre-la-Lémance
10. Monsempron
11. *Château de Bonaguil S. 154f*
12. Tournon-d'Agenais
13. Penne-d'Agenais
14. Villeneuve-sur-Lot
15. Pujols
16. Sainte-Livrade-sur-Lot
17. Casseneuil
18. Monclar-d'Agenais
19. Granges-sur-Lot
20. Clairac
21. Aiguillon
22. Prayssas
23. Le Mas-d'Agenais
24. Marmande
25. Casteljaloux
26. Mézin
27. Poudenas
28. Nérac
29. Barbaste
30. Vianne
31. *Agen S. 164–167*
32. Pays de Serres
33. Laroque-Timbaut
34. Beauville
35. Saint-Maurin
36. Puymirol
37. Layrac
38. Moirax
39. Laplume
40. Aubiac
41. Estillac

Tour

4. Pays du Dropt

❶ Duras

Straßenkarte D2. 22 km nördlich von Marmande. 1250. Marmande. 14, boulevard Jean-Brisseau; 05 53 93 71 18. Mo, Mi im Sommer. Fête de la Madeleine (Juli); Les Médiévales (Aug). **paysdeduras.com**

Die alte Festungsstadt auf einem hohen Vorsprung über dem Fluss Dropt ist wie eine alte Bastide angelegt *(siehe S. 30f)*. Das **Château de Duras** von 1137 wurde mehrmals umgebaut. Im 14. Jahrhundert war es eine Feste mit acht Türmen. Im 17. Jahrhundert baute man es zu einem Residenzschloss um. Während der Französischen Revolution wurde es fast zerstört. 1969 kam es in staatlichen Besitz.

Heute ist das Château de Duras weitgehend restauriert und für Besucher geöffnet. Zu besichtigen sind 35 prächtige Zimmer, darunter die Salle des Maréchaux (Marschall-Saal) und ein Ballsaal mit Tonnengewölbe von 1740. Vom Turm hat man einen Panoramablick auf das Pays de Duras. Das Museum zur Lokalgeschichte im Untergeschoss dokumentiert das Leben in Duras, mit Schwerpunkten auf Weinbau, lokalem Handwerk und Volkstraditionen.

Das Château de Duras (12. Jh.) – einst der Sitz der Ducs de Duras – ist zu besichtigen

Château de Duras
05 53 83 77 32.
Apr–Okt: tägl.; Feb, März, Nov, Dez: tägl. nachmittags.

❷ Lauzun

Straßenkarte D2. 26 km östlich von Duras. 800. Marmande. 5, rue Marcel Hervé; 05 53 20 10 07. Sa. Gasconnades (2. So im Aug).

Das überaus spannende und ereignisreiche Leben des Duc de Lauzun (Antoine Nompar de Caumont, 1633–1723), Marschall von Frankreich, Kapitän der Leibgarde und Höfling von Louis XIV, lernt man im **Château de Lauzun** (13. Jh.) kennen. Im Renaissanceflügel sind zwei Kamine mit beeindruckenden Schnitzereien und Marmorkapitellen zu bewundern, in der gotischen Dorfkirche gegenüber dem Haus mit Karyatiden sieht man eine Kanzel und ein Altarbild aus dem 17. Jahrhundert.

Château de Lauzun
05 53 94 18 89. Juli, Aug: tägl. nachmittags.

❹ Tour: Pays du Dropt

Das Pays du Dropt im Nordwesten von Lot-et-Garonne wird durch den Fluss Dropt geteilt. In den Tälern der Region wachsen Wein und Pflaumen, typisch sind die weißen romanischen Steinkirchen. Die rund 2000 Hektar großen Weinberge der Côtes de Duras sind oft im Familienbesitz. 1937 bekam die Region ihre eigene Herkunftsbezeichnung.

① **Sainte-Colombe-de-Duras**
Der Chor der romanischen Kirche hat geschnitzte Kapitelle. Ein Fresko zeigt Szenen aus dem Leben der heiligen Kolumba.

③ **Saint-Sernin-de-Duras**
Die Dorfkirche ist malerisch mit wildem Wein überwuchert. Sie wurde im 15. und im 19. Jahrhundert restauriert.

Routeninfos

Allemans-du-Dropt; 05 53 20 25 59
Länge: Rund 57 km
Rasten: Empfehlenswert sind die Étape Gasconne bei Allemans-de-Dropt und der *table d'hôte* am Château Monteton. Kosten Sie die Pflaumen des Ehepaars Dreux in Esclottes und *foie gras* der Familie Ros in Les Renards, Saint-Sernin-de-Duras.

② **Esclottes**
Das Dorf heißt nach den *clottes*, den Grenzsteinen der Diözesen von Agen und Bazas. Die geschnitzten Kapitelle der Kirche (11. Jh.) zeigen Christus als Erlöser und andere Szenen.

⑧ **Monteton**
Die bezaubernde romanische Kirche (12. Jh.) hoch über dem Tal des Dropt kann schöne geschnitzte Kapitelle mit Fabelwesen aufweisen.

❸ Castillonnès

Straßenkarte D2. 12 km östlich von Lauzun. 1400. Villeneuve-sur-Lot oder Bergerac. Place des Cornières; 05 53 36 87 44. Di vormittags. **castillonnestourisme.com**

Die um 1259 auf einem hoch aufragenden Felsvorsprung erbaute Bastide wechselte im Laufe des Hundertjährigen Kriegs *(siehe S. 47)* nicht weniger als siebenmal zwischen Franzosen und Engländern, wurde aber letztlich 1451 von den Franzosen erobert. Lediglich zwei Tore sind von den ursprünglichen Befestigungsanlagen erhalten geblieben.

An der Place des Cornières, dem Hauptplatz des Ortes, stehen eine ungewöhnliche Markthalle (20. Jh.) und die Maison du Gouverneur mit schmuckem Renaissancehof. In diesem Gebäude sind heute das Rathaus und das Fremdenverkehrsbüro untergebracht. Die nach den Hugenottenkriegen (16. Jh.) wieder aufgebaute Kirche verfügt über einen sehenswerten Barockaltar aus dem 17. Jahrhundert und Fenster mit Glasmalereien von Louis Franchéo.

Umgebung: Etwa 13 Kilometer westlich von Castillonnès befindet sich **Miramont-de-Guyenne**. Diese 1278 von Edward I gegründete Bastide wurde an der Stelle eines Aussichtspostens der Tempelritter errichtet.

Ein kleiner Spaziergang durch den beschaulichen Ort führt auch zum Hauptplatz, der von einer rekonstruierten Markthalle und Bogengängen gesäumt wird.

Ein für Lot-et-Garonne typischer Taubenschlag bei Castillonnès

④ **Loubès-Bernac**
Das Dorf hat vier Kirchen, darunter die Église de Loubès mit dem Wappen von Richard Löwenherz am Portal.

Legende

Routenempfehlung

Andere Straße

⑤ **Soumensac**
Von den Stadtmauerresten (12. Jh.) hat man eine herrliche Aussicht.

⑥ **La Sauvetat-du-Dropt**
Das Dorf in einem alten *sauve* (gerodetes Areal) hat eine große Kirche (12. Jh.) mit Chor und eine romanische Brücke.

⑦ **Allemans-du-Dropt**
Die Église Saint-Eutrope hat schöne Fresken aus dem 15. Jahrhundert, darunter Darstellungen vom Letzten Abendmahl, der Kreuzigung, der Auferstehung, der Hölle und dem Jüngsten Gericht. Der Chor zeigt maurische Einflüsse.

Der überdachte Markt aus dem späten 14. Jahrhundert in Villeréal

❺ Villeréal

Straßenkarte D2. 13 km östlich von Castillonnès. 1250. Bergerac. Place de la Halle; 05 53 36 09 65. Sa. Bodega (Juli).
villereal-tourisme.com

Der 1265 gegründete Ort ist wie alle Bastiden *(siehe S. 30f)* regelmäßig angelegt. Auskragende Häuser mit Arkaden säumen den rechteckigen Hauptplatz im Zentrum. Die große Markthalle (spätes 14. Jh.) mit einem Obergeschoss aus Fachwerk und Lehmmauern beherbergt heute das Rathaus. Die Wehrkirche mit zwei durch einen Mauergang verbundenen Türmchen (13. Jh.) diente bei Angriffen als Zufluchtsort. Eine Zugbrücke bildete bis ins 17. Jahrhundert den einzigen Zugang.

Umgebung: In den Dörfern rund um Villeréal stehen zahlreiche interessante romanische Kirchen. Sehenswert ist etwa die im 12. Jahrhundert der hl. Madeleine geweihte Kirche im sechs Kilometer südlich gelegenen **Bournel**. Eine Statue der Heiligen befindet sich über dem Hauptportal.

Kunsthistorisch wie architektonisch ebenso bedeutend sind die Kirche (12. Jh.) im zwei Kilometer nördlich von Villeréal gelegenen **Rives** sowie die Kirche in **Montaut** (14. Jh.), das sieben Kilometer südwestlich von Villeréal liegt. Wesentliches Gestaltungselement von Letzterer ist der fünfbogige Glockenturm.

❻ Monflanquin

Straßenkarte D3. 13 km südlich von Villeréal. 2300. Villeneuve-sur-Lot. Place des Arcades; 05 53 36 40 19. Do. Foire aux Vins et Fromages (Mai); Journées Médiévales (Aug).
monflanquin-tourisme.com

Die oval angelegte Bastide steht auf der Liste von Frankreichs schönsten Dörfern. Sie wurde um 1240 an einem Hang über dem Lède-Tal mit rechtwinkligem Straßennetz erbaut und entwickelte sich 1252 unter Alphonse de Poitiers. Ihre Verteidigungsanlagen wurden auf Befehl von Kardinal Richelieu geschleift. Die Straßen kreuzen sich an der Place des Arcades am oberen Ortsende. Zu den Arkadenhäusern *(siehe S. 30f)* am Hauptplatz zählt die **Maison du Prince Noir** (Haus des Schwarzen Prinzen; *siehe S. 47*) mit bemerkenswertem gotischem Rippengewölbe und Täfelung. Die schöne **Église Saint-André** hat eine Glockenturmmauer mit einer Fassade von 1927 und ein mittelalterliches Portal mit Schmuckreliefs.

Steinhäuser (16. Jh.) mit Arkaden im Erdgeschoss und Fachwerk säumen die Rue de l'Union, Rue des Arcades und Rue Sainte-Marie.

Auf einem Felsvorsprung überblickt das Château de Roquefère die Stadt. Es ist nur an *journées patrimoines* (Tagen des Kulturerbes) zur Besichtigung freigegeben.

Im **Musée des Bastides** erfährt man, wie die Bastiden ab dem 13. Jahrhundert angelegt wurden und welchem Zweck sie dienten *(siehe S. 30f)*.

Église Saint-André
tägl.

Musée des Bastides
Maison du Tourisme, place des Arcades. 05 53 36 40 19. Juli, Aug: tägl.; Jan–März, Okt–Dez: Mo–Mi, Do vormittags, Fr; Apr–Juni, Sep: Mo–Sa.

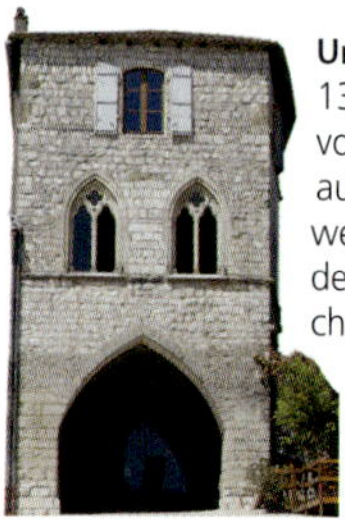

Maison du Prince Noir

Umgebung: Etwa 13 Kilometer westlich von Monflanquin liegt auf einem Hügel eine weitere Bastide, von der man einen herrlichen Panoramablick über das Périgord und Quercy hat. Hübsche Fachwerkhäuser prägen die Altstadt.

Palissys »Rustiques Figulines«

Bernard Palissy wurde in Lacapelle-Biron um 1510 geboren. Der berühmte Töpfer verzierte Teller, Krüge, Schüsseln und Gefäße mit realistisch bemalten Terrakotta-Abgüssen von Pflanzen, Reptilien, Fischen und Muscheln. Seinen Brennofen befeuerte er angeblich mit den Möbeln und Dielen seines eigenen Hauses. Er wurde von Catherine de Médici und dem Connétable de Montmorency gefördert und zum »Erfinder der Terrakotta des Königs und des Duc de Montmorency« ernannt. Im Jahr 1589 landete er schließlich in der Bastille von Paris, da er seinem protestantischen Glauben nicht abschwören wollte. Bernard Palissy starb 1589 oder 1590 im Gefängnis.

Bernard Palissy

❼ Gavaudun

Straßenkarte E3. 11 km östlich von Monflanquin. 350. Monsempron.

Über bewaldeten Tälern thront das Dorf auf einem felsigen Hügel. Unter den beeindruckenden Ruinen der Festung (11.–13. Jh.) fällt besonders der große ***Donjon*** (Wohnturm) mit dem Kalksteineingang ins Auge. Die Szenerie wird regelmäßig im Karneval und für Konzerte genutzt.

Donjon
05 53 40 04 16. Apr–Nov: Fr–Di (Juli, Aug: tägl.).

Umgebung: Zwei Kilometer nördlich von Gavaudun befindet sich der Weiler **Saint-Sardos-de-Laurenque**. Dessen romanische Kirche mit verziertem Portal ist sehenswert.

❽ Saint-Avit

Straßenkarte D2. 15 km nordöstlich von Monflanquin. 430. Monsempron. Foire à la Poterie (2. So im Aug).

Das Dörfchen über dem Lède-Tal hat nur eine Straße. Die romanische Kirche (13. Jh.) ist mit Fresken verziert. Saint-Avit ist der Geburtsort von Bernard Palissy *(siehe S. 152)*. Das **Musée Bernard-Palissy** ist seinem Leben und Werk gewidmet, zeigt aber auch zeitgenössische Keramik.

Musée Bernard-Palissy
Saint-Avit, Lacapelle-Biron. 05 53 40 98 22. Mai, Juni: So nachm.; Juli, Aug: Mi–Mo nachm.; Sep: So, Mo, Mi–Fr nachm.

Das Château des Rois-Ducs bei Sauveterre-la-Lémance

❾ Sauveterre-la-Lémance

Straßenkarte E2. 14 km östlich von Saint-Avit. 640. Monsempron.

Das Dorf mit dem wuchtigen Château des Rois-Ducs (in Privatbesitz) stand Pate für das Sauveterrien, eine Hauptperiode des Mesolithikums (Mittelsteinzeit). Das kleine **Musée de la Préhistoire** präsentiert mesolithische Fundstücke von Ausgrabungen, die seit 1920 in Le Martinet zutage gefördert wurden.

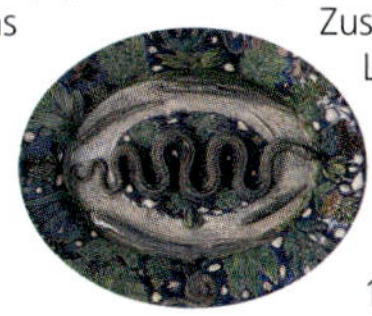

Keramik von Bernard Palissy

Musée de la Préhistoire
05 53 40 73 03. Juli, Aug: Mo–Fr, So nachmittags.

Umgebung: Lediglich zwei Kilometer südwestlich steht in **Saint-Front-sur-Lémance** eine Wehrkirche (11. und 14. Jh.).

❿ Monsempron

Straßenkarte E3. 10 km südlich von Bonaguil. 2200. Monsempron. Fumel, place Georges-Escande. 05 53 71 13 70. Do vormittags. Jahrmarkt und Fête du Printemps (März).

Die imposante Benediktinerpriorei Saint-Géraud-de-Monsempron steht oberhalb des Zusammenflusses von Lot und Lémance. Die schön proportionierte romanische Kirche des Wehrdorfs wurde im 16. Jahrhundert umgebaut, zeigt jedoch noch einige Elemente aus dem 12. Jahrhundert, etwa das Schiff mit Tonnengewölbe und verzierten Kapitellen, die Kuppel auf Steinsäulen und ein sehr schlichtes Portal. Die halbrunden Nischen der Apsis überlappen sich.

Umgebung: Drei Kilometer nordöstlich steht in **Fumel** eine prächtige Burg (12.–16. Jh.) inmitten von französischen Ziergärten.

Die ehemalige Benediktinierpriorei mit romanischer Kirche oberhalb von Monsempron

⑪ Château de Bonaguil

Das wuchtige Château de Bonaguil thront majestätisch auf einem Felsen am Fuß eines bewaldeten Hügels, seine Mauern und Türme lugen hinter dichtem Grün hervor. Die Burg wurde im 13. Jahrhundert *bona accus*, auf Französisch *bonne aiguille* (»gute Spitze«), genannt, wovon sich der heutige Name ableitet. 1483 ging die Burg in den Besitz von Bérenger de Roquefeuil (1448–1530) über, der sie vergrößerte. Im Lauf der Zeit wechselten die Eigentümer, 1761 erwarb sie Marguerite de Fumel und nahm einen Umbau vor. Während der Französischen Revolution wurde die Burg aufgegeben und schließlich 1860 an die Gemeinde Fumel verkauft. Sie ist ein wunderbares Beispiel für den Umbau von mittelalterlicher Militärarchitektur zu einer Renaissanceresidenz.

Die imposante Festung Bonaguil thront auf einem mächtigen Felsen

★ Großer Turm
Das Herz der Anlage umgeben Brustwehre, die früher überdacht waren. Der Große Turm verteidigte den Innenhof.

Brunnen
An der Innenseite des Haupthofs wurde der Brunnen direkt in den Fels gehauen. Der Schacht reicht bis zum Grundwasserspiegel hinunter. Neben dem Brunnen führt ein kleines gotisches Portal zu den Nebengebäuden.

Außerdem

① **Roter Turm**

② **Großer Saal**

③ **Außenhof**

Außenwerk
Die halbrunde Befestigung war der Verteidigungsbereich zwischen innerer und äußerer Zugbrücke. Wenn eine Zugbrücke geschlossen wurde, konnte man die andere öffnen.

Infobox

Information
Straßenkarte E2. 6,5 km nördlich von Fumel nahe dem Dorf Saint-Front-sur-Lémance. Die Burg ist über die Straße oder zu Fuß vom unteren Dorfende zu erreichen.
05 53 71 90 33.
März–Okt: tägl.
Festival de Théâtre (Aug).
chateau-bonaguil.com

★ Zugbrücke
Eine Zugbrücke verband die inneren Befestigungen und das Außenwerk. Sie führte zu zwei Toren, eines für Wagen, das andere für Fußgänger. Marguerite de Fumel ließ die Zugbrücke durch eine feste Brücke ersetzen, die den Burggraben überspannt.

★ Donjon
Durch die Form des Felsens, auf dem er im 13. Jahrhundert gebaut wurde, wirkt der *donjon* seltsam verlängert. 800 Stufen führen zur Plattform auf der Spitze des Aussichtspostens, von dem man einen herrlichen Blick auf die Wälder und Täler der Umgebung hat.

Die Bastide Tournon-d'Agenais liegt strategisch günstig auf einer felsigen Hochfläche

⓬ Tournon-d'Agenais

Straßenkarte E3. 10 km südlich von Fumel. 800. Penne-d'Agenais. Fumel: place Georges-Escande; 05 53 71 13 70. Sommer: Fr abends; Mai: Blumenmarkt. Fête des Rosières (Aug); Foire à la Tourtière (Aug). **tourisme-fumel.com**

Die Bastide wurde um 1270 auf einem felsigen Vorgebirge im Boudouyssou-Tal erbaut und kam kurz darauf unter englische Kontrolle.

Die Häuser in den Stadtmauern ragen über einer hohen Felswand auf. Sie sind aus behauenen Steinen gebaut, manche haben aber auch Fachwerk – etwa die in der Rue du Bousquet. In der Maison de l'Abescat in der Rue de l'École wohnte im Mittelalter der Bischof von Agen. Der Glockenturm am Platz stammt von 1637. Ihn krönt eine hölzerne Spitze mit einer schönen Monduhr von 1843.

Der Stadtgarten oberhalb der Place de la Mairie wurde an der Stelle einer Kirche angelegt, die in den Hugenottenkriegen zerstört wurde.

⓭ Penne-d'Agenais

Straßenkarte D3. 16 km westlich von Tournon. 2500. Rue du 14-Juillet; 05 53 41 37 80. So. Foire à la Tourtière (2. So im Juli). **penne-tourisme.com**

Der Ort, in Kriegszeiten eine mächtige Basis für Richard Löwenherz, die Grafen von Toulouse und die Kreuzritter von Simon de Montfort, fiel im Hundertjährigen Krieg abwechselnd an Franzosen und Engländer, in den Hugenottenkriegen von den Protestanten an die Katholiken. Die vielen malerisch restaurierten Häuser und die engen Pflasterstraßen werden von der versilberten Kuppel einer grandiosen Basilika überragt. Sie wurde zwischen 1897 und 1947 im neobyzantinischen Stil erbaut.

Relikte aus dem Mittelalter sind die Stadtmauer (12. Jh.), schöne Häuser mit gotischen Eingängen und der quadratische *donjon* (Turm) der Burg, die unter Henri IV (1589–1610) geschleift wurde. Einige Häuser am Hauptplatz haben gotische Fenster mit komplexem Maßwerk. Ein kleines Tor, die Porte de Ricard, wird durch Strebepfeiler gerahmt. Der Verteidigungsturm an der Rue des Fossés war einst Teil der Stadtmauer. Alte Kaufmannshäuser mit Arkaden säumen die Place du Mercadiel und Place Paul-Froment. Unterhalb des heutigen Rathauses befindet sich das ehemalige »königliche« Gefängnis.

Porträt im Musée de Gajac

Umgebung: Unterhalb des Zentrums kann man in **Port-de-Penne** am Lot eine romanische Kirche (12. Jh.) und Teile der alten Befestigungsanlagen besichtigen.

Die versilberte Kuppe der Basilique de Peyragude in Penne-d'Agenais

⓮ Villeneuve-sur-Lot

Straßenkarte D3. 10 km westlich von Penne-d'Agenais. 23 600. Penne-d'Agenais. Allée Federico Garcia Lorca; 05 53 36 17 30. Di, Sa; Blumenmarkt (Apr). Couleurs du Monde (Anf. Aug). **tourisme-villeneuvois.com**

Die größte Bastide in Lot-et-Garonne wurde 1264 von Alphonse de Poitiers auf beiden Seiten des Lot gegründet. Ihr Wahrzeichen ist der 1287 errichtete Pont Vieux, die alte Brücke über den Lot, die im 17. Jahrhundert restauriert wurde. Die fünf Brückenbogen trugen einst drei Türme.

Die Chapelle du Bout-du-Pont (17. Jh.) ist den Matrosen gewidmet. Zwei majestätische Tore, die 30 Meter hohe Porte de Paris und die Porte de Pujols, gehörten zur Stadtmauer aus dem 14. Jahrhundert.

Hotels und Restaurants in Lot-et-Garonne *siehe Seiten 252f und 265–267*

Die Église Saint-Nicolas mit der befestigten Porte de Ville in Pujols

Noch heute werden auf der von Arkaden gesäumten Place Lafayette Märkte abgehalten.

Die Église Sainte-Catherine wurde im 19. Jahrhundert an der Stelle eines älteren Gebäudes erbaut. Sie hat Buntglasfenster im byzantinisch-romanischen Stil aus dem 15. und 16. Jahrhundert und holzgeschnitzte Statuen. Am anderen Ufer steht die im 16. Jahrhundert umgebaute Église Saint-Étienne aus der Gotik.

Das **Musée de Gajac** zeigt religiöse Malereien und Gemälde aus dem 19. Jahrhundert. Es ist in einer ehemaligen Mühle untergebracht.

Im nördlichen Stadtviertel Quartier d'Eysses sieht man an der Landstraße nach Monflanquin auf einem archäologischen Gelände Reste einer gallorömischen Villa aus dem 1. Jahrhundert n. Chr. Amphoren und andere Fundstücke sind dort im kleinen **Musée Archéologique** ausgestellt.

Im Juli und August findet freitags ein Abendmarkt auf der Place Lafayette statt. In der Ortsmitte sorgen dann Konzerte für die richtige Stimmung.

Musée de Gajac
2, rue des Jardins. 05 53 40 48 00. Mo–Fr nachmittags, Sa, So.

Musée Archéologique
Place Saint-Sernin-d'Eysses. 05 53 70 65 19. Juli; Aug: nachmittags.

⓯ Pujols

Straßenkarte D3. Südlich von Villeneuve-sur-Lot. 3700. Penne-d'Agenais. Place Saint-Nicolas; 05 53 36 78 69. So; Töpfermarkt (Aug). Course du Mont-Pujols (Ostermontag).

Die befestigte, ummauerte Ortschaft steht auf der nationalen Liste der schönsten Dörfer in Frankreich. Sie wurde im Lauf der Geschichte mehrmals geschleift und ist nur durch die Porte de Ville zugänglich. Das befestigte Tor ist zugleich der Glockenturm der Église Saint-Nicolas aus dem 14. und 15. Jahrhundert. Fachwerkhäuser (15. Jh.) säumen die Hauptstraße. In der mit Fresken (16. Jh.) verzierten Église Sainte-Foy sind wechselnde Ausstellungen zu sehen.

Umgebung: Die nahen Höhlen **Grotte de Lastournelle** und **Grotte de Fontirou** bergen interessante Felsformationen, von denen einige wahre Besuchermagneten sind.

Grotte de Lastournelle
Sainte-Colombe-de-Villeneuve. 05 53 40 08 09. Apr–Sep: tägl. nachmittags (Juli, Aug: tägl.).

Grotte de Fontirou
RN 21 (zwischen Agen und Villeneuve-sur-Lot), Castella. 05 53 40 15 29. Mitte Juni–Mitte Sep: tägl. nachmittags (Juli, Aug: tägl.).

⓰ Sainte-Livrade-sur-Lot

Straßenkarte D3. 9 km westlich von Villeneuve-sur-Lot. 6400. Penne-d'Agenais. Allée Federico Garcia Lorca, Villeneuve-sur-Lot; 05 53 36 17 30. Fr.

Die Kirche dieser Bastide (12.–14. Jh.) verfügt über eine stufenförmige romanische Apsis aus Stein und beherbergt ein weißes Marmorbildnis eines Bischofs (14. Jh.). Eine weitere Attraktion ist die Tour du Roy. Dieser wuchtige Turm war einstmals Teil einer von Richard Löwenherz erbauten Burg.

⓱ Casseneuil

Straßenkarte D3. 5 km nordöstlich von Sainte-Livrade. 2500. Penne-d'Agenais. Allée Federico Garcia Lorca, Villeneuve-sur-Lot; 05 53 36 17 30. Mi.

Der Wohlstand von Casseneuil gründete jahrhundertelang auf dem Flusshandel. 1214 behauptete er sich unter Simon de Montfort gegen die Engländer. Am Flussufer stehen überhängende Häuser, Fresken (13. und 15. Jh.) zieren die **Église Saint-Pierre**.

Église Saint-Pierre
05 53 36 17 30 (Fremdenverkehrsbüro). tel. erfragen.

Die Tour du Roy mit Treppenaufgang in Sainte-Livrade-sur-Lot

Die imposante Kirche von Monclar-d'Agenais über dem Tolzac-Tal

⑱ Monclar-d'Agenais

Straßenkarte D3. 10 km nordwestlich von Sainte-Livrade. 860. Tonneins. Place Saint-Nicolas, Pujols; 05 53 36 78 69.

Die Bastide Monclar wurde 1256 von Alphonse von Poitiers gegründet. Von dem erhöht gelegenen Ort hat man einen herrlichen Blick auf das Tolzac-Tal. Eine Seite des Hauptplatzes ist von Arkaden gesäumt. Die Markthalle grenzt an die Église Saint-Clar mit einem Portal aus dem 16. Jahrhundert.

Umgebung: Etwa sechs Kilometer südwestlich lockt **Castelmoron-sur-Lot** mit einem künstlichen See, an dem ein maurisches Rathaus steht.

Acht Kilometer südlich sieht man in der Kirche von **Fongrave** einen schönen hölzernen Altar. In **Temple-sur-Lot**, zehn Kilometer südlich, steht das im 15. Jahrhundert erbaute ehemalige Hauptquartier der Tempelritter. Im **Jardin des Nénuphars »Latour-Marliac«** gibt es über 200 Seerosensorten zu bewundern.

⑲ Granges-sur-Lot

Straßenkarte D3. 15 km westlich von Sainte-Livrade. 600. Tonneins oder Aiguillon.

Die im Jahr 1291 am Lot gegründete Bastide wurde im Hundertjährigen Krieg weitgehend zerstört.

Umgebung: Lediglich zwei Kilometer nordwestlich erhebt sich die Bastide **Laparade**.

Das **Musée du Pruneau Gourmand** in einem schönen Obstgarten mit über 3000 Pflaumenbäumen widmet sich der lokalen Pflaumenindustrie, präsentiert Trockenöfen aus dem 19. und 20. Jahrhundert, Trockenschränke und andere Gerätschaften sowie alte Dokumente.

Etwa elf Kilometer nördlich von Granges-sur-Lot kann man in **Brugnac** in der Ferme du Chaudron Magique feine Mohairwolle der dort gezüchteten Angoraziegen kaufen.

Musée du Pruneau Gourmand
Lafitte-sur-Lot. 05 53 84 00 69. Mo–Sa, So nachmittags.

Das einstige Hauptquartier der Tempelritter in Temple-sur-Lot

⑳ Clairac

Straßenkarte D3. 29 km westlich von Villeneuve-sur-Lot. 2500. 18, rue Gambetta; 05 53 88 71 59. Do. **valdegaronne.com**

Louis XIII belagerte den damaligen protestantischen Ort 1621 und ließ seine Befestigungen schleifen. Dennoch sind einige Fachwerkhäuser (15. Jh.) erhalten.

Die **Benediktinerabtei** aus dem 7. Jahrhundert war im 13. Jahrhundert die einflussreichste Abtei im Agenais. Seit einiger Zeit wird sie privat betrieben und ist für die Öffentlichkeit nicht zugänglich. In der Maison Montesquieu soll der gleichnamige Literat *(siehe S. 95)* seine *Persischen Briefe* verfasst haben.

Taubenschlag in Clairac

Umgebung: Etwa acht Kilometer nordwestlich liegt an der Garonne die Stadt **Tonneins**. Sie war einst die Hauptstadt des antiken Gallien und wesentlich später ein wichtiges Zentrum der Tabakverarbeitung. Der Komplex **A Garonna** in der früheren Manufacture Royale des Tabacs (Königlichen Tabakmanufaktur) von 1726 informiert über die Schifffahrt auf der Garonne.

Acht Kilometer südöstlich von Clairac liegt Lacépède. Am Rand des Ortes befindet sich der **Lac du Salabert**. Über Flora und Fauna im und um die See informiert die Maison de la Nature.

A Garonna
05 53 64 44 44. tel. erfragen.

Lac du Salabert
Maison de la Nature. 05 53 47 18 33. Mo–Fr 9–12, 14–18 Uhr.

Hotels und Restaurants in Lot-et-Garonne *siehe Seiten 252f und 265–267*

Boote an der Doppelschleuse in Buzet-sur-Baïse

㉑ Aiguillon

Straßenkarte D3. 11 km südlich von Tonneins. 4500. Place du 14 juillet; 05 53 64 65 31. Di, Fr. Fête des Fleurs (Mai).

Der Ort am Zusammenfluss von Garonne und Lot war schon in gallorömischer Zeit bewohnt und später im Hundertjährigen Krieg wegen seiner strategisch wichtigen Lage heiß umkämpft. Das vom Duc d'Aiguillon erbaute Château des Ducs (1775–81) wurde während der Französischen Revolution geplündert und 1966 in eine Schule umgewandelt.

Im **Musée Raoul-Dastrac** sind römische Mosaiken und Pilgerstäbe (19. Jh.) zu bewundern.

Das Château des Ducs in Aiguillon ist heute eine Schule

Musée Raoul-Dastrac
Rue de la République. 05 53 79 62 58. tel. erfragen.

Umgebung: Etwa vier Kilometer nördlich hat man in **Pech-de-Berre** einen weiten Blick auf die Täler von Garonne und Lot. Sieben Kilometer westlich stehen in der Bastide **Damazan** schöne Fachwerkhäuser. Das Rathaus nimmt das Obergeschoss der Markthalle ein.

Fünf Kilometer südwestlich liegen Hausboote auf dem Kanal bei **Buzet-sur-Baïse**, das für seine Weingärten bekannt ist. Sieben Kilometer südwestlich steht in **Saint-Pierre-de-Buzet** eine schöne Wehrkirche (12. Jh.).

㉒ Prayssas

Straßenkarte D3. 15 km östlich von Aiguillon. 950. Aiguillon. Place de l'Hôtel-de-Ville; 05 53 95 00 15.

Die schöne, oval angelegte Bastide *(siehe S. 30f)* aus dem 13. Jahrhundert liegt zwischen niedrigen Hügeln mit Obstbäumen und Chasselas-Weinstöcken.

Umgebung: Sieben Kilometer südwestlich wird das Ortsbild das Wehrdorfs **Clermont-Dessous** von einer mächtigen Burg beherrscht. Rund um die romanische Kirche aus dem 11. Jahrhundert stehen malerische Häuser.

Prunes d'Agen

Nicht weniger als 65 Prozent aller französischen Pflaumen kommen aus dem Agenais. Die Bäume benötigen sieben bis acht Jahre, bis sie tragen, und werden im Winter beschnitten. Bei der Ernte im August und September schüttelt man die Bäume manuell oder mit Maschinen. Nachdem die Pflaumen nach Größe sortiert wurden, trocknen sie in Trockentunneln 24 Stunden lang bei 75 °C. Dabei verlieren sie 21 bis 23 Prozent Feuchtigkeit und werden zu Backpflaumen. Drei Kilogramm Pflaumen ergeben etwa ein Kilogramm Backpflaumen. Die für ihre sehr hohe Qualität bekannten *prunes d'Agen* werden in Agen seit dem Mittelalter erzeugt.

Altes Plakat für Pflaumen

Vergoldete Schnitzerei der Grablegung Christi, Kirche von Marmande

㉓ Le Mas-d'Agenais

Straßenkarte D3. 11 km westlich von Tonneins. 1400. Marmande (siehe unten). Place de la Halle; 05 53 89 50 58. Mi, Sa.

Der Ort liegt an dem Kanal, der parallel zur Garonne verläuft. Von der einstigen römischen Besiedlung zeugen Funde wie die marmorne *Vénus du Mas*, die heute im Musée des Beaux-Arts in Agen *(siehe S. 166)* steht. Die schöne Abteikirche Collégiale Saint-Vincent (11./12. Jh.) hat ein Chorgestühl aus dem 17. Jahrhundert, fein verzierte Kapitelle sowie das Gemälde *Christus am Kreuz* (1631) von Rembrandt. Sehenswert sind auch der Kornmarkt (17. Jh.) mit dem schönen Holzdach und das nahe gelegene Waschhaus.

***Vénus du Mas* aus Le Mas-d'Agenais**

㉔ Marmande

Straßenkarte D3. 18 000. 11, rue Toupinerie; 05 53 64 44 44. Di, Do, Sa. Fête des Fleurs et de la Fraise (Mai); Festival Garorock (Juni); Nuits Lyriques en Marmandais (Aug).
valdegaronne.com

Rund um Marmande werden seit dem 19. Jahrhundert im großen Stil Tomaten, heute auch Erdbeeren angebaut. Im Hundertjährigen Krieg kämpften rivalisierende Armeen um den Ort. 1580 gewann schließlich Frankreich.

In der 1275 geweihten **Église Notre-Dame** stehen eine 1859 von Cavaillé-Coll gebaute Orgel und, in ihrer Chapelle Saint-Benoît, ein geschnitzter Altar aus dem 17. Jahrhundert. Durch den Garten gelangt man zum Kreuzgang, der aus dem 16. Jahrhundert stammt.

Fachwerkhäuser säumen die Rue Labat, während moderne Mosaiken mit Darstellungen bedeutender Episoden der Stadtgeschichte die alte Stadtmauer zieren.

Église Notre-Dame
Rue de la République. tägl.

Umgebung: Fünf Kilometer nordwestlich zeigt das **Musée Archéologique André-Larroderie** an der Grabungsstelle von Sainte-Bazeille Exponate von der Eisenzeit bis zur Ära Louis' XIV, die in der Umgebung gefunden wurden.

Musée Archéologique André-Larroderie
Place René-Sanson. 0685 23 60 52. Juli, Aug: Mi–Mo nachmittags; Sep–Juni: So nachmittags.

㉕ Casteljaloux

Straßenkarte C3. 23 km südlich von Marmande. 4600. Marmande. Maison du Roy; 05 53 93 00 00. Di, Sa. Fête de l'Asperge (Apr). **casteljaloux.fr**

Eng mit der Dynastie Albret verbunden ist dieser Kurort am Rand der Wälder der Landes. Etwa 40 Fachwerkhäuser aus dem 15. und 16. Jahrhundert zeugen von der Zeit, als Casteljaloux Hauptstadt der Gascogne war und Henri IV von hier zu seinen Jagdausflügen aufbrach *(siehe S. 49)*.

In der Maison du Roy (Haus des Königs), einer schönen Residenz aus dem 16. Jahrhundert, übernachteten schon Louis XIII und Louis XIV. Von den alten Befestigungen aus dem 14. Jahrhundert ist ausschließlich die Tour Maqueboeuf verblieben.

Umgebung: Zwei Kilometer südlich liegt im Kiefernwald bei **Clarens** ein 17 Hektar großer See mit sandigen Badeplätzen. Dort zielt das Wassersportangebot auf alle Altersgruppen. Vom Aussichtspunkt in **Bouglon** hat man einen wunderbaren Blick auf die Wälder der Landes.

Ein Kilometer südlich von Villefranche-du-Queyran steht die wunderschöne romanische **Église Saint-Savin** aus dem 11./12. Jahrhundert. Sehenswert sind der herrliche Chor mit zwölf Bogen sowie die 20 filigran verzierten Kapitelle.

Der Renaissance-Kreuzgang der Église Notre-Dame in Marmande

Die wuchtige Kirche aus dem 13. Jahrhundert dominiert das Stadtbild von Mézin

26 Mézin

Straßenkarte D3. 12 km südwestlich von Nérac. 1500. Agen. Place Armand-Fallières; 05 53 65 77 46. Do, So.

Mézin entwickelte sich um ein heute verschwundenes mittelalterliches Kloster und dessen Kirche. Der Hauptplatz ist mit malerischen Arkaden gesäumt. In den engen, gewundenen Straßen stehen Fachwerkhäuser und einige schöne gemauerte Wohnhäuser. Die gotische Porte de Ville (oder Porte Anglaise) ist ein Relikt der Stadtmauern aus dem 13. Jahrhundert.

Am Hauptplatz erhebt sich die schön restaurierte **Église Saint-Jean-Baptiste** aus dem 13. Jahrhundert. Abgesehen von den sechs hässlichen, leicht schief stehenden Säulen im Kirchenschiff ist ihr Innenraum von eleganter Schönheit. Der Aufstieg über die 90 Stufen des Glockenturms ist mittlerweile aus Sicherheitsgründen nicht mehr möglich. Links vom Hauptportal der Kirche trägt ein schmiedeeisernes Kreuz von 1815 die Zeichen der Passion. Darüber sieht man den Hahn, der krähte, als Petrus Jesus verleugnete.

Zum Spazieren lädt besonders die Stadtmauer im Viertel der Rue Neuve und an der Rue des Jardins ein.

Das **Musée du Liège et du Bouchon** widmet sich der Korkindustrie, für die der Ort im 19. und frühen 20. Jahrhundert bekannt war.

Église Saint-Jean-Baptiste
Place Armand-Fallières. tägl.

Musée du Liège et du Bouchon
Rue du puits Saint-Côme. 05 53 65 68 16. Apr, Mai: Di–Fr, So nachmittags; Juni–Sep: Di–Fr tägl., Sa–Mo nachmittags; Okt: Di–Fr nachmittags.

Umgebung: Sportlern gefällt das Zentrum in **Lislebonne**, drei Kilometer entfernt an der Straße nach Réaup.

Unter den vielen interessanten romanischen Kirchen der Umgebung sind die Kirchen von **Vielleneuve-de-Mézin**, fünf Kilometer südlich, von **Lannes**, vier Kilometer südöstlich, und von **Saint-Simon-Saint-Pé**, zehn Kilometer südwestlich, besonders schön.

Zehn Kilometer östlich gewann das Dorf **Moncrabeau** den Titel »Hauptstadt der Lügner« in einem Wettbewerb, der seit dem 18. Jahrhundert Anfang August stattfindet.

Ein Jahrhundert Korkindustrie

Die Gegend um Mézin war Anfang des 19. Jahrhunderts Frankreichs Hauptquelle für Rohkork. Die Korkenmacherei war die größte Fertigungsindustrie in Lot-et-Garonne. Etwa 50 Fabriken exportierten täglich Millionen Korken in die ganze Welt. Den Niedergang der Industrie besiegelten ab der zweiten Hälfte des 19. Jahrhunderts die Einführung der Strandkiefer sowie Rohkorkimporte aus Spanien, Portugal und Algerien. Heute werden nur noch 60 Prozent des Rohkorks, der bei Mézin gewonnen wird, für die Korkenherstellung genutzt. Von den 1861 noch 5600 Hektar großen Korkeichenwäldern stehen nur noch 5000 Bäume.

Korkenmacherin in traditioneller Werkstatt

Die Mühle von Poudenas am Ufer der Gélise

27 Poudenas

Straßenkarte C3. 4 km westlich von Mézin. 250. 05 53 65 77 46. Agen. Foire d'Antan (Aug).

Das Dorf war ein Stützpunkt, in dem sich Henri IV oft aufhielt. Das **Château** oberhalb des Dorfs erbauten die Herren von Poudenas, Vasallen von Edward I von England. Im 16. Jahrhundert baute man die Burg, die in einem Park steht, in eine Residenz um.

Château de Poudenas
05 53 65 70 53. nur für Gruppen nach Vereinbarung (Park Juni–Sep: Mo–Fr).

Das über der Baïse vom 14. bis 16. Jahrhundert erbaute **Château** macht die Bedeutung der Albrets am Höhepunkt ihrer Macht deutlich. Nach dem 16. Jahrhundert wurde die Burg aufgegeben, von den vier Flügeln mit Rundtürmen ist nur der Nordflügel erhalten. Alain le Grand d'Albret ließ ihn mit einer eleganten Säulengalerie im Obergeschoss von 1470 bis 1522 erbauen. Seit 1934 beherbergt er das **Musée de Nérac** mit Exponaten zur Familie Albret und zum Leben am Hof in Nérac. Eine Abteilung zeigt Fundstücke aus dem Neolithikum und der römischen Zeit.

Die **Église Saint-Nicolas** (18. Jh.) mit der klassizistischen Fassade birgt Fresken und Buntglasfenster aus dem 19. Jahrhundert mit Darstellungen der Propheten.

28 Nérac

Straßenkarte D3. 27 km südwestlich von Agen. 6900. Agen. 7, avenue Mondenard; 05 53 65 27 75. Sa. Fêtes du Grand Nérac (Juli); Festival Musique en Albret (Juli, Aug).
albret-tourisme.com

Die hier schiffbare Baïse fließt durch das Zentrum von Nérac: An einem Ufer befinden sich die Burg und die Neustadt, am anderen erstreckt sich das Stadtviertel Petit Nérac.

Im 14. Jahrhundert war Nérac ein Stützpunkt der Familie Albret, die seit dem 12. Jahrhundert hier lebte. Die Albrets heirateten nach Navarra und in die königliche Familie Frankreichs ein. Die Befestigung der protestantischen Hochburg Nérac wurden 1621 auf Befehl von Louis XIII geschleift.

Église Notre-Dame in Petit Nérac

Die Maison des Conférences (16. Jh.) in der Rue des Conférences zeigt noch die originalen Galerien und eine mit Renaissancemotiven verzierte Fassade. Der Name des Hauses verweist auf das Treffen von Catherine de Médici und Henri de Navarre 1578, das Katholiken und Protestanten versöhnen sollte.

In Petit Nérac an der Baïse bei der Schleuse (1835) fallen die vielen Fachwerkhäuser und die Église Notre-Dame (19. Jh.) ins Auge. An der anderen Seite des im 16. Jahrhundert wiederaufgebauten Vieux-Pont wohnte in der Maison de Sully 1580 der Duc de Sully (1560–1641). Er wurde 1597 Finanzminister von Henri IV.

Im zwei Kilometer langen **Parc de la Garenne** am Flussufer plätschern mehrere Brunnen, so etwa die 1601 zur Geburt von Louis XIII installierte Fontaine du Dauphin oder die Fontaine de Fleurette. Sie heißt nach einem Mädchen, das sich ertränkte, weil es vom Prinzen von Navarra erst verführt und danach fallen gelassen wurde.

Chateau-Musée Henri IV
Impasse Henri IV.
05 53 65 21 11. Apr–Sep: tägl.; Okt, Nov, März: Di–Do, Sa, So nachm. Dez–Feb.

Église Saint-Nicolas
Place Saint-Nicolas. tägl.

Parc de la Garenne
tägl. über das Fremdenverkehrsbüro.

Fachwerkhäuser im Stadtviertel Petit Nérac an der Baïse

Die zehnbogige romanische Brücke von Barbaste

29 Barbaste

Straßenkarte D3. 6 km nordwestlich von Nérac über die D930. 1500. Agen. Moulin des Tours; 05 53 65 09 37. Fête Nationale des Moulins (Juni).

Die im 13. Jahrhundert bei einer romanischen Brücke mit zehn Bogen erbaute, mit vier Türmen befestigte **Mühle** an der Gélise wurde Mitte des 19. Jahrhunderts von Antonin Bransoulié umgebaut. Bransoulié errichtete Lagerhäuser und legte einen Weg an, der die Türme und die Mühle mit dem Westufer verband. Im späten 19. Jahrhundert entstand aus der Mühle eine Korkenfabrik *(siehe S. 161)*, die 1906 und 1937 durch Brände beschädigt wurde.

Mühle
05 53 65 09 37. nur im Sommer (tel. erfragen).

Umgebung: Zwei Kilometer nordöstlich liegt die 1265 gegründete Bastide **Lavardac**, früher ein wichtiger Handelshafen an der Baïse. Heute halten hier Ausflugsboote. Von der mittelalterlichen Burg steht nur noch der Turm (13. Jh.).

Sechs Kilometer westlich von Barbaste, an der D665, befindet sich der kleine, von einem Kiefernwald umgebene Ort **Durance**. Von den ursprünglichen Befestigungsanlagen ist nur noch das südliche Tor erhalten. In der Nähe liegen die Ruinen eines Schlosses von Henri IV.

30 Vianne

Straßenkarte D3. 8 km nordwestlich von Nérac. 1260. Agen. Place des Marronniers; 05 53 65 29 54. Juni–Sep: Fr bis nachts. Journée des Nations (Juni).

Die 1284 gegründete Bastide an der Baïse hat noch ihre Festungsanlagen. Hauptattraktion ist die Kirche aus dem 12. Jahrhundert. Das Schiff, der Chor und die verzierten Kapitelle sind romanisch, die Dekors der Apsis und die Befestigung des Glockenturms gotisch.

Viele Läden und Werkstätten halten noch die lange Tradition der Glasproduktion am Leben.

Umgebung: Fünf Kilometer südlich steht in **Xaintrailles** ein quadratischer Turm (15. Jh.). Das **Musée de l'Abeille** zeigt, wie Honig gemacht wird. 16 Kilometer nördlich erreicht man die im 13. Jahrhundert gegründete Bastide **Francescàs**, wo im Musée de la Boîte Ancienne en Fer Blanc alte Blechdosen zu sehen sind.

Musée de l'Abeille
05 53 65 90 26. Juli, Aug: tägl. nachm.; Sep–Juni: nach Vereinbarung.

Ein befestigtes Tor in der Stadtmauer von Vianne

Die Frauen am Hof von Nérac

Jeanne d'Albret, die Mutter von Henri IV

Frauen spielten in der Blütezeit des Hofs von Nérac im 16. Jahrhundert eine wichtige Rolle. Marguerite d'Angoulême (1492–1549), Gattin von Henri de Navarre und Schwester von François I, kam um 1530 nach Nérac. In ihrem Gefolge waren Gelehrte, Dichter und Philosophen wie Lefèbvre d'Étaples und Clément Marot. Ihre Tochter, Jeanne d'Albret (1528–1572), die Mutter von Henri IV, unterstützte die Verbreitung des Calvinismus.

㉛ Im Detail: Agen

Agen ist Frankreichs Hauptstadt des Rugby und der Pflaumen – auch wenn die berühmten *prunes d'Agen* nicht von hier kommen. Ursprünglich hieß der gallorömische Ort Aginnum, er wuchs schnell im späten Römischen Reich, erlitt jedoch Invasionen im 5. und 6. Jahrhundert. Später kam Agen zum Herzogtum Aquitanien, das 1032 gegründet wurde. Im Hundertjährigen Krieg fiel die heiß umkämpfte Stadt mehrmals an den französischen und den englischen König (der zugleich Herzog von Aquitanien war). In den Hugenottenkriegen im 16. Jahrhundert verjagte man die Protestanten aus der Stadt. Agen entwickelte sich dank seiner Lage an der Garonne zum Industrie- und Handelsort, heute ist es eine wichtige Verwaltungs- und Universitätsstadt.

Théâtre Ducourneau
Das neoklassizistische Theater mit der bekannt guten Akustik öffnete 1908 seine Pforten.

★ Rue Beauville
Die schön restaurierte Gasse präsentiert sich malerisch. Auf beiden Seiten stehen Fachwerkhäuser mit vorstehenden Obergeschossen.

0 Meter 200

Legende
— Routenempfehlung

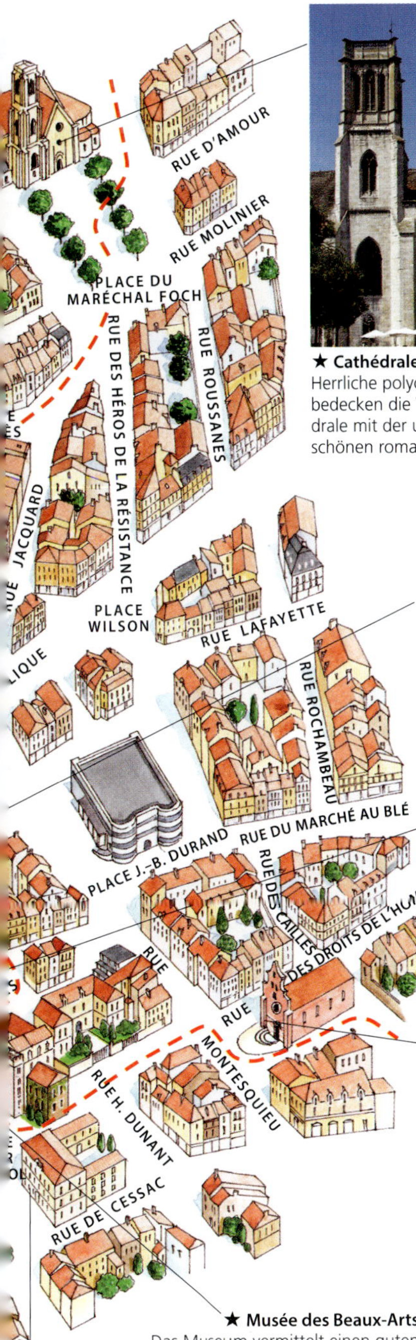

★ Cathédrale Saint-Caprais
Herrliche polychrome Fresken bedecken die Wände der Kathedrale mit der ungewöhnlich schönen romanischen Apsis.

Infobox

Information
Straßenkarte D3. 33 000. 38, rue Garonne; 05 53 47 36 09. Mi, Sa, So. Festival de Théâtre (Juli); Foire d'Agen (Sep). **ot-agen.org**

Anfahrt
Agen-la-Garenne.
Boulevard Sylvain-Dumon (Ecke Boulevard Carnot).

Place des Laitiers
Die Statue des Pilgers an der Straße nach Santiago de Compostela schuf Jean-Luc Toutain 1998.

In der Rue des Juifs
lebten aus Spanien vertriebene Juden. In der schmalen Straße arbeiteten sie als Bankiers und Kaufleute.

Notre-Dame-du-Bourg
Die Kirche an einem kleinen Platz hat eine spitz zulaufende Glockenturmmauer aus rotem Backstein.

★ Musée des Beaux-Arts
Das Museum vermittelt einen guten Einblick in die Kulturen der Täler von Lot und Garonne von der Prähistorie bis zum Mittelalter. Die schöne Gemäldesammlung umfasst Werke von Goya und Sisley *(rechts)*.

Hôtel de Ville

Überblick: Agen

Zwischen Toulouse und Bordeaux ist Agen die größte Stadt im Garonne-Tal. Viele Gebäude stammen aus der Zeit, als die Stadt ein blühender Produktions- und Handelsort war. Im Zentrum verlaufen zwischen dem Boulevard Carnot und der Garonne schmale Straßen mit restaurierten mittelalterlichen Fachwerkhäusern, Stadthäusern aus dem 16. und 17. Jahrhundert und arkadengesäumten Plätzen. Sehenswert sind auch die neoklassizistischen Gebäude aus dem frühen 20. Jahrhundert, ein schönes Museum und die Grünanlagen an der Garonne zwischen Esplanade du Gravier und dem Kanal parallel zum Fluss.

Le Plongeur **(1877) von Gustave Caillebotte**

Musée des Beaux-Arts

Place du Docteur-Esquirol. 05 53 69 47 23. Mi–Mo.

Das 1876 gegründete Museum zählt zu den schönsten Aquitaniens. Die Sammlung deckt beinahe jede Epoche von der Prähistorie bis zum 20. Jahrhundert ab. Die Exponate können in vier schönen Stadthäusern aus dem 16. und 17. Jahrhundert bewundert werden, so die *Vénus du Mas*, eine römische Statue aus Le Mas-d'Agenais *(siehe S. 160)*, flämische, holländische, französiche und italienische Gemälde des 16. und 17. Jahrhunderts und eine bedeutende Sammlung spanischer Meister des 18. und 19. Jahrhunderts, darunter fünf Werke von Goya. Das 19. Jahrhundert repräsentieren Gemälde von Courbet, Corot und Sisley, das 20. Jahrhundert Werke von Roger Bissière sowie Claude und François-Xavier Lalanne.

Renaud et Armide **(16. Jh.) von Domenico Tintoretto**

Vieille Ville

Zu den vielen Attraktionen der Altstadt zählen so unterschiedliche Bauten wie die **Chapelle Notre-Dame-du-Bourg** aus dem 13. Jahrhundert mit Glockenturmmauer (Rue des Droits-de-l'Homme) und einer der ersten Stahlbetonbauten in Frankreich, das **Théâtre Ducourneau** von 1906 (Place du Docteur-Esquirol).

Schöne Fachwerkhäuser (15. Jh.) säumen die **Rue Beauville**. Die **Église Notre-Dame-des-Jacobins** war früher die Kapelle eines 1249 erbauten Dominikanerklosters und dient heute für Ausstellungen. Arkadengalerien verlaufen an der nahen **Place des Laitiers**. Die **Rue des Juifs** war bis Ende des 14. Jahrhunderts die Straße der Bankiers und Kaufleute.

Parallel zur Garonne fließt der Kanal durch Agen

Auf der anderen Seite des Boulevard de la République war die **Rue des Cornières** eine wichtige Handelsstraße im 13. Jahrhundert. Heute stehen hier schön restaurierte Häuser in diversen Stilen.

Sehenswert sind auch die wunderschöne **Maison du Sénéchal** aus dem 14. Jahrhundert in der Rue du Puits-du-Saumon und das **Hôtel Amblard** aus dem 18. Jahrhundert in der Rue Floirac.

Cathédrale Saint-Caprais

Place du Maréchal-Foch. 05 53 66 37 27. tägl.

Die Kathedrale (12. Jh.) wurde mehrmals umgebaut. Besonders schön sind die großartige romanische Apsis und die polychromen Fresken.

Place Armand-Fallières

In dem Bischofspalast (1775) sind heute die Büros der Präfektur. Zu dem klassizistischen Gerichtsgebäude führt an der Vorderseite eine Treppe mit allegorischen Statuen.

Le Gravier

Unter Louis XIII fanden auf dieser kleinen Insel nahe dem Ufer die regionalen Messen statt. Die im 18. und 19. Jahrhundert angelegte Esplanade ist heute eine beliebte Bummelmeile. In der Avenue Gambetta war der rosa Backsteinbau **Hôtel Hutot-de-la-Tour** (18. Jh.) das Haus des Steuereintreibers. Rechts davon gehörte die **Tour de la Poudre** früher zu den Befestigungen aus dem 14. Jahrhundert.

Pont Canal

Die Steinbrücke mit 23 Bogen ist mit 580 Metern eine der längsten Brücken Frankreichs.

Umgebung: 3,5 Kilometer westlich lockt der **Parc d'Attractions Walibi** mit rund 20 Fahrbetrieben und anderen Attraktionen *(siehe S. 288)*.

Sechs Kilometer westlich sind in **Les Serres Exotiques Végétales Visions** in Colayrac-Saint-Cirq exotische Pflanzen in Gewächshäusern zu sehen.

Fachwerkhäuser in der Rue Richard-Cœur-de-Lion

Parc d'Attractions Walibi

Château de Caudouin, Roquefort. 05 53 96 58 32. Mitte Apr–Okt. **walibi.com**

Les Serres Exotiques Végétales Visions

05 53 67 07 77. Apr–Juli: Di–So; Aug: tägl.; Sep–Okt: Di–Sa. **vegetalesvisions.com**

Zentrum von Agen

① Cathédrale Saint-Caprais
② Hôtel Amblard
③ Maison du Sénéchal
④ Musée des Beaux-Arts
⑤ Chapelle Notre-Dame-du-Bourg
⑥ Tour de la Poudre

0 Meter 400

Legende

Detailkarte *siehe S. 164f*

Zeichenerklärung *siehe hintere Umschlagklappe*

Eine der vielen romanischen Kirchen im Pays de Serres

32 Pays de Serres

Straßenkarte D3.

Die steilen Täler und Hochflächen des Pays de Serres formen eine geologisch vielfältige Landschaft, die durch den Lot im Norden und die Garonne im Süden begrenzt wird. Eine Besonderheit sind die schmalen, *serres* genannten Kalksteinbänder, die sich durch die Region ziehen. Das Landschaftsbild wird geprägt durch einzelne Dörfer und alte Bastiden, die auf Felsen thronen, durch prächtige Taubenschläge, malerische Bauernhäuser und eine Vielzahl von romanischen Kirchen und Kapellen. Deren weiß gekalkte Steinmauern heben sich schön vom Grün der Umgebung ab.

Toskanische Säulen in der Markthalle von Laroque-Timbaut

33 Laroque-Timbaut

Straßenkarte D3. 16 km nordöstlich von Agen. 1300. Agen. Place de l'Hôtel de Ville; 05 53 95 71 36 (Mairie). Do vormittags.

Auf einem Felsen steht das ruhige Dorf, die Markthalle aus dem 13. Jahrhundert hat ein Holzdach und toskanische Säulen. Die Rue du Lô führt zu den Fundamenten einer Burg (13. Jh.) und ihren alten Nebengebäuden. Am Ortsrand steht ein Denkmal für die berühmten Söhne des Orts, zu denen der Radfahrer Paul Dangla (1878–1904) gehört und Louis Brocq (1856–1928), ein Pionier in der Behandlung von Hautkrankheiten.

Die dem heiligen German geweihte Kapelle im Tal wird alljährlich am letzten Sonntag im Mai zur viel besuchten Wallfahrtsstätte.

Umgebung: Sieben Kilometer nördlich stehen in **Hautefage-la-Tour** ein ungewöhnlicher sechseckiger Turm (15. Jh.) und eine Kirche (16. Jh.) mit einem schönen Holzdach.

Rund sechs Kilometer nordwestlich von Laroque-Timbaut liegt das mittelalterliche Wehrdorf **Frespech**. Das **Musée du Foie gras** in **Souleilles** zeichnet die 4500-jährige Geschichte dieser Spezialität nach.

Musée du Foie Gras
05 53 41 23 24. Mo–Sa, So nachmittags (Juli, Aug: So tägl.). Jan: So.

34 Beauville

Straßenkarte D3. 11 km östlich von Laroque-Timbaut. 600. Agen. Place de la Mairie; 05 53 47 63 06. Mitte Juni–Aug: So.

Hinter Bäumen verborgen liegt diese alte Bastide an einem Berg. Von hier hat man einen fantastischen Blick auf die Umgebung. Den hübschen Hauptplatz säumen Arkaden und schöne Fachwerkhäuser. Die Burg wurde im 13. Jahrhundert gebaut und später mehrfach umgestaltet. Sie wird gegenwärtig restauriert. Am Eingang der Kirche aus dem 16. Jahrhundert steht ein Glockenturm.

Häuser mit Arkaden säumen Beauvilles Hauptplatz

35 Saint-Maurin

Straßenkarte D3. 28 km nordöstlich von Agen. 450. Agen.

Das Dorf entwickelte sich in einem fruchtbaren Tal bei einer Benediktinerabtei (11. Jh.). Sie wurde während der Albigenser Kreuzzüge teilweise zerstört, weiterer Schaden entstand im 14. Jahrhundert durch die Engländer. Übrig blieben das Haus des Abts und die Kirche mit dem Grundriss eines lateinischen Kreuzes. Ihren halbrunden Chor zieren sechs geschnitzte Kapitelle, die unter anderem das Martyrium des heiligen Maurin darstellen. Mit den Dachsteinen des Kirchenschiffs wurde der Dorfplatz gepflastert.

Weitere Reste der Abtei finden sich zwischen neueren Gebäuden. Das Haus des Abts ist heute das **Musée de l'Abbaye**, das die Dorfbewohner gestalteten. Die von ihnen gesammelten Exponate dokumentieren das Alltagsleben in der Gegend im frühen 20. Jahrhundert. Zu sehen ist ein Modell der Abtei zu ihrer Glanzzeit.

Am Platz vor dem Haus des Abts stehen eine schöne, 1625 restaurierte Markthalle, ein Brunnen und einige hübsche Fachwerkhäuser.

Oberhalb des Dorfs verfügt die im 13. Jahrhundert erbaute, im 16. Jahrhundert umgebaute Église Saint-Martin-d'Anglars über einen Holzaltar (17. Jh.) und eine Statue des heiligen Josef (18. Jh.).

Musée de Abbaye
Palais abbatial. 05 53 95 31 25 (Mairie, Beauville). Juli, Aug: Mi–Mo nachmittags.

36 Puymirol

Straßenkarte D3. 17 km östlich von Agen. 940. Agen. La Mairie; 05 53 95 32 10.

Puymirol wurde im Jahr 1246 als erste Bastide im Agenais gebaut. Von dem hoch auf einem Felsvorsprung gelegenen Dorf überblickt man das Tal der Séoune. Eine begehbare Stadtmauer führt rund um das Städtchen, das man durch die Porte Comtale betritt.

Die Hauptstraße ist die Rue Royale. Auf dem von Arkaden gesäumten Hauptplatz steht noch ein alter Brunnen. An der im 17. Jahrhundert umgebauten Kirche fällt das Portal mit dem breiten überwölbten Torweg auf. Im Mittelalter war Puymirol für seine Messen weithin bekannt.

Umgebung: Etwa acht Kilometer südöstlich bietet das auf einem Berg gelegene Dorf **Clermont-Soubiran** einen fantastischen Blick auf die hügelige und waldreiche Landschaft und eine Kirche aus dem 12. Jahrhundert mit einer Glockenturmmauer. Im Château de la Bastide zeigt das Musée du Vin et de la Tonnellerie Exponate zum einheimischen Weinbau.

Eine Kuppel überspannt die Vierung der Église Saint-Martin in Layrac

37 Layrac

Straßenkarte D3. 10 km südlich von Agen. 3450. Agen. 8, place du 11 novembre 1918; 05 53 66 51 53.

Layrac lockt mit einer grandiosen Aussicht über die Täler von Gers und Garonne. Eine Kuppel aus dem 18. Jahrhundert krönt die Église Saint-Martin aus dem 12. Jahrhundert, die eine sehr schöne Apsis hat. Die Kapitelle an der Fassade zeigen Fabelwesen und Dämonen. Im Inneren birgt die Kirche einen Marmoraltar und Spuren eines Bodenmosaiks aus dem 11. und 12. Jahrhundert. Es zeigt Samson, wie dieser den Löwen bezwingt.

Fachwerkhaus in Caudecoste

Ein Glockenturm ist alles, was von einer älteren Kirche, die 1792 zerstört wurde, stehen blieb. An der Place de Salens sind ein Brunnen und ein Waschhaus an die Ruinen der Stadtmauer gebaut.

Umgebung: Etwa elf Kilometer südlich wurde in dem kleinen Ort **Astaffort** im Pays de Brulhois der Sänger Francis Cabrel geboren. Hier stehen Fachwerkhäuser und Reste einer Stadtmauer sowie die im 17. Jahrhundert umgebaute romanische Église Saint-Félix.

Neun Kilometer südlich zählt das 1273 auf einem Hügel errichtete **Caudecoste** zu den wenigen von der Kirche gegründeten Bastiden. Fachwerkhäuser mit Arkaden säumen den Hauptplatz. Auch die Kirche am Ortsrand lohnt einen Besuch.

Die Apsis der romanischen Église Notre-Dame von Moirax

㊳ Moirax

Straßenkarte D3. 7 km südlich von Agen. 1100. Agen. Le Bourg; 05 53 87 03 69.

Das alte Dorf Moirax in der Ebene des Agenais wurde rund um seine Kirche gebaut.

Mitte des 11. Jahrhunderts stiftete Baron Guillaume de Moirax dem Kluniazenserorden Land, auf dem ein Kloster erbaut wurde. Die Anlage erlebte im Mittelalter turbulente Zeiten, als sie immer wieder von verschiedenen Kriegsfraktionen besetzt wurde, hohe Abgaben leisten musste und Zerstörungen erlitt. Ende des 17. Jahrhunderts startete man ein großes Wiederaufbauprogramm, das mit Beginn der Französischen Revolution 1789 ein abruptes Ende fand.

Die romanische **Église Notre-Dame**, die früher zum Kloster gehörte, wurde hervorragend restauriert. Ein Glockenturm mit Arkaden und kegelförmigem Dach ragt über den vorspringenden zentralen Abschnitt der Fassade auf. Zweistöckige Bogen säumen die von Pfeilern gestützten Seitenschiffe. Die Bogen des Portalvorbaus ruhen auf vier Säulen, die mit Blättervoluten verziert sind. Darüber rahmt ein gotischer Bogen ein halbrundes Fenster. Über dem Chor wird eine Kuppel durch eine Laterne gekrönt. Die Bogenfenster der Apsis und die Seitenapsiden sind mit Perlverzierungen geschmückt.

Die Kirche ist nach dem Grundriss einer Basilika mit einem Haupt- und zwei Seitenschiffen angelegt. Diese Bauweise findet man im Südwesten Frankreichs sehr selten. Die einzige Lichtquelle des Hauptschiffs ist das Fenster in der Westwand.

Das streng symmetrische Querschiff ist in drei gleiche Sektionen unterteilt. In jedem Arm des Querschiffs, das durch Doppelfenster erhellt wird, führen Stufen zu einer erhöhten Plattform. Die Kuppel über dem zentralen Kreuzungspunkt wurde in Sternform wiederaufgebaut.

Der Chor wird durch ein mit schmalen Säulen gerahmtes Bogenfenster erhellt. Vier tragende Bogen mit quadratischer Basis ragen zur achteckigen Kuppel auf. Fünf Bogenfenster bringen Licht in die gewölbte Apsis.

Über hundert reich verzierte Kapitelle schmücken die Säulen der Kirche: Man sieht abstrakte geometrische Motive, Pflanzenmotive, Löwen, Vögel, Widder und alle Arten von fantastischen Fabelwesen. 13 Kapitelle sind mit biblischen Szenen verziert. Es gibt Darstellungen von Adam und Eva im Garten Eden, man entdeckt den Drachen tötenden heiligen Michael und Daniel in der Löwengrube. Die im 17. Jahrhundert gefertigten Holzschnitzereien in den Seitenschiffen stellen Szenen aus dem Alten Testament dar.

Église Notre-Dame
05 53 87 03 69. tägl. im Fremdenverkehrsbüro buchen.

Das fünfseitige Waschhaus aus dem 18. Jahrhundert in Laplume

Malerische Anlegestelle am Kanal bei Sérignac-sur-Garonne

39 Laplume

Straßenkarte D3. 14 km südwestlich von Agen. 1400. Agen. 64, grande rue; 05 53 95 16 67.

Der frühere Hauptort des kleinen Pays de Brulhois liegt hoch auf einem Kalksteinfelsen und überblickt die gesamte Umgebung. Teile des mittelalterlichen Dorfs existieren noch heute, darunter Abschnitte der Stadtmauer und zwei Tore. Die Église Saint-Barthélemy aus dem 16. Jahrhundert wurde im 17. und 18. Jahrhundert restauriert.

Am Ortsrand steht das Lavoir de Labat, ein kurioses fünfseitiges Waschhaus (17./18. Jh.).

40 Aubiac

Straßenkarte D3. 4 km nördlich von Laplume. 1000. Agen. 64, grande rue, Laplume; 05 53 95 16 67. **aubiac-si.com**

Die schöne romanische Wehrkirche Église Sainte-Marie ragt aus ihrer grünen Umgebung hoch über dem Dorf auf. Die Kirche wurde zwischen dem 9. und 12. Jahrhundert an der Stelle eines Merowingergebäudes errichtet. Das reich verzierte Innere mit Rundbogen in der Apsis und Tonnengewölbe über dem Eingang bildet einen starken Kontrast zu dem quadratischen äußeren Festungsbau. Die Kuppel über dem quadratischen Chor wird verziert von Fresken (16. Jh.), die die vier Evangelisten darstellen.

Die Burg (14. Jh.) der Familie Galard wurde im 18. Jahrhundert wiederaufgebaut.

Ein bedeutender Fund aus der Gegend ist der keltische Bronzekopf eines Pferdes, der im Musée des Beaux-Arts in Agen *(siehe S. 166)* zu besichtigen ist.

41 Estillac

Straßenkarte D3. 2 km nördlich von Aubiac. 1700. 05 53 67 80 36 (Mairie).

Estillac war im 13. Jahrhundert eine Feste und gehörte einst Blaise de Monluc, Maréchal de France und gleichzeitig Befehlshaber der katholischen Armeen in den Hugenottenkriegen (16. Jh.). Sein weißes Marmorbildnis steht im **Château de Monluc**. Monluc zeichnete sich in den Französisch-Italienischen Kriegen aus und schrieb die militärische Abhandlung *Commentaires*.

Figur von Blaise de Monluc, Estillac

Die Kirche von Estillac wurde im 16. Jahrhundert im charakteristischen Baustil der Region errichtet.

Château de Monluc
05 53 67 81 83. Okt–Mai: tel. erfragen; Juni–Sep: Sa, So nachmittags. Jan.

Umgebung: Rund 13 Kilometer nordwestlich legen in der Bastide **Sérignac-sur-Garonne** die Ferienboote auf dem Kanal gerne an. Der Ort bietet schöne Fachwerkhäuser, der Glockenturm der Kirche (11. Jh.) mit romanischem Portal wurde 1922 exakt dem Original aus dem 16. Jahrhundert nachgebaut.

Die imposante romanische Kirche von Aubiac

Landes

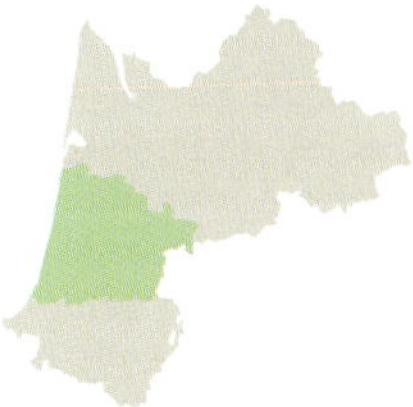

Die wunderschönen Landschaften der Landes mit ihren herrlichen Wäldern und langen Sandstränden am Atlantischen Ozean locken jährlich nicht nur Wassersportler in die Region. Hier lohnen auch Ausflüge in das Hinterland mit seinem reichen architektonischen Erbe, den farbenfrohen Festen und den kulinarischen Spezialitäten.

Das Département Landes bildet das gut 9200 Quadratkilometer große Herz Aquitaniens. Weithin naturbelassen präsentiert sich die Landschaft mit Wäldern, Seen und Flüssen sowie einem angenehmen maritimen Klima. Mit ganzen 106 Kilometer goldenen Sandstränden, Flüssen (die hier *courants* genannt werden), Seen (die Strandseen und Lagunen an der Küste werden *étangs* genannt) und riesigen Feuchtgebieten ist die Region ein Paradies für Wassersportler. Im Binnenland erstrecken sich Pinienwälder, dazwischen liegen Maisfelder.

Die Landes sind schon seit Urzeiten besiedelt. Ein Erbe des Hundertjährigen Kriegs sind die Bastiden, die an strategisch günstigen Stellen gegründet wurden. In dem sumpfigen Gebiet führte man einst ein hartes Leben. Um ihre Schafherden zu bewachen, standen die Schäfer auf Stelzen, mit denen sie auf dem moorigen Untergrund schneller vorankamen. Im Zweiten Kaiserreich (1852–70) legte man die Sümpfe trocken und pflanzte Kiefernwälder, die Harz und Holz erbrachten. In jener Zeit verbesserten die neue Eisenbahn und ausgebaute Straßen die Infrastruktur.

Die Gründung des Parc Naturel Régional des Landes de Gascogne 1970 trug dazu bei, eine traditionelle Lebensweise zu bewahren. Heute kommen Besucher wegen der romanischen Bauten, die oft an der Pilgerroute nach Santiago de Compostela stehen, oder wegen der exzellenten Surfbedingungen und der Hydrotherapien in den Kurorten. Eine Attraktion sind die Stierrennen *(siehe S. 33)*. Nicht zuletzt jedoch locken Delikatessen wie *foie gras*, Chalosse-Rinder, Hühner aus Freilandhaltung, Spargel, Armagnac und edle Tursan-Weine.

Surfer auf dem Weg zum Strand von Biscarrosse

◀ **Mündung des Courant d'Huchet *(siehe S. 181)* bei Moliets-et-Maa**

Überblick: Landes

Dank des gut ausgebauten Straßennetzes lässt sich das große Gebiet Landes bequem erforschen. Von Biscarrosse im Norden bis Capbreton im Süden ist die Küste eine Abfolge von langen Sandstränden und erstklassigen Erholungsorten. Im Hinterland der Dünen locken weite, grüne Naturlandschaften. Wo sich früher Heide *(landes)* mit vereinzelten Laubbäumen ausdehnte, steht heute dichter Kiefernwald. Die zwei wichtigsten Zentren sind Mont-de-Marsan, die größte Stadt und Sitz der Präfektur des Départements Les Landes, sowie Dax, dessen Thermalquellen zu Heilkuren einladen. Der 290 000 Hektar große Parc Naturel Régional des Landes de Gascogne ist ein Paradies für Naturfreunde. Weiter südlich erstrecken sich die sanften Hügel von Armagnac, Chalosse und Tursan am Fuß der Pyrenäen.

Der Lac d'Aureilhan bei Mimizan steht bei Seglern hoch im Kurs

Legende
- Autobahn
- Schnellstraße
- Hauptstraße
- Nebenstraße
- Panoramastraße
- Eisenbahn (Hauptstrecke)
- Eisenbahn (Nebenstrecke)
- Départementgrenze

Weitere Zeichenerklärungen *siehe hintere Umschlagklappe*

Kiefernwälder prägen weite Teile der Landes

In den Landes unterwegs

Die nächsten Flughäfen befinden sich bei Bordeaux im Norden, Biarritz im Süden und Pau im Osten. Die Region ist auch mit dem Hochgeschwindigkeitszug TGV Atlantique ab Paris zu erreichen: Er hält in Bordeaux, Mont-de-Marsan und Dax. Zwei wichtige Nord-Süd-Routen erschließen das Gebiet für Autofahrer. Im Westen erreicht man über die zwischen Bordeaux und dem Pays Basque verlaufende N10 die Ferienorte an der Küste. Die A65 im Osten verbindet Pau und Langon und führt an Aire-sur-l'Adour und Mont-de-Marsan vorbei. Als Vorsichtsmaßnahme sollten Sie auf den kleinen, schnurgeraden Nebenstraßen durch die dicht bewaldeten Gebiete die Scheinwerfer einschalten. Einige einheimische Fahrzeuge sind mit Ultraschallpiepser ausgestattet, um das Wild von den Straßen zu verscheuchen. Zwischen beinahe allen Orten verkehren auch Busse.

Ein typisches Haus in einem *airial* (Waldrodung)

Sehenswürdigkeiten auf einen Blick

1. *Parc Naturel Régional des Landes de Gascogne S. 176–179*
2. Biscarrosse
3. Mimizan
4. Courant d'Huchet
5. Vieux-Boucau-les-Bains
6. Soustons
7. Hossegor
8. Capbreton
9. Pays d'Orthe
10. Peyrehorade
11. Sorde-l'Abbaye
12. Dax
13. Monfort-en-Chalosse
14. Pomarez
15. Brassempouy
17. Aire-sur-l'Adour
18. Saint-Sever
19. Grenade-sur-l'Adour
20. Mont-de-Marsan
21. Labastide-d'Armagnac

Tour

16. Tursan

❶ Parc Naturel Régional des Landes de Gascogne

Das Paradies für Naturfreunde liegt zwischen dem Atlantik im Westen, den Weingärten der Gironde im Norden und den Pyrenäen im Süden. Der Naturpark wurde 1970 gegründet, um die traditionelle Architektur und Kultur der Landes zu bewahren, aber auch um Wild und Natur zu schützen, von denen hier rund 40 000 Menschen ihren Lebensunterhalt bestreiten. 41 Dörfer, 20 in der Gironde und 21 in den Landes, ziehen aus dem Park ihren Nutzen. Laub- und immergrüne Kiefernwälder sowie große Maisfelder bedecken die weite, 315 000 Hektar große Ebene. Die Felder werden durch die Leyre bewässert, die quer durch das Naturschutzgebiet fließt. Da die Pilgerwege nach Santiago de Compostela durch den Park führen, finden sich unter den Besuchern viele Wallfahrer.

Sowohl auf der Grande Leyre als auch auf der Petite Leyre kann man paddeln

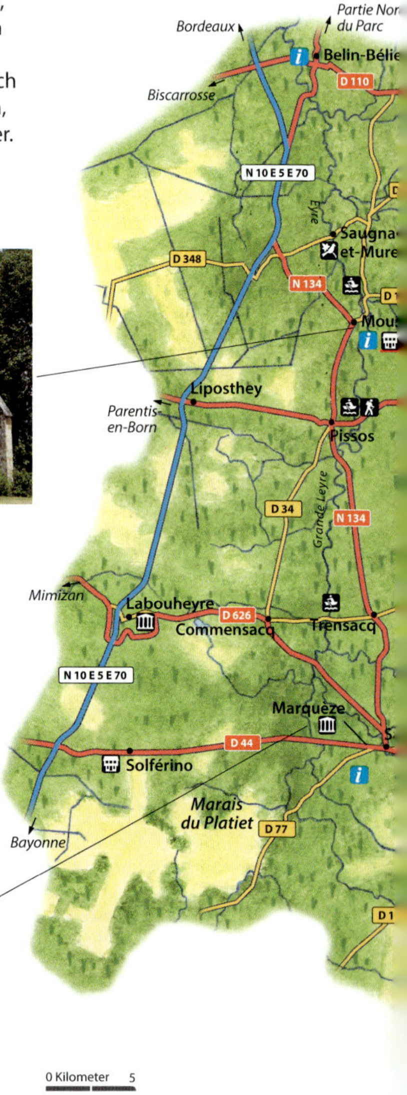

Église Saint-Martin, Moustey
Moustey hat zwei Kirchen, die Église Saint-Martin mit einem schön verzierten Portal und die Église Notre-Dame. Beide liegen nahe der Pilgerroute auf dem Weg nach Santiago de Compestela.

Quartier de Marquèze
Marquèze gehört zum Écomusée de la Grande Lande, in dem ein traditionelles Dorf nachgebaut wurde. Hier können typische Landes-Häuser aus dem späten 19. Jahrhundert besichtigt werden.

Hotels und Restaurants in den Landes *siehe Seiten 253f und 267–269*

Atelier des Produits Résineux de Luxey
Die Harzwerkstätte in Luxey (wg. Renovierung geschl.) ist ein Relikt eines Produktionszweigs, der einst in den Landes eine wichtige ökonomische Rolle spielte. Alte Maschinen und Werkzeuge sind hier zu sehen.

Infobox

Information
40 km südlich von Bordeaux über die N10.
Straßenkarte BC3.
Maison du Parc, 33, route de Bayonne, 33830 Belin-Béliet; 05 57 71 99 99. Mo–Fr 8.30–12.30, 13.30–17.30 Uhr. Feiertage. **parc-landes-de-gascogne.fr**

Anfahrt
Sabres.

Legende
Autobahn
Hauptstraße
Nebenstraße

Kiefern waren früher wegen ihres Harzes wichtig

Pflanzen und Tiere

Den gewundenen Flusslauf der Leyre säumen in der Ebene der Landes Farne und Laubbäume, etwa Pyrenäeneichen und Kastanien. Im Sumpfland leben Sumpfschildkröten, Ottern und Nerze. Wo sich im Delta Süß- und Salzwasser vermischen, sieht man Störche, Silberreiher und Kraniche zwischen Schilf und Glasschmalz (Meerfenchel). Mit Kiefern, Ginster und Heidekraut bestandene Gebiete wechseln sich mit Lagunen ab, die von Gelbbauchunken, Wasserrallen und Teichrohrsängern bewohnt werden.

Kranich im Parc Naturel Régional

Zeichenerklärung *siehe hintere Umschlagklappe*

Überblick: Parc Naturel Régional des Landes de Gascogne

Das große Naturschutzgebiet liegt in dem früher »La Grande Lande« genannten Gebiet im Herzen der Landes de Gascogne. Hier weideten die Schafe unter den wachsamen Augen der Schäfer, die auf Stelzen durch das flache, morastige Terrain stakten. Bevorzugt lebte man in kleinen Dörfern oder in frei stehenden Häusern, die auf *airiaux* genannten, von Laubbäumen umgebenen Lichtungen standen. Als das Gebiet unter Napoléon III im späten 19. Jahrhundert erschlossen wurde, ersetzten Pinienwälder nach und nach das Marschland und die Weiden. Neben Wäldern gibt es im Park auch Wasserläufe und kleine Seen. Von den Ufern der Leyre aus erspäht man malerische Dörfer, alte Bauernhäuser und romanische Kirchen.

Schäfer auf Stelzen waren in den Landes ein üblicher Anblick

Vallées des Leyre

Straßenkarte B3. Maison du Parc, 33, route de Bayonne, 33830 Belin-Béliet. 05 57 71 99 99. Mo–Fr. Feiertage. **parc-landes-de-gascogne.fr**

Aus der Grande Leyre und der Petite Leyre entsteht der Fluss Leyre, der in das Bassin d'Arcachon mündet. Dort ist er für 80 Prozent des Wassers verantwortlich und spielt somit eine Schlüsselrolle für die ökologische Balance der Bucht. Da an der Leyre keine Straße verläuft, kann sie nur mit dem Kanu oder zu Fuß am Ufer erkundet werden. Um die Wälder, durch die die Leyre rund 100 Kilometer lang fließt, erstrecken sich wildreiche Täler und Marschland. Dazwischen liegen alte Kirchen und Dörfer.

Ginsterkatze im Leyre-Wald

Solférino

Straßenkarte B3. Im Südwesten des Parks.

Solférino wurde unter Napoléon III als ländliches Modelldorf 1863 gegründet. Um die Region zu bevölkern und die Landwirtschaft zu fördern, erwarb der Kaiser 7000 Hektar Land und ließ je zehn Bauern- und Handwerkerhäuser, 28 Einfamilienhäuser und auch eine Schule errichten.

Musée des Forges

Straßenkarte C3. Brocas. 05 58 51 44 56. Mitte Juni–Mitte Sep: Di–So nachmittags.

Im 19. Jahrhundert war Brocas ein überregional bedeutendes Zentrum der Eisenverarbeitung. In einer umgebauten Getreidemühle zeigt das Musée des Forges Werkzeuge und Techniken dieses wichtigen Industriezweigs sowie gusseiserne Produkte, darunter auch einige Öfen. Neben dem Hochofen sind Werkstätten, eine Scheune und Arbeiterhäuser zu sehen.

Quartier de Marquèze

Straßenkarte B3. Marquèze, im Nordosten von Sabres. 05 58 08 31 31. Apr–Mitte Nov: tägl.

Das Freilichtmuseum Écomusée de la Grande Lande verteilt sich auf drei Orte: In Luxey (wg. Renovierung geschl.) widmet es sich der Harzgewinnung, in Moustey den lokalen religiösen Traditionen, und in Marquèze zeigt es das Alltagsleben früherer Zeiten in »La Grande Lande«. Wer mit der von einer Dampflok betriebe-

Im Park wird unter anderem auf traditionelle Weise geerntet

Hotels und Restaurants in den Landes *siehe Seiten 253f und 267–269*

nen Bahn anreist, stimmt sich schon auf die alten Zeiten ein.

Das 1969 eröffnete Écomusée de Marquèze geht auf das traditionelle Landleben in »La Grande Lande« ein. Dazu wurde eine Bauerngemeinde aus dem 19. Jahrhundert rekonstruiert. Jede Familie lebte in einem Haus auf einem *airial*, einer von Laubbäumen umgebenen Lichtung. Diese Areale waren früher die einzigen Stellen in der Heide, an denen Laubbäume standen.

Das Museum zeigt verschiedene Häusertypen, etwa ein Herrenhaus, Landarbeiterhäuser und Schafställe. Hier kann man die Tätigkeiten alter Berufe wie Schäfer, Müller und Harzsammler (*siehe* Luxey) kennenlernen, zudem werden viele andere Aspekte des Landlebens präsentiert.

Luxey

Straßenkarte C3. Im Nordosten von Sabres. 05 58 04 70 70 (Mairie).

Die Harzindustrie trug zwischen den 1850er und 1950er Jahren wesentlich zum Wohlstand der Landes bei. Im Betrieb von Jacques und Louis Vidal in Luxey sind noch immer die alten Gebäude und die Ausstattung von 1859 zu sehen. Die Stämme der Kiefern wurden eingekerbt, der herausfließende Saft in Gefäßen aufgefangen und, in Fässern gesammelt, zu den Destillerien gebracht. Dort wurden Harz und Terpentin für die Nutzung in der chemischen Industrie aufbereitet.

Ein seltenes Laubwäldchen in den Landes

Die Brände von 1947 und 1949 verwüsteten große Waldareale und schadeten der Harzindustrie sehr. **La Maison de l'Estupe Huc** (gaskonisch für »Feuer löschen«) in Luxey dokumentiert die gefährliche Aufgabe der Waldbrandbekämpfung in den Landes.

Apsis der Kirche in Belhade (11. Jh.)

La Maison de l'Estupe Huc
Luxey. 05 58 04 70 70. nach Vereinb.

Moustey

Straßenkarte B3.

In Moustey stehen sich zwei Kirchen gegenüber: Die spätgotische Pfarrkirche Saint-Martin (spätes 15. Jh.) an der Nordseite und die Église Notre-Dame. Sie gehörte früher zu einer Pilgerherberge. Zu den interessantesten Elementen dieser Kirche zählt der Schlussstein aus dem 16. Jahrhundert.

Moustey wird von zwei Flüssen durchströmt, die sich gut zum Kanufahren eignen.

Romanische Kirchen

Die in den ersten Jahrhunderten des zweiten Jahrtausends in dieser Gegend errichteten Gotteshäuser waren wichtige Rastplätze und Treffpunkte für Pilger auf dem Weg nach Santiago de Compostela. Pilger waren zu jener Zeit beinahe die einzigen Menschen, die diesen auch wegen seiner feuchten Böden siedlungsfeindlichen Landstrich durchquerten. Die Église Saint-Vincent de Xaintes in **Belhade** stammt aus dem 11./12. Jahrhundert. Von großer Bedeutung war die Église Saint-Pierre de Mons nahe **Belin-Béliet**, weil – nach einer Legende – Gefolgsleute von Karl dem Großen in der Nähe begraben sein sollen. Die Église Saint-Michel du Vieux Lugo in **Lugos** befindet sich mitten im Wald.

Die genannten Kirchen sind in den Sommermonaten zu besichtigen.

Schäfer auf Stelzen, Fotografie von Félix Arnaudin

Arnaudins kostbares Erbe

Félix Arnaudin (1844–1921) aus Labouheyre (im Südwesten des Parks) durchstreifte mit seiner klobigen, unhandlichen Fotoausrüstung alle Winkel der Landes zu Fuß und mit dem Fahrrad. Dabei dokumentierte er eine langsam entschwindende Welt, fotografierte Schäfer, Geschichtenerzähler und alltägliche Szenen des Landlebens sowie die eigentümliche Landschaft und ihre Architektur. Diese Bilder aus »La Grande Lande« des späten 19. Jahrhunderts sind Teil einer wertvollen historischen Dokumentation aus einer Zeit, in der die Menschen in dieser unendlich scheinenden Ebene vom Feldanbau, der Viehzucht und der Holzwirtschaft lebten.

Biscarrosse zählt zu den beliebtesten Badeorten der Landes

❷ Biscarrosse

Straßenkarte B3. 12 600. 55, place Georges-Dufau; 05 58 78 20 96. Juli, Aug: tägl. vormittags; Sep–Juni: Fr–So vormittags. Rassemblement International d'Hydravions (Mai, alle zwei Jahre); Festival de Cirque Rue des Étoiles (Juli); Fête de la Mer (Aug).
biscarrosse.com

Bei Biscarrosse und seinem 15 Kilometer langen, bis zum Adour reichenden Strand beginnt die Côte d'Argent (»Silberküste«). Der Ort befindet sich zwischen Meer und Wäldern und zwei Seen mit vielen Wassersportangeboten.

Flugzeugbegeisterte Besucher werden sich am **Musée Historique de l'Hydraviation** für Wasserflugzeuge erfreuen. Das Museum steht neben den Établissements Latécoère, die von 1930 bis Ende der 1950er Jahre Wasserflugzeuge bauten. Das **Musée des Traditions et de l'Histoire de Biscarrosse** dokumentiert die Stadtgeschichte und das Leben der Harzsammler und Schäfer der Landes.

Musée Historique de l'Hydraviation
332, avenue Louis-Bréguet. 05 58 78 00 65. Juli, Aug: tägl.; Sep–Dez, Feb–Juni: Di–So nachmittags.

Musée des Traditions et de l'Histoire de Biscarrosse
216, avenue Louis-Bréguet. 05 58 78 77 37. Juli, Aug: tägl. (So nachm.); Juni, Sep: Mo nachmittags; Okt–Mai: nach Vereinbarung.

Umgebung: Der vier Kilometer nördlich gelegene 5600 Hektar große und klare **Lac de Sanguinet** bietet ideale Bedingungen für Angler und für Wassersportler. **Sanguinet** steht an der Stelle eines gallorömischen Dorfs. Sein archäologisches Museum geht auch auf die Fischerei in der Antike ein.

Musée Municipale du Lac
05 58 82 11 82 (Mairie). Mitte Apr–Juni, Sep–Okt: Mi, Sa nachmittags; Juli, Aug: Do–Mo.

❸ Mimizan

Straßenkarte B3. 10 000 (mit Umland). Labouheyre oder Morcenx. 38, avenue Maurice-Martin; 05 58 09 11 20. Mimizan-Bourg: Fr vormittags; Mimizan-Plage: 15. Juni–15. Sep: Do vormittags. Fêtes de la Mer (1. Mai).
mimizan-tourisme.com

Der Glockenturm (13. Jh.) der Abteikirche von Mimizan

Ein rund zehn Kilometer langer Strand und Wälder mit 40 Kilometer Radwegen locken im Sommer viele Urlauber nach Mimizan. Der Glockenturm (13. Jh.) der Abteikirche im Ort zählt zum UNESCO-Welterbe.

Ein kleines Museum auf dem Gelände der Abtei illustriert das Leben im Mittelalter. Außerdem beleuchtet es die naturräumliche Entwicklung der Umgebung. Vom Fremdenverkehrsbüro organisierte Ausflüge unter dem Motto »Destination Bois« (»In die Wälder«) führen mit Waldtouren und Besuchen bei Forstbetrieben in die Forstwirtschaft der Gegend ein.

Clocher Porche du Prieuré de Mimizan
Rue de l'Abbaye. 05 58 09 00 61. nach Vereinbarung (Tickets sind auch im Stadtmuseum gültig: Zeiten tel. erfragen).

Umgebung: Zwölf Kilometer südlich mündet bei **Saint-Julien-en-Born** der Courant de Contis ins Meer – an der Plage de Contis, einem Strand mit Leuchtturm. Vier Kilometer weiter südlich geht in **Lit-et-Mixe** das **Musée »Vieilles Landes«** auf das lokale Handwerk ein. Etwa 23 Kilometer südöstlich in **Lévignacq** befindet sich eine Kirche (14. Jh.).

Musée »Vieilles Landes«
Lit-et-Mixe. 05 58 42 89 17. Juli, Aug: Mo–Sa; Juni, Sep: Do vormittags.

Hotels und Restaurants in den Landes *siehe Seiten 253f und 267–269*

❹ Courant d'Huchet

Straßenkarte B4. Léon. Maison de la Reserve Naturelle du Courant d'Huchet; 05 58 48 73 91.

Die Küste der Landes durchziehen Wasserläufe, die *courants* genannt werden. Am bekanntesten ist der Courant d'Huchet mit seiner wunderbaren Pflanzen- und Tierwelt. Seit 1908 ist er für Besucher mit *galupes* befahrbar. Diese Boote mit flachem Boden werden mit einem *palot* (Stange) gestakt.

Vom Étang de Léon, dem Quellsee des Courant, folgen die *Galupe*-Touren einem Flusslabyrinth, an dem Krickenten, Reiher und Waldschnepfen leben. Die Ufer sind mit Zypressen, Hibiskus, Iris, Gladiolen, Farnkraut und anderen Pflanzen bewachsen. Im Sommer tummeln sich hier Enten, Ottern, Wildschweine, Nerze, Flusskrebse und Aale, die von der Sargassosee hierherkommen, um zu laichen.

Die *galupes* der Bateliers du Courant d'Huchet *(siehe S. 301)* befahren den Fluss zehn Kilometer bis zum Meer.

❺ Vieux-Boucau-les-Bains

Straßenkarte B4. 1650. Dax (30 km) oder Bayonne (35 km). 11, promenade du Mail; 05 58 48 13 47. Di, Sa vormittags. Stierrennen (Juni–Sep). **tourisme-vieuxboucau.com**

Bei Vieux-Boucau liegt Port-d'Albret an einem 60 Hektar großen Salzsee. Er ist nur über die Allée Promenade du Mail zu erreichen. In der Arena des Orts finden Stierrennen statt.

❻ Soustons

Straßenkarte B4. 7250. Dax. 05 58 41 52 62 (Grange de Labouyrie). Mo vormittags; Sommermarkt: Do vormittags, Fr nachm. Fête de la Tulipe (2. Wochenende im Apr). **soustons.fr**

Statue von Mitterrand

Soustons ist der Hauptort des Pays Marensin. Er liegt an einem Süßwassersee, der bei Wassersportlern beliebt ist.

Im Zentrum von Soustons steht eine Statue von François Mitterrand. Der ehemalige französische Präsident besaß drei Kilometer entfernt seine Residenz Latché. Das **Musée des Traditions et des Vieux Outils** stellt alte Berufe wie Dachdecker und Harzsammler vor.

Musée des Traditions et des Vieux Outils
Château de la Pandelle, avenue du Général-de-Gaulle. 05 58 41 52 62. 15. Juni–15. Sep: Mi–Mo nachmittags.

Umgebung: Zu den Flüssen und Seen des Marensin, dem südlich von Soustons gelegenen Gebiet, zählen der **Étang Noir** und der Étang Blanc. Der Étang Noir ist Teil eines Naturreservats.

Réserve Naturelle de l'Étang Noir
05 58 72 85 76. tägl. Juli, Aug: Mo–Fr (Gebühr).

❼ Hossegor

Straßenkarte A4. 3500. Dax oder Bayonne. 166, avenue de la Gare; 05 58 41 79 00. Okt–Mai: So, Juni–Sep: So, Mo, Mi. Les Musicales (Juli–Aug). **hossegor.fr**

Dem Zauber des malerischen, von Pinien umgebenen Dorfs

Urlauber in einer *galupe*, einem Stakboot auf dem Courant d'Huchet

erlagen im frühen 20. Jahrhundert Schriftsteller wie Paul Margueritte und Rosny Jeune. Seitdem hat Hossegor einen ständigen Strom von Besuchern angezogen. In den 1930er Jahren wurde es zum Badeort. Damals entstand das Sporting-Casino mit dem traditionellen *fronton*, auf dem noch heute Pelota gespielt wird. Die eleganten Villen am Golfplatz und am Salzwassersee erinnern an die Blütezeit des Urlaubsorts in den 1920er und 1930er Jahren. Sie sind im Béarn-Stil *(siehe S. 28f)* erbaut, zeigen typisch baskische Elemente (weißes Dach und Fassade), aber auch Elemente aus den Landes, z. B. Fachwerk.

Hossegor ist heute auch ein internationales Surf-Mekka. Zu den Wettbewerben Rip Curl Pro und Quiksilver Pro (Oktober) kommen die besten Surfer der Welt.

Das Sporting-Casino in Hossegor (um 1930) prunkt im baskischen Stil

Angler am Pier von Capbreton

❽ Capbreton

Straßenkarte A4. 8000. Avenue du Président-Pompidou; 05 58 72 12 11. Di, Do, Sa vormittags. Fête de la Mer (Juni); Festival de Contes (Aug); Fête du Chipiron (Sep). **capbreton-tourisme.com**

Capbreton, von Hossegor nur durch einen schmalen Meeresarm getrennt, ist ein beliebter Badeort und Segelsportzentrum.

Bereits im Mittelalter entwickelte sich Capbreton zu einem wichtigen Hafenort und zu einem Stützpunkt an der Küstenroute des Jakobswegs. Im 16./17. Jahrhundert legten hier viele Fischereiflotten ab, um zu den reichen Fischgründen von Neufundland zu gelangen. Mit dem Aufstieg von Bayonnes verlor Capbreton an Bedeutung.

Zu den herausragenden touristischen Attraktionen von Capbreton gehört der über einen Holzsteg erreichbare Leuchtturm.

Die Église de Saint-Étienne-d'Orthe

Umgebung: In dem 800 Hektar großen Naturschutzgebiet **Marais d'Orx** machen jedes Jahr Tausende Zugvögel auf ihrer Wanderung Richtung Süden Station. Über 200 verschiedene Arten, etwa Löffler, kann man hier sehen.

Marais d'Orx
Erreichbar von Labenne, 8 km südl. von Capbreton. Maison du Marais; 05 59 45 42 46. tägl.

❾ Pays d'Orthe

Straßenkarte B4. Peyrehorade. 147, avenue des Évadés, Peyrehorade; 05 58 73 00 52. **tourisme.paysdorthe.fr**

Im Pays d'Orthe im Süden der Landes kreuzen sich seit prähistorischen Zeiten die Reisewege durch Südwestfrankreich. Vom 11. Jahrhundert bis zur Französischen Revolution war hier der Sitz der Familie Orthe, und so findet man zahlreiche prächtige Châteaux und Sakralbauten.

Die Bastide **Hastingues** am Pilgerweg nach Santiago de Compostela liegt nahe der Kreuzung der Straßen aus Le Puy und Vézelay. Sie ist eine englische Gründung aus dem 13. Jahrhundert. Das Tor gehörte früher zur Stadtmauer. Auf einem Rastplatz der Autobahn A64 dokumentiert das **Centre d'Exposition Saint-Jacques-de-Compostelle** die Wallfahrt nach Santiago de Compostela.

Östlich von Hastingues und südlich von Peyrehorade steht die im 12. Jahrhundert gegründete und im 17./18. Jahrhundert umgebaute Prämonstratenser-Abtei **Abbaye d'Arthous**. Deren romanische Kirche von 1167 zeigt gotische Elemente, so die Spitzbogen im südlichen Seitenschiff. Wunderbar gestaltete Kapitelle schmücken sie. In ihrem Garten findet im Sommer eine Keramikmesse mit Töpfern aus der näheren und weiteren Umgebung statt.

Das **Musée d'Histoire** verfügt über interessante Sammlungen und Ausstellungen.

Nördlich von Hastingues ist **Saint-Étienne-d'Orthe** das Tor zur Schwemmebene des Adour, einem 12 810 Hektar großen Naturschutzgebiet. Hier leben einige geschützte Tierarten, beispielsweise Weißstörche, europäische Sumpfschildkröten und die typischen Landes-Ponys.

Die geschützte Sumpfschildkröte lebt in den Lagunen der Landes

Hotels und Restaurants in den Landes *siehe Seiten 253f und 267–269*

Das Château d'Orthe (oder Château de Montréal) in Peyrehorade

Centre d'Exposition de Saint-Jacques-de-Compostelle
Rastplatz an der A64; auch über Hastingues erreichbar.

Abbaye d'Arthous
Etwa 2 km östlich von Hastingues.
05 58 73 03 89.

Musée d'Histoire
Apr–Nov: Di–So (Okt, Nov: nur nachmittags). **arthous.landes.org**

⑩ Peyrehorade

Straßenkarte B4. 3600. 147, av. des Évadés, 05 58 73 00 52. Mi, Sa vormittags; Nov–März: Mi vormittags: *Foie-gras*-Markt. Festival des Abbayes (Mitte Juni); Festival Nuits d'Été en Pays d'Orthe (Aug–Mitte Sep).

Ganz im Süden der Landes liegt zwischen dem Gave d'Oloron und Gave de Pau Peyrehorade, der größte Ort im Pays d'Orthe. Es ist zugleich der jüngste, da er erst im 14. Jahrhundert im Zuge des Handels zwischen Bayonne und Toulouse entstand. Das Ortsbild beherrscht das **Château d'Aspremont**, das die Vicomtes d'Orthe im 13. Jahrhundert an der Stelle einer Befestigung aus dem 11. Jahrhundert erbauten, von der nur noch die Ruinen des Turms stehen. Das heutige Rathaus, das prächtige **Château d'Orthe** (oder Château de Montréal), aus dem 16. Jahrhundert wurde im 18. Jahrhundert von Jean de Montréal umgebaut. Es kann leider nicht besichtigt werden, bietet aber mit seinen vier Türmen über dem Gave de Pau einen beeindruckenden Anblick.

⑪ Sorde-l'Abbaye

Straßenkarte B4. 650. Mairie; 05 58 73 04 83. Festival des Abbayes (Juni); Festival Nuits d'Été en Pays d'Orthe (Ende Aug/Sep).

Wo heute Sorde-l'Abbaye liegt, siedeln seit Urzeiten Menschen. In der Felswand Falaise du Pastou am Gave d'Oloron sind vier Wohnstätten aus dem Magdalénien (um 12 000 v. Chr.), die nicht besichtigt werden können. Jahrtausendelang bot hier eine Verwerfung in der Felswand einen Durchgang zwischen dem heutigen Frankreich und Spanien. Hier wanderten ab dem 10. Jahrhundert Pilger auf dem Weg nach Santiago de Compostela, das Dorf wurde zu einem wichtigen Rastplatz.

Im alten Ortskern Bourg-Vieux steht die **Abbaye Saint-Jean**, die zum UNESCO-Welterbe gehört. Benediktinermönche ließen sich hier um 975 nieder und gründeten im 12. Jahrhundert die Abtei. Sie wurde in den Hugenottenkriegen (16. Jh.) zerstört, im 17. und 18. Jahrhundert erneut durch eine Mauristen-Gemeinschaft aufgebaut und während der Französischen Revolution aufgegeben. An der Vorderseite in Richtung Fluss erstreckt sich heute ein Garten mit Heilkräutern.

Neben den Klosterruinen steht eine romanische Kirche mit Elementen aus dem späten 11. Jahrhundert (etwa der Mosaikboden im Chor) und aus dem 12. Jahrhundert (Apsis, Portal und verzierte Kapitelle). In Frankreich einzigartig ist das unterirdische Bootshaus mit Gewölbedecke, das zum Fluss hin liegt. Es wurde zur Lagerung von Getreide benutzt.

Östlich des Klosters wurde das Haus der Äbte aus dem 16. Jahrhundert auf den Ruinen einer gallorömischen Villa erbaut. Das Haus ist in Privatbesitz und nicht öffentlich zugänglich. Die Überreste des Bades aus dem 4. Jahrhundert und der Mosaikboden sind jedoch zu besichtigen. Sorde-l'Abbaye ist der größte Kiwi-Produzent in Frankreich.

Abbaye Saint-Jean
Place de l'Église. 05 58 73 09 62. März, Nov: Di–So nachmittags; Apr–Okt: Di–Sa, So nur nachmittags.

Die Ruinen des Klosters bei der Abbaye Saint-Jean in Sorde

Die große Arena in Dax wurde 1913 für Stierkämpfe und -rennen gebaut

⓬ Dax

Straßenkarte B4. 21 500. 11, cours Foch; 05 58 56 86 86. Sa, So (überdachter Markt, Halles, place Saint-Pierre). Festival des Abbayes (Juni); Feria (Aug); Festival Toros y Salsa (Sep). **dax-tourisme.com**

Dax war früher eine Siedlung an einem See und liegt heute am Adour zwischen der Ebene und den Pyrenäen. Dank seiner Thermalquellen gedieh der Ort schon in der Römerzeit, mit Ankunft der Eisenbahn im 19. Jahrhundert entwickelte er sich zum größten Badekurort Frankreichs. Im Zentrum mit den mittelalterlichen Straßen sprudelt das berühmte Heilwasser aus der Fontaine Chaude (auch Fontaine de la Nèhe).

Das **Musée Jean-Charles de Borda** ist in der **Chapelle des Carmes** im Westen der Stadt untergebracht. Die Kulturstätte präsentiert in einem Haus aus dem 17. Jahrhundert die Stadtgeschichte von der Prähistorie über das Mittelalter bis in die Gegenwart. Eine weitere Ausstellung in dem Gebäude widmet sich den Landschaften der Umgebung, daneben gibt es Wechselausstellungen. Das **Musée Georgette-Dupouy** stellt Gemälde der Künstlerin aus dem 20. Jahrhundert aus. Überreste der gallorömischen Mauer befinden sich im Norden der Stadt, am Parc Théodore-Denis. Dort befindet sich auch die Stierkampfarena (1913).

La Landaise au Chapeau, Musée Georgette-Dupouy

Der **Parc du Sarrat** ist eine Mischung aus Japanischem Garten sowie Zier- und Gemüsegärten. Viele der hier gedeihenden Pflanzen sind sehr selten.

Weiter südlich zeigt das **Musée de l'Aviation Légère de l'Armée de Terre** Militärflugzeuge, Armeehubschrauber und Fotos.

Musée de Borda
La Chapelle des Carmes. 05 58 74 12 91. Di–Sa nachmittags.

Chapelle des Carmes
11 bis, rue des Carmes. 05 58 74 12 91.

Musée Georgette-Dupouy
Place de Présidial. 05 58 56 04 34. tägl. nachmittags.

Parc du Sarrat
Rue du Sel-Gemme. 05 58 56 86 86. März–Nov: Di, Do, Sa nachmittags.

Musée de l'Aviation Légère de l'Armée de Terre 58, avenue de l'Aérodrome. 05 58 74 66 19. März–Juni, Sep–Nov: Mo–Fr nachmittags; Juli, Aug: Mo–Sa nachmittags.

Umgebung: Lediglich zwei Kilometer westlich von Dax entfernt stehen in **Saint-Paul-lès-Dax** eine Kirche mit fein gearbeiteten Reliefs aus dem 11. Jahrhundert sowie der historische Metallverarbeitungsbetrieb Forges d'Ardy.

Ein weiterer Grund, um diesen friedlichen Ort zu besuchen, sind diverse Thermalbäder, darunter auch das **Espace Aquatique Sourcéo**.

Espace Aquatique Sourcéo
355, rue du Centre Aéré. 05 58 90 66 66. tägl.

⓭ Montfort-en-Chalosse

Straßenkarte B4. 1200. 55, place Foch; 05 58 98 58 50. Mi vormittags. Fêtes Patronales (Juli); Festival Music'Arts (Juli); Fête des Vendanges à l'Ancienne (Okt).

Die alte Bastide liegt im Herzen der fruchtbaren Chalosse, in der erstklassige Rinder und Enten gezüchtet werden. Die Enten, die mit dem Mais der Landes gemästet werden, liefern den berühmten *foie gras*.

Dass Montfort eine wichtige Station auf dem Weg nach Santiago de Compostela war, zeigt die Église Saint-Pierre mit ihrem Kirchenschiff aus dem 12. und dem Turm aus dem 15. Jahrhundert. Das **Musée de la Chalosse** präsentiert in einem herrschaftlichen Anwesen aus dem 17. Jahrhundert Interessantes zum Alltagsleben im 19. Jahrhundert.

Musée de la Chalosse
Domaine de Carcher. 05 58 98 69 27. Apr–Okt: Di–Fr (Sa, So nachm.); Nov–März: Di–Fr nachm. 15. Dez–Jan.

Im Musée de la Chalosse lebt das 19. Jahrhundert wieder auf

Das Château de Gaujacq aus dem 17. Jahrhundert bei Pomarez

⑭ Pomarez

Straßenkarte B4. 1500.
Fremdenverkehrsbüro in Amou; 05 58 89 02 25. Mo vormittags. Fête de Pentecôte (Pfingstsonntag); Course Landaise (15. Aug).

Nur wenige historische Spuren seiner langen Geschichte sind in dem alten Flusshafen am Adour verblieben. Der Ort ist heute allgemein als ein Mekka der sehr beliebten Stierrennen bekannt. Dieser Sport hat in den Landes eine begeisterte Gefolgschaft.

In der benachbarten Arena stellen sich die Stierläufer den Stieren aus den lokalen *ganaderias* (Rinderzuchten). Bei Veranstaltungen paradieren sie zur Musik ein, bevor sie den anstürmenden Tieren mit atemberaubend flinker Behändigkeit unter dem Jubel der Zuschauer ausweichen.

Die Läufer der *cuadrillas* *(siehe S. 32f)* genannten Teams sind in weißen Hosen und Boleros gekleidet. Zur Musik des Blasorchesters *(banda)* führen sie ihre artistischen Fertigkeiten vor. Damit die Stiere die Läufer nicht aufspießen, stecken die Hörnerspitzen in speziellen Futteralen.

Umgebung: Einen Kilometer westlich von Pomarez steht das **Château de Gaujacq** aus dem 17. Jahrhundert. In diese Idylle zog sich der Marquis de Montespan zurück, als seine Frau mit König Louis XIV eine Liaison hatte und zur offiziellen *maîtresse royale* aufstieg. Sehenswert sind vor allem einige edel möblierte Gemächer.

Château de Gaujacq
Gaujacq. 05 58 89 01 01.
Juli, Aug: tägl.; Mitte Feb–Juni, Sep–Mitte Nov: Do–Di nachmittags.

⑮ Brassempouy

Straßenkarte B4. 300.
Orthez oder Dax. Fremdenverkehrsbüro in Amou; 05 58 89 02 25.

Nahe der alten Bastide aus dem 13. Jahrhundert fand man in der Höhle Grotte du Pape 1894 die berühmte Venus von Brassempouy. Diese steinzeitliche Frauenstatuette wurde vor etwa 20 000 Jahren aus Mammutelfenbein geschnitzt und zeigt die bislang älteste bekannte Darstellung eines menschlichen Gesichts. Die Figur ist im Musée des Antiquités Nationales de Saint-Germain-en-Laye bei Paris ausgestellt. Eine Kopie steht mit weiteren Repliken von prähistorischen Figuren aus der Zeit zwischen 35 000 und 15 000 v. Chr., die in Frankreich und anderen Ländern gefunden wurden, in der **Maison de la Dame de Brassempouy** neben dem Château de Poudenx.

Maison de la Dame de Brassempouy
05 58 89 21 73. Mitte Feb–Juni, Sep–Nov: Di–So nachmittags; Juli, Aug: tägl. Dez–Mitte Feb.

Kurorte in den Landes

Die Landes sind in Frankreich die Region mit den meisten Kurorten. Die Heilkraft ihrer Thermalquellen und Fango-Behandlungen kannte man schon in römischer Zeit. Dax, das älteste Bad der Region, verfügt über berühmte schmerzlindernde Quellen. Auch das Wasser und die heißen Mineralschlämme von Eugénie-les-Bains, Saubusse, Prechacq-les-Bains und Tercis werden von zahlreichen Kurgästen gegen Rheumatismus und zur Gewichtsreduzierung geschätzt.

Die Thermalquellen in Dax sind seit römischen Zeiten bekannt

⓰ Tour durch Tursan

Dem Weinbaugebiet Tursan nähert man sich durch grüne Täler, in denen Mais für die Mastgänse und -enten angebaut wird, die *foie gras* liefern. Tursan-Weine werden seit Jahrhunderten gekeltert, im 11. Jahrhundert exportierte sie Eleonore von Aquitanien an den englischen Königshof. Die Trauben für die Rot- und Roséweine wachsen auf 460 Hektar in Terrassen. Die Route führt durch die Hügellandschaft vorbei an Weingütern, einem Bad und malerischen Bauten.

④ Eugénie-les-Bains
Der 1861 eröffnete Kurort heißt nach Kaiserin Eugénie. Hier bieten Michel Guérards Restaurants gesunde Kost oder Gourmetküche *(siehe S. 267f)*.

⑤ Larrivière
In diesem Ort ist die Église Notre-Dame-du-Rugby dem Rugby geweiht. Rugby ist in Aquitanien sehr populär.

① Samadet
In der Stadt, die für Lehm und Holz bekannt ist, gab es bis 1831 eine Königliche Fayencen-Manufaktur.

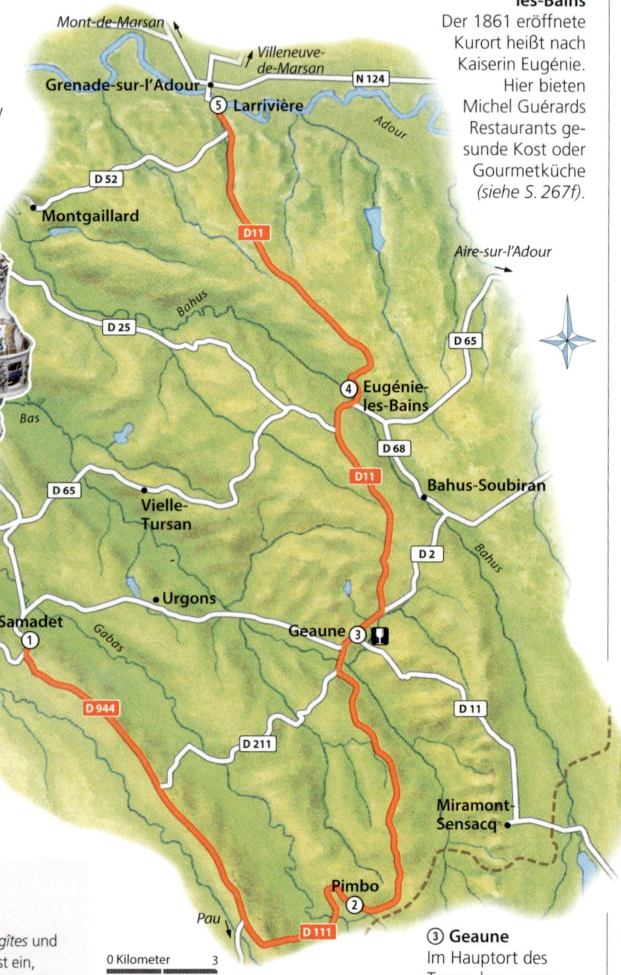

Legende
- Routenempfehlung
- Andere Straße
- Route du Puy

Routeninfos

Länge: Rund 90 km
Rasten: Mehrere gute *gîtes* und Gasthöfe laden zur Rast ein, zudem kann man vielerorts bei Bauernhöfen die köstlichen hausgemachten Spezialitäten kosten und kaufen. Informationen erhält man im Fremdenverkehrsbüro in Geaune 05 58 44 42 00.

② Pimbo
In der Bastide steht eine der ältesten Abteikirchen der Landes. Sie ist ein Relikt früherer Benediktinergemeinden. Pimbo ist Ausgangspunkt für Wanderungen durch die schöne Landschaft.

③ Geaune
Im Hauptort des Tursan kann man in Weinkellern guten Wein verkosten. Informationen erhält man im Fremdenverkehrsbüro Geaune unter 05 58 44 42 00.

Marmorrelief an einem Sarkophag (4. Jh.) in der Église Sainte-Quitterie

⓱ Aire-sur-l'Adour

Straßenkarte C4. 6650. Mont-de-Marsan. Place 19 mars 1962; 05 58 71 64 70. Di, Sa vormittags. Fêtes Patronales (3. Wochenende im Juni); Festival de Théâtre (Okt); Festival de la Bande Dessinée (Dez). **tourisme-aire-eugenie.fr**

Der malerische Ort am Adour und an der Pilgerroute nach Santiago de Compostela ist das Tor zum Tursan. Hier lebten schon vor Ankunft der Römer 50 v. Chr. Menschen. Im alten Bischofspalast aus dem frühen 17. Jahrhundert ist heute das Rathaus untergebracht, daneben befindet sich der alte Gerichtshof Palais de l'Officialité aus dem 14. Jahrhundert. Die später umgebaute Kathedrale Saint-Jean-Baptiste wurde im 12. Jahrhundert errichtet.

Zum UNESCO-Welterbe zählt die **Église Sainte-Quitterie-du-Mas** auf der Colline du Mas. In ihrer Krypta (11. Jh.) liegt das Grab des Schutzheiligen der Gascogne. Sehenswert sind insbesondere die beschnitzte Barockkanzel von 1770 und der Chor (12. Jh.) mit seinen Bogen, über den der Glockenturm in die Höhe ragt.

Église Sainte-Quitterie-du-Mas
Am oberen Ende der Rue Félix-Despagnet. 05 58 71 64 70. wegen Renovierung; Infos im Rathaus, 05 58 71 47 00.

⓲ Saint-Sever

Straßenkarte C4. 5000. Mont-de-Marsan, dann mit dem Bus. Place du Tour-du-Sol; 05 58 76 34 64. Sa vormittags. Festivolailles (Nov); Semaine Taurine (Nov). **saint-sever.fr**

Der 993 gegründete, strategisch günstig gelegene Ort bietet eine ganze Reihe wunderschöner Bauwerke. Reste der frühen Besiedlung finden sich auf dem Plateau de Morlanne. Mit der früheren Abtei und den sie umgebenden Straßen ist es eines der beiden Hauptviertel.

Die **Abtei von Saint-Sever** wurde zum UNESCO-Welterbe erklärt. Das Anwesen steht an einem Platz, den schöne Häuser aus dem 18. Jahrhundert säumen. Die 988 gegründete Abtei hatte ihre Glanzzeit im 11. und 12. Jahrhundert. Das in der Folgezeit wiederholt durch Feuer, Erdbeben und Kriege zerstörte Bauwerk wurde mehrmals restauriert und 1790 aufgegeben. Im 19. Jahrhundert »erlitt« das bedeutende Architekturjuwel eine eher fragwürdige Renovierung. Restauriert wurden auch die 150 bunt bemalten Kapitelle der nach benediktinischer Bauart errichteten Kirche.

Im **Couvent des Jacobins** – 1280 gegründet und in der Folgezeit umgebaut – sind die Räumlichkeiten leider nicht mehr für Besucher geöffnet.

Beatus von Saint-Sever, Bibliothèque Nationale

Ausnahme bildet der Westflügel, in dem das Museum zur Stadtgeschichte untergebracht ist. Unter den interessantesten Exponaten des Museums ist eine Kopie des *Beatus*, eine Erläuterung zur Apokalypse in der Offenbarung des Johannes, mit Buchmalereien von Stephanus Garcia. Das Original befindet sich in der Nationalbibliothek in Paris.

Abbaye de Saint-Sever
Place du Tour-du-Sol. 05 58 76 34 64. tägl.

Couvent des Jacobins
Place de la République. 05 58 76 34 64. Juli, Aug: tägl. nachm.

Umgebung: Acht Kilometer südwestlich von Saint-Sever befindet sich die Bastide **Montaut**, die einen Besuch lohnt.

⓳ Grenade-sur-l'Adour

Straßenkarte C4. 2500. Mont-de-Marsan. 1, place des Déportés; 05 58 45 45 98. Mo, Sa vormittags. Fêtes Patronales (Juni).

Die von Engländern 1322 gegründete Bastide hat Häuser aus dem 14. und 15. Jahrhundert, eine schöne Kirche mit einer gotischen Apsis (spätes 15. Jh.) und das **Petit Musée de l'Histoire Landaise** mit Exponaten zu Volkstraditionen.

Petit Musée de l'Histoire Landaise
Rue de Verdun. 05 58 76 05 25. Di–Fr nachmittags.

Umgebung: Vier Kilometer nördlich von Grenade sind in **Bascons**, einem Zentrum der Stierrennen *(siehe S. 32f)*, die Kapelle und das **Musée de la Course Landaise** mit vielen Exponaten – u. a. Poster und Ansichtskarten – zur Geschichte dieses Volkssports sehenswert.

Musée de la Course Landaise
Bascons. 05 58 52 91 76. Juli, Aug: Di, Mi u. Do, Fr nachmittags; Mitte Apr–Juni, Sep–Mitte Okt: Mi, Sa nachmittags.

Der Donjon Lacataye (14. Jh.) mit dem Musée Despiau-Wlérick

⑳ Mont-de-Marsan

Straßenkarte C4. 32 000. 6, place Charles de Gaulle; 05 58 05 87 37. Di, Sa vormittags. Festival d'Art Flamenco, Fête de la Madeleine (Juli).

Mont-de-Marsan ist seit 1790 das Verwaltungszentrum der Landes. Die größte Stadt des Départements liegt an Midou und Douze, die hier zur Midouze zusammenfließen, und wird deshalb auch »Drei-Flüsse-Stadt« genannt. Hier treten auch spanische Toreros zum Stierkampf an.

Musée Despiau-Wlérick

Donjon Lacataye, 6, place Marguerite-de-Navarre. 05 58 75 00 45. Mai–Sep: tägl.; Okt–Apr: Mi–Mo.

Das Musée Despiau-Wlérick in der Festung Donjon Lacataye (14. Jh.) widmet sich als einziges Museum in Frankreich der französischen figurativen Bildhauerei der ersten Hälfte des 20. Jahrhunderts. Hier sieht man Arbeiten von Künstlern aus Mont-de-Marsan, darunter auch von Charles Despiau (1874–1946) und Robert Wlérick (1882–1944). Präsentiert werden darüber hinaus einige Kunstwerke des Art-déco-Bildhauers Alfred Auguste Janniot (1889–1969).

Église de la Madeleine

Rue Victor-Hugo.

Das neoklassizistische Gotteshaus (19. Jh.) beherbergt einen Hochaltar der Brüder Mazetti aus dem 18. Jahrhundert.

In Richtung der Douze stehen zwei **romanische Häuser** aus lokalem Muschelsandstein in der Rue Maubec Nr. 6 und Nr. 24.

***Apollon* von Charles Despiau**

Parc Jean-Rameau

Eingang an der place Francis-Planté.

Der sechs Hektar große Park ist nach Jean Rameau (1858–1942) benannt, dem bedeutenden Schriftsteller und Poeten der Landes. Im Park sind Skulpturen und japanische Gärten mit artenreicher Vegetation zu sehen.

Zentrum von Mont-de-Marsan

① Parc Jean-Rameau
② Romanisches Haus in der Rue Maubec
③ Romanisches Haus in der Rue Maubec
④ Église de la Madeleine
⑤ Musée Despiau- Wlérick

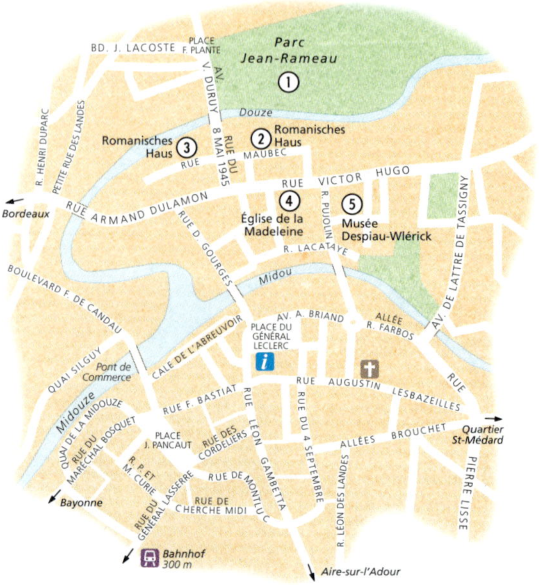

Zeichenerklärung *siehe hintere Umschlagklappe*

Hotels und Restaurants in den Landes *siehe Seiten 253f und 267–269*

Fachwerkhäuser mit Arkaden an der Place Royale in Labastide d'Armagnac

Quartier Saint-Médard
Östlich des Zentrums erstreckt sich der 23 Hektar große **Parc de Nahuques**. Am Ende der Avenue de Villeneuve steht die hübsche **Église Saint-Médard**.

Parc de Nahuques
Route de Villeneuve. 05 58 75 65 41. tägl. (Sa, So nachmittags).

21 Labastide-d'Armagnac

Straßenkarte C3. 700.
Place Royale; 05 58 44 67 56.
Bauernmarkt: Juli, Aug: So.
L'Armagnac en Fête (Ende Okt).

Bertrand VI, Comte d'Armagnac, gründete diese Bastide 1291 in fruchtbarer Umgebung. Zu jener Zeit unterstand das Gebiet Edward I von England.

Sehenswert sind die Häuser aus dem 13. Jahrhundert sowie ein Waschhaus aus dem 15. Jahrhundert. Rund um die arkadengesäumte zentrale Place Royale stehen Fachwerkhäuser aus dem 14. bis 17. Jahrhundert. Aus derselben Ära stammt die bemalte hölzerne Pietà in der gotischen Kirche. Der befestigte Glockenturm zeugt von der turbulenten Geschichte des Ortes.

In dem Freilichtmuseum **Écomusée de l'Armagnac** kann man bei der Herstellung von Armagnac zusehen. Der angeblich älteste Branntwein der Welt wird aus dieser Region mindestens seit dem späten 15. oder frühen 16. Jahrhundert exportiert.

Bemalte Pietà

Die Kapelle **Notre-Dame-des-Cyclistes** (11. Jh.) ist heute den Radfahrern geweiht. Zu der Kapelle gehört ein von Abbé Massie im Jahr 1959 gegründetes Museum, das gestiftete Trikots von Radchampions und Räder ausstellt, die bei der Tour de France gefahren wurden. Am Pfingstmontag startet hier nach der Messe eine Radtour.

Écomusée de l'Armagnac
4 km südöstlich von Labastide. 05 58 44 84 35. Nov–März: Mo–Fr; Apr–Okt: tägl. (Sa, So nachmittags). nur für Gruppen.

Notre-Dame-des-Cyclistes
Quartier Géou, an der Straße nach Cazaubon. 05 58 44 67 56. Mai, Juni, Sep, Okt: Di–So nachmittags; Juli, Aug: So, Mo nachmittags, Di–Sa.

Umgebung: Zehn Kilometer östlich befindet sich die **Domaine Départemental d'Ognoas**. In den Weingärten gedeihen die Trauben für die Armagnac-Produktion.

Domaine Départemental d'Ognoas
Arthez-d'Armagnac. 05 58 45 22 11. Mai–Sep: tägl. (Sa, So, Feiertage nachmittags); Okt–Apr: Mo–Fr, Sa nachmittags.

Armagnac

Armagnac-Flaschen und bauchiger Schwenker

Armagnac wird seit dem späten Mittelalter exportiert, wurde aber wohl schon zu gallischen Zeiten gebrannt. Dazu werden im Oktober spezielle Rebsorten (etwa Baco 22A, Colombard, Folle Blanche oder Ugni Blanc) gelesen und ihr Saft in einer Kupferdestille gebrannt. Der Branntwein reift zwei Jahre lang in Eichenfässern, die ihm seine charakteristische hellbraune Farbe und den typischen Geschmack verleihen. Danach wird er in Flaschen abgefüllt. Armagnac trinkt man üblicherweise aus dem Schwenker.

Pays Basque

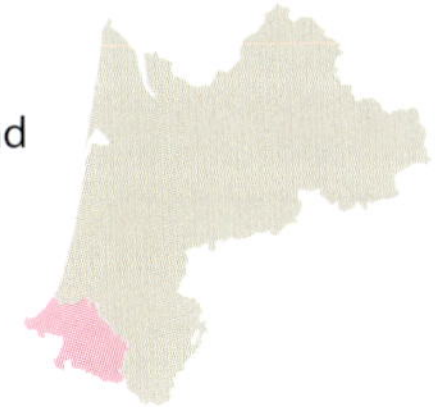

Der französische Teil des Baskenlands liegt im Westen des Départements Pyrénées-Atlantiques zwischen dem Adour und den Pyrenäen und erstreckt sich am Atlantischen Ozean von Anglet im Norden bis Hendaye an der spanischen Grenze. Die Region lockt Besucher mit sauberen Sandstränden und im Hinterland mit malerischen und urigen Dörfern in einer saftig-grünen, intakten Landschaft, wo man nicht selten Schafherden erblicken kann.

Seit im frühen 20. Jahrhundert die Badeorte entstanden, kommen die meisten Besucher wegen der schönen Strände. Das attraktive Hinterland besitzt indes ein reiches historisches Erbe. Erste Siedlungsspuren stammen aus dem Neolithikum (5000–2000 v. Chr.). Später fielen Kelten ein, dann die Römer, die wiederum durch germanische Stämme während der Völkerwanderung verdrängt wurden. 778 wurden die Franken unter Karl dem Großen zurückgeschlagen, 824 eine Invasion unter Ludwig dem Frommen (814–840) abgewehrt. Danach fiel der Landstrich an das neu gegründete Königreich Navarra mit der Hauptstadt Pamplona.

Karl V., Kaiser des Heiligen Römischen Reichs, musste Basse-Navarre 1530 an Frankreich abgeben, 1589 folgten die Provinzen Labourd und Soule. Der Pyrenäenfrieden von 1659 brachte eine Aussöhnung zwischen Spanien und Frankreich, die durch die Heirat von Louis XIV von Frankreich und der spanischen Infantin Maria Theresia *(siehe Bild S. 42)* in Saint-Jean-de-Luz 1660 gefestigt wurde.

Gegen Ende des 18. Jahrhunderts begann für die Region eine Periode des wirtschaftlichen Niedergangs, die erst der aufkommende Fremdenverkehr beenden sollte. Heute ist das Pays Basque ein Paradies für Wassersportler. Interesse wecken aber auch die alten Pilgerwege nach Santiago de Compostela, die im Jahr 1993 von der UNESCO zu Welterbestätten erklärt wurden.

Durch die Jahrhunderte und über alle Herrscherwechsel hinweg hielt die Bevölkerung im Pays Basque beständig an ihrer nationalen Identität fest. Heute findet das seinen Ausdruck im Gebrauch der baskischen Sprache Euskara, in der regionalen Architektur, den Festen sowie bei den kulinarischen Spezialitäten.

Das Kartenspiel* von Ramiro Arrue (1892–1971) zeigt vier Männer beim baskischen Spiel *mus

◀ **Blick auf die Meeresbrandung bei Biarritz *(siehe S. 200f)***

Überblick: Pays Basque

Das französische Baskenland vereinigt die drei historischen Provinzen Basse-Navarre, Labourd und Soule. In Basse-Navarre waren früher einige Orte bedeutende Zwischenstationen auf dem alten Pilgerweg nach Santiago de Compostela. Am wichtigsten waren Saint-Palais und Saint-Jean-Pied-de-Port. Die Westgrenze von Labourd bildet der Golfe de Gascogne. Die Provinz bietet Hügelland und Berge, etwa La Rhune, Axuria und Artzamendi, sowie viele malerische Dörfer, etwa Ainhoa und Ascain. Soule liegt in den Ausläufern der Pyrenäen, die zum Béarn gehören. Hier findet man fantastische Landschaften wie die Forêt des Arbailles, die Forêt d'Iraty und die drei beeindruckenden Kalksteinschluchten Gorges de Kakouetta, Gorges d'Holzarté und Gorges d'Olhadubi.

Bauernhof in der Vallée des Aldudes, inmitten von Wiesen und Buchenwäldern

Sehenswürdigkeiten auf einen Blick

1. *Bayonne S. 194–199*
2. *Biarritz S. 200f*
3. Saint-Jean-de-Luz
4. Ciboure
5. Hendaye
6. Vallée de la Nivelle
7. Ainhoa
8. Espelette
9. Itxassou
10. Cambo-les-Bains
11. Hasparren
12. La Bastide-Clairence
13. Bidache
14. Bidarray
15. Saint-Étienne-de-Baïgorry
17. Saint-Jean-Pied-de-Port
18. Saint-Palais
19. L'Hôpital-Saint-Blaise
20. Mauléon-Licharre
21. Massif des Arbailles
22. Tardets-Sorholus
23. Forêt d'Iraty
24. Larrau
26. Gorges de Kakouetta
27. Sainte-Engrâce

Touren

16. Vallée des Aldudes
25. Gorges d'Holzarté und Gorges d'Olhadubi

Weitere Zeichenerklärungen *siehe hintere Umschlagklappe*

n Pays Basque unterwegs

er regionale Flughafen ist Biarritz, zudem besteht eine ·rekte TGV-Verbindung zwischen Paris und Bayonne. ıyonne ist auch über zwei Autobahnen zu erreichen, von ulouse und Pau über die A64 sowie aus den Landes und ›n Bordeaux über die A63. Von Bayonne führt die D932 ıch Cambo-les-Bains. Im Westen verbindet die D918 scain, Saint-Pée-sur-Nivelle, Espelette und Ainhoa in bourd und führt dann weiter südwärts nach Saint-Jean-Pied-de-Port. Die D918 führt in die Berge der Soule zu den Dörfern Larrau und Sainte-Engrâce und den Gorges d'Holzarté und Gorges de Kakouetta.

Von der Brandung und dem Wind geformte Felsen an der Plage Miramar bei Biarritz

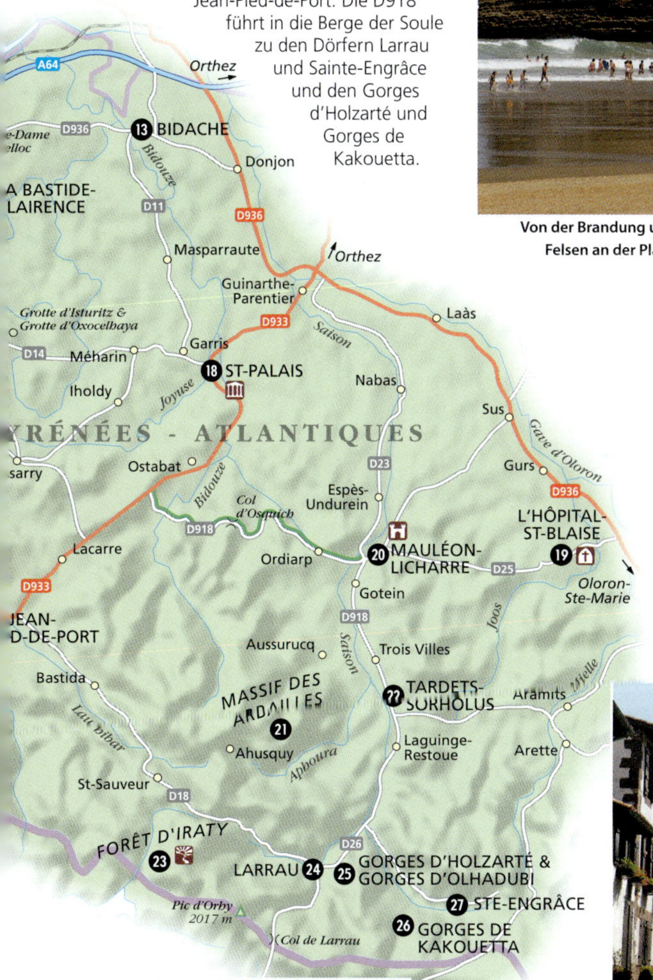

Typische baskische Häuser, Saint-Jean-Pied-de-Port

Eine Schmalspurbahn fährt auf den Berg Rhune

❶ Im Detail: Bayonne

Das kulturelle Zentrum des nördlichen Pays Basque blühte durch den Seehandel und die strategische Lage nahe der spanischen Grenze auf. Lange herrschten hier die Engländer, bis die Stadt 1451 an Frankreich fiel. Im 16. Jahrhundert öffnete Bayonne seine Tore für viele jüdische Flüchtlinge, die der Verfolgung durch die spanische und portugiesische Inquisition entkamen. Die Stadt am Zusammenfluss von Adour und der kleineren Nive ist wegen seiner schönen alten Bauten, aber auch für seine Feste im August bekannt. Bayonne hat zudem die längste Stierkampftradition in Frankreich.

★ Musée Bonnat
Zur Sammlung zählen Werke von Rubens, El Greco, Degas, Tizian, Raffael, Watteau, Delacroix und Goya.

Theater
Das Theater wurde 1842 an der Nive bei der Einmündung in den Adour gebaut. Heute beherbergt es das Rathaus, von dessen Balkon die Feste Bayonnes ausgerufen werden.

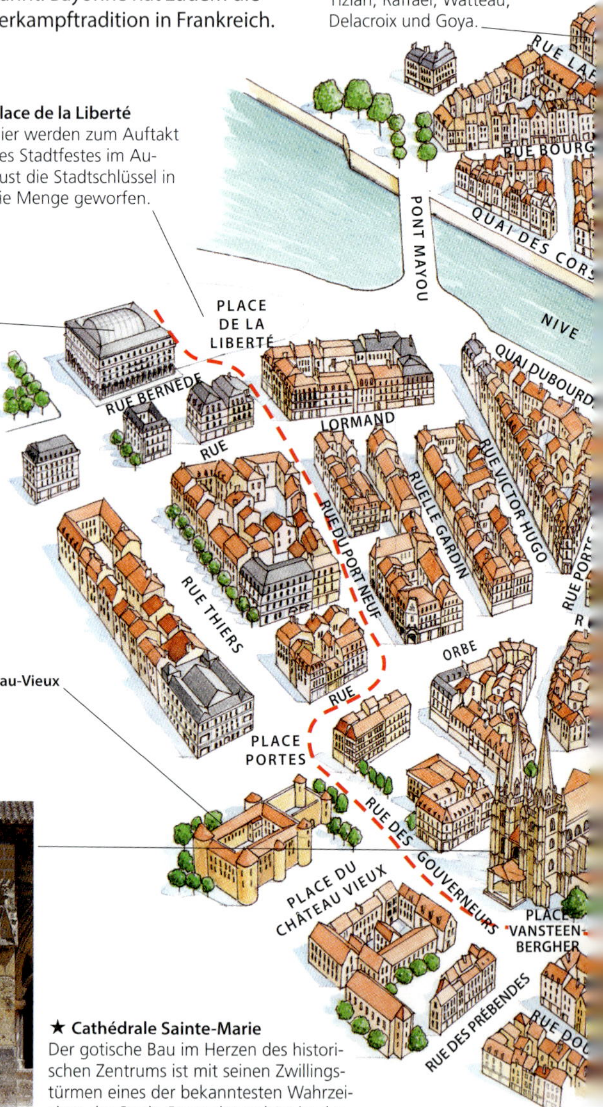

Place de la Liberté
Hier werden zum Auftakt des Stadtfestes im August die Stadtschlüssel in die Menge geworfen.

Château-Vieux

0 Meter 200

★ Cathédrale Sainte-Marie
Der gotische Bau im Herzen des historischen Zentrums ist mit seinen Zwillingstürmen eines der bekanntesten Wahrzeichen der Stadt. Besonders schön ist der Kreuzgang aus dem 14. Jahrhundert.

Hotels und Restaurants im Pays Basque *siehe Seiten 254f und 269–271*

Église Saint-André
Die Kirche aus dem 19. Jahrhundert besitzt ein bedeutendes Gemälde von Léon Bonnat, *Mariä Himmelfahrt*, und eine Orgel von 1863, die Napoléon III stiftete.

Legende
– Routenempfehlung

Infobox

Information
Straßenkarte A4. Baskischer Name: Baiona. 45 600.
Place des Basques; 08 20 42 64 64. tägl. Foire au Jambon (Mitte Apr); Fêtes de Bayonne (Anfang Aug); Stierkämpfe (Aug–Sep).
bayonne-tourisme.com

Anfahrt
Biarritz-Anglet-Bayonne, 8 km südl. von Bayonne.

★ Musée Basque
Das Museum in der Maison Dagourette (Ende 16. Jh.) behandelt vielerlei Aspekte der baskischen Kultur.

Nive-Ufer
Eine beliebte Bummelmeile ist im Sommer die Uferstraße an der Nive, wo während des Stadtfestes musiziert und getanzt wird. Früher wurden dort Fischladungen und Waren aus Amerika entladen, heute reihen sich am Gehweg die Terrassen der Restaurants.

Einwohner von Bayonne in Festtracht im alten Stadtzentrum

Überblick: Bayonne
Am besten beginnt man seinen Stadtbummel am Südufer des Adour und spaziert dann weiter an der Nive. Den Fluss säumen baskische Fachwerkhäuser, die dem Viertel seinen unverwechselbaren Charakter verleihen.

Historisches Zentrum
Bis ins 17. Jahrhundert durchzogen Kanäle die Altstadt rund um die Kathedrale. Manche Straßen, etwa die Rue du Port-Neuf, entstanden, als die Kanäle aufgeschüttet wurden. Die Rue Argenterie heißt nach den früher hier ansässigen Silberschmieden, die Rue de la Salie verläuft im Viertel der Textil- und Gewürzhändler.

Nive-Ufer
Von der Place de la Liberté passiert die Uferstraße den überdachten Markt und den Marktplatz. Am Quai Jauréguiberry mit seinen für Bayonne typischen Häusern und in der Rue de Poissonnerie war am meisten los, als Bayonne noch ein wichtiger Hafen für Waren aus der Neuen Welt war.

Château-Vieux
Rue des Gouverneurs.
Die im 17. Jahrhundert erweiterte Burg (12. Jh.) integriert Teile einer römischen Festung. Hier lebte Bayonnes englischer Gouverneur, die französischen Könige François I und Louis XIV wohnten bei ihren Besuchen ebenfalls hier. Lediglich der Innenhof ist für Besucher zu besichtigen.

Musée Basque

Maison Dagourette, 37, quai des Corsaires. 05 59 59 08 98. Di–So (Juli, Aug: tägl.). frei unter 18 Jahren; gemeinsamer Eintritt mit Musée Bonnat. **musee-basque.com**

Das Museum in der denkmalgeschützten Maison Dagourette (16. Jh.) wurde 1922 gegründet und konzentriert sich auf die baskische Kultur. In 20 Räumen erhält der Besucher Einblicke in Volkskunst und Bräuche des Pays Basque, zu Themen wie dem lokalen Landleben, dem Fluss- und Seehandel, zu Theater, Musik, Tanz, Spielen und Sport. Ein eigener Raum ist dem Pelota *(siehe S. 34)* vorbehalten. Sehenswert sind auch die Abteilungen zu Alltagskleidung und traditionellen Trachten, zu Architektur, zu Religion, religiösen und nichtreligiösen Festen sowie zu Bestattungsbräuchen. Unter den Gemälden finden sich Darstellungen von typischen, alltäglichen Szenen und Aktivitäten der baskischen Bevölkerung.

Place Paul-Bert

Während des Stadtfestes im August lässt man auf diesem Platz in Petit Bayonne die Jungtiere für das traditionelle Stierrennen los. In der **Église Saint-André** (19. Jh.) wird die Messe in baskischer Sprache gelesen. Direkt gegenüber der Kirche steht das im 15. Jahrhundert unter Charles VII erbaute **Château-Neuf**. Es war Teil der Befestigungsanlagen, die später die Stadt ganz umschlossen. In den Sommermonaten ist die Burg Schauplatz von großen Ausstellungen des Musée Basque.

***Pelota-Spiel an der Stadtmauer von Fontarabia* von Gustave Colin, Musée Basque**

Quartier Saint-Esprit

Das Viertel am Nordufer des Adour und östlich des **Pont Saint-Esprit** ist noch heute ein typisches Arbeiterviertel mit kosmopolitischem Flair. Hier siedelten sich die Immigranten an, besonders sephardische Juden, die im 16. Jahrhundert aus Spanien und Portugal vertrieben wurden. Sie bauten Bayonnes Seehandel mit auf. Relikte jener Ära sind eine Synagoge und ein jüdischer Friedhof.

Umgebung: 8,5 Kilometer vor Bayonne erinnert die **Croix de Mouguerre** an die Gefallenen der Schlacht von 1813, die in den Napoleonischen Kriegen zwischen den Engländern unter Wellington und den Franzosen unter Maréchal Soult geschlagen wurde. Der Blick auf Pyrenäen, Bayonne, Adour und Atlantik ist herrlich.

Zentrum von Bayonne

1. Pont Saint-Esprit
2. Musée Bonnat
3. Musée Basque
4. Église Saint-André
5. Château-Neuf
6. Cathédrale Sainte-Marie
7. Château-Vieux

0 Meter 200

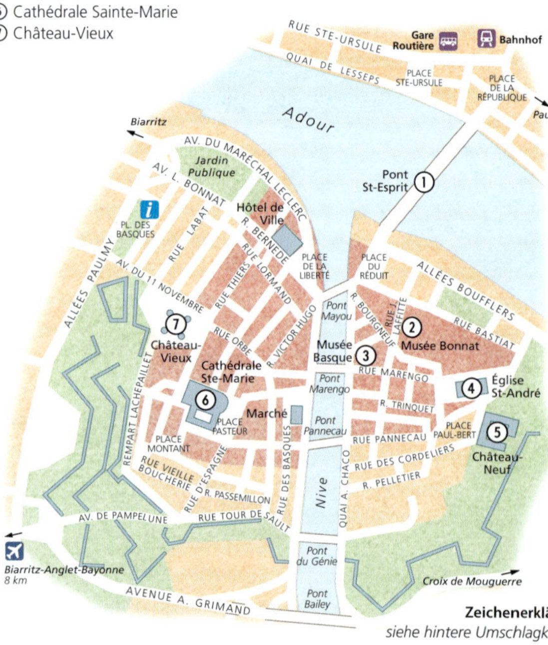

Legende

Detailkarte *siehe S. 194f*

Zeichenerklärung
siehe hintere Umschlagklappe

Hotels und Restaurants im Pays Basque *siehe Seiten 254f und 269–271*

Bayonne: Musée Bonnat

Das Musée Bonnat präsentiert mehr als 6000 Kunstwerke von der Antike bis zum frühen 20. Jahrhundert. Die Ausstellungsräume sind um einen Innenhof angeordnet und zeigen Gemälde, Skulpturen und Keramiken von Goya, Rubens, Ingres, Degas, van Dyck, Géricault und anderen bedeutenden Künstlern. Die meisten der hier präsentierten Werke sammelte Léon Bonnat (1833–1922), der in Bayonne geboren wurde und als Porträtmaler einstmals selbst sehr gefragt war.

Die berühmte *Badende* (1807) von Ingres im Musée Bonnat

Antikensammlung

Die ägyptische, griechische und römische Sammlung des Museums mit einigen sehr seltenen Stücken befindet sich im Untergeschoss.

Gemälde

Bilder aus dem 19. Jahrhundert zeigt die eklektische Sammlung, etwa Arbeiten von Géricault, Delacroix, Corot und Degas sowie impressionistische Werke. Auch ein Dutzend Gemälde sowie 95 Zeichnungen von Jean-Auguste-Dominique Ingres sind dabei, darunter das berühmte Werk *Die Badende* (1807).

Porträts von Léon Bonnat

Der in Bayonne geborene Léon Bonnat malte Porträts von bedeutenden Mitgliedern der Pariser Elite des späten 19. und frühen 20. Jahrhunderts, darunter Victor Hugo, Damen der Gesellschaft und Politiker. Auch Bonnats frühe Werke sind zu sehen. Im Innenhof zeigt ein großflächiges Bild von Henri-Achile Zo Bonnat mit seinen baskischen und béarnischen Schülern auf den Hügeln über Bayonne.

Weitere Sammlungen

Um möglichst viele Werke zu präsentieren, stellt das Museum in sechs Räumen eine Zusammenstellung von allegorischen Tier- und Personenstudien und anderen Genres aus. Nur ein Zehntel des Bestands kann auf den drei Etagen gezeigt werden.

Spanische Malerei

Léon Bonnat studierte Kunst am Prado in Madrid und zeigte als Sammler eine große Vorliebe für die alten spanischen Meister. In der Sammlung schlägt sich diese Liebe mit Werken von Goya – *Don Francisco de Borja*, *Letzte Kommunion des San José de Calasanz* und ein *Selbstporträt* – nieder sowie mit Arbeiten von El Greco (*Der Herzog von Benavente*, *Kardinal Don Gaspar de Quiroga*) und einigen Gemälden von Murillo und Ribera.

Galerie der Rubens-Skizzen

Diese Sammlung umfasst Skizzen, die Peter Paul Rubens (1577–1640) als Vorlage zur Gestaltung von Tapisserien anfertigte. Sie stellen Szenen aus dem Leben von Henri IV von Frankreich dar und zeigen allegorische Thematiken für den spanischen König. Zudem sind Terrakottaskulpturen aus der Sammlung Cailleux zu sehen.

Le Carré

Im Museumsanbau Le Carré neben dem Museum werden Wechselausstellungen mit zeitgenössischer Kunst präsentiert.

***Die Auferweckung des Lazarus* (1853), ein Frühwerk von Léon Bonnat**

Musée Bonnat
5, rue Jacques-Laffitte. 05 59 46 63 60. wegen umfassender Renovierungsarbeiten bis 2018. gemeinsamer Eintritt mit Musée Basque. **museebonnat.bayonne.fr**

Le Carré
9, rue Frédéric-Bastiat. 05 59 46 61 19. wegen umfassender Renovierungsarbeiten bis 2018.

Bayonne: Kathedrale

Die Cathédrale Sainte-Marie – auch Notre-Dame-de-Bayonne – im Herzen der Altstadt ist ein Wahrzeichen von Bayonne. Der Bau wurde im 12./13. Jahrhundert an der Stelle einer romanischen Kapelle im nordisch-gotischen Stil errichtet. Mit seinen hohen Zwillingstürmen ist er weit über die Stadt hinaus sichtbar. Die Kathedrale war eine bedeutende Zwischenstation auf dem Pilgerweg nach Santiago de Compostela. Im 19. Jahrhundert wurde sie nach Schäden aus der Zeit der Französischen Revolution umfassend restauriert. Das heutige Bauwerk ist das Ergebnis einer fast 800 Jahre dauernden steten Bau- und Restaurierungstätigkeit.

Die Flucht nach Ägypten
Diese biblische Szene von Nicolas-Guy Brenet (1728–1792) hängt in der Kapelle Saint-Léon. Brenet war Schüler von François Boucher und ließ den Stil der historischen und allegorischen Malerei in der zweiten Hälfte des 18. Jahrhunderts wieder aufleben. Er malte für einige französische Kirchen großflächige religiöse Werke.

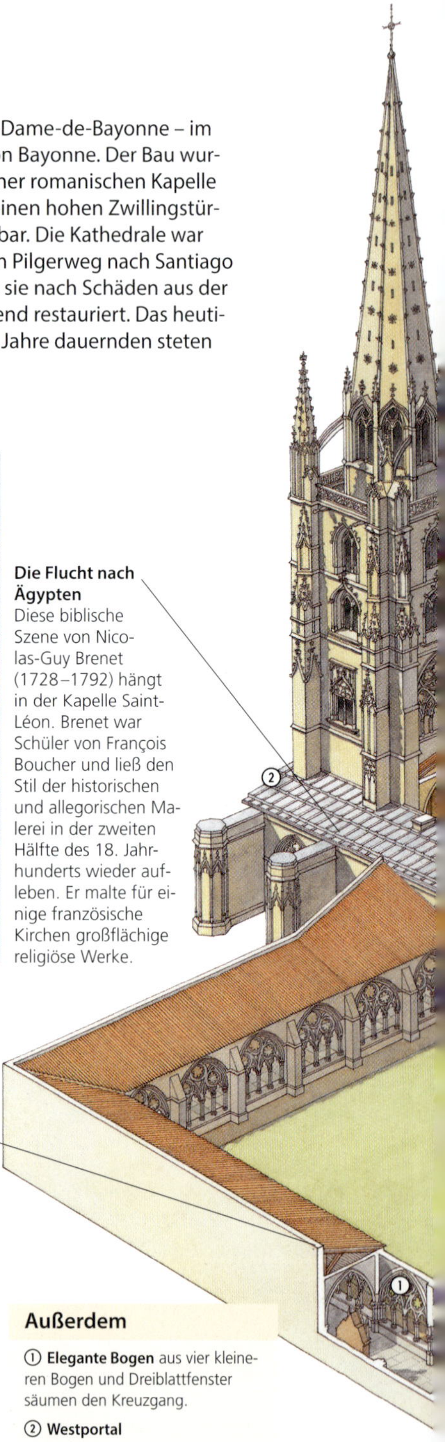

★ Kreuzgang
Vom Kreuzgang im gotischen Flamboyant-Stil an der Südseite der Kathedrale sind drei Arkadengänge verblieben. Er wurde für Bestattungen benutzt, viele Grabstätten sind noch zu sehen.

Außerdem

① **Elegante Bogen** aus vier kleineren Bogen und Dreiblattfenster säumen den Kreuzgang.

② **Westportal**

③ **Schiff**

④ **Nordportal**

Hotels und Restaurants im Pays Basque *siehe Seiten 254f und 269–271*

Infobox

Information
05 59 59 17 82.
Kathedrale tägl.
Kreuzgang tägl.
Westportal.

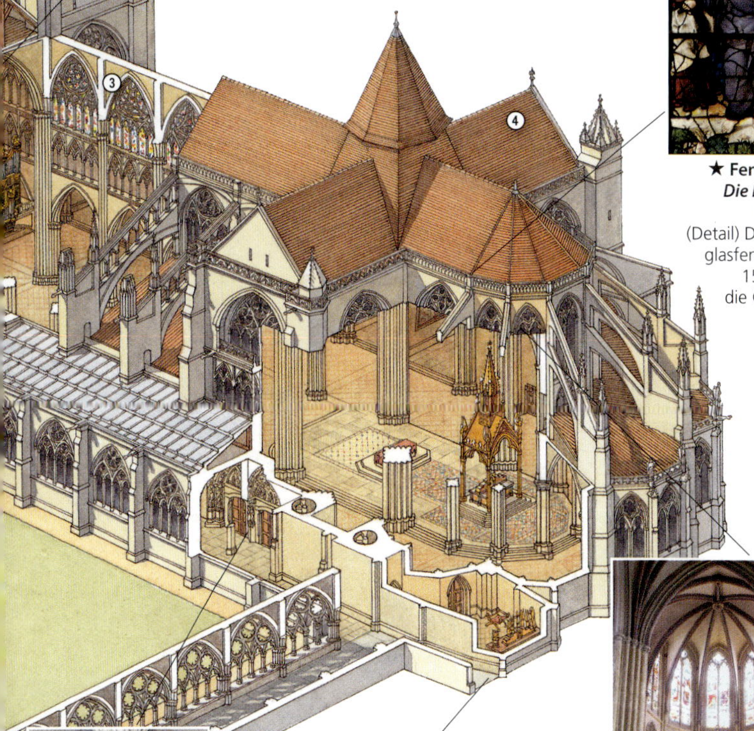

Orgel
Die erste Orgel wurde 1488, die heutige im 18. Jahrhundert installiert. Die Orgelempore ist in der Westwand

★ Fenster mit *Die Frau von Kanaan*
(Detail) Das Buntglasfenster von 1531 ziert die Chapelle Saint-Jérôme.

Eingang zum Kreuzgang

★ Sakristei
Die Sakristei hat einen mit Skulpturen verzierten Zugang aus dem 13. Jahrhundert.

Chor
Dies ist der älteste Teil der Kathedrale. Das Ziborium in der Mitte stammt aus der Mitte des 19. Jahrhunderts.

❷ Biarritz

Straßenkarte A4. Baskischer Name: Miarritze. 27 000. 1, square d'Ixelles; 05 59 22 37 00. Juli, Aug. tägl. Fête des Casetas (Ende Juni). **tourisme.biarritz.fr**

Bis zum späten 19. Jahrhundert war Biarritz nur ein kleiner Walfanghafen. Doch dann kam das Baden im Meer in Mode. Dieser neue Trend, der Siegeszug der Eisenbahn und die Tatsache, dass die Stadt bei Napoléon III und Kaiserin Eugénie so beliebt war, brachte die Welt nach Biarritz. Seitdem lockt der Badeort mit seinen eleganten Villen ein kosmopolitisches Völkchen an, das das Meer und den Luxus genießt.

Überblick: Biarritz
Die berühmte **Grande Plage** (Großer Strand) beginnt vor dem 1924 im Stil des Art déco erbauten **Casino**. Wo früher die kaiserliche Residenz Villa Eugénie stand, ragt heute an der rechten Seite des Strands das imposante **Hôtel du Palais** auf. In der Ferne sieht man den Leuchtturm **Phare de la Pointe Saint-Martin**. Dort führen 248 Stufen zur Leuchtkammer, die einen wundervollen Panoramablick von Anglet bis hinauf zu den Landes bietet.

Nach der Grande Plage stehen an der **Plage Miramar** Luxusvillen der Belle Époque. Besonders schön sind die Villen San Martino und Casablanca. Die **russisch-orthodoxe Kirche** in der Avenue l'Impératrice wurde im späten 19. Jahrhundert angelegt. Etwas weiter entfernt ist die im Empirestil gebaute Ausstellungsfläche **Le Bellevue** mit Art-déco-Rotunde. Der **Fischereihafen** von 1870 liegt in einer kleinen, geschützten Bucht unterhalb der Église Sainte-Eugénie.

Zum **Rocher de la Vierge**, dem Wahrzeichen der Stadt, führt von der Promenade ein Eisensteg von Alexandre Eiffel. Den Felsen krönt eine Marienstatue. Ein Türmchen und ein Spitzdach zieren die **Villa Belza** von 1895. Südlich führt die **Plage du Port-Vieux** weiter zur **Côte des Basques.**

Chapelle Impériale

Rue Pellot. 05 59 22 37 10. März–Mai, Nov, Dez: Sa nachmittags; Juni–Okt: Do, Sa nachmittags.

Kaiserin Eugénie ließ die Kapelle 1864 an der Place Sainte-Eugénie erbauen. Sie ist der Maria von Guadalupe, Mexikos Schwarzer Madonna, gewidmet. Der Bau zeigt außen eine byzantinisch-romanisch-maurische Stilmischung, die während des Zweiten Kaiserreichs in Mode war. Im Inneren zieren ihn eine bemalte Decke und kunstvolle *azulejos* (Fliesen im maurischen Stil) aus der Manufaktur in Sèvres.

Blick von der Marina auf die Grande Plage und den Leuchtturm

Musée de la Mer

Plateau de l'Atalaye. 05 59 22 75 40. Apr–Okt: tägl.; Nov–März: Di–So. zwei Wochen im Jan.

Das Museum in einem Art-déco-Bau von 1935 zeigt die maritime Welt am Golfe de Gascogne mit einer Fischereiausstellung und Aquarien.

Die Chapelle Impériale aus dem 19. Jahrhundert in Biarritz

Musée Historique

Rue Broquedis. 05 59 24 86 28. Di–Sa.

Das Museum in einer ehemaligen Kirche präsentiert die Geschichte von Biarritz vom kleinen Fischerdorf bis zum Urlaubsort der High Society.

Phare de la Pointe Saint-Martin

05 59 22 37 00. Mai–Juni, Sep: tägl. nachm.; Juli, Aug: tägl.

Der 73 Meter hohe Leuchtturm wurde 1834 erbaut. Der Ausblick über die Umgebung ist fantastisch.

Umgebung: Etwa vier Kilometer östlich bietet **Anglet** einen Strand, den Golfplatz Chiberta und die legendäre Grotte de la Chambre-d'Amour.

Eine schöne Aussicht hat man an der Chapelle Sainte-Madeleine in **Bidart**, fünf Kilometer südlich. Zwei Kilometer weiter zeigt in **Guéthary** das Musée Municipal Saraleguinea zeitgenössische Kunst.

High Society in Biarritz

Als Napoléon III und Kaiserin Eugénie Biarritz im späten 19. Jahrhundert zu einem Badeort an der Küste erkoren und der Empirestil der Belle Époque wich, wurde Biarritz zum Urlaubsort der feinen Gesellschaft mit einem lebhaften Nachtleben. Mit seinen Jugendstil- und Art-déco-Häusern übte es auf Prominente aus aller Welt großen Reiz aus. Präsident Sadi Carnot, Premierminister Georges Clemenceau und die Schriftsteller Émile Zola und Edmond Rostand verbrachten hier ihren Sommerurlaub, Elisabeth von Österreich suchte hier nach einer Kur für ihren Weltschmerz. Anfang des 20. Jahrhunderts lockte das Casino Berühmtheiten wie Sarah Bernhardt und den Modeschöpfer Jean Patou. Nach dem Zweiten Weltkrieg gab der Marquis de Cueva extravagante Partys für Fürsten und Stars wie Rita Hayworth, Gary Cooper, Bing Crosby und Frank Sinatra.

Edward VII, König von England, verbrachte im frühen 20. Jahrhundert oftmals seinen Sommerurlaub in Biarritz.

Baden in Biarritz war in der ersten Hälfte des 20. Jahrhunderts äußerst chic.

Baden
Die Mode, im Meer zu baden, wurde in Biarritz geboren – dank Napoléon III und Kaiserin Eugénie, die bis zum Ersten Weltkrieg und später zwischen den Kriegen als »Strandkönigin« regierte. Die Blütezeit der Ferien am Meer war mit dem Börsenkrach von 1929 und der folgenden Weltwirtschaftskrise in den 1930er Jahren abrupt zu Ende.

Charlie Chaplin war eine von vielen Berühmtheiten, die in den 1930er und 1940er Jahren häufig in einem Biarritzer Luxushotel, etwa dem Hôtel Miramar, Urlaub machten.

Die königliche Familie Englands folgte dem Beispiel König Edwards VII und kam regelmäßig an die sonnigen Strände von Biarritz. Dieses Foto von Edward, Prince of Wales und später Herzog von Windsor, und seinem jüngeren Bruder George, Herzog von Kent, wurde 1925 in der Villa Hélianthe aufgenommen.

❸ Saint-Jean-de-Luz

Straßenkarte A4. Baskischer Name: Donibane Lohizune. 14300. 20, boulevard Victor Hugo; 05 59 26 03 16. Di, Fr vormittags. Fêtes Patronales (Juni); Festival International Jeunes Réalisateurs (Okt). **saint-jean-de-luz.com**

Auf einer Seite der Bucht mit dem einstigen Piratennest Saint-Jean-de-Luz steht das Fort de Socoa, auf der anderen ist die Pointe de Sainte-Barbe. Über die Jahrhunderte wurde der Ort wohlhabend – durch das Vermögen, das die Händler und die vom 16. bis 19. Jahrhundert aktiven Piraten anhäuften, sowie durch Wal-, Dorsch-, Sardinen- und Thunfischfang. Auch heute herrscht im Hafen des vor allem bei Surfern beliebten Urlaubsorts quirliges Leben.

Richtung Nordosten säumen viele Strände die Küste: Erromardi, Lafitenia, Mayarco und Senix, der teilweise zum Nachbarort Guéthary gehört.

An der Place Louix-XIV hinter dem Fremdenverkehrsamt reihen sich elegante Wohnhäuser und Cafés im Schatten von Platanen. Schöne Häuser stehen zudem in der Rue Mazarin, etwa die Maison de l'Infante, die Maison des Trois-Canons auf Nr. 10 und die Maison de Théophile de la Tour-d'Auvergne auf Nr. 18.

Église Saint-Jean-Baptiste

Rue Gambetta. 05 59 26 08 81. tägl.

Die von außen schlicht wirkende Kirche brannte im Jahr 1419 ab und wurde etappenweise wiederaufgebaut. Die prächtige Innenausstattung mit einem schönen Altar stammt aus dem 17. Jahrhundert. In dieser Kirche heirateten am 9. Juni 1660 Louis XIV und Maria Theresia von Spanien *(siehe Bild S. 42)*.

Geschäftige Fußgängergassen in der Altstadt von Saint-Jean-de-Luz

Maison Louis-XIV

Place Louis-XIV. 05 59 26 01 56. Apr–Mitte Nov: Mi–Mo.

In dem Haus des Reeders Johannis de Lohobiague von 1643 wohnten 1660 Kardinal Mazarin (1602–1661), der heimliche Regent Frankreichs während der Minderjährigkeit

Église St-Jean-Baptiste

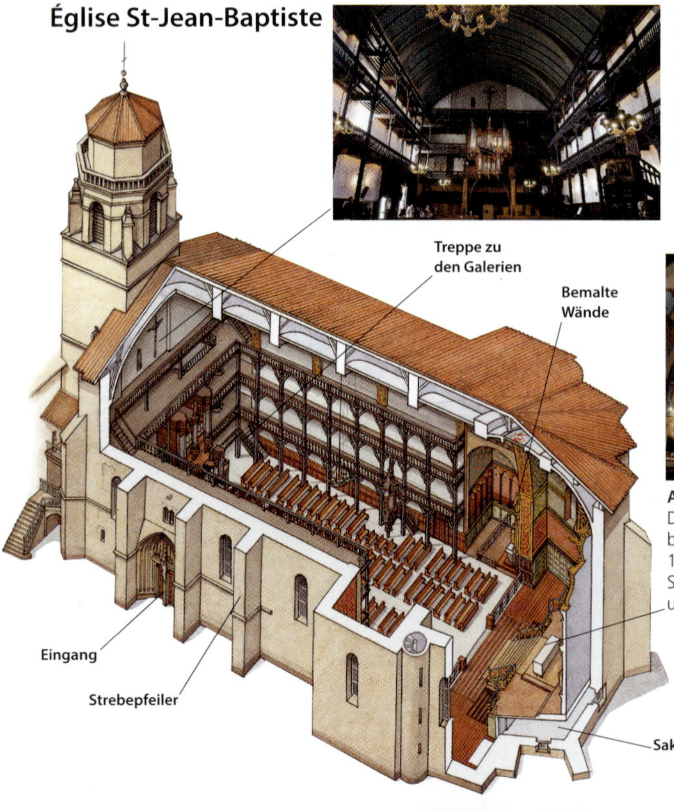

Galerien
Wie in vielen baskischen Kirchen verlaufen im Innenraum Holzgalerien – in drei Etagen an den Seiten und vier hinter der Orgel.

Altar
Der kunstvolle barocke Altar von 1670 hat gedrehte Säulen mit Weinblatt- und Akanthusmotiven.

Die Maison de l'Infante am Hafen von Saint-Jean-de-Luz

von Louis XIV, Anna von Österreich und Louis XIV selbst. Er heiratete damals die Infantin Maria Theresia von Spanien, um den Vertrag des Pyrenäenfriedens zu erfüllen. Nebenan stehen die **Maison Saubat-Claret** mit verzierten Balkonen und das **Hôtel de Ville** (1654) mit der Reiterstatue von Louis de Bouchardon.

Maison de l'Infante

Quai de l'Infante. 05 59 26 36 82. Juni–Mitte Nov: Mo–Sa.

Das auch Maison Joanoenea genannte Haus wurde um 1640 erbaut. Es gehörte der Reederfamilie Haraneder. Im Jahr 1660 wohnte hier Maria Theresia, die zukünftige Königin von Frankreich.

Rue de la République

Die Straße führt zum Meer und zur **Grande Plage**. Die Maison Esquerrenea (Nr. 17) überstand den Brand von 1558 und ist das älteste Haus im Ort. Wie die Maison Duplan (Nr. 10) besitzt das Gebäude einen Turm zur Beobachtung von Schiffen. An der Place Louis-XIV beginnt die Fußgängerzone **Rue Gambetta** mit schönen Häusern auf Nr. 18 und 20.

Umgebung: Fünf Kilometer entfernt steht in **Urrugne** die **Église Saint-Vincent** (16. Jh.) mit Renaissanceportal, einem 45 Meter hohen Glockenturm, einer Orgelempore und 22 Meter hohen hölzernen Galerien. Das im Jahr 1341 erbaute **Château d'Urtubie** wurde großteils im 16. und 18. Jahrhundert umgebaut. König Louis XI wohnte hier 1463.

Château d'Urtubie

D810. 05 59 54 31 15. Apr–Okt: tägl.

4 Ciboure

Straßenkarte A4. Baskischer Name: Ziburu. 6900. Saint-Jean-de-Luz. 5, place Camille Jullian; 05 59 47 64 56. So vormittags. Fête du Thon (2. Sa im Juli). **ciboure.fr**

Südlich von Saint-Jean-de-Luz liegt auf der anderen Seite der Nivelle der Ort Ciboure. Er zeigt einige eindrucksvolle Beispiele der typischen baskischen Architektur: weiß getünchte Häuser mit Balkenwerk aus rotem Holz sowie Balkonen. Der **Couvent des Récollets** wurde 1610 mit einem Kreuzgang erbaut und diente während der Französischen Revolution als Gefängnis und Gericht. In dem Haus am Kai mit Gabelfassade im holländischen Stil (17. Jh.) wurde der Komponist Maurice Ravel geboren.

Die **Église Saint-Vincent** (16. Jh.) in der Rue Pocalette hat einen achteckigen Glockenturm. Im Inneren sieht man mehrere dreistöckige Holzgalerien, einen beeindruckenden Altar und Bilder der Chapelle des Récollets.

Der Leuchtturm wurde 1936 nach Plänen des Architekten André Pavlovsky gebaut, das Fort de Socoa im 17. Jahrhundert zur Verteidigung des Walfanghafens errichtet.

Couvent des Récollets

Quai Pascal-Elissalt. **Kreuzgang** 05 59 47 64 56. (für die Öffentlichkeit).

5 Hendaye

Straßenkarte A4. Baskischer Name: Hendaia. 14 500. 67 bis, boulevard de la Mer; 05 59 20 00 34. Mi, Sa vormittags. Fête Basque (2. Wochenende im Aug). **hendaye-tourisme.fr**

Der Ferienort an der Mündung des Grenzflusses Bidassoa besteht aus Hendaye-Plage und Hendaye-Ville. Sehenswert sind in der Église Saint-Vincent ein Kruzifix (13. Jh.) und ein Altar (17. Jh.). Die zwei Felsen an der Pointe Sainte-Anne weisen den Eingang zur Baie de Fontarrabie.

Umgebung: 1,5 Kilometer entfernt steht das **Château d'Abbadia** des Forschers Antoine d'Abbadia (1810–1897), ein kurioser Bau im orientalisch-gotischen Stilmix.

Château d'Abbadia

Route de la Corniche. 05 59 20 04 51. Feb–Dez: tägl. (Zeiten tel. erfragen).

Das wuchtige neogotische Château d'Abbadia bei Hendaye

Hotels und Restaurants im Pays Basque *siehe Seiten 254f und 269–271*

Zahnradbahn auf die Rhune beim Col de Saint-Ignace

❻ Vallée de la Nivelle

Straßenkarte A4.

Das Tal unterhalb der Gipfel von Rhune, Mondarrain und Axuria zeigt sich landschaftlich sehr abwechslungsreich mit sanften Hügeln, weiten Wiesen und von Hecken eingefassten Äckern.

Sechs Kilometer von der Küste entfernt liegt **Ascain** am Fuß der Rhune. Das Dorf wurde von Pierre Loti (1850–1923) in seinem Roman *Ramuntcho* verewigt. Besonders malerisch ist der Hauptplatz mit Häusern im alten Labourd-Stil und der 1626 in Anwesenheit von Louis XIII geweihten Kirche mit dem imposanten Westturm. Im nahe gelegenen **Saint-Pée-sur-Nivelle** stehen Häuser aus dem 18. Jahrhundert. In der Kirche sind im Boden Grabplatten eingelassen, darunter eine aus dem 16. Jahrhundert. Die Mühle **Moulin Plazako Errota** (15. Jh.) wird nicht mehr genutzt, bewahrt aber noch alte Getreidemaße. Im Staatsforst stehen eigenartig gestutzte Eichen, hier gibt es Wander- und Fahrradwege.

Die Grottes de Sare sind prähistorische Höhlen im Nivelle-Tal

Zwei Kilometer entfernt bietet der **Lac de Saint-Pée** an der D918 Wassersportmöglichkeiten. Der 905 Meter hohe **Rhune**-Gipfel ist zu Fuß oder mit einer Schmalspurbahn zu erreichen. Die Berghänge sind übersät mit Megalith-Monumenten aus dem Neolithikum, außerdem trifft man hier auf Schäfer mit ihren Herden, und mit etwas Glück kann man *pottoks* (Wildponys) und Gänsegeier *(siehe S. 25)* sehen.

In dem alten Schmugglerdorf **Sare** stehen einige schöne Häuser im Labourd-Stil (17. und 18. Jh.). Ein kurzer Bummel durch den Ort führt an 14 der Gottesmutter Maria und diversen Heiligen geweihten Kapellchen vorbei, die ab dem 17. Jahrhundert von Fischern als Dank errichtet wurden. Die **Maison Ortillopitz** außerhalb von Sare ist ein Bauernhaus (17. Jh.). Mit Fachwerk, Steinmauern und einem Dach aus Eichenbalken ist es ein *etxe*, ein traditionelles baskisches Haus *(siehe S. 28)*.

Die **Grottes de Sare** liegen sieben Kilometer südlich. Die Knochen- und Werkzeugfunde aus Feuerstein zeigen, dass die Höhlen von prähistorischen Menschen bewohnt waren.

Moulin Plazako Errota
05 59 54 19 49. Juni–Sep (nach Vereinbarung).

Lac de Saint-Pée
05 59 54 11 69. Juli, Aug: tägl.

Petit Train de la Rhune
Col de Saint-Ignace. 05 59 54 20 26. Mitte Feb–Mitte Nov. **rhune.com**

Grottes de Sare
05 59 54 21 88. tägl. Jan. **grottesdesare.fr**

Maison Ortillopitz
05 59 85 91 92. Mitte Apr–Mitte Okt: So–Fr nachmittags. **ortillopitz.com**

Pottoks

Seit prähistorischen Zeiten lebten in den rauen, futterarmen Hügeln des Pays Basque wilde, zähe Pferde, die *pottoks* (»kleine Pferde«, »potioks« ausgesprochen). Typischerweise sind sie braun oder schwarz, dickbäuchig, mit langen Mähnen, zierlichen Beinen und schmalen Hufen. Die winzigen Pferde sind vom Aussterben bedroht, aber in den 1970er Jahren begannen sich einige Züchter für sie zu interessieren. Früher wurden die Tiere in der Landwirtschaft verwendet oder geschlachtet. Heute stehen sie als Wahrzeichen des Pays Basque unter Naturschutz.

Pottoks in natürlicher Umgebung in den Hügeln des Pays Basque

Hotels und Restaurants im Pays Basque *siehe Seiten 254f und 269–271*

7 Ainhoa

Straßenkarte A5. 700. Bayonne, Saint-Jean-de-Luz. Maison du Patrimoine; 05 59 29 93 99.

Mit seinen prächtigen, malerischen Häusern mit rotem oder grünem Balkenwerk zählt Ainhoa für viele zu den schönsten Dörfern Frankreichs. Sehenswert sind etwa in der Hauptstraße die Häuser mit verzierten Türstürzen. Die Kirche (14. Jh.) am Hauptplatz zieren Galerien, ein vergoldetes Altarblatt, ein fünfstöckiger Glockenturm und Rundkreuze auf dem Friedhof. Weitere 26 baskische Grabsteine befinden sich bei der weiter oben auf 450 Meter Höhe gelegenen Kirche Notre-Dame-de-l'Aubépine. Von hier reicht der Blick bis zur Rhune, dem Atlantik und Dancharia in Navarra.

Piment d'Espelette

Um 1650 wurde die süßliche Chilischote aus Mexiko eingeführt. Sie diente zuerst als Medikament, später zum Würzen und Konservieren. In zahlreichen lokalen Gerichten wird sie frisch oder getrocknet, ganz oder in Pulverform verwendet, sogar zum Aromatisieren von Schokolade. Die Sorte Gorria wird in zehn Dörfern um Espelette angebaut. Die Schoten werden im Spätsommer geerntet, auf einen Faden gezogen und – oft an der Hausfront – zum Trocknen aufgehängt. Das Wahrzeichen von Espelette ist sogar als AOP klassifiziert und wird am letzten Sonntag im Oktober mit einem großen Fest gefeiert.

Getrocknete *piments*

8 Espelette

Straßenkarte A4. Baskischer Name: Ezpeleta. 2000. Cambo-les-Bains. Château; 05 59 93 95 02. Mi vormittags, Sa (Juli, Aug). Fête du Piment (letztes Wochenende im Okt), *Pottok*-Markt (letzter Di und Mi im Jan).

Das Dorf ist für die roten Paprika und als Geburtsort von Pater Armand David (1826–1900) bekannt, der in China den Großen Panda entdeckte und die nach ihm benannte Hirschart *Elaphurus davidianus*. An seinem Wohnhaus, der Maison Bergara, hängt eine Gedenktafel. Sehenswert ist auch das **Château des Barons d'Ezpeleta** (11. Jh.), das heute das Rathaus und das Fremdenverkehrsbüro beherbergt.

Die Kirche am Ortsrand zieren eine bemalte Decke, Galerien und ein Glockenturm. Auf dem Friedhof sieht man Gräber mit Rundkreuzen und das Art-déco-Grabmal der ersten Miss Frankreich.

Château des Barons d'Ezpeleta
145, route Karrika-Nagusia.
05 59 93 95 02. Mo–Fr, Sa vormittags (Juli, Aug: Mo–Sa).

Weiße Häuser und mächtiger Glockenturm in Espelette

9 Itxassou

Straßenkarte AB4. Baskischer Name: Itsasu. 2000. Cambo. Mairie; 05 59 29 75 36. Fête de la Cerise (1. So im Juni); Fête de la Saint Jean (Juni).

Der Ort liegt im Herzen eines malerischen Tals. Im Ortsteil Urzumu steht die weiße Église Saint-Fructueux (17. Jh.) mit Galerien aus gedrechseltem

Itxassou ist die »Hauptstadt« der Schwarzkirschen

und geschnitztem Holz. Auf dem Friedhof stehen mehr als 200 Grabsteine mit Rundkreuzen. Eine Spezialität der Region sind die Schwarzkirschen, für die Anfang Juni ein Fest gefeiert wird. Zu einer Scheibe Schafskäse sind sie frisch oder als Marmelade einfach köstlich *(siehe S. 215)*.

Umgebung: 1,5 Kilometer von Itxassou windet sich die Straße an der Nive und den Gorges d'Ateka-Gaitz bis zum **Pas-de-Roland**. Der Legende zufolge durchschnitt Roland *(siehe S. 210)* den Felsen mit seinem Schwert Durandal. Hier ragt der 926 Meter hohe **Artzamendi** (baskisch für »Bärenberg«) auf. Der Pass kann gut zu Fuß oder mit dem Auto erreicht werden. Ein einfacher, gut markierter Weg führt zum 750 Meter hohen Gipfel des **Mondarrain**, wo Ruinen eines römischen Kastells im Mittelalter wiederaufgebaut wurden.

Die Villa Arnaga, das Haus von Edmond Rostand in Cambo-les-Bains

⑩ Cambo-les-Bains

Straßenkarte B4. Baskischer Name: Kanbo. 6300. Cambo. Avenue de la Mairie; 05 59 29 70 25. Mi, Fr. Fête de Saint Laurent (Mitte Aug); Fête du Gâteau Basque (1. Woche im Okt).
cambolesbains.com

Cambo-les-Bains ist ein bekannter Thermalkurort an der Nive. Viele Besucher, darunter Künstler, Schriftsteller und andere Berühmtheiten des 19. und frühen 20. Jahrhunderts, kamen wegen der sulfat- und eisenreichen Wasser der Quellen hierher. Zu den Gästen gehörten Napoléon III und Kaiserin Eugénie, die 1856 in Biarritz ein Urlaubsdomizil erwarben. Der spanische Komponist Isaac Albéniz kurte hier 1909, der Maler Pablo Tillac 1921.

Von der Rue du Trinquet und der Rue des Terrasses blickt man bei klarem Wetter auf das Flusstal und die Pyrenäen. Die Église Saint-Laurent ziert ein Altarblatt aus vergoldetem Holz (spätes 17. Jh.). Die zentrale Tafel stellt das Martyrium des heiligen Laurentius dar. Auf dem Friedhof stehen baskische Rundkreuze *(siehe S. 35)*.

Die Avenue Edmond-Rostand führt zur **Villa Arnaga**, die der Schriftsteller inmitten von Gärten erbaute. Jeder Raum ist in einem anderen Stil gestaltet – das Arbeitszimmer mit klassischen Elementen und der Salon mit Chinoiserien. Im Erdgeschoss informieren Tafeln über das Leben des Autors.

Villa Arnaga
Avenue du Docteur Camino.
05 59 29 83 92. Apr–Sep: tägl.

Edmond Rostand

Cambo-les-Bains wird oft mit Edmond Rostand (1868–1918) in Zusammenhang gebracht. Der in Marseille geborene Dramatiker und Dichter war Mitglied der Académie Française und verfasste das berühmte Versdrama *Cyrano de Bergerac* (1897) sowie *L'Aiglon* (1900) und *Chantecler* (1910). Rostand kam 1900 wegen der Heilquellen nach Cambo, da er an Pleuritis litt. Er erlag schnell dem Charme des Orts und baute schon im darauf folgenden Jahr die Villa Arnaga. Rostand lebte 15 Jahre mit seiner Familie hier.

⑪ Hasparren

Straßenkarte B4. Baskischer Name: Hazparne. 6400. Cambo-les-Bains, Bayonne. 2, place Saint-Jean; 05 59 29 62 02. jeden 2. Di. Stierrennen (Juli, Aug); Championnat de l'Irrintzina (Aug).
hasparren-tourisme.com

Hasparren liegt inmitten von Hügeln und Wiesen mit weidenden Schafherden. Vereinzelt stehen traditionelle baskische Bauernhäuser mit Fachwerk, weißen Wänden und roten Fensterläden in der Landschaft. Das ehemalige Zentrum der Schuhproduktion und Lederverarbeitung ist heute trotz seiner Industrie ein angenehmer Ort.

Fresko in der Chapelle du Sacré-Cœur

Die auch als Chapelle des Missionaires bekannte **Chapelle du Sacré-Cœur** wurde 1933 errichtet. Die Wände des Kirchenschiffs bedecken riesige Fresken mit 48 Heiligen, einige werden in ihrem Martyrium gezeigt. Das im byzantinischen Stil kreierte Mosaik *Christus Pantokrator* ziert den Chor.

Die Maison Eyhartzea in der Rue Francis-Jammes am Ortseingang beherbergt ein Kulturzentrum. Von 1921 bis zu seinem Tod 1938 lebte hier der Schriftsteller Francis Jammes.

Umgebung: Die D22 heißt **Route Impériale des Cimes** (Gipfelstraße) und bietet zwischen Cambo und Hasparren eine fantastische Aussicht auf das Nive-Tal, Artzamendi, Rhune und Mondarrain.

Wenn Sie bei einer Kreuzung im Bezirk Pachkoenia abbiegen, kommen Sie über Cambo-les-Bains und über Bayonne-Saint-Pierre-d'Irbe nach Hasparren zurück.

Rund vier Kilometer von Hasparren entfernt liegt **Ayherre**. Von dort genießt man einen Panoramablick über das Pays Basque. Der baskische Name für den Ort lautet Eihera (»Mühle«). Von ehemals 14 Mühlen ist heute nur noch eine einzige in Betrieb.

Hotels und Restaurants im Pays Basque *siehe Seiten 254f und 269–271*

Blick auf das Städtchen Hasparren

13 km von Hasparren entfernt liegen die **Grotte d'Isturitz** und **Grotte d'Oxocelhaya**, die durch einen unterirdischen Nebenfluss der Arbéroue entstanden. Hier wurden prähistorische Malereien von Pferden und Hirschen sowie Knochen und Werkzeuge entdeckt.

Grotte d'Isturitz und Grotte d'Oxocelhaya
Saint-Martin-d'Arbéroue. 05 59 29 64 72. Mitte März–Mitte Nov. **grottes-isturitz.com**

⓬ La Bastide-Clairence

Straßenkarte B4. Baskischer Name: Bastida. 1000. Bayonne. Maison Darrieux, Place des Arceaux; 05 59 29 65 05. Töpfermarkt (2. Wochenende im Sep).

Die schöne Bastide an der Grenze zur Gascogne wurde 1312 vom König von Navarra gegründet. Ihre Lage nahe dem Béarn ermöglichte die Kontrolle der Schifffahrt auf dem Adour. Im Mittelalter verdankte der Ort sein Wachstum der Weberei, der Lederverarbeitung und dem Handel.

Der Ort hat noch immer seine mittelalterliche, rasterförmige Anlage mit den zwei im rechten Winkel verlaufenden Hauptachsen, sechs kleineren Straßen, Fachwerkhäusern und Arkaden. Die Église Notre-Dame (14. Jh.) steht im oberen Ort in einem Hof mit Grabsteinen. Weiter oberhalb sind auf einem Friedhof mit etwa 60 Grabsteinen sephardische Juden begraben, die im 17. Jahrhundert aus Portugal kamen.

Umgebung: Drei Kilometer von La Bastide-Clairence entfernt steht die Benediktinerabtei **Notre-Dame-de-Belloc** von 1875. Die Mönche leben von der Landwirtschaft und der Publikation baskischsprachiger Bücher. Auf dem Friedhof stehen einige Grabsteine mit Rundkreuzen.

⓭ Bidache

Straßenkarte B4. Baskischer Name: Bidaxune. 1250. Puyoô. Bayonne. 1, place Florail; 05 59 56 03 49.

Bidache war einst Sitz eines Herzogtums, die Ruinen des einst stattlichen Château de Gramont aus dem 13. Jahrhundert belegen die historische Bedeutung des Ortes. Die Burg wurde bis zum 18. Jahrhundert mehrmals umgebaut und weist sowohl mittelalterliche als auch Renaissance-Elemente auf. Der jüdische Friedhof im Dorf ist einer der ältesten in Frankreich.

Die Benediktinerabtei Notre-Dame-de-Belloc bei La Bastide-Clairence

⓮ Bidarray

Straßenkarte B5. Baskischer Name: Bidarrai. 700. Pont Noblia-Bidarray. Cambo-les-Bains. 14, place Charles-de-Gaulle, Saint-Jean-Pied-de-Port; 05 59 37 03 57.

Der Pont-Noblia führt bei Bidarray über die Nive

Das Dorf mit den zwölf Vierteln wartet mit Häusern im typischen Stil der Basse-Navarre auf *(siehe S. 28)*. An der höchsten Stelle steht eine kleine Kirche (12. Jh.) aus rosafarbenem Sandstein. Auf dem Friedhof sind Grabsteine mit Rundkreuzen *(siehe S. 35)* zu sehen. Überall weiden Schafe.

Die Nive ist hier für Wassersport geeignet. Bidarray liegt am Fernwanderweg GR10 zwischen Ainhoa und Baïgorry und ist ein guter Ausgangspunkt für schöne Wanderungen zu den Höhen von Iparla und Baygoura sowie zum Mont Artzamendi.

Umgebung: Sechs Kilometer entfernt stehen in **Ossès** schöne Fachwerkhäuser, besonders eindrucksvolle Beispiele sind die Maison Harizmendi und die Maison Ibarrondo. Auffallend sind auch die Häuser mit verzierten Türstürzen, etwa die Maison Arrosa und die Maison Arrosagaray. Die Renaissancekirche Église Saint-Julien aus dem 16. Jahrhundert wartet am Dorfplatz mit einem siebenseitigen Glockenturm und einem Barockportal (17. Jh.) auf, im Inneren verfügt sie über verzierte Holzgalerien, eine Wendeltreppe und ein großartiges barockes Altarblatt aus dem 17. Jahrhundert.

Vier Kilometer weiter stehen am anderen Ufer der Nive in **Saint-Martin-d'Arrosa** einige traditionelle Häuser mit schön verzierten Türstürzen. Im Innenraum der Kirche auf dem Hügel zieht ein vergoldeter Holzaltar die Blicke auf sich.

Größte Attraktion in **Irrissary** ist ein sehenswertes Kloster aus dem 12. Jahrhundert.

⓰ Tour: Vallée des Aldudes

Am oberen Ende des Aldudes-Tals liegt die Region Pays Quint oder Kintoa. Sie gehört zu Spanien, ist aber dauerhaft an Frankreich verpachtet. Wie die Täler Baztán, Erro und Valcarlos in Spanien ist die Region ein Land der *estives* (Sommerweiden), Buchen und Bauernhöfe. Hier weiden Herden der schwarzgesichtigen, *manech* genannten Schafe.

④ Kuartela
In der Nähe einer aufgelassenen Kaserne kann man bei Kuartela von der N138 in Richtung Urepel abbiegen. Die enge, kurvige und malerische Route führt durch Buchenwälder und grüne Wiesen.

③ Venta Baztán
Auf der spanischen Seite heißen die baskischen Verkaufsstände an den Pässen *ventas*. Sie bieten gute Gelegenheit, Souvenirs zu kaufen oder einen Imbiss einzunehmen.

Die Kirche in Les Aldudes

⓯ Saint-Étienne-de-Baïgorry

Straßenkarte B5. Baskischer Name: Baigorri. 1650. Ossès. Ossès. Maison Elizondoenea; 05 59 37 47 28. Journée de la Navarre (letztes Wochenende im Apr); Euskal Trial (Mai); Gastrofest (Juni); Baskische Kraftwettbewerbe (Juli, Aug).

Der Hauptplatz mit dem *fronton* (Pelota-Platz) bietet eine schöne Aussicht auf Mont Buztanzelai, Mont Oilandoi und Col d'Ispéguy. Rechts vom Hauptportal der romanischen **Kirche** (11. Jh.) war die Porte des Cagots der Eingang für die *cagots*, Dorfbewohner. Ihr Ghetto war das Viertel Mitchelenea mit der 1661 erbauten **romanischen Brücke**.

Die Herren des **Château d'Etxauz** mit den zwei mittelalterlichen Türmen an der Nordseite und Renaissance-Elementen an der Südseite regierten hier 500 Jahre lang. In der Burg erinnert eine nette Sammlung an Charlie Chaplin, der sich hier aufhielt.

Umgebung: Fünf Kilometer entfernt liegt **Irouléguy**, das einzige Weinanbaugebiet im nördlichen Pays Basque. Die Weine werden von der **Cave Cooperative** vermarktet.

Acht Kilometer entfernt zeugen bei **Banca** die Reste eines Hochofens (18. Jh.) von den Minen, die hier früher ausgebeutet wurden.

In **Les Aldudes** stehen Häuser im typischen Navarrastil aus rotem Sandstein. In der Räucherei Salaisons des Aldudes kann man viel über die baskische Schweinefleischindustrie lernen und die Produkte kosten. Der Besitzer Pierre Oteïza hat die traditionelle Kunst der Schinkenherstellung aus dem *pie noir,* einer einheimischen schwarz gefleckten Schweinerasse, wiederbelebt.

Große prähistorische Steinkreise liegen westlich des Dorfs auf dem Berg **Argibel**.

Château d'Etxauz
An der D949. 05 59 37 48 58.
Juli, Aug.

Cave Coopérative d'Irouléguy
An der D15. 05 59 37 41 33.
tägl. (Okt–Mitte März: Mo–Sa).
cave-irouleguy.com

Château d'Etxauz in Saint-Étienne-de-Baïgorry

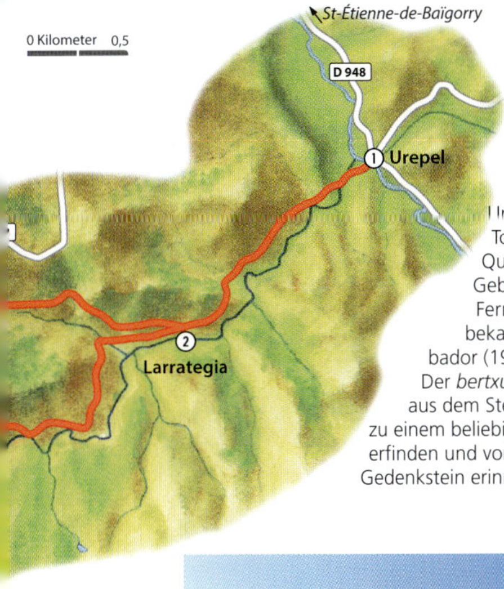

Routeninfos

Straßenkarte A5
Länge: 15 km ab Saint-Étienne-de-Baïgorry an der D948
Rasten: In Venta Baztán gibt es eine Auberge und einen kleinen Supermarkt. Die Tour führt durch Wiesen, Buchenwälder und Weiler und bietet unterwegs zahlreiche schöne Rastplätze für ein Picknick.

① Urepel
Urepel ist das Tor zum Pays Quint und der Geburtsort von Fernando Aire, bekannt als Xalbador (1920–1976). Der *bertxulari* konnte aus dem Stegreif Verse zu einem beliebigen Thema erfinden und vortragen. Ein Gedenkstein erinnert an ihn.

Legende
Routenempfehlung
Andere Straße
Staatsgrenze

② Larrategia
Die Gegend ist mit ihren einsamen Gehöften und Schafherden typisch für die baskischen Täler, in denen sich das Land großteils nur für die Weidewirtschaft eignet.

Die Nive bei Saint-Jean-Pied-de-Port, einem bekannten Ort an der Pilgerroute nach Compostela

⑰ Saint-Jean-Pied-de-Port

Straßenkarte B5. Baskischer Name: Donibane Garazi. 1750. 14, place Charles-de-Gaulle; 05 59 37 03 57. Mo. *Pelota main* (mit bloßen Händen) im *trinquet* (Mo). **W saintjeanpieddeport-paysbasque-tourisme.com**

Als letzte Station vor der gefährlichen Passüberquerung nach Roncesvalles war Saint-Jean-Pied-de-Port seit dem 14. Jahrhundert ein bedeutender Handelsort am Pilgerweg nach Santiago de Compostela und als Garten von Navarra bekannt. Die Herrschaft über den Ort wechselte bis zum Jahr 1589 mehrere Male, bis dieser unter Henri IV schließlich an Frankreich fiel.

Die Altstadt betritt man an der Place Charles-de-Gaulle durch das Festungstor Porte de Navarre mit Schießscharten und Brustwehren. Nahe der Zitadelle (17. Jh.) führen Stufen hinauf zum Mauergang. Die Église Notre-Dame-du-Bout-du-Pont (14. Jh.) zieren Säulen und Pfeiler aus rosa Sandstein. In der Maison Mansart, ebenfalls aus rosa Sandstein, befindet sich das Rathaus.

Die Rue de la Citadelle säumen schöne Steinhäuser mit verzierten Türstürzen und Gesimsen über reich verzierten Balken. Eines der schönsten dieser Häuser ist die 1510 gebaute Maison Arcanzola mit Ziegel- und Fachwerkwänden im Obergeschoss.

Etwas weiter steht das Prison des Évêques aus der Zeit, als hier ein Bischofssitz war – dreimal zwischen 1383 und 1417. Es wurde im 19. Jahrhundert erneut als Gefängnis für kurze Haftstrafen benutzt. Die **Porte Saint-Jacques** am Ende der Rue de la Citadelle zählt zum UNESCO-Welterbe. Durch das Tor sieht man noch heute die Pilger gehen.

Über den malerischen Pont Notre-Dame kommt man ins Viertel der Rue d'Espagne am anderen Ufer der Nive und zu den Stadtmauern. Auf dem überdachten Markt findet montags ein Viehmarkt statt.

Umgebung: Zehn Kilometer entfernt liegt kurz nach Arnéguy und Valcarlos in Spanien **Roncesvalles** (französisch: Roncevaux). Der Ort erstreckt sich unterhalb des Col de Roncevaux (oder Puerto d'Ibañeta), einem 1507 Meter hohen Pass. Hier stehen eine Herberge aus dem 18. Jahrhundert, die Chapelle de Sancti Spiritus aus dem 12. und die Église de Santiago aus dem 14. Jahrhundert. Obwohl Compostela noch etwa 800 Kilometer entfernt ist, war hier für die Pilger der anstrengendste Teil der Reise vorüber.

Die Schlacht von Roncesvalles

Buchmalerei (15. Jh.) mit Karl dem Großen und dem gefallenen Roland

Nach dem Versuch, das von den Mauren beherrschte Saragossa zu belagern, zog sich die christliche Armee unter Karl dem Großen, später Kaiser des Heiligen Römischen Reichs, im Jahr 778 über die Pyrenäen zurück. Am Roncesvalles-Pass überfielen die Basken, die zu damaliger Zeit die Mauren unterstützten, die erschöpfte Nachhut unter Karls Neffen Roland. Das Heer Karls des Großen erlitt große Verluste, Roland selbst wurde getötet. Am Col d'Ibañeta steht ein Gedenkstein für die gefallenen Krieger. Ihre Heldentaten wurden gut 300 Jahre später im *Rolandslied* verewigt.

Traditionelles baskisches Leinen in einem Laden in Saint-Jean-de-Luz

Baskisches Leinen

Baskisches Leinen wird traditionell mit Streifen gewebt, um die verschiedenen Familienleinen im Dorfwaschhaus unterscheiden zu können. Früher wurde es aus Flachs auf Handwebstühlen, heute wird es aus Flachs und Baumwolle industriell gefertigt. Zu den traditionellen Mustern gehören das baskische Kreuz und eine kräftige Grundfarbe anstatt des üblichen Weiß. Leinen wurde für vieles verwendet, etwa Tischdecken, Servietten oder Vorhänge. Mit den größten Stücken dekorierte man die Häuser. Heute wird die alte Kunst nur noch von wenigen Werkstätten am Leben gehalten: Jean Vier in Saint-Jean-de-Luz, Ona Tiss in Saint-Palais und Lartigue in Oloron-Sainte-Marie im Béarn.

18 Saint-Palais

Straßenkarte B4. Baskischer Name: Donapaleu. 2000. Puyoô. 14, place Charles de Gaulle; 05 59 65 71 78. Fr. Festival de Force Basque (1. So nach dem 15. Aug); Pferdemarkt (Dez); Fête de la Madeleine (Juli). **saintpalais-tourisme.com**

Die Bastide (13. Jh.) war später Hauptstadt des Königreichs Navarra. Da sie an der Kreuzung mehrerer Pilgerwege liegt, wurden hier viele Märkte abgehalten. Hier versammelten sich im 16. Jahrhundert zum ersten Mal die Generalstände der Region. Im Ort stehen schöne alte Häuser, so die Maison des Têtes, die von Kopfreliefs in Medaillons geschmückt wird. Das **Musée de Basse-Navarre et des Chemins de Saint-Jacques** im Hof des Rathauses dokumentiert die Geschichte der Wallfahrt nach Santiago de Compostela. In der Ortschaft existiert mit **Ona Tiss** eine der wenigen verbliebenen traditionellen Leinenwebereien.

Musée de Basse-Navarre et des Chemins de Saint-Jacques
05 59 65 71 78. tägl.

Ona Tiss
23, rue de la Bidouze. 05 59 65 71 84. Mo–Do.
onatiss.com

Umgebung: Fünf Kilometer nördlich zeigt das **Château de Camou** (16. Jh.) eine Ausstellung über das Lehnswesen und Modelle von Erfindungen der Renaissance. Drei Kilometer weiter im Nordwesten findet in **Garris** am 31. Juli und 1. August ein *Pottok*-Markt statt.

Zwölf Kilometer südlich war **Ostabat**, das an der Kreuzung der Pilgerwege von Tours, Vézelay und Le Puy liegt, früher eine bedeutende Raststation der Pilger.

Château de Camou
05 59 65 84 03. nach Vereinbarung.

Weberin in Ona Tiss, der baskischen Leinenmanufaktur in Saint-Palais

19 L'Hôpital-Saint-Blaise

Straßenkarte B5. Baskischer Name: Ospitale-Pia. 75. Oloron-Sainte-Marie. Mairie; 05 59 66 11 12. Wallfahrt zu Ehren des heiligen Blasius (Anfang Feb).

Das kleine Dorf liegt 13 Kilometer nordöstlich von Mauléon-Licharre nahe an der Grenze zum Béarn *(siehe S. 219)*. Es war einst der Sitz eines Großmeisters des Templerordens. In der Templer-Herberge konnten Pilger wohnen und rasten, bevor sie ihren beschwerlichen Weg über Oloron-Sainte-Marie oder Saint-Jean-Pied de Port hinauf zum Col du Somport fortsetzten.

Die Kirche (12. Jh.) von Hôpital-Saint-Blaise

Die bemerkenswerte **Église de L'Hôpital-Saint-Blaise** wurde im 12. Jahrhundert im romanischen Stil mit maurischen Elementen gebaut. Diese fallen besonders in den steinernen Gitterfenstern und in den Kapitellen des Portals ins Auge, aber der maurische Einfluss ist auch im Inneren erkennbar: Die steinerne Kuppel verfügt über ein Rippengewölbe, das wie ein Stern mit acht Spitzen geformt ist. Auch das barocke Altarblatt und die traditionellen baskischen Galerien, die auf mehreren Ebenen später eingebaut wurden, sind sehenswert.

Église de L'Hôpital-Saint-Blaise
05 59 66 07 21. tägl.

Pilgerwege

Die vier Hauptwege – von Tours, Vézelay, Le Puy-en-Velay und Arles – nach Santiago de Compostela verlaufen durch Aquitanien. Seit 813, als man die in einem Grab gefundenen Gebeine dem Apostel Jakobus zuschrieb, unternahmen viele die Wallfahrt dorthin. Der Legende zufolge predigte Jakob in Spanien, sein Leichnam soll nach seinem Martyrium in Jerusalem im 1. Jahrhundert n. Chr. nach Santiago gebracht worden sein. Nachdem die Pilger die Pyrenäen über den Col de Somport oder Col de Roncesvalles überquert hatten, mussten sie noch 800 Kilometer bis zur Kathedrale von Santiago bewältigen. Die UNESCO erklärte die Pilgerwege 1993 zur Welterbestätte.

Straßenschild in Bordeaux
Pilger, die aus dem Médoc und Tours oder mit dem Boot auf der Garonne kamen, rasteten in der Stadt. Die Muschel ist das Symbol der Wallfahrt.

Pilger überqueren die Aspe in Oloron-Sainte-Marie, Béarn.

Bis heute reißt der Strom der Pilger nicht ab, auch wenn inzwischen Turnschuhe und Rucksäcke das Bild prägen.

Stundenbuch
Wallfahrtsverzeichnisse und Routenführer wurden ab dem 12. Jahrhundert geschrieben, so auch der Codex Calixtinus des Mönchs Aymery Picaud aus dem späten 15. Jahrhundert.

Sportelle
Solche Abzeichen nähten die Pilger an ihre Kleider. In einigen Gebieten dienten sie als Pass. Heutige Pilger führen einen *credencial* (Pilgerpass), in dem die zurückgelegten Raststationen aufgezeichnet werden.

Karte mit Pilgerwegen nach Compostela
Die Karte aus dem 17. Jahrhundert zeigt die verschiedenen Pilgerwege und ihre Kreuzungspunkte. Die Rastplätze ballen sich im Südwesten.

Hotels und Restaurants im Pays Basque *siehe Seiten 254f und 269–271*

Porte Saint-Jacques
Eines der zahlreichen Welterbe-Monumente auf dem Weg nach Santiago de Compostela ist dieses Tor in Saint-Jean-Pied-de-Port *(siehe S. 210)*. Der Ort liegt am Fuß der Pyrenäen direkt unterhalb des Col de Roncesvalles.

Sakralbauten
Viele Kirchen, so auch diese (12. Jh.) gebaute in L'Hôpital Saint-Blaise, zählen zum UNESCO-Welterbe. Entlang der Pilgerrouten bezeugen sie den Einfluss des christlichen Glaubens im Mittelalter.

Das Kreuz wird von vielen Pilgern noch immer als Zeichen ihres Glaubens getragen.

Gîtes (Quartiere) und Refuges (Unterkünfte)
In den vielen *Gîtes* und *Refuges* an der Strecke können Pilger übernachten, solange sie ihr *credencial* vorweisen können, das sie von ihrer Diözese bekommen.

Jacquets und Jacquaires

In Frankreich werden die Pilger Jacquets *oder* Jacquaires *genannt. Obwohl die Wege je nach Abreiseort unterschiedlich sind, vereinigen sie sich alle im Pays Basque. Dank der spektakulären Landschaft und den malerischen Städten und beschaulichen Dörfern, durch die sie führen, sind diese Routen sehr beliebt.*

Stèle de Gibraltar
In Ostabat, in der Nähe von Saint-Palais, steht eine Säule, die den Kreuzungspunkt der Pilgerwege von Tours, Le Puy-en-Velay und Vézelay markiert.

Pilgerskulptur
Sie steht auf der spanischen Seite des Col du Somport und markiert die Route von Arles in Frankreich, die später mit vier anderen Pilgerwegen in Puente la Reina zusammentrifft. Von dort führt ein einziger Weg, der *Camino Francés* (Französische Straße) nach Santiago de Compostela.

Glockenturm mit drei Spitzen an der Kirche (16. Jh.) in Gotein bei Mauléon

⑳ Mauléon-Licharre

Straßenkarte B5. Baskischer Name: Maule-Lextarre. 3500. Oloron-Sainte-Marie. 10, rue JB Hengas; 05 59 28 02 37 (Mauléon-Soule). Di, Sa vormittags. Fête de l'Espadrille (15. Aug). **soule-xiberoa.fr**

Der auch Mauléon-Soule genannte Ort am Ufer des Flusses Saison ist der Hauptort der Soule, der kleinsten und am dünnsten besiedelten Provinz des Pays Basque.

Im höher gelegenen Ortsteil Mauléon steht das **Château Fort** (12. Jh.). Die Feste mit den Burgverliesen und Kanonen thront auf einem Felsen.

Die alte Bastide Mauléon wurde im 13. Jahrhundert errichtet, als Edward I von England in Aquitanien herrschte. Licharre, der tiefer gelegene Teil im Westen, war das Verwaltungszentrum der Provinz. Am Ende der Allées de la Soule befinden sich an dem Platz vor dem Hôtel de Montréal (17. Jh.) – heute das Rathaus – ein Musikpavillon und ein *fronton* (Pelota-Platz).

Das im 16. und 17. Jahrhundert gebaute **Château d'Andurain** mit dem Schieferdach wird immer noch von den Nachfahren des Arnaud de Maytie bewohnt. Zu seinem Renaissancedekor gehören verzierte Kamineinfassungen und Stilmöbel. Darüber hinaus bewahrt das Château seltene Bücher.

Château Fort de Mauléon
05 59 28 02 37.
Mai–Mitte Juni: Sa, So; Mitte Juni–Sep: tägl.

Château d'Andurain de Maytie
1, rue du Jeu-de-Paume.
05 59 28 04 18.
Juli–20. Sep. Do, So vormittags.

Umgebung: 4,5 Kilometer entfernt steht in **Gotein** eine Kirche (16. Jh.) mit einem fein gearbeiteten Altarblatt (18. Jh.). Der Glockenturm aus drei Spitztürmen mit kleinen Kreuzen ist typisch für die Architektur in Soule.

Sechs Kilometer weiter in Richtung Col d'Osquich war **Ordiarp** eine Raststation auf dem Weg nach Santiago de Compostela. Der Ort bietet einige mittelalterliche Häuser, eine Kirche (12. Jh.), in der die Messe auf Baskisch gelesen wird, und einige typische baskische Grabsteine *(siehe S. 35)*. Neben dem Rathaus zeigt das **Centre d'Évocation de Saint-Jacques-de-Compostelle** romanische Kunst und Architektur, die auf eindrucksvolle Weise mit der Geschichte der Wallfahrten verbunden ist.

Zehn Kilometer entfernt steht in Trois-Villes das 1660 errichtete **Château d'Élizabea**. Es gehörte dem Comte de Tréville, dem Hauptmann der Musketiere von Louis XIII, der im Roman *Die drei Musketiere* (1844) von Alexandre Dumas vorkommt. Der Weg nach Les Arbailles führt an einer typischen Soule-Kirche in **Aussurucq** vorbei.

Centre d'Évocation de Saint-Jacques-de-Compostelle
Neben dem Rathaus. 05 59 28 07 63. Mitte Juni–Sep: Mo–Fr.

Château d'Élizabea
05 59 28 54 01. Mai, Juli–Sep: Sa–Mo nachmittags.

㉑ Massif des Arbailles

Straßenkarte B5. Oloron-Sainte-Marie. Place Centrale, Tardets; 05 59 28 51 28. Transhumance (Mai, um Christi Himmelfahrt); Fête des Bergers, Col d'Ahusquy (1. So nach dem 15. Aug).

Die dichte, magische Forêt des Arbailles hat viele baskische Legenden inspiriert. Der Wald erstreckt sich über ein bergiges Gebiet mit Kalksteinfelsen. Regenfälle führten zur Ausbildung von etwa 600 Höhlen. Das Terrain ist zerklüftet und durchsetzt von Sickerlöchern, Rissen und Schluchten. Wanderer sollten die ausgewiesenen Wege nicht verlassen.

Von jeher verdanken die Bewohner der Arbailles ihr Auskommen der Schafhaltung. Schäfer leben in *cayolars* genannten Hütten. Von Mai bis Oktober wird aus der Schafmilch Käse wie etwa der Ossau-Iraty gemacht.

Die D117 verläuft nach **Ahusquy**, wo eine Quelle mit reinem, beinahe mineralfreiem Wasser sprudelt, dem man heilende und harntreibende Eigenschaften nachsagt. Ahusquy ist Ausgangspunkt für Wanderungen in der Forêt des Arbailles, etwa zu Megalith-Monumenten wie dem **Cercle de Pierre de Potto** oder dem Dolmen d'Ithé.

In dieser von der Zivilisation kaum berührten Gegend leben Hirsche und Wildziegen, mit etwas Glück kann man Wanderfalken, Uhus, Bartgeier oder Buntspechte sichten.

Ein Buntspecht in der Forêt des Arbailles

Ossau-Iraty

Ossau-Iraty wird in traditionellen Verfahren erzeugt

Zwischen der Forêt d'Iraty und dem Pic du Midi d'Ossau wird zwischen den Bergen des Pays Basque auf der einen und des Béarn auf der anderen Seite der Ossau-Iraty produziert. Der unpasteurisierte Schafskäse hat seine eigene AOP-Qualifizierung. Im Mai werden etwa 2000 Schafherden mit rund 300 000 Tieren auf die *estives* (Hochalmen) getrieben. Hier weiden sie Gräser und Kräuter, die dem Käse den Geschmack geben. Die Milch lässt man gerinnen, der Frischkäse wird geschnitten und fermentiert. Dann lässt man ihn mindestens zwei bis drei Monate reifen. Er wird als Appetizer, im Salat oder als Dessert mit Schwarzkirschmarmelade gegessen.

㉒ Tardets-Sorholus

Straßenkarte B5. Baskischer Name: Atharratze-Sohorolüze. 700. Oloron-Sainte-Marie. Place Centrale; 05 59 28 51 28. Sep–Juni: jeder zweite Mo; Juli, Aug: Mo. Foire aux Fromages; Fêtes de Tardets (3. Woche im Aug).

Die Ursprünge von Tardets-Sorholus reichen bis 1289 zurück, als es als Bastide gegründet wurde. Den Hauptplatz säumen Häuser mit Arkaden (17. Jh.). Im Rathausviertel gibt es einen Pelota-*fronton*. Einige Häuser am Ufer des Saison haben hölzerne Galerien. Die Bauernhäuser im Soule-Stil in den Bergen der Umgebung gleichen den schiefergedeckten Häusern im Béarn.

Umgebung: Fünf Kilometer entfernt Richtung Barcus kann man an der **Chapelle de la Madeleine** aus dem 11. Jahrhundert eine grandiose Aussicht auf die Soule und die Pyrenäenkette genießen. Eine lateinische Inschrift auf einem Stein im Inneren erwähnt eine alte baskische Gottheit.

㉓ Forêt d'Iraty

Straßenkarte B5. 05 59 28 51 28.

Die Forêt d'Iraty erstreckt sich bis über die spanische Grenze und ist über 17 000 Hektar groß. Auf der französischen Seite liegt sie zwischen 900 und 1500 Meter hoch. Dank der vielen Niederschläge gedeiht hier eine üppige Pflanzenwelt. Neben Kiefern wachsen hier Buchen – die Forêt d'Iraty ist Europas größter Buchenwald. Wie im Massif des Arbailles findet man auch hier Relikte prähistorischer Monumente aus der Megalith-Zeit.

Das Gebiet hat auch viele Torfmoore. Da das Moor Pflanzenmaterie konserviert, lässt sich hier die evolutionäre Entwicklung über Jahrtausende nachverfolgen. Die Moore sind auch die Heimat von Waldtieren wie Wildschwein, Hirsch und Fuchs.

Unterhalb des Col d'Organbidexka beginnen am Col de Bagarguiac beim Besucherzentrum mehrere 1,5 bis vier Stunden lange Rundwanderwege und – im Winter – Langlauftouren. Der Fernwanderweg GR10 verläuft im Norden des Gebiets. Sie können auch auf der D18 von Larrau nach Saint-Jean-Pied-de-Port durch die Forêt d'Iraty fahren.

Häuser in Tardets-Sorholus, einer Bastide aus dem 13. Jahrhundert

Das Dorf Larrau unterhalb des Pic d'Orhy (2017 m)

㉔ Larrau

Straßenkarte B5. Baskischer Name: Larraine. 250. Place Centrale, Tardets; 05 59 28 51 28. Mo in Tardets.

Das Dörfchen mit den schiefergedeckten Häusern liegt am Rande der Forêt d'Iraty am Pic d'Orhy. Der Berg spielt in den Legenden eine wichtige Rolle. Es ist das Zentrum der traditionellen Ringeltaubenjagd.

Umgebung: Etwa zwölf Kilometer von Larrau entfernt liegt der 1573 Meter hohe Pass **Col de Larrau**, ein guter Rastplatz oder geeigneter Ausgangspunkt für die Besteigung des **Pic d'Orhy** (2017 m), dessen Gipfel 1,5 Stunden entfernt ist. 12,5 Kilometer weiter kann man im Herbst Zugvögel vom 1284 Meter hohen **Col d'Organbidexka** beobachten.

Col d'Organbidexka
05 59 65 97 13 (Observatoire Régional de la Migration des Oiseaux).

㉕ Wanderung: Gorges d'Holzarté und Gorges d'Olhadubi

Die Gorges d'Holzarté und Gorges d'Olhadubi bei Larrau sind zwei grandiose Schluchten. Von der Fußgängerbrücke Passerelle d'Holzarté über die Gorges d'Olhadubi hat man einen atemberaubenden Blick in beide Flusstäler. Wer an Höhenangst leidet, mag vor der Brücke zurückschrecken, doch seien Sie unbesorgt: Sie ist absolut sicher. An der Stelle gibt es Picknickplätze.

③ Latsagaborda
Die einst für Schäfer gebauten Schutzhütten werden von Ringeltaubenjägern genutzt. Sie gibt es überall in den baskischen Bergen.

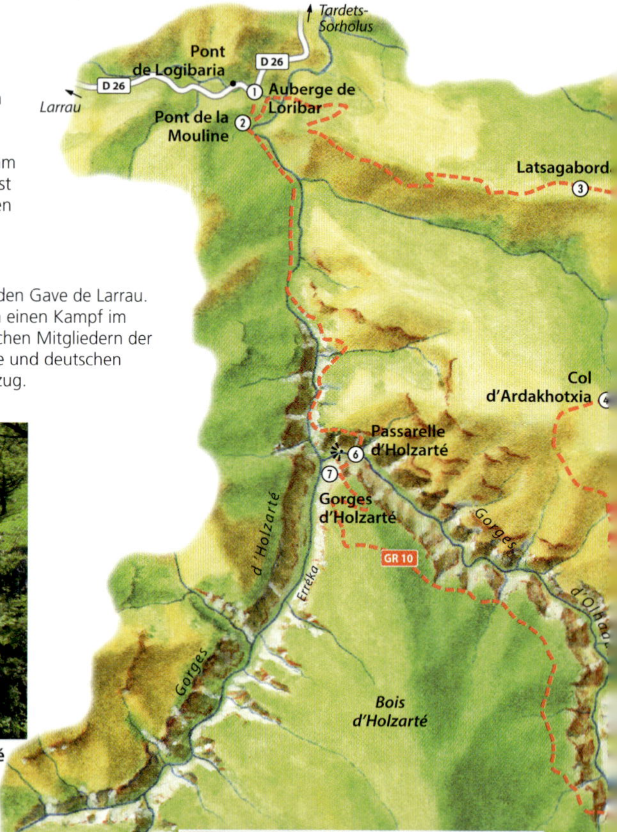

① Auberge de Loribar
Loribar liegt am unteren Ende eines Tals in einer saftig grünen Berglandschaft. Die Unterkunft am Fernwanderweg GR10 ist ein guter Platz zum Essen oder Übernachten.

② Pont de la Mouline
Die Brücke überspannt den Gave de Larrau. Ein Denkmal erinnert an einen Kampf im Zweiten Weltkrieg zwischen Mitgliedern der französischen Résistance und deutschen Soldaten auf dem Rückzug.

⑥ Passerelle d'Holzarté
Die Brücke von 1920 wurde verstärkt und diente früher für den Holztransport aus der Forêt d'Iraty.

0 Kilometer 0,5

Legende
Routenempfehlung
Andere Straße

⑦ Gorges d'Holzarté
Gegen Ende der Wanderung kann man die spektakuläre Schlucht von Holzarté bewundern, die der rauschende Fluss in den Kalkstein geschnitten hat.

Routeninfos

Straßenkarte B5
Länge: Rund fünf Stunden für die Rundwanderung, etwa 90 Minuten für den direkten Weg hinauf zur Passerelle d'Holzarté und zurück.
Rasten: Von den Picknickplätzen an der Passerelle d'Holzarté kann man eine fantastische Aussicht genießen. Auf Kinder sollte man hier besonders aufpassen.

④ **Col d'Ardakhotxia**
Der Pass bietet einen wunderbaren Blick über das Larrau-Tal mit seiner für das Gebiet typischen zerklüfteten Landschaft.

⑤ **Pont d'Olhadubi**
In einer wilden Landschaft mit Wasserfällen bietet die Brücke eine fantastische Aussicht. Die tiefen Wasserstellen laden zum Baden ein, etwas weiter können Kanuten eine Abfahrt durch die Schlucht wagen.

Wanderweg an der Gorges de Kakouetta

㉖ Gorges de Kakouetta

Straßenkarte B5. Sainte-Engrâce. 05 59 28 60 83 (Rathaus). 15. März – 15. Nov: tägl. Feste Wanderschuhe werden empfohlen.

Die schmalen Schluchten bei Sainte-Engrâce wurden über die Jahrtausende vom Wasser aus dem Fels gefräst und erstmals 1906 von Édouard-Alfred Martel erforscht. Wandern kann man schön am Talboden – eine zwei Kilometer lange Tour führt über gesicherte Wege in die Schlucht hinein, eine andere, anspruchsvollere Tour führt in 6,5 Stunden um die gesamte Schlucht herum.

Auf beiden Seiten sind die Felswände bis zu 300 Meter hoch. Einige der engen Passagen, etwa der aufsehenerregende Grand Étroit, sind nur ein paar Meter breit und werden mit Spannung durchwandert. Dank der feuchten Bedingungen in diesen tiefen Schluchten wuchert hier dichte Vegetation.

Nach ungefähr einer Stunde erreicht man einen 20 Meter hohen Wasserfall, dessen Quelle noch nicht gefunden wurde. Etwa 200 Meter weiter gelangt man am Ende des Wegs zur Grotte du Lac, einer Höhle mit großen Stalaktiten und Stalagmiten.

Kapitell, Sainte-Engrâce

㉗ Sainte-Engrâce

Straßenkarte B5. Baskischer Name: Santa Graxi. 250. Oloron-Ste-Mairie. Mauléon. Rathaus; 05 59 28 60 83. Patronsfest (Pfingstsonntag).

Das Schäferdorf liegt auf rund 630 Meter Höhe im Herzen der oberen Soule nahe der Grenze zum Béarn und zur spanischen Baskenprovinz Navarra. Es besteht aus etwa 100 Gehöften, die sich über eine weite Landschaft verteilen. Am Zusammenfluss der Gorges de Kakouetta und der Gorges d'Ehujarre scheint das Dorf über das grandiose Amphitheater der umgebenden Hügel zu wachen.

Die romanische Abteikirche aus dem 12. Jahrhundert ist der heiligen Gracia gewidmet, nach der das Dorf benannt ist. Sie war eine junge Portugiesin, die um 300 bei der Christenverfolgung im maurischen Saragossa zu Tode kam. Die ursprüngliche Kapelle wurde für eine Reliquie der Heiligen gebaut, deren Arm wunderbarerweise wiedergefunden wurde. Die Kapelle fiel später an das Kloster von Leyre in Navarra. Im Inneren sieht man 21 bemalte Kapitelle mit biblischen Szenen. Sehenswert sind auch der schmiedeeiserne Lettner und die barocken Altarblätter. Auf dem Friedhof stehen einige baskische Grabsteine mit den typischen Rundkreuzen.

Béarn

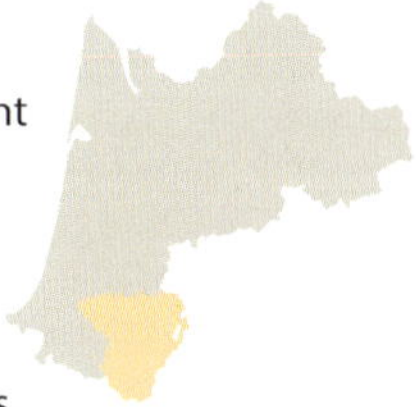

Zusammen mit dem Pays Basque bildet Béarn das Département Pyrénées-Atlantiques. Die alte französische Provinz, in der ein mildes Klima herrscht, wird im Süden von der spanischen Region Aragón und im Osten vom Département Hautes-Pyrénées begrenzt. Die steilen Berggipfel des Haut Béarn stehen im reizvollen Kontrast zu den lieblich-grünen Tälern des Gave de Pau und Gave d'Oloron.

Die überaus abwechslungsreiche Landschaft reicht vom schroffen Pic du Midi d'Ossau im Osten bis zu den weiten Tiefebenen, die sich im Westen bis in die Landes und die Gascogne erstrecken. Die kulturelle Identität zeigt sich besonders in der gaskonischen Sprache (eine alte galloromanische Sprache), aber auch in kulinarischen Spezialitäten wie zum Beispiel *garbure* (Bohneneintopf, *siehe S. 259*), Enten-*confit*, Schafskäse und Weinen aus Jurançon und Madiran.

Das Béarn blickt auf eine bewegte Geschichte zurück. Das Gebiet war im Altertum von den Römern besiedelt, fiel später an das spanische Königreich Aragón und stand im 9. Jahrhundert unter gaskonischer Herrschaft. Im Jahr 1290 ging es als unabhängige Grafschaft an die Grafen von Foix, blieb jedoch ein Teil Frankreichs. Danach kam es als Erbe an das Königreich von Navarra. 1560 wurde die Provinz mit seiner Regentin Jeanne d'Albret *(siehe S. 49)* protestantisch. Jeannes Sohn, Henri de Navarre, wurde 1589 als Henri IV zum französischen König gekrönt, doch blieb Béarn-Navarre unabhängig, bis schließlich Louis XIII das Gebiet 1620 unter die französische Krone zwang. Nach der Französischen Revolution legte man Béarn mit dem Pays Basque zum Département Basses-Pyrénées zusammen, das seit 1970 Pyrénées-Atlantiques heißt.

Noch im frühen 20. Jahrhundert hatte die Moderne kaum Einzug im Béarn gehalten, doch ab 1950 brachten Erdgasfunde in Lacq und die Intensivierung des Maisanbaus einen tief greifenden Wandel. Béarns Hauptstadt Pau wuchs schnell, und durch den intensiven Ausbau des Verkehrsnetzes wurde die urwüchsige Naturlandschaft der Provinz mit ihrer einzigartigen Tier- und Pflanzenwelt immer mehr erschlossen.

Eine Herde *pottoks* im Soussouéou-Tal

◀ Vallée d'Aspe *(siehe S. 242)* in den Pyrenäen

Überblick: Béarn

Das historisch, architektonisch und landschaftlich faszinierende Gebiet liegt nahe dem Atlantik und den Pyrenäen. Von Pau erreicht man das Meer mit dem Auto in einer Stunde, die Berge in knapp 30 Minuten. Im Sommer sind die Täler von Aspe, Ossau und Barétous ideal zum Wandern, im Winter kommen Skifahrer gern in die Ferienorte Gourette, Artouste und Pierre-Saint-Martin. In Pau, Verwaltungszentrum von Pyrénées-Atlantiques, steht das Château, in dem Henri IV von Frankreich, Erbe der Herrscher von Béarn und Navarra, geboren wurde.

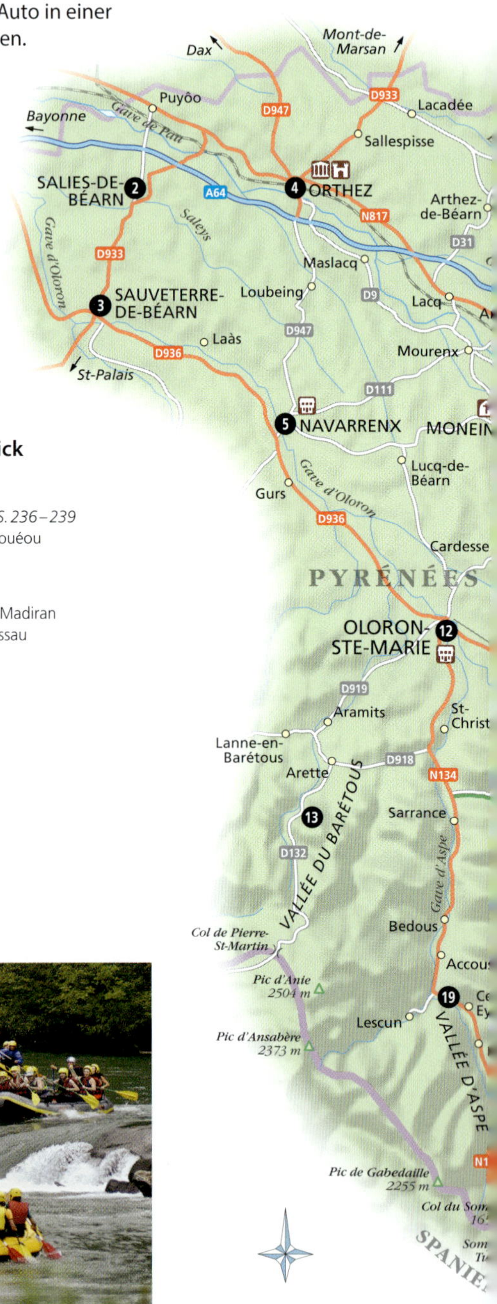

Sehenswürdigkeiten auf einen Blick

- ❶ Morlanne
- ❷ Salies-de-Béarn
- ❸ Sauveterre-de-Béarn
- ❹ Orthez
- ❺ Navarrenx
- ❻ Monein
- ❼ Lescar
- ❽ *Pau S. 226–229*
- ❾ Morlaàs
- ❿ Lembeye
- ⓬ *Oloron-Sainte-Marie S. 232f*
- ⓭ Vallée du Barétous
- ⓮ Nay
- ⓯ Bétharram
- ⓰ *Vallée d'Ossau S. 236–239*
- ⓱ Vallée du Soussouéou
- ⓳ Vallée d'Aspe

Touren

- ⓫ Weinberge des Madiran
- ⓲ Pic du Midi d'Ossau

0 Kilometer 10

Rafting auf dem Gave de Pau bei Bétharram

Weitere Zeichenerklärungen *siehe hintere Umschlagklappe*

Die Église Saint-André in Sauveterre-de-Béarn

Im Béarn unterwegs

Bei Pau liegt der Flughafen Pau-Uzein, hier verläuft auch die Bahnlinie Toulouse-Hendaye. Die Autobahn A64, Pyrénéenne genannt, führt am Fuß der Pyrenäen von Toulouse über Pau und Orthez nach Bayonne. Die A65 verläuft von Pau nach Norden über Langon nach Bordeaux. Im Süden des Béarn gibt es mit der N134 und der D934 nur zwei Hauptstraßen, sie führen durch das Vallée d'Aspe bzw. das Vallée d'Ossau nach Süden. Die schnellere Route ist die N134, auf ihr überquert man die Grenze zu Spanien durch den Somport-Tunnel. Im Gebirge gibt es nur wenige West-Ost-Verbindungen. Sie führen über hohe Pässe und sind im Winter gesperrt.

Blick vom Col du Pourtalet auf den Pic du Midi d'Ossau und Cirque d'Anéou

Die Église Saint-Laurent aus dem 13. Jahrhundert in Morlanne

❶ Morlanne

Straßenkarte C4. 550. Orthez. Arzacq. La Grange, Carrère-du-Château, Arzacq; 05 59 81 42 66. Fête de Saint-Laurent (Anfang Aug).

In dem interessanten Dorf stehen viele für den Nord-Béarn typische Häuser aus dem 17. und 18. Jahrhundert. Die **Église Saint-Laurent** mit ihren gotischen Fenstern an der Westfassade und Apsis wurde im 13. Jahrhundert erbaut und im 14. Jahrhundert befestigt. Die Dorfstraße führt von der Abtei Maison Domecq (15. Jh.) zum **Château de Morlanne**, das der Halbbruder von Gaston Fébus *(siehe S. 228)* 1373 erbauen ließ. In die Festung mit dem 25 Meter hohen *donjon* (Turm) führte früher eine Zugbrücke über den sechs Meter tiefen Burggraben. Die Burganlage wurde in den 1960er Jahren originalgetreu restauriert. Bei Führungen sieht man Gemälde von Fragonard, Nattier, Canaletto und Van de Velde sowie Möbel aus dem 16. bis 18. Jahrhundert.

Château de Morlanne
05 59 81 60 27. Juli, Aug: tägl.; Apr–Okt: Mi–So nachmittags.

Umgebung: Etwa zwölf Kilometer entfernt liegt die von Engländern errichtete Bastide **Arzacq** mit der arkadengesäumten Place de la République. Die Stadt an der Pilgerroute nach Santiago de Compostela ist Sitz der Kantonsverwaltung. Sehenswert sind in der Pfarrkirche das Fenster mit dem Bild des heiligen Jakobus und eine farbige, hölzerne Madonna mit Kind. In der Ortschaft vermittelt die **Maison du Jambon de Bayonne** wissenswerte Einblicke in die Geschichte und Herstellung des berühmten Bayonner Schinkens *(siehe S. 258)*.

Im 13 Kilometer entfernten **Château de Momas** (14. bis 16. Jh.) residierten früher die Herren von Momas. Der heutige Besitzer führt Besucher durch den Garten, in dem seltene Pflanzen und Gemüsesorten gedeihen.

Maison du Jambon de Bayonne
Route de Samadet. 05 59 04 49 93. Juli, Aug: Mo–Sa; Sep–Juni: Di–Sa. **maison-du-jambon-de-bayonne.com**

Château de Momas
05 59 77 14 71. Fr–Mi.

❷ Salies-de-Béarn

Straßenkarte B4. 5000. Puyoô. 18, place de la Trompe; 05 59 38 00 33. Do; Bauernmarkt: Juli, Aug: Di. Fête du Sel (2. Wochenende im Sep); Festival Art en Vrac (Ostern). **tourisme-bearn-gaves.com**

Zentrum der Altstadt ist die Place du Bayaà, wo vor dem Rathaus die Fontaine du Sanglier plätschert. Der Brunnen erinnert an die Legende von dem verwundeten Wildschwein, durch das die Salzquelle von Salies entdeckt wurde *(siehe S. 223)*. Üppiger Blumenschmuck rankt von den Häusern der engen Altstadtgassen. Das Museum für Salz- und Stadtgeschichte, **Musée du Sel et Traditions Béarnaises**, mit nachgebauter Salzsiederwerkstatt steht zwischen Häusern aus dem 17. und 18. Jahrhundert. Davor ließ man in dem *coulédé* genannten Steintrog das salzige Quellwasser abstehen, bevor man es zu den Zisternen brachte. Zu besichtigen sind historische Gegenstände, Möbel der Schreiner und Werkzeug ausgestorbener Handwerksberufe, die die Ortsgeschichte von Salies lebendig werden lassen.

Hinter dem Pont de la Lune stehen Fachwerkhäuser auf Pfählen gegenüber der Maison de la Corporation des Part-

Häuser auf Pfählen im Zentrum von Salies-de-Béarn

An der alten Route nach Navarra führt der Pont de la Légende bei Sauveterre-de-Béarn über den Gave d'Oloron

prenants (die 1587 das Nutzungsrecht an der Salzwasserquelle erhielten). Die Altstadt endet am Kurviertel. Grandhotels wie das Hôtel du Parc von 1893 entstanden in der Glanzzeit des Kurortes gegen Ende des 19. Jahrhunderts. Die Bäderanlagen von 1857 erbaute man nach einem verheerenden Brand des Jahres 1888 im maurischen Stil wieder auf.

Musée du Sel et Traditions Béarnaises
Rue des Puits-Salants. 05 59 09 31 99. Mitte Apr–Mai, Okt: Di–Sa vormittags; Juni–Sep: Di–Sa (Mi, Sa nachmittags).

❸ Sauveterre-de-Béarn

Straßenkarte B4. 1450. Puyoô und Orthez. Place Royale; 05 59 38 32 86. Sa.

Bis zum Ende des Mittelalters half diese Bastide, die Unabhängigkeit Béarns zu sichern. Der *donjon* (Turm) der Burg, die 33 Meter hohe Tour Monréal (13. Jh.), diente dem Grafen Gaston Fébus als Jagdhaus. Vom Fuß des Turms führt ein Weg hinab zum Fluss und zur Wehrbrücke Pont de la Légende aus dem 12. bis 14. Jahrhundert. Sie war der Übergang zur üppig bewachsenen Insel Île de la Glère. Der Legende zufolge sollte hier einst ein grausames Urteil an Königin Sancie vollstreckt werden, die man des Mordes an ihrem neugeborenen Sohn anklagte. Man warf sie in den Fluss, der sie zur Insel trug.

Betritt man die Altstadt durch die Porte de Lester, gelangt man zum restaurierten ehemaligen Zeughaus, zur befestigten Porte de Datter und zur Église Saint-André im romanisch-gotischen Übergangsstil. Die Porte des Cagots an der Südseite war ein Nebeneingang für Menschen, die sich aus heute unerklärlichen Gründen nicht unter die Bürger der Stadt mischen durften, wohl konvertierte Muslime, Sinti und Roma, Juden oder Leprakranke.

Umgebung: Rund zwei Kilometer von Sauveterre steht an der Straße nach Laàs die kleine **Chapelle de Sunarthe**, ein Rastplatz an der Pilgerstrecke nach Santiago de Compostela. Im Inneren präsentiert ein Modell lebendig das mittelalterliche Sauveterre.

Chapelle de Sunarthe
05 59 38 57 56. Apr–Juni, Sep: Sa nachmittags; Juli, Aug: Mi–Sa nachmittags.

Die Salzlegende von Salies-de-Béarn

Fontaine du Sanglier an der Place du Bayaà, Salies-de-Béarn

Salzsiederei gibt es in Salies-de-Béarn seit der Bronzezeit, laut einer mittelalterlichen Legende wurde das salzhaltige Wasser erst durch einen verwundeten Eber entdeckt, den Jäger salzbedeckt in einem Sumpf aufstöberten. Ein Gesetz von 1587 regelte den Zugang zur Salzquelle. Die *jurades du sel* wachten über die Wasserentnahme und hielten im *Livre Noir* neun Regeln fest. Höhepunkt der Fête du Sel *(siehe S. 40)* ist das Rennen, bei dem Salzfässer um die Wette gerollt werden. Die Salzsümpfe nutzt man heute noch. Sie erbringen 800 Tonnen Salz pro Jahr.

Der turmbewehrte Pont Vieux führt bei Orthez über den Gave de Pau

4 Orthez

Straßenkarte B4. 11 000. Pau. Maison Jeanne-d'Albret, Rue Bourg Vieux; 05 59 38 32 84. Di; *Foie-gras*-Markt: Nov–März: Di. Feria (Juli).

Wahrzeichen der »zweiten Hauptstadt« des Béarn ist der Pont Vieux über den Gave de Pau. Die Brücke wurde im 13. Jahrhundert unter Gaston VII de Moncade erbaut. Am Turm von Gaston Fébus droht eine gaskonische Inschrift: *Toquey si gaouses* (»Weh dem, der ihn anrührt«).

Das **Château de Moncade** (auch Tour de Moncade) aus dem 13. und 14. Jahrhundert existierte schon unter Fébus *(siehe S. 228)*. Es wurde 1596 in den Hugenottenkriegen in Brand gesetzt, während der Französischen Revolution verkauft und im 19. Jahrhundert restauriert.

Das Wohnhaus von Jeanne d'Albret (16. Jh.) hat einen Treppenturm, Fenster mit Mittelpfosten und einen Ziergarten. Das **Musée de Jeanne-d'Albret** dokumentiert die Geschichte des Protestantismus im Béarn. Im 13. und 14. Jahrhundert wurde die Église Saint-Pierre als Teil der Befestigungsanlagen errichtet, das Kirchenschiff ist gotisch. Die **Maison Chrestia** widmet sich Leben und Werk des Dichters Francis Jammes, der dort 1897–1907 wohnte.

Château de Moncade
Rue Moncade. 05 59 69 36 24. Juni–Sep: tägl.; Mai: Sa, So.

Musée Jeanne-d'Albret
37, rue Bourg-Vieux. 05 59 69 14 03. Apr, Mai, Sep: Mo–Sa; Juli, Aug: tägl.; Okt–März: Di–Sa. Jan.

Bemalter Schlussstein, Saint-Pierre d'Orthez

Maison Chrestia
7, avenue Francis-Jammes. 05 59 69 11 24. Mitte Jan–Mitte Dez: Mo–Fr (Juni–Sep: Di–Sa).

Umgebung: Das 3,5 Kilometer nördlich der D947 gelegene **Monument du Général Foy** erinnert an die Schlacht von Orthez. Dabei unterlagen 1814 die Franzosen einer britisch-spanischen Armee.

5 Navarrenx

Straßenkarte B5. 1200. Orthez. 2, place des Casernes; 05 59 38 32 85. Mi. La Saumonade (Mitte Juli).

Die Bastide über dem Gave d'Oloron entstand im 16. Jahrhundert unter Henri d'Albret, wurde in den Hugenottenkriegen angegriffen und 1569 belagert. Das **Arsenal** von 1680 war ursprünglich die Residenz der Könige von Navarra, später Zeughaus und Vorratslager der Grafen des Béarn. Heute ist hier ein Kulturzentrum untergebracht. In der Rue Saint-Antoine steht die nach Béarns Herrscherin benannte Maison de Jeanne-d'Albret (16. Jh.). Aus derselben Zeit stammt auch die Église Saint-Germain.

Arsenal
Ausstellung: Navarrenx durch die Jahrhunderte. Juni–Sep: tägl.

Francis Jammes

Obwohl der 1868 in Tournay geborene Lyriker und Romancier die Pariser Literaturszene im Sturm eroberte, verließ er seine Heimat nicht und lebte zurückgezogen in Orthez. Mit 40 Jahren konvertierte Jammes zum Katholizismus, 1938 starb er in Hasparren. Seine Hauptwerke sind *Vom Angelus der Frühe zum Angelus des Abends* (1898), *Die traurigen Schlüsselblumen* (1901), die Romane *Clara d'Ellébeuse* (1899) und *Almaïde d'Étremont* (1901).

Francis Jammes, von Jacques-Émile Blanche

Umgebung: Etwa vier Kilometer von Navarrenx entfernt an der D936 Richtung Oloron waren im **Camp de Gurs**, dem größten französischen Internierungslager, Kämpfer des spanischen Bürgerkriegs, politische Flüchtlinge und während des Zweiten Weltkriegs auch jüdische Familien untergebracht.

Zwölf Kilometer von Navarrenx entfernt gelegen, kann man im **Château de Laàs** (17. Jh.) eine Sammlung angewandter Kunst besichtigen.

Camp de Gurs
05 59 38 32 85. **campgurs.com**

Château de Laàs
05 59 38 91 53. Apr, Okt, Nov: Mi–Mo nachm.; Mai, Juni, Sep: Mi–Mo; Juli, Aug: tägl.).

6 Monein

Straßenkarte C5. 4550. Artix. Mo. 58, rue du Commerce; 05 59 12 30 40.

Der Ort liegt inmitten der sanften Hügellandschaft der Weingegend Jurançon. An der Place Lacabanne stehen das Rathaus aus dem 19. Jahrhundert mit Pfeilern und Steinarkaden sowie ein überdachter Markt.

Für das prächtige Dach der **Église Saint-Girons** (1530), der größten gotischen Kirche des Béarn, wurden rund 1000 Eichenstämme verwendet. Die Dachbalken waren ursprünglich ohne einen einzigen

Altar in Moneins Église Saint-Girons, der größten gotischen Kirche Béarns

Mosaik in der Cathédrale Notre-Dame in Lescar

Nagel verzapft. Eine Multimediashow *(son et lumière)* erklärt die außergewöhnliche Dachkonstruktion.

Église Saint-Girons
05 59 21 29 28. Mitte Apr–Juni, Mitte Sep–Mitte Okt: Di–Sa nachmittags; Juli–Mitte Sep: So nachmittags, Mo–Sa. obligatorisch.

7 Lescar

Straßenkarte C5. 10 000. Pau. Place Royale; 05 59 81 15 98. 1. und 3. Mi im Monat. **pau-pyrenees.com**

Nicht weit von Pau entfernt blickt man auf die auf einem steilen Felsen gelegene historische Hauptstadt des Béarn in Richtung Pyrenäen. Lescar wurde im 12. Jahrhundert ein befestigtes Bistum, ab 1120 begann man mit dem Bau der **Cathédrale Notre-Dame**. Auf einer steinernen im Boden eingelassenen Gedenktafel sind die Gräber einiger Könige von Navarra aufgeführt. Der Boden um den Altar ist mit Jagdmosaiken geschmückt, einige sehr schöne Skulpturen aus dem 17. Jahrhundert stellen Christus, die Apostel und einige Regionalheilige dar. Bei der Kathedrale stehen die Tour de l'Esquirette aus dem 14. Jahrhundert sowie die Tour de l'Évêche und die Tour du Presbytère (beide 16. Jh.).

Vom Gemeindezentrum *(salle des fêtes)* gelangt man in wenigen Minuten über die Befestigungen in den oberen Teil der Stadt. Hier sind im **Musée Art et Culture** Arbeiten zeitgenössischer Maler ausgestellt, aber auch Keramiken aus der Eisenzeit, die bei Ausgrabungen im Neandertal gefunden wurden, sowie Artefakte aus einer erst kürzlich vor dem Stadtgebiet entdeckten gallorömischen Villa.

Cathédrale Notre-Dame
Place Royale. tägl.

Musée Art et Culture
Rue de la Cité. 05 59 81 06 18. Juli, Aug: Mo–Sa.

Umgebung: Ungefähr zehn Kilometer von Lescar entfernt kann man in der **Cave des Producteurs de Jurançon** in Gan und der **Maison des Vins de Jurançon** in Lacommande ausgezeichnete Weine aus der Region verkosten und käuflich erstehen. Es heißt, dass Henri IV den Weißwein aus dieser Region gerne trank.

Gegenüber der Maison des Vins befindet sich ein seltenes Beispiel für eine **Commanderie** (Kommende) des 12. Jahrhunderts, die von dem Kreuzritter Gaston IV gegründet wurde.

Cave des Producteurs de Jurançon
53, avenue Henri IV, Gan. 05 59 21 57 03. Mo–Sa. Weinkeller mit Weinprobe.

Maison des Vins de Jurançon
Rue de l'Église, Lacommande. 05 59 82 70 30. Apr, Mai, Okt–März: Mi–So nachmittags; Juni, Sep: Di–So nachmittags; Juli, Aug: Mo–Sa, So nachmittags. Feiertage.

Commanderie
Rue de l'Église, Lacommande. Juli, Aug: tägl.; Sep–Juni: Mi, Sa, So nachmittags.

8 Pau

Pau, heute Sitz der Präfektur des Départements Pyrénées-Atlantiques und zweitgrößte Stadt Aquitaniens, war Sitz der Könige von Navarra, aber auch der Geburtsort von Henri IV und somit der Bourbonendynastie. In der ersten Hälfte des 19. Jahrhunderts lockte das milde Klima viele Gäste an, darunter reiche Engländer, die hier den Winter verlebten. Elegante Villen, große Parkanlagen, Luxushotels und die kluge Stadtplanung dieser Zeit machen Pau zu einer charmanten Stadt von zurückhaltender Eleganz.

Frühe Gäste in Pau
Nachdem der schottische Arzt Alexander Taylor über die Heilwirkung der gesunden Luft geschrieben hatte, kamen im frühen 19. Jahrhundert europäische Aristokraten in die Stadt, darunter vor allem der englische Landadel. Es entstanden Luxusvillen und Stadtparks, 1856 wurde in Pau der erste Golfplatz auf dem Kontinent eröffnet. Die Église Saint-Andrew an der Kreuzung Rue O'Quin und Rue Pasteur ist eine anglikanische Kirche. Auch die »Pau Hunt« geht auf die Engländer zurück. Mit ihr wird die britische Tradition der Fuchsjagd in Frankreich bis heute lebendig gehalten.

Villa Saint-Basil's
61, avenue Trespoey. Rathaus; 05 59 27 85 80. an den *journées de patrimoine*.
Die vielen prächtigen Bauten im **Quartier Trespoey** sind meist in Privatbesitz. Besichtigen kann man nur die **Villa Saint-Basil's** (1885–88), die von einem weitläufigen Park umgeben ist. Weitere Villen stehen nördlich des Schlosses jenseits der Rue Gaston-Fébus.

Quartier du Château und Quartier du Hédas
Die Stadtviertel aus Mittelalter und Renaissance rund um die Burg wurden im 18. Jahrhundert saniert. An den gepflasterten Straßen stehen die **Maison Peyré** (oder Maison de Sully) in der Rue du Château Nr. 2. Der Türklopfer in Gestalt eines Bassets soll Glück bringen. Im ältesten Stadtteil **Quartier du Hédas** sieht man schöne Häuser (16. Jh.) in der Rue René-Fournets und an der Place Reine-Marguerite in der Rue Maréchal-Joffre.

Boulevard des Pyrénées
Die 1,8 Kilometer lange Fußgängerpromenade wurde im späten 19. Jahrhundert von Adolphe Alphand angelegt, einem Schüler des großen Stadtplaners Baron Haussmann. Von der Terrasse zwischen Parc Beaumont und Parc

Die Zahnradbahn von 1908 auf dem Boulevard des Pyrénées

Zeichenerklärungen
siehe hintere Umschlagklappe

Das mittelalterliche Château de Pau war in der Renaissance Residenz der Grafen von Béarn und wurde im 19. Jahrhundert umgebaut

Zentrum von Pau
1 Musée des Beaux-Arts
2 Parc Beaumont
3 Palais Beaumont
4 Ehemaliges Hôtel Gassion
5 Église Saint-Martin
6 Quartier du Hédas
7 Musée Bernadotte
8 Maison Peyré oder Maison de Sully
9 Château de Pau *siehe S. 228f*

du Château hat man bei klarem Wetter einen schönen Blick auf die Gärten des Château. In der Ferne erkennt man einige Gipfel der Pyrenäen, die höchsten von ihnen sind das ganze Jahr über schneebedeckt. Gegenüber der Nr. 20 ist eine Orientierungstafel angebracht, auf der die höchsten Gipfel mit Angabe der jeweiligen Höhe eingezeichnet sind.

Der Boulevard des Pyrénées wird von Restaurants und Bars gesäumt. Vor allem im Sommer ist es hier sehr stimmungsvoll. Die Zahnradbahn von 1908 fährt von der Place Royale zum Bahnhof. Die **Église Saint-Martin** steht an einem Platz mit seltenen Baumarten.

Ehemaliges Hôtel Gassion

Das 1872 vollendete Palais gleich hinter dem Boulevard des Pyrénées ist ein schönes Beispiel für Paus Blüte im späten 19. Jahrhundert.

Musée des Beaux-Arts

Rue Mathieu-Lalanne. 05 59 27 33 02. Di.

In einem Gebäude aus den 1930er Jahren nahe dem Palais Beaumont und Boulevard des Pyrénées präsentiert das Museum Malerei der niederländischen, flämischen, spanischen, italienischen, französischen und englischen Schulen vom 15. bis 20. Jahrhundert. Zu den berühmtesten Gemälden gehören *Portraits dans un bureau de La Nouvelle-Orléans* (1873) von Degas sowie Werke von Rubens, Greco, Rodin und Morisot. Regelmäßig finden hier Ausstellungen mit zeitgenössischer Kunst statt.

Musée Bernadotte

8, rue Tran. 05 59 27 48 42. Mo.

Das Geburtshaus von Jean-Baptiste-Jules Bernadotte ist heute ein Museum, das die fantastische Karriere von Paus berühmtestem Sohn dokumentiert. Bernadotte trat 1780 als Freiwilliger in die französische Armee ein, durchlief alle Ränge bis zum Maréchal d'Empire (1804), wurde 1810 mit Napoléons Hilfe Kronprinz von Schweden und bestieg im Jahr 1818 als Karl XIV. Johann den schwedischen Thron.

Infobox

Information

Straßenkarte C5. 86 000. Place Royale; 05 59 27 27 08. tägl., außer So und Feiertage. Carnaval Biarnés (Faschingsdienstag), Grand Prix Automobile (Pfingsten), Festival Hestiv'Òc (Aug), dreitägiges internationales Reitturnier (Mitte Okt). **pau-pyrenees.com**

Anfahrt

Palais Beaumont

05 59 27 06 92.

Das heute restaurierte Winterpalais mit neoklassizistischer Südfassade und Stuckdekor wurde 1900 für ausländische Gäste errichtet. Das Gebäude steht in einem fantastischen Parkgelände und hat sowohl ein Casino als auch ein Konferenzzentrum.

Parc Beaumont

Der Park bietet ein breites Spektrum an Pflanzen – vom kalifornischen Redwood bis zur Himalaya-Zeder. Auch die heimische Flora ist gut vertreten, u. a. mit einem Rosengarten. Im Park gibt es einen See und einen Wasserfall.

***Portraits dans un bureau de La Nouvelle-Orléans* (1873), Edgar Degas**

Château de Pau

Weil Pau günstig zwischen seinen Ländereien in der Ariège und seinem Hof in Orthez lag, wählte Gaston Fébus, Comte de Foix-Béarn, die Stadt als Stützpunkt. Die 1370 mit einem dreifachen Verteidigungsring erbaute Festung wurde in der Renaissance die Residenz der Grafen von Béarn, der Verbündeten der Albrets und Herrscher von Navarra. Das Geburtsschloss von Frankreichs erstem Bourbonenkönig Henri IV war das Zentrum des protestantischen Staates, den seine Mutter Jeanne d'Albret gründete. Im 19. Jahrhundert begann der Bourbone Louis-Philippe mit einer umfassenden Restaurierung, die Napoléon III fortführte. Das Château birgt zahlreiche Kunstwerke, darunter einige der exquisitesten flämischen Tapisserien und Gobelins aus Paris.

Henri IV zu Pferd (1611) von Guillaume Heaulme

Jeanne d'Albrets Schlafgemach
An den Wänden hängen Tapisserien aus dem 18. Jahrhundert, etwa *Cybèle, die den Frühling anfleht zurückzukehren.*

Tapisserien
Das königliche Schlafgemach ist eines der luxuriösesten in Frankreichs Schlössern. Diese Darstellung ist ein Detail aus Giulio Romanos Tapisserie *Les Mois Arabesques*.

★ Chambre du Roi de Navarre
Der Schildkrötenpanzer war angeblich die Wiege von Henri IV. Die Stickereien, Fahnen und der Helm mit Federbusch kamen Anfang des 19. Jahrhunderts dazu.

Hotels und Restaurants im Béarn *siehe Seiten 255 und 271*

Denkmal von Henri IV
Barthélemy Tremblay und Germain Gissey schufen die Skulptur des mit Lorbeer bekränzten Königs im 17. Jahrhundert. Sie trugen damit zum Kult um den »Bon Roi Henri« bei.

Infobox

Information
Rue du Château. 05 59 82 38 02. tägl. (nur Führungen). 1. Jan, 1. Mai, 25. Dez. (nach Vereinbarung in Englisch oder in Spanisch). (1. So im Monat und für EU-Bürger unter 26 Jahren frei).
musee-chateau-pau.fr

Amor und Psyche
Der Gobelin (17. Jh.) mit mythologischen Szenen entstand nach einem Bild Raffaels.

Außerdem

① **Statue von Gaston Fébus**

② **Salon de famille**

③ **In den Haupthof** führt ein dreigliedriger Säulengang. Die Seitengebäude haben Fenster mit Renaissance-Einfassungen und Ornamente aus dem 19. Jahrhundert.

④ **Die Haupttreppe** ist im Unterschied zu den meisten anderen Treppen keine Wendeltreppe.

⑤ **Kapelle**

★ **Salle aux Cent Couverts**
Die einstige Wachstube ist heute mit Gobelins geschmückt. Der Name geht auf die Tafel zurück, die 100 Gästen Platz bietet.

9 Morlaàs

Straßenkarte C4. 4500. Place Sainte-Foy; 05 59 33 62 25. Sa, Fr vormittags (zweimal im Monat).

Morlaàs war von 1080 bis 1260 die Hauptstadt des Béarn, Station an der Route nach Santiago de Compostela und für Gaston Fébus *(siehe S. 228)* eine wichtige Bastion. Die Stadt besaß eine eigene Münze und wurde während der Hugenottenkriege (16. Jh.) stark zerstört. Von ihrer großen Vergangenheit ist kaum mehr als die Église Sainte-Foy geblieben. An ihrem Portal (1080) sieht man die Vision des heiligen Johannes von der Apokalypse. Im Inneren zeigen die Bildkapitelle der Apsis Szenen aus dem Leben und Martyrium der heiligen Fides. Die Kirche ähnelt anderen Bauwerken an der Pilgerstrecke, vor allem denen in Jaca in der spanischen Provinz Aragón auf der anderen Seite der Pyrenäen.

Wie Orthez, Salies-de-Béarn und andere Orte ist Morlaàs für seine traditionelle Möbelherstellung bekannt.

10 Lembeye

Straßenkarte C4. 700. Pau, 35 km. 37, place Marcadieu; 05 59 68 28 78. Do vormittags. Les Médiévales (Montaner, Juli).

Fresko *Das Jüngste Gericht* in der Église Saint-Michel, Montaner

Der auf einem Berg gelegene Ort wurde 1286 von Gaston VII de Béarn gegründet und stieg zur Hauptstadt des Gebiets Vic-Bilh (»Alte Dörfer«) auf, das an die Bigorre und die Gascogne grenzt. Unweit der Place Marcadieu steht in der Nähe alter Arkadenhäuser das Wehrtor Tour de l'Horloge (»Uhrturm«). Sehenswert ist das Portal der Kirche.

Umgebung: 17 Kilometer von Lembeye entfernt steht das **Château de Mascaraas** mit Ornamenten aus dem 17. und 18. Jahrhundert. In 21 Kilometer Entfernung von Lembeye erreicht man in **Montaner** ein **Château** (14. Jh.), das Gaston Fébus errichten ließ, sowie die **Église Saint-Michel** mit schönen Fresken (15./16. Jh.).

Château de Mascaraas
05 59 04 92 60. Juni–Mitte Sep: Mi–Mo; Apr, Mai, Mitte Sep–Nov: Sa, So.

Château de Montaner
05 59 81 98 29. Apr–Juni, Sep, Okt: Mi–Mo nachmittags; Juli, Aug: tägl.

Église Saint-Michel
05 62 31 42 33. Juli, Aug: tägl. nachmittags; Apr–Juni, Sep, Okt: Mi–Mo nachmittags. Juli, Aug: Mi–Mo.

Detail des romanischen Portals der Église Sainte-Foy in Morlaàs

Hotels und Restaurants im Béarn *siehe Seiten 255 und 271*

⓫ Weinberge des Madiran

Die Weinberge von Madiran und Pacherenc du Vic-Bilh liegen im Dreieck Béarn, Gers und Hautes-Pyrénées. Madirans kräftiger, dunkler Rotwein erhielt schon 1948 die Qualitätsbezeichnung AOC (heute AOP). Pilger nach Compostela verhalfen dem lange nur als Messwein verwendeten Wein zu größerer Bekanntheit. Seither wurde seine Qualität verbessert, sodass er heute vielen ein Begriff ist. Von den weniger bekannten Lagen von Pacherenc kommt ein trockener und ein lieblicher Weißwein.

Routeninfos

Straßenkarte C4
Länge: 38,5 km
Rasten: Besonders angenehm für eine Pause sind das Château d'Aydie der Domaine Laplace (05 59 04 08 00) und die Priorei im Dorf Madiran mit der Maison des Vins (Juli, Aug geöffnet; 05 62 31 90 67).

③ **Conchez-de-Béarn**
Seit dem 16. Jahrhundert lebte in Conchez der Adel von Béarn. Hier stehen auch Bürgerhäuser aus dem 16. und 17. Jahrhundert.

② **Arricau-Bordes**
Auch wenn man das prächtige Château selbst nicht besichtigen kann, sind Besucher in den Weinkellern willkommen und können an einer Weinverkostung teilnehmen. Auf einer Fläche von 25 Hektar wird in der Domaine ein sehr guter Wein erzeugt.

① **Lembeye**
Noch im 17. Jahrhundert war die Bastide die sechstgrößte des Béarn.

④ **Aydie**
Zwischen Béarn, Bigorre und Les Landes liegt dieses Hauptproduktionszentrum für Weine von sechs Gütern. Bekannt wurde der Ort auch durch den Schriftsteller Joseph Peyré, der hier lebte.

⑤ **Madiran**
Das typische Gers-Dorf hat der regionalen *appellation* den Namen gegeben. In der früheren Priorei befindet sich die Maison des Vins et du Pacherenc.

⑥ **Crouseilles**
Hier gründete sich 1950 die Winzergenossenschaft von Crouseilles-Madiran. 28 der 162 Mitglieder gehören zu den Pyrénées-Atlantiques. Die anderen haben Lagen im Gers und den Hautes-Pyrénées.

Legende
Routenempfehlung
Andere Straße

⓬ Oloron-Sainte-Marie

Die Hauptstadt des Haut Béarn ist das Tor zum Aspe-Tal und liegt am Zusammenfluss des Gave d'Aspe und des Gave d'Ossau. Als Oloron und das benachbarte Bistum Sainte-Marie im 11. Jahrhundert zusammenwuchsen, entwickelten sie sich zu einem wichtigen Posten für den Handel mit dem spanischen Königreich Aragón sowie zu einem Zentrum der Weberei. Bedeutendstes Baudenkmal der 1858 offiziell zu einer Stadt vereinten Orte ist das großartige romanische Portal der Cathédrale Sainte-Marie mit Bildhauerarbeiten aus dem 12. Jahrhundert. Es ist zweifellos das schönste und besterhaltene seiner Art im Béarn und zählt zum UNESCO-Welterbe.

Detail des Portals der Cathédrale Sainte-Marie

Skulptur
Detailbild einer der 24 ältesten Darstellungen, eine Figur mit Mandoline aus der Apokalypse.

Christi Herrlichkeit
Christus mit Heiligenschein, dem Symbol seiner göttlichen Macht, besänftigt zwei Löwen zu seiner Linken und Rechten.

Lachsrelief
Eine Szenenfolge zeigt Fischer am Gave d'Oloron, die Lachse ausnehmen und räuchern.

Portalkapitell
Figuren, die unter einer unsichtbaren Bürde gebeugt sind, symbolisieren mit schmerzverzerrten Gesichtern menschliches Leiden.

Romanisches Portal (12. Jh.) der Cathédrale Sainte-Marie

Hotels und Restaurants im Béarn *siehe Seiten 255 und 271*

Atlanten
Die beiden Atlanten heißen auch »Sarazenen in Ketten«.

Ein Untier verschlingt die Verdammten
Neben einem bärtigen Traubenpflücker verschlingt das Monster zwei Köpfe.

Quartier Sainte-Croix

Das Viertel in Oloron-Sainte-Maries Oberstadt steht auf den Fundamenten der Römersiedlung Iluro. Die Église Sainte-Croix aus dem 11. Jahrhundert hat einen ungewöhnlich hohen Glockenturm. Mit maurischen Elementen im Inneren ist der Dom einzigartig in Frankreich. Gegenüber steht ein mittelalterliches Gebäude-Ensemble. Die Maison Marque aus dem 17. Jahrhundert beherbergt das Museum **Maison du Patrimoine**. Es zeigt Objekte aus dem antiken Iluro und eine Dokumentation über das französische Internierungslager in Gurs aus dem Zweiten Weltkrieg.

Quartier Notre-Dame

Sehenswert sind die Église Notre-Dame aus dem 19. Jahrhundert, ein ehemaliges **Kapuzinerkloster** und der **Marcadet** auf der Place Clemenceau, der jeden Freitagvormittag zum quirligen Markt wird. Ein Spazierweg führt an den Mühlen beim Dorf Estos entlang.

Zeitgenössische Skulpturen

Acht zeitgenössische Skulpturen in Olorons Straßen und Parks zeugen von den künstlerischen Aktivitäten, die sich an der Pilgerroute nach Compostela entfalten konnten. Oloron ist ein Rastplatz an der Strecke nach Santiago de Compostela über den Col du Somport. Das Fremdenverkehrsbüro vermittelt auch Unterkünfte für Pilger.

Infobox

Information
Straßenkarte B5. 11 800.
Allée du Comte-de-Tréville; 05 59 39 98 00. Fr vormittags; Volksfest am 1. Mai.
Garburade (1. Sa im Sep).
tourisme-oloron.com

Anfahrt

Lartigue 1910

2, avenue Georges-Messier. 05 59 39 50 11. Mo–Fr. Juli, Aug: Mo–Sa, sowie auf Nachfrage.

Neben Nay ist Oloron das Produktionszentrum der echten Baskenmützen. Die Textilproduktion ist hier immer noch von Bedeutung. Die Weberei Lartigue 1910 im Quartier Sainte-Marie arbeitet noch mit traditionellen Methoden.

Oloron-Sainte-Marie liegt an der Gave d'Aspe

Weiße Kalksteinfelsen und farbig markierte Schafe auf den Bergweiden am Col de la Pierre-Saint-Martin

⓭ Vallée du Barétous

Straßenkarte B5. Oloron-Sainte-Marie. Arette; 05 59 88 95 38 oder La Pierre-Saint-Martin; 05 59 66 20 09. So, in Aramits. Junte du Roncal (13. Juli); Fête des Bergers d'Aramits (3. Wochenende im Sep).

Nahe der Grenze zwischen dem Pays Basque und Navarra in Spanien liegt das kontrastreiche Barétous-Tal mit Wäldern, grünen Berghängen, *estives* (Almen), auf denen im Sommer Schafe weiden, und steilen Schluchten. Markant sind der 2504 Meter hohe Pic d'Anie und der Col de la Pierre-Saint-Martin. Die karstige Kluft aus Kalkstein soll die tiefste der Welt sein und ist ein Paradies für Höhlenforscher.

In **Aramits**, dem einstigen Verwaltungszentrum des Tals, wurde Alexandre Dumas' Romanheld Aramis, einer der drei Musketiere, geboren. 1221 trafen sich in der Maison de la Vallée die *jurats* (Gemeindebeamten) des Barétous.

Musée du Béret, Nay

Lanne-en-Barétous an der Grenze zum Pays Basque ist der Geburtsort von Porthos, einem weiteren Musketier aus Dumas' Roman. Dort führt ein Weg zu aufgespannten Fangnetzen für Ringeltauben, deren Flugroute über die Pyrenäen in diesem Gebiet verläuft.

Arette, mit 1100 Einwohnern der größte Ort des Tals, wurde am 13. August 1967 von einem Erdbeben erschüttert. Das Centre Sismologique (Besichtigungen organisiert das Fremdenverkehrsbüro) zeichnet Erdbewegungen in der Region auf. Die **Maison de Barétous** zeigt eine Ausstellung über das Leben im Tal und zur Junte du Roncal.

In **Pierre-Saint-Martin** fließt auf dem Col du Roncal in einer Kalksteinschlucht das Wasser durch unterirdische Höhlen.

Junte du Roncal

Alljährlich gedenkt man am 13. Juli am Col de la Pierre-Saint-Martin mit der Junte du Roncal oder dem *Tribut des Trois Génisses* (Tribut der drei Kalbinnen) eines Friedensabkommens, das seit 1375 zwischen den Bewohnern des Barétous-Tals und denen des Roncal-Tals in Navarra besteht. Die Bürgermeister der beiden Täler leisten einen Eid, zur Bekräftigung schenken die Béarner den Navarrern drei Jungkühe. Dafür dürfen sie im Sommer ihre Schafe auf den *estives* (Almen) im Roncal-Tal weiden lassen.

Schwur der Bürgermeister

⓮ Nay

Straßenkarte C5. 3600. Place du 8 Mai 1945; 05 59 13 94 99. Coarraze-Nay. Di, Sa. Festival du Conte (Juli); Fêtes de Nay (letztes Wochenende im Aug).

Mönche von Sainte-Christine in Gabas gründeten Anfang des 12. Jahrhunderts Nay, um Pilgern auf dem Weg nach Santiago de Compostela Verpflegung und eine Herberge anzubieten. Das Städtchen am Rand der Hautes-Pyrénées liegt am Gave de Pau, der im Frühjahr bei Schneeschmelze stark anschwillt. 1302 machte Marguerite de Moncade aus Nay eine Bastide. Es erlebte bereits im Mittelalter dank seiner Webereien eine wirtschaftliche Blüte und erreichte den Höhepunkt seines Wohlstands im 18. Jahrhundert mit der Pro-

Hotels und Restaurants im Béarn *siehe Seiten 255 und 271*

Die vier Evangelisten an der Chapelle Notre-Dame, Bétharram

duktion von Baskenmützen und Textilien. 1543 wurde es von einer Feuersbrunst stark zerstört. Die Église Saint-Vincent, eine einschiffige gotische Kirche im typischen Stil des Languedoc, wurde beim darauffolgenden Wiederaufbau der Stadt umgestaltet.

Die von dem reichen Kaufmann Pedro Sacaze aus Aragón im 16. Jahrhundert erbaute **Maison Carrée** ist ein Stadthaus im Renaissancestil mit italienischen Loggien und einem schönen, mit Kieseln gepflasterten Innenhof. Es verfiel im 18. Jahrhundert und wurde erst 1994 restauriert. Im oberen Stockwerk informiert das **Musée de l'Industrie** über die Industriegeschichte von Nay, über Metallverarbeitung, Weberei und die Steinbrüche.

Das **Musée du Béret** in einer alten Fabrikhalle widmet sich der Geschichte und Fertigung der Baskenmütze. Obwohl sie mit dem Baskenland in Verbindung gebracht wird, stammt die berühmte Kopfbedeckung aus dem Ossau-Tal. Seit der industriellen Revolution war ihre Herstellung die Haupteinnahmequelle für Nay und Oloron-Sainte-Marie, auch wenn die Produktion stetig zurückgeht.

Maison Carrée und Musée de l'Industrie
Place de la République. 05 59 13 99 65. Juli, Aug: tägl.; Sep–Juni: Di–Sa.

Musée du Béret
Place Saint-Roch. 05 59 61 91 70. siehe Website.
museeduberet.com

Altes Werbeplakat für die Grottes de Bétharram

⓯ Bétharram

Straßenkarte C5. 1000. Coarraze-Nay. Fête de la Saint-Jean (um den 24. Juni).

Hauptattraktion sind die Grottes de Bétharram, Tropfsteinhöhlen auf fünf Ebenen, die zu Fuß, mit einer Kleinbahn und ein kleines Stück per Boot erkundet werden können. Bizarre Tropfsteinformen hängen von den Decken und Wänden der Riesenhöhlen, die *Le Chaos* oder *La Salle des Lustres* (»Saal der Kronleuchter«) heißen.

Louis XIII und die Grafen des Béarn gaben im 17. Jahrhundert den Auftrag für den Bau der Barockkapelle **Chapelle Notre-Dame**. Der Legende nach wurde sie ursprünglich im 14. Jahrhundert nach einer Marienerscheinung am Ufer des Gave de Pau erbaut. Eine zweite Kapelle brannte 1569 ab. Die Westfassade der heutigen Kapelle zeigt die vier Evangelisten und eine Madonna mit Kind. Das Innere ist mit schwarzen Marmorsäulen, einem Altarbild (17. Jh.), Gemälden und vergoldeten Holzskulpturen reich ausgestattet.

Die Kapelle ist eng mit dem hier bestatteten Priester Michel Garicoïts (1797–1863) verbunden. Der Gründer der Gesellschaft der Hilfspriester vom Heiligen Herzen Jesu wurde 1947 heiliggesprochen.

Grottes de Bétharram
Saint-Pée-de-Bigorre. 05 62 41 80 04. 8. Feb–25. März: Mo–Fr; 26. März–Okt: tägl.
betharram.com

Chapelle Notre-Dame de Bétharram
Lestelle-Bétharram. 05 59 71 92 30. tägl.

⑯ Vallée d'Ossau

Nach den Tälern von Aspe und Barétous ist das Ossau-Tal das drittgrößte des Béarn. Es beginnt südlich von Pau und führt im rechten Winkel zu den Pyrenäen zum 1794 Meter hohen Col du Pourtalet an der Grenze zu Spanien. In der letzten Eiszeit war das ganze Gebiet vergletschert. Das untere Tal erstreckt sich zwischen den Orten Arudy und Laruns. Im oberen Talabschnitt liegen Dörfer wie Eaux-Chaudes, Gabas und Bious in Senken. Schluchten und Hochflächen prägen die Landschaft – etwa bei Cezy, Soussouéou und Aule – oder nackter Fels, wie der Cirque d'Anéou unterhalb von Le Pourtalet. Der höchste Gipfel in dieser Landschaft ist der 2884 Meter hohe Pic du Midi d'Ossau. Der Vulkankegel ist das Wahrzeichen des Haut Béarn.

★ Falaise aux Vautours
Das Zentrum in Aste-Béon *(siehe S. 239)* widmet sich der Beobachtung von Gänsegeiern. Von Beobachtungsposten in den Felsen kann man die Vögel im Flug und bei der Brutpflege beobachten.

Eaux-Chaudes
Das Dorf heißt nach den heißen Quellen, die im 19. und frühen 20. Jahrhundert sehr beliebt waren und seinen Ruf begründeten. Auch heute werden hier Heilbehandlungen angeboten.

Haut Ossau
Den ganzen Sommer grasen hier Schafherden unter dem Schutz von Hirten auf den Hochweiden.

Legende
- Hauptstraße
- Nebenstraße
- Staatsgrenze
- Eisenbahn

Zeichenerklärung *siehe hintere Umschlagklappe*

★ **Col d'Aubisque**
Die von Juni bis September geöffnete Passstraße fasziniert mit der Aussicht auf den Cirque de Gourette und Cirque du Litor.

Infobox

Information
Straßenkarte C5. Von Pau die N134 nach Gan, dann die D934 nach Laruns. Am Col du Pourtalet kreuzt die Straße die Grenze und führt hinab ins Tena-Tal in Aragón. Place de Laruns, Laruns; 05 59 05 31 41 oder Maison du Parc National des Pyrénées, Avenue de la Gare, Laruns; 05 59 05 41 59.
ossau-pyrenees.com

Anfahrt
Oloron-Sainte-Marie.

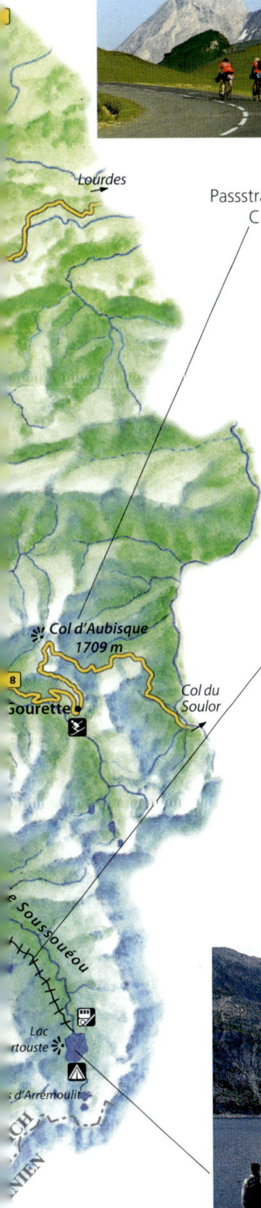

Schmalspurbahn zum Lac d'Artouste
Eine Kleinbahn aus dem Jahr 1924 fährt am Staudamm entlang zum Lac d'Artouste. Die 50-minütige Fahrt in 2000 Meter Höhe bietet eine herrliche Aussicht. Die Bahn ist von Mai bis September in Betrieb.

★ **Lac d'Artouste**
Der See ist Ausgangspunkt für schöne Wanderungen. Man erreicht ihn von der Endstation der Kleinbahn in 15 Minuten oder in etwa drei Stunden über einen Fußweg, der bei der Hütte von Soques im Tal beginnt.

Überblick: Vallée d'Ossau

Das Ossau-Tal besteht aus Bas Ossau (Unteres Tal) und Haut Ossau (Oberes Tal). Die ausgeprägte kulturelle Eigenständigkeit seiner Bewohner zeigt sich in der gaskonischen Sprache, traditionellen Liedern und Tänzen. Die Haupteinkommensquelle der Region ist die Viehzucht. Bis zur Französischen Revolution wählte jedes Dorf *jurats*, Kommunalbeamte, die sich um das Wohlergehen der Gemeinden kümmerten und deren Rechte und Traditionen schützten. Diese demokratischen Strukturen gaben dem Tal eine gewisse Unabhängigkeit von der französischen Zentralregierung.

Gotisches Portal der Église Saint-Vivien in Bielle

Arudy

Place de l'Hôtel-de-Ville; 05 59 05 77 11. Mi, Sa. Fête Locale (1. So im Juni).

Die Bandbreite des Marmors von Arudy reicht vom häufigen blaugrauen bis zum seltenen roten geäderten Gestein.

Die Église Saint-Germain (16./17. Jh.) hat einen Zwiebelturm und Kapitelle mit Bären und Kühen, Ossaus Wappentieren. In der Abtei (17. Jh.) informieren die **Maison d'Ossau** über die Flora und Fauna des Parc National des Pyrénées und ein prähistorisches Museum über die in Arudy entdeckte prähistorische Stätte, nach der die Arudyanische Periode der Magdalenenzeit (14 000 bis 7500 v. Chr.) benannt wurde. Im Dorf sind rund 50 verzierte Türstürze aus den Jahren 1674 bis 1893 zu sehen.

Maison d'Ossau
Rue de l'Église. 05 59 05 61 71. Jan–Juni, Sep: Di–Fr, So nachmittags; Juli, Aug: Di–So.

Sainte-Colome

2 km östlich von Arudy. 05 59 05 77 11.

Die Ortschaft war ein Rastplatz am langen Abschnitt der Pilgerstrecke nach Santiago de Compostela, der durch die Ausläufer der Pyrenäen führte. Sainte-Colome besitzt ein Wehrhaus aus dem 12. und 13. Jahrhundert, einige stabil gebaute Häuser im charakteristischen Stil des Ossau-Tals und die Église Saint-Sylvestre aus dem 15. Jahrhundert.

Louvie-Juzon

2,5 km südöstlich von Arudy.
Place de la Mairie; 05 59 05 61 71. Estives Musicales Internationales (Festival klassischer Musik; Juli).

In der im spätgotischen Stil des 16. Jahrhunderts erbauten **Église Saint-Martin** zeigen schöne Bildkapitelle die vier Lebensabschnitte des Menschen, Engel, Teufel und ein ganzes Bestiarium. Sehenswert sind darüber hinaus die Inneneinrichtung der Kirche und die Orgel (18. Jh.).

Castet

4,5 km südöstlich von Arudy.
05 59 05 79 51 (Rathaus).

Der hübsche Ort heißt nach seiner Burg, der einzigen im Tal. Sie wurde im 13. Jahrhundert auf einem Felssporn erbaut und im Jahr 1450 von den Talbewohnern demontiert, sodass nur zwei Türme verblieben. Typisch romanisch ist die Église Saint-Polycarpe. Eine Straße führt zum Hafen von Castet am Gave d'Ossau neben einem See. Hier gibt es markierte Wege und ein Museum über die regionale Tier- und Pflanzenwelt.

Bielle

6 km südlich von Arudy.
05 59 82 60 36 (Rathaus).

Als Sitz der *jurats* war Bielle die politische Hauptstadt des Ossau-Tals und bis zur Französischen Revolution 1789 unabhängig. Die juristischen Aufzeichnungen der Gemeinde wurden in einer Truhe aufbewahrt, die heute in der **Église Saint-Vivien** steht. Das Tympanon der Kirche (16. Jh.) zeigt die Wappentiere Ossaus, Bär und Kuh. Zu den reich verzierten Gebäuden (15. bis 18. Jh.) gehören die Maison Trille und das ehemalige Nonnenkloster mit quadratischem Anbau und Rundturm mit überwölbtem Eingang.

In Nay fertigt man die Glocken für die Schafe im Ossau-Tal

Bilhères

6 km südwestlich von Arudy.
05 59 82 60 92 (Mairie).

Bilhères liegt an der D294, die Ossau- und Aspe-Tal über den Pass **Col de Marie-Blanque** (1035 m) verbindet. Über die Türen einiger Häuser (16. und 17. Jh.) sind Schlüssel gemeißelt. Die **Église Saint-Jean Baptiste** hat eine bemalte Decke.

Falaise aux Vautours d'Aste-Béon

05 59 82 65 49. Juli, Aug: tägl. (Sa, So nachmittags); Apr–Juni: tägl. nachmittags; Sep: Mo–Fr nachmittags.

Die Felsen in den Dörfern Aste und Béon stehen unter Naturschutz. Das Besucherzentrum am Fuß der Felsen bietet Information über die Gänsegeier, die man von Beobachtungsposten aus sehen kann.

Laruns

Place de Laruns; 05 59 05 31 41. Maison du Parc National des Pyrénées: Avenue de la Gare. 05 59 05 41 59. Fest »Noste Dama« (15. Aug); Käsemesse (1. Wochenende im Okt).

In Laruns liegt die zentrale Touristinfo für die Vallée d'Ossau und die **Maison du Parc National**. Feierlich begangen wird das Tanz- und Musikfest am 15. August. Im südlichen Ortsteil Pon gibt es Häuser aus dem 16. und 17. Jahrhundert.

Zum Bezirk Laruns gehört der fünf Kilometer südlich gelegene Kurort **Eaux-Chaudes**, dessen Glanzzeit im 19. Jahrhundert lag. Dort sprudeln sieben heiße Quellen.

Tänzer in traditionellen Trachten am 15. August beim Festival in Laruns

Route de l'Aubisque

Der Pass hinter Laruns an der D918 nach Gourette führt durch eine atemberaubende Berglandschaft. Kaiserin Eugénie regte den Bau der »Bäderstraße« an und förderte das Heilbad **Eaux-Bonnes**.

Béost

2 km nordöstlich von Laruns.
05 59 05 31 93 (Rathaus).

Von dem Weiler führt eine Straße zur Burg (12. Jh.) und zur Kirche mit schönem Portal (14. Jh.). Bei einigen Häusern (16. Jh.) entdeckt man noch die alten Backhäuser.

Louvie-Soubiron

4 km nordöstlich von Laruns.
05 59 05 37 09 (Rathaus).

Der hiesige weiße Marmor wurde beim Bau von La Madeleine in Paris, für Skulpturen an der Place de la Concorde und in Versailles verwendet. Taufbecken und Baptisterium der romanischen Kirche stammen aus dem 12. Jahrhundert.

Braunbären leben noch in den Bergen zwischen Ossau- und Aspe-Tal

⑰ Vallée du Soussouéou

Straßenkarte C5. Nach Laruns, Richtung Gabas.

Das schöne Hochtal des Soussouéou ist zehn Kilometer lang. Informationen zu Wanderrouten hat das Fremdenverkehrsbüro von Laruns. Für Wanderungen vom Tal aus fahren Sie von Laruns Richtung Gabas bis zur Tankstelle von Miégabat und biegen nach zwei Kilometern links zum Pont de Goua ab, wo man parken kann. Von dort führt ein Fußweg weiter. Nach 30 Minuten trifft man auf den Fernwanderweg GR10. Ab hier ist es auf dem sporadisch markierten, aber gut frequentierten Weg eine Tageswanderung zum Lac d'Artouste.

Eine Alternativstrecke führt durch Gabas hinauf ins Tal. Parken Sie nach vier Kilometern bei der Seilbahn **Télécabine du Lac de Fabrèges**. Gut zwölf Minuten dauert es bis zum **Col de la Sagette**, wo Sie in die **Artouste-Kleinbahn** umsteigen können, deren Gleise dem Talverlauf folgen. Die Fahrt in offenen Waggons dauert 55 Minuten und bietet einen herrlichen Blick auf den Pic d'Ossau. Von der Endstation läuft man noch 15 Minuten bis zum Lac d'Artouste.

Vom Col de la Sagette kann man auch zum Soussouéou-Plateau hinunterwandern und im Sommer wieder mit dem Sessellift **Télésiège de l'Ours** hinauffahren.

⓲ Wanderung: Pic du Midi d'Ossau

Wie ein riesiger Haifischzahn ragt der Pic du Midi d'Ossau 2884 Meter auf. Eine Besteigung ist nur für erfahrene Bergsteiger möglich, die leichter erreichbaren unteren Hänge bieten schöne Wanderwege und einige familienfreundliche Attraktionen. Von den Seen und Pässen rund um den Gipfel hat man eine herrliche Aussicht auf die Berge des Béarn. Wanderer sollten nie ohne genaue Wanderkarte und geeignete Ausrüstung aufbrechen.

Eine der vielfältigen Landschaften am Pic du Midi d'Ossau

① Lac de Bious-Artigues (1422 m)
Der künstlich angelegte See im Haut Béarn ist ein Tor zum Parc National des Pyrénées. Das stille, schattige Seeufer bietet ideale Erholung. Von hier hat man freie Sicht auf die markante Zahnsilhouette des Pic du Midi d'Ossau.

② Pont de Bious (1500 m)
Die Brücke über den Gave de Bious ist ein Orientierungspunkt am Fernwanderweg GR10.

③ Lacs d'Ayous (1947 m)
Der See zählt zu den schönsten Stellen im Haut Ossau. Von der bewirtschafteten Hütte, in der man auch übernachten kann, sieht man, wie sich Strahlen der untergehenden Sonne im Wasser spiegeln.

④ Lac Bersau (2083 m)
Der See entstand mit der Gletscherschmelze gegen Ende der letzten Eiszeit. Er ist einer der größten Gletscherseen in den Pyrenäen.

⑤ Lac Castérau
Kurz hinter dem Lac Bersau zweigt ein Wanderweg nach links ab und führt in Ostrichtung hinab zur Hütte am Cap de Pount. Der bei Bergsteigern bekannte See friert im Winter zu – im Sommer kann man sich im kalten Wasser angenehm die Füße kühlen.

Legende
- - Routenempfehlung
═ Andere Straße

0 Kilometer 1

⑧ Col Long de Magnabaigt (1698 m)
Die elf Steinkreise und zwei Hügelgräber von Magnabaigt zeigen, dass das Gebiet schon im Neolithikum besiedelt war. Vom Pass führt eine leichte Wanderung durch dichte Buchenwälder hinab zum Lac de Bious-Artigues.

In der bewirtschafteten Hütte am Lac de Pombie kann man essen und übernachten

⑦ Col de Suzon (2127 m)
Der Aufstieg ist relativ gemächlich. Auf dieser Strecke über den Pic Saoubiste sieht man den Pic du Midi aus einer anderen Perspektive. Man kann in der Hütte von Pombie übernachten oder in wenigen Stunden nach Bious-Artigues absteigen.

Routeninfos

Straßenkarte C5
Länge: Bei gutem Wetter dauert die Tour zwei Tage. Die Hütten am Lac d'Ayous (05 59 05 37 00) und Lac de Pombie (05 59 05 31 78) sind von Juni bis September geöffnet. Die Wanderung um den Lac de Bious-Artigues dauert eine Stunde, die rund um den Lac d'Ayous und Lac de Bious-Artigues fünf Stunden.
Zufahrt: Zum Pic du Midi d'Ossau nimmt man die D934 ab Laruns, dann die D231. Die Straße von Gabas nach Bious-Artigues ist von Mai bis November offen.

⑥ Col de Peyreget (2208 m)
Vom Col de Peyreget bietet sich ein wunderbarer Blick auf die vier Gipfel des Pic du Midi d'Ossau: Petit Pic, Grand Pic, Pointe Jean Santé und Pointe d'Aragon. Letzterer liegt am nächsten zu Spanien.

Haus im hübschen Bergdorf Lourdios Ichère

⓳ Vallée d'Aspe

Straßenkarte B5. 2800.
Place Sarraillé, Bedous; 05 59 34 57 57. Oloron-Sainte-Marie.
Linie Oloron–Canfranc. Do in Bedous; So in Etsaut (Juli, Aug).
Käsemesse in Etsaut (Ende Juli).
tourisme-aspe.com

Durch das Aspe-Tal südlich von Oloron-Saint-Marie tost der Gave d'Aspe. Der Eisenbahnviadukt wurde 1910 für die heute stillgelegte Strecke Pau–Canfranc gebaut. Notre-Dame-de-la-Pierre in **Sarrance** ist der erste Halt an der Route des **Écomusée de la Vallée d'Aspe**. Er ist der Legende von Sarrance und seinen Pilgern gewidmet. Die Kirche (17. Jh.) und das Kloster sind zu besichtigen. In **Lourdios Ichère** erläutert eine audiovisuelle Präsentation das Alltagsleben.

Bedous ist das Handelszentrum des Tals. Der Fernwanderweg GR65 (Chemin de Saint-Jacques) führt von Bedous nach **Accous**. Dort kann man den Käse von béarnesisch-baskischen Bauern probieren. Die Église Saint-Martin d'Accous wurde 1569 und 1793 schwer beschädigt. Der Cirque de Lescun am Talende ist ein weites grünes Plateau mit vereinzelten Scheunen. Ihn umgeben der Pic Billare, Pic d'Anie und die Aiguilles d'Ansabère. **Cette-Eygun** wartet mit der Église Saint-Pierre (12. Jh.) auf. Die **Maison du Parc National des Pyrénées** in **Etsaut** zeigt eine Ausstellung über Braunbären in den Pyrenäen.

Zwei Kilometer hinter Etsaut führt ein Pfad zum **Chemin de la Mâture**. Dieser Abschnitt des GR10 verläuft oberhalb einer Steilwand. Mitte des 18. Jahrhunderts wurden Kiefernstämme für Schiffsmasten *(mâture)* für die französische Marine hier entlangtransportiert. Die Chapelle Saint-Jacques in **Borce**, auch als L'Hospitalet bekannt, nahm einst Pilger auf. Heute befindet sich dort ein Museum über den Chemin de Saint-Jacques. An der Hauptstraße stehen Häuser (15. und 16. Jh.) mit gotischen Eingängen und Brotbacköfen. Das **Fort du Portalet** (1860) über der Gorge d'Enfer wurde im Zweiten Weltkrieg als Staatsgefängnis genutzt.

Écomusée de la Vallée d'Aspe (Sarrance)
05 59 34 57 65. **Accous** Juli, Aug: tägl.; Sep–Juni: Mo–Sa; **Borce** Juli, Aug: tägl.; Sep–Juni: Sa, So, Ferien; **Lourdios** Juli–Sep: tägl. nachm.; Okt–Juni: Sa, So, Ferien nachm.; **Sarrance** Juni: tägl. nachm.; Juli–Sep: tägl.; Okt–Mai: Sa, So, Ferien nachm. Sarrance u. Lourdios: Jan. frei in Accous u. Borce.
ecomusee.vallee-aspe.com

Maison du Parc National des Pyrénées
Etsaut. 05 59 34 88 30.
Mai–Okt: tägl.

Blick von der Labérouat-Hütte oberhalb von Lescun auf den Pic de Billare (2309 m) und Pic d'Anie (2504 m)

Hotels und Restaurants im Béarn *siehe Seiten 255 und 271*

Viehwirtschaft im Béarn

Die Schäfer und Viehzüchter in den Bergen des Haut Béarn leben weitgehend von der Herstellung leckerer Käse, die vor allem aus Rohmilch von Schafen erzeugt werden. Die Schäfer, die mit ihren Herden auf die *estives* (Sommeralmen) des Aspe-, Ossau- und Barétous-Tals ziehen, bewahren nicht nur die schöne Landschaft, sondern auch eine traditionelle Lebensform, wie sie nur hier und im Baskenland überdauert hat. Einige der am höchsten gelegenen *estives* des Béarn sind nur sehr schwer zu erreichen. Auf entlegeneren Weiden können die Herden sogar von Bären angefallen werden, die manchmal Schafe reißen.

Jahreskreis
Wenn die Schneeschmelze einsetzt, kehren die Herden von Kühen und Schafen auf die Hochweiden *(estives)* zurück. Den Sommer über leben die Hirten in Hütten in der Nähe ihrer Herden, auch wenn moderne Ausstattung wie Radios und Solarzellen ihnen das Leben erleichtern. Der in den Bergen erzeugte Käse wird mit Eseln in die Dörfer im Tal gebracht.

Ein kleines Gehöft hoch in den Bergen

Die Traditionen der Vallée d'Ossau werden engagiert gepflegt – nicht zuletzt mit Musik und Volkstänzen.

Schafskäse wird im Sommer gemacht. Die Schafe werden zweimal täglich gemolken.

Traditionelle Instrumente sind etwa eine Flöte mit drei Löchern und ein Tambourin mit Saiten *(ttun-ttun)*.

Die Schafschur findet im Frühjahr statt, bevor die Herden auf die *estives* (Almen) kommen. Leider erzielen die Wollvliese heute nur geringe Preise.

Die Schafzucht im Béarn überlebt dank Almkäse und Subventionen, die es den Bauern ermöglichen, in den Bergen Tierhaltung zu betreiben. Das Fortbestehen dieser Lebensweise ist nicht gesichert, auch wenn die junge Generation weiterhin an ihr festhält.

Le Glacier
CHAMBRES

ZU GAST IN AQUITANIEN

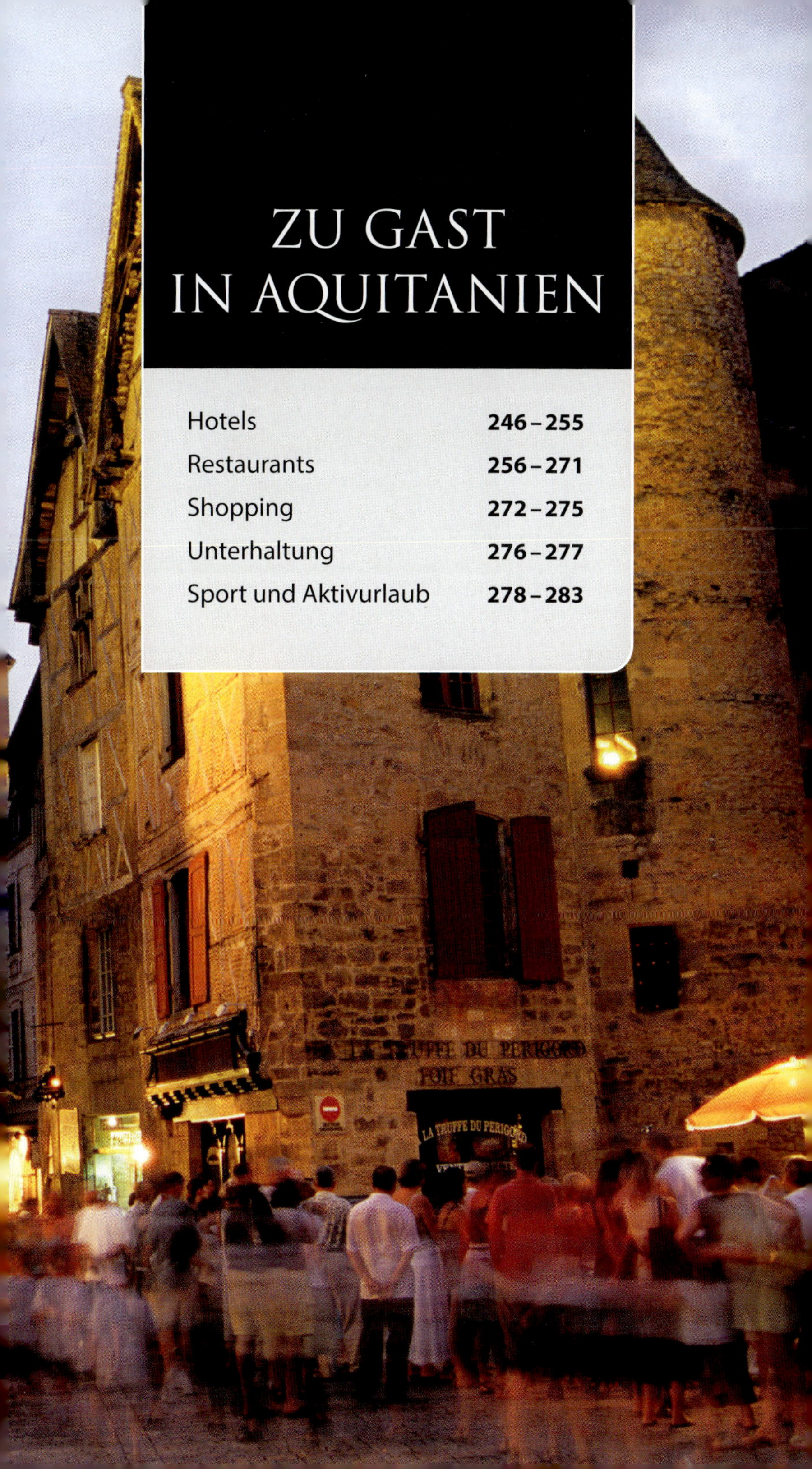

Hotels

Attraktive Hotels findet man in der ganzen Region Aquitanien, vom Château Cordeillan-Bages in Pauillac bis zum Château Camiac in Créon. Nicht wenige Häuser weisen eine lange Geschichte auf. Absoluten Luxus bieten beispielsweise die Hostellerie de Plaisance, Château de Mercuès, Les Prés d'Eugénie, Château Cordeillan-Bages und Les Sources de Caudalie. Zahlreiche repräsentative Häuser in den Kleinstädten und auf dem Land wurden zu gemütlichen und komfortablen Pensionen *(chambres d'hôtes)* umgebaut, die zumeist für Herzlichkeit, Ruhe und gute Küche bürgen.

Reservierung

Besonders zwischen Mitte Juli und Mitte August ist es in den Sommermonaten nicht immer leicht, ein Hotelzimmer zu finden. Manche Häuser sind bereits Monate im Voraus ausgebucht. Auch außerhalb der Hochsaison kann man vor verschlossenen Türen stehen, wenn gut besuchte, regionale Großereignisse stattfinden. Dann haben oft Hotels und Gästehäuser in einiger Entfernung vom Brennpunkt des Geschehens nichts mehr frei.

In der Regel findet man allerdings abseits der Küste leicht eine Unterkunft, besonders in größeren Städten, wo es in den Sommermonaten etwas ruhiger zugeht. Fragen Sie bei der Buchung nach Sonderangeboten. Je nach Jahreszeit lässt sich über den Preis bisweilen etwas handeln. In den größeren Städten werden häufig Wochenendpauschalen *(Bon week-end en ville)* angeboten. Die Fremdenverkehrsbüros vor Ort informieren gerne über Details.

Preise

Alle Hotels müssen ihre Preise inklusive Service und Steuern an prominenter Stelle aushängen. Trotzdem bleibt der Preis zumindest außerhalb der sommerlichen Hochsaison Verhandlungssache. Bei mehreren Tagen Aufenthalt bieten die meisten Hotels jedoch Pauschalen für Halb- oder Vollpension. Das kann manchmal ein echtes Schnäppchen sein, vor allem wenn das Hotel über ein gutes Restaurant verfügt.

Les Hortensias du Lac, ein Hotel in Hossegor *(siehe S. 254)*

Peyraguey Maison Rouge, Bommes-Sauternes *(siehe S. 251)*

Luxushotels

Sämtliche größeren Orte in Aquitanien verfügen über Top-Class-Hotels. Einige luxuriöse Spitzenhäuser liegen in idyllischer Landschaft, so das Château Cordeillan-Bages *(siehe S. 250)*. Im Château d'Urtubie in Saint-Jean-de-Luz *(siehe S. 255)* werden die Gäste von einem echten Grafen begrüßt. Das Château de Brindos bei Biarritz *(siehe S. 254)* liegt am See. Die jährlich aktualisierten Führer von Châteaux et Hôtels de France und Relais et Châteaux bieten einen Überblick.

Boutique-Hotels

Boutique-Hotels sind mittlerweile sehr beliebt. Oftmals handelt es sich um umgebaute Landhäuser und mittelalterliche Priorate. Ein sehr gutes Beispiel ist das von Jean Nouvel entworfene Hauterives & Restaurant St James in Bordeaux *(siehe S. 250)*, dessen vier Pavillons um ein Weinbauernhaus aus dem 17. Jahrhundert gruppiert sind. Viele dieser Hotels liegen an der Küste, z. B. das stilvolle Côté Sable in Lège-Cap-Ferret *(siehe S. 250)*. Andere, wie das Hôtel Arcé in St-Étienne-de-Baïgorry *(siehe S. 255)*, befinden sich in kleinen Ortschaften.

Familienbetriebe

Diese Häuser bieten in der Regel gemütliche Zimmer zu günstigen Preisen. Beispiele hierfür sind das Hotel Aux Tauzins in Montfort-en-Chalosse *(siehe S. 254)* und die von **Pierre et Vacances** empfohlenen Hotels, die zum Teil in wunderschöner Landschaft liegen. Manche Hotels, darunter auch das Maison Basta in Peyrehorade *(siehe S. 254)* und das Hôtel Aquitaine in Capbreton *(siehe S. 253)*, haben sich auf Familienurlaub spezialisiert. Häuser mit dem Label »Station Kid« sind insbesondere auf Familien mit kleinen Kindern eingestellt. Auch die Häuser von **Logis de France** bereiten ihren Gästen einen warmen, sehr persönlichen Empfang. Die **Fédération Nationale des Tables et Auberges de France** informiert über eine Vielzahl von Unterkünften.

◀ **Straßencafés an der Place de la Liberté *(siehe S. 120)*, Sarlat**

Pensionen

Zimmer in einem *(chambre d'hôtes)* sind manchmal ein wahrer Glücksgriff: gemütlich eingerichtet, in schönen Häusern in ruhiger Lage. Die Preise differieren stark, je nach Komfort und Ausstattung. Auch hier muss man bisweilen lange im Voraus buchen. Vorteil: Das – oft gute und üppige – Frühstück ist meist im Preis inbegriffen. Im französischen Pensionen-Verband sind auch die **Fleurs de Soleil** organisiert, deren Häuser einen hohen Standard an Komfort und Service sowie eine geringe Zimmerzahl pro Haus garantieren.

Luxuriös eingerichtet: Les Prés d'Eugénie, Eugénie-les-Bains *(siehe S. 254)*

Thalassotherapie und Hydrotherapie

Die meisten Wellness- und Fitness-Anlagen in Aquitanien finden sich in den Landes und im Pays Basque. Dazu zählen hochklassige Einrichtungen in der Nähe von Biarritz, z. B. das Thalassotherapie-Zentrum im Grand Hôtel Loreamar in Saint-Jean-de-Luz *(siehe S. 255)*. Kurorte in den Pyrénées-Atlantiques sind u. a. Cambo-les-Bains, Les Eaux-Bonnes, Les Eaux-Chaudes und Salies-de-Béarn. Mit 17 Thermen ist Dax *(siehe S. 254)* die Wellness-Metropole Frankreichs.

Das Kurbad Les Prés d'Eugénie in Eugénie-les-Bains *(siehe S. 254)* besitzt ein gutes Restaurant. Thalassotherapie-Zentren gibt es zudem in der Gironde. Les Sources de Caudalie *(siehe S. 250)* bei La Brède bietet als Spezialität Behandlungen mit Wein und Traubenextrakt (Vinotherapien). Bäderketten wie **Accor Thalassa** und **France Thermal** sowie die Organisation **Chaîne Thermale du Soleil** bieten einen zentralen Buchungsservice an.

Séjours pêche

Die Unterkünfte, die unter *séjours pêche* firmieren, wenden sich vor allem an Angler *(siehe S. 282f)*. **Gîtes de France** veröffentlicht eine umfassende Broschüre mit 378 Unterkünften (von Zeltplätzen bis zu Hotels), die vor allem auf die Bedürfnisse von Anglern ausgerichtet sind. Sie befinden sich meist in der Nähe von Angelrevieren und in schöner Umgebung.

Gîtes

Unter einem *gîte* oder *gîte rural* versteht man ein als Ferienhaus genutztes Stein- oder Holzhaus mit einem oder mehreren Schlafzimmern, Esszimmer, Küche oder Küchenzeile und Bad. Solch ein *gîte* kann man für ein paar Tage oder das Wochenende mieten, meist beträgt die Mindestmietzeit eine Woche. Die Organisation **Gîtes de France** klassifiziert die Häuser nach Komfort mit einer bis fünf Weizenähren. Alle hier zusammengeschlossenen *gîtes* müssen sich an bestimmte Vorgaben halten, werden regelmäßig geprüft und bewertet.

Ferienhäuser und Ferienwohnungen

Aquitanien ist ideal für Selbstversorger. Agenturen bieten unterschiedlichste Unterkünfte an – von Cottages im Hinterland bis zu Apartments und Strandbungalows. Eine nützliche Vermittlungsstelle ist **Clévacances**, in der sich Vermieter individueller Wohnobjekte vom Ferienhaus bis zum einzelnen Zimmer zusammengeschlossen haben. Die Objekte sind in fünf Komfortstufen eingeteilt.

Auch die Website von **Aquitaine Location Vacances** ist bei der Suche nach außergewöhnlichen Ferienhäusern hilfreich. Gleiches gilt für die Internet-Seite der Agentur **Aquitaine on Line**, wo man Pensionen, *gîtes*, Apartments und Villen angeboten bekommt. Auch die örtlichen Fremdenverkehrsbüros führen Listen über Ferienunterkünfte in der jeweiligen Region.

Hallenbad in der Therme von Salies-de-Béarn *(siehe S. 222f)*

Jugendherbergen

Am preiswertesten kommt man in einer Jugendherberge unter – unabhängig vom Alter. Um dort übernachten zu können, muss man die Carte de la Fédération Unie des Auberges de Jeunesse **(FUAJ)** vorweisen können. Dieser Jugendherbergsausweis wird von jeder Herberge ausgestellt. Jugendherbergen gibt es in Arcachon und Bordeaux, die meisten findet man aber in der Region zwischen der Küste und dem Hinterland des Pays Basque. Die Jugendherbergen in Anglet und Biarritz organisieren Surf-Events und Wanderungen.

Die Institution **CROUS** vermittelt während der Sommermonate bzw. Semesterferien Unterkünfte in den Sälen der Universität von Bordeaux an Studenten.

Camping und Glamping

Aquitanien wartet mit zahlreichen Campingplätzen auf, die nicht selten in schöner Landschaft liegen. Viele gehören der Organisation **Camping Qualité Aquitaine** an, deren Mitglieder eine durchschaubare Preisstruktur und hohe Hygiene- und Sauberkeitsstandards nachzuweisen haben. Die Website der **Fédération Française de Camping et Caravaning** bietet eine Auflistung aller Campingplätze und deren Ausstattung.

Glamping – ein Kunstwort für glamouröses Camping – ist in Frankreich mittlerweile sehr beliebt. Auf luxuriösen Campingplätzen stehen den anspruchsvollen Campinggästen auch unübliche Unterkünfte zur Verfügung: vom Safari-Zelt über mongolische Jurten, Lodges bis zu Wohnwagen im Retro-Stil.

Château d'Urtubie in Urrugne *(siehe S. 255)*

Behinderte Reisende

Welche Unterkünfte über Einrichtungen für behinderte Reisende verfügen, erfährt man bei **Tourisme et Handicap** und bei der **Association des Paralysés de France** (APF). Letztere arbeitet mit Gîtes de France zusammen und listet Ferienhäuser und andere Mietobjekte auf, die auf behinderte Reisende eingestellt sind. Für diese Unterkünfte gibt es ein frankreichweites Register, das kostenlos von der entsprechenden Website oder über das zentrale Büro von Gîtes de France zu beziehen ist. Die APF unterhält Tochterorganisationen in jedem französischen Département. APF Évasion veranstaltet spezielle Urlaubsreisen für Behinderte.

Hotelkategorien

Die Hotelauswahl *(siehe S. 250–255)* dieses Reiseführers ist nach Regionen geordnet. Um Ihnen die Auswahl zu erleichtern, wurden die Unterkünfte verschiedenen Kategorien zugeordnet: Boutique, klassisch, familienfreundlich, Luxus und historisch. Alle Unterkünfte, vom einfachsten Pensionszimmer bis zur Suite im Luxushotel, werden vom französischen Tourismusministerium bewertet. Die unterschiedlichen Kategorien zeigen Symbole wie etwa Sterne, Kreuze oder Schlüssel an. Die Atmosphäre des Hauses und seine Lage werden durch diese Bewertungen nicht erfasst! Die hochpreisigen Hotelketten wie

Aus dem 18. Jahrhundert: die Auberge du Moulin de Labique in Saint-Eutrope-de-Born *(siehe S. 253)*

Relais et Châteaux, **Relais du Silence** und **Châteaux et Hôtels Collection** versuchen dagegen bei den Beschreibungen ihrer Häuser auch solche Kriterien zu berücksichtigen.

Die **Vis-à-Vis-Tipps** listen besondere Häuser auf – Hotels mit schönen Zimmern, historischem Flair, überdurchschnittlichem Service, grandiosem Ausblick, einem tollen Spa, freundlich-familiärer Atmosphäre – oder einer Kombination aus allem.

Pool am Campingplatz Eskualduna bei Hendaye *(siehe S. 203)*

Auf einen Blick

Information

Atout France
Postfach 100128, 60001 Frankfurt am Main (Anfragen nur per Post, E-Mail oder Fax: 069-74 55 56).
W **de.rendezvous enfrance.com**
W **de.franceguide.com**

Comité Régional de Tourisme d'Aquitaine
4, place Jean Jaurès, 33074 Bordeaux Cedex.
T 05 56 01 70 00.
W **tourisme-aquitaine.fr**

Luxushotels

Châteaux et Hôtels Collection
T 01 72 72 92 02 (aus dem Ausland).
T 08 92 23 00 75 (Buchungszentrale).
W **chateauxhotels.com**

Relais du Silence
T 08 26 10 39 09 (Buchungszentrale).
W **relaisdusilence.com**

Relais et Châteaux
T 01 76 49 39 39 (Buchungszentrale).
W **relaischateaux.com**

Familienbetriebe

Fédération Nationale des Tables et Auberges de France
2, rue Lanternières, BP 47, 31012 Toulouse Cedex 06.
W **tables-auberges.com**

Logis de France
T 01 45 84 70 00 (Buchungszentrale).
W **logishotels.com**

Pierre et Vacances
T 08 92 70 21 80
W **pv-holidays.com**

Pensionen

Fleurs de Soleil
T 09 51 67 79 80.
W **fleursdesoleil.fr**

Thalassotherapie und Hydrotherapie

Centrales de Réservation Accor Thalassa
T 01 72 95 00 33.
W **accorthalassa.com**

Chaîne Thermale du Soleil
T 08 00 05 05 32.
W **chainethermale.fr**

France Thermal
Centre d'Infos Thermales.
T 08 11 90 80 80.
W **france-thermal.org**

Thalatel
T 08 90 02 50 50.
W **thalatel.com**

Gîtes

Gîtes de France
59, rue Saint-Lazare, 75439 Paris Cedex 09.
T 01 49 70 75 75.
T 0180 700 00 10 (aus Deutschland).
W **gites-de-france.fr**

Ferienhäuser und Ferienwohnungen

Fédération Nationale des Locations de France Clévacances
54, boulevard de l'Embouchure, BP 22361, 31022 Toulouse.
T 05 32 10 82 30.
W **clevacances.com**

Aquitaine Location Vacances
W **aquitaine-location-vacances.com**

Aquitaine on Line
T 06 13 27 29 71.
W **aquitaineonline.com**

Jugendherbergen

Fédération Unie des Auberges de Jeunesse (FUAJ)
9, rue Pajol, 75018 Paris.
T 01 44 89 87 27.
W **fuaj.org**

CROUS (Bordeaux)
18, rue de Hamel, 33000 Bordeaux.
T 05 56 33 92 17.
W **crous-bordeaux.fr**

Camping und Glamping

Camping Qualité Aquitaine
W **campings-aquitaine.com**

Fédération Française de Camping et Caravaning
W **ffcc.fr**

Glamping
W **cabanes-bazange-dordogne.com**
W **camping-nature-soustons.fr**
W **insolithome.com**
W **tourisme-lotetgaronne.com**

Behinderte Reisende

Association Tourisme et Handicap
43, rue Marx Dormoy, 75018 Paris.
T 01 44 11 10 41.
W **tourisme-handicaps.org**

Association des Paralysés de France
17, boulevard Auguste Blanqui, 75013 Paris.
T 01 40 78 69 00.
T 05 56 08 67 30. (Gironde: Le Bouscat)
T 05 58 74 67 92. (Landes: Dax)
W **apf.asso.fr**

Hotelauswahl

Gironde

ARCACHON:
Hôtel Le Dauphin €€
Klassisch **SK** B2
7, avenue Gounod, 33120
☎ 05 56 83 02 89
W dauphin-arcachon.com
Komfortable Zimmer in einer Villa (19. Jh.) mit Pool.

BASSIN D'ARCACHON:
La Guérinière €€
Boutique **SK** B2
18, cours de Verdun, Gujan Mestras, 33470
☎ 05 56 66 08 78
W laguerinière.com
Modernes Dekor, Garten und Swimmingpool sowie ein exzellentes Restaurant.

BLAYE: Villa Prémayac €€
Pension **SK** C1
13, rue de Prémayac, 33390
☎ 05 57 42 27 39
W villa-premayac.com
Bohème-Atmosphäre in einer Villa aus dem 18. Jahrhundert.

BORDEAUX: Acanthe €
Klassisch **SK** C2
12–14, rue St-Rémi, Quartier St-Pierre, 33000
☎ 05 56 81 66 58
W acanthe-hotel-bordeaux.com
Helle, schalldichte Zimmer, einige mit Balkon und Blick auf die Garonne. Freundliches Personal.

BORDEAUX: Best Western Bordeaux Bayonne Etche-Ona €€
Klassisch **SK** C2
15, cours Intendance, 33000
☎ 05 56 48 00 88
W bordeaux-hotel.com
Zwei Herrenhäuser (18. Jh.): das moderne Bayonne und das baskisch inspirierte Etche-Ona.

BORDEAUX:
La Maison Bord'eaux €€
Boutique **SK** C2
113, rue de Docteur Albert Barraud, 33000
☎ 05 56 44 00 45
W lamaisonbord-eaux.com
Herrenhaus aus dem 18. Jahrhundert mit modernem Interieur.

BORDEAUX:
La Maison du Lierre €€
Boutique **SK** C2
57, rue Huguerie, 33000
☎ 05 56 51 92 71
W maisondulierre.com
Nette Atmosphäre in einem Herrenhaus aus dem 20. Jahrhundert. Zentrale Lage.

BORDEAUX: Hauterives & Restaurant St James €€€
Boutique **SK** C2
Place Camille-Hostein, Bouliac, 33270
☎ 05 57 97 06 00
W saintjames-bouliac.com
Vier Pavillons mit minimalistisch eingerichteten Zimmern, entworfen von Jean Nouvel.

Vis-à-Vis-Tipp

BORDEAUX: Le Grand Hôtel Bordeaux €€€
Luxus **SK** C2
2–5, place de la Comédie, 33000
☎ 05 57 30 44 44
W ghbordeaux.com
Die Restaurierung des Traditionshotels durch Jacques Garcia fiel in eine Phase des Aufschwungs in Bordeaux. Die Zimmer sind etwas klein, aber schön. Das Bains-Léa-Spa und die Jacuzzi-Bar auf der Dachterrasse sind großartig.

BOURG: Château de la Grave €€
Pension **SK** C2
2 km vom Zentrum von Bourg, 33710
☎ 05 57 68 41 49
W chateaudelagrave.com
Das Schloss (16. Jh.) hat reizende Zimmer. Blick auf die Weinberge.

CAP-FERRET: La Maison du Bassin €€
Boutique **SK** B2
5, rue des Pionniers, 33950
☎ 05 56 60 60 63
W lamaisondubassin.com
Schickes, entspanntes Ambiente im Kolonialstil. Rum-Cocktails und Mahlzeiten auf der Terrasse.

Einfaches, helles Dekor im Château Cordeillan-Bages in Pauillac

Preiskategorien
Die Preise gelten für ein Standard-Doppelzimmer pro Nacht (Hochsaison), inklusive Steuern und Service.

€	unter 100 Euro
€€	100–200 Euro
€€€	über 200 Euro

CRÉON: Château Camiac €€€
Historisch **SK** C2
Route de la Fôret, D121, 33670
☎ 05 56 23 20 85
W chateaucamiac.com
Schloss aus dem 19. Jahrhundert inmitten von Weinbergen. Zimmer in Originaleinrichtung, Gourmetrestaurant und Pool.

LACANAU-OCÉAN: Best Western Golf Hôtel Lacanau €€
Klassisch **SK** B2
Domaine de l'Ardilouse, 33680
☎ 05 56 03 92 92
W golf-hotel-lacanau.fr
Moderne Zimmer und Spa mit Blick auf den Wald und Golfplatz. Spezielle Golf-Packages.

LÈGE-CAP-FERRET:
Côté Sable €€€
Boutique **SK** B2
37, boulevard de la Plage, 33970
☎ 05 57 17 07 27
W cotesable.fr
Elegante, individuell eingerichtete Zimmer mit Blick über die Wälder und die Bucht. Clarins-Spa.

LIBOURNE: Château de la Rivière €€€
Pension **SK** C2
8 km nordwestlich von Libourne, La Rivière, 33126
☎ 05 57 55 56 51
W chateau-de-la-riviere.com
Das prachtvolle Renaissanceschloss ist umgeben von Weinbergen und Gärten.

MARTILLAC: Les Sources de Caudalie €€€
Luxus **SK** C2
Chemin Smith Haut-Lafitte, 33650
☎ 05 57 83 83 83
W sources-caudalie.com
Idyllisch gelegenes Hotel mit Gourmetrestaurant. Im Spa entwickelte man die Vinotherapie.

PAUILLAC: Château Cordeillan-Bages €€€
Luxus **SK** B1
Route des châteaux, 33250
☎ 05 56 59 24 24
W jmcazes.com
Hotel in einem ehemaligen Kartäuserkloster aus dem 17. Jahrhundert inmitten von Weinbergen. Renommiertes Restaurant.

Hotelkategorien *siehe S. 248f*

Peyraguey Maison Rouge in landschaftlich schöner Umgebung in Sauternes

SAINTE-CROIX-DE-MONT:
Château Lamarque €
Pension **SK** C2
6 km östlich von Cadillac, 33410
05 56 62 01 21
ch-lamarque.com
Zwei Suiten, schöner Pool. Hausgemachte Frühstücksmarmelade.

SAUTERNES:
Peyraguey Maison Rouge €
Pension **SK** C3
2 km von Sauternes, Bommes-Sauternes, 33210
05 57 31 07 55
peyraguey-sauternes.com
Altes Winzerhaus mit drei eleganten Schlafzimmern. Der Inhaber kann Weinproben organisieren.

SOULAC-SUR-MER:
Hôtel Michelet €
Klassisch **SK** B1
1, rue Bernard Baguenard, 33780
05 56 09 84 18
hotelmichelet.fr
Freundliches, familiengeführtes Hotel unweit des Strandes.

ST-ÉMILION:
Au Logis des Remparts €€
Klassisch **SK** C2
18, rue Guadet, 33330
05 57 24 70 43
logisdesremparts.com
Zauberhaftes Hotel mit Waldgrundstück am Dorfwall.

ST-ÉMILION: Hostellerie de Plaisance €€€
Luxus **SK** C2
Place du Clocher, 33330
05 57 55 07 55
hostellerieplaisance.com
Hotel mit Blick über St-Émilion und erstklassigem Restaurant.

ST-MACAIRE:
Hôtel Les Feuilles d'Acanthe €€
Historisch **SK** C2
5, rue de l'Église, 33490
05 56 62 33 75
hotel-saint-macaire.fr
Elegante Zimmer in einem Kaufmannshaus (17. Jh.). Hallenbad.

Périgord und Quercy

ANNESSE-ET-BEAULIEU:
Château de Lalande €€
Historisch **SK** D1
Route de Saint-Astier, 24430
05 53 54 52 30
chateau-lalande-perigord.com
Hotel in einem Park. Zimmer mit klassisch-französischem Interieur.

BERGERAC:
Château des Merles €€
Boutique **SK** D2
12 km östlich von Bergerac, Tulières, Mouleydier, 24520
05 53 63 13 42
lesmerles.com
Klassizistisches Schloss mit stilvollen Zimmern. Wellness-Center.

BEYNAC: Hôtel du Château €
Klassisch **SK** E2
La Balme, 24220
05 53 29 19 20
hotel-beynac-dordogne.com
Attraktive Zimmer, gutes Restaurant und freundlicher Service.

BRANTÔME:
Château de la Côte €€
Historisch **SK** D1
5 km südlich von Brantôme, Biras-Bordeilles, 24310
05 53 03 70 11
chateau-hotel-dordogne.com
Eines der schönsten Renaissanceschlösser im Périgord.

CAHORS: Le Grand Hôtel Terminus €
Historisch **SK** E3
Avenue Charles de Freycinet, 46000
05 65 53 32 00
balandre.com
Elegantes Herrenhaus aus den 1920er Jahren mit Restaurant.

CHANCELADE:
Château des Reynats €€
Historisch **SK** D1
Avenue des Reynats, 24650
05 53 03 53 59
chateau-hotel-perigord.com
Reizendes Schloss aus dem 19. Jahrhundert. Schicke Zimmer und sehr gutes Restaurant.

FIGEAC: Hôtel des Bains €
Preiswert **SK** F2
1, rue du Griffoul, 46100
05 65 34 10 89
hoteldesbains.fr
Badehaus aus dem 19. Jahrhundert mit schöner Gartenterrasse.

LA ROQUE GAGEAC: Auberge de la Plume d'Oie €
Pension **SK** E2
Le Bourg, 24250
05 53 29 57 05
auberge-laplumedoie.com
Bezauberndes Gästehaus mit eleganten Zimmer und feiner Kost.

Vis-à-Vis-Tipp

LACAVE: Château de la Treyne €€€
Historisch **SK** E2
Route de Souillac à Rocamadour, 46200
05 65 27 60 60
chateaudelatreyne.com
Das Schloss (14.–17. Jh.) liegt über dem Fluss Dordogne und ist von Wäldern umgeben. Das Restaurant ist mit einem Michelin-Stern ausgezeichnet. Im Sommer diniert man auf der wunderschönen Terrasse unter dem Sternenhimmel. Die Zimmer sind elegant.

LES EYZIES-DE-TAYAC:
Le Moulin de la Beune €
Historisch **SK** E2
2, rue du Moulin-Bas, 24620
05 53 06 94 33
moulindelabeune.com
Helle Zimmer in einer geschmackvoll umgebauten alten Mühle am Fluss mit Garten.

MARTEL: Relais Ste-Anne €€
Historisch **SK** E2
Rue du Pourtanel, 46600
05 65 37 40 56
relais-sainte-anne.com
Hotel in einem ehemaligen Mädcheninternat mit schön eingerichteten Zimmern und Pool. Vorzügliches Restaurant.

MAUZAC: La Métairie €€
Luxus **SK** D2
Millac, 24150 Mauzac-et-Grand-Castang
05 53 22 50 47
la-metairie.com

Wunderschönes Landgut mit individuell eingerichteten Zimmern und großem Pool.

MERCUÈS: Château de Mercuès €€€
Luxus SK E3
Mercuès 46090
05 65 20 00 01
chateaudemercues.com
Schloss (13. Jh.) mit Fürstenzimmern, Gourmetrestaurant und erstaunlichen Kellergewölben. Mit Pool im Freien.

MOISSAC: Le Moulin de Moissac €€
Klassisch SK E3
Esplanade du Moulin, 82200
05 63 32 88 88
lemoulindemoissac.com
Ehemalige Mühle am Fluss mit gut ausgestatteten Zimmern, Spa und Restaurant in ruhiger Lage.

MONTPAZIER: Edward 1er €€
Boutique SK D2
5, rue Saint-Pierre, 24540
05 53 22 44 00
hoteledward1er.com
Herrliches Schloss (19. Jh.) mit eleganten Zimmern, alten Möbeln und Himmelbetten.

NONTRON: Le Grand Hôtel Pélisson €
Klassisch SK D1
3, place Alfred Agard, 24300
05 53 56 11 22
hotel-pelisson-nontron.com
Das nette Hotel befindet sich seit Generationen in Familienbesitz. Hübscher Garten mit Pool.

PERIGUEUX: Ibis Périgueux Centre €
Klassisch SK D1
8, boulevard Georges Saumande, 24000
05 53 53 64 58
ibis.com
Großartiger Blick auf die Kathedrale. Bescheidene Zimmer.

PUY-L'ÉVÊQUE: Hôtel Bellevue €
Preiswert SK E3
Place de la Truffière, 46700
05 65 36 06 60
hotelbellevue-puyleveque.com
Das moderne Hotel liegt oberhalb von Puy-l'Évêque mit herrlichem Blick auf die Stadt. Zum Haus gehört ein gutes Restaurant.

ROCAMADOUR: Amadour €
Klassisch SK E2
L'Hospitalet, 46500
05 65 33 73 50
amadour-hotel.com
Schönes, preisgünstiges Hotel mit einfachen, aber modern eingerichteten Zimmern.

Stilvolles Interieur im Château-de-Cambes, Agen

SARLAT: Clos la Boëtie €€€
Luxus SK E2
97, avenue de Selves, 24200
05 53 29 44 18
closlaboetie-sarlat.com
Prächtiges Herrenhaus mit romantischen Zimmern, manche davon mit Terrasse.

ST-JULIEN-DE-CREMPSE: Manoir du Grand Vignoble €
Historisch SK D2
St-Julien-de-Crempse, 24140
05 53 24 23 18
manoirdugrandvignoble.com
Herrenhaus aus dem 17. Jahrhundert in Wald- und Parklandschaft.

TRÉMOLAT: Le Vieux Logis €€€
Historisch SK D2
Route des Champs, Le Bourg, 24510
05 53 22 80 06
vieux-logis.com
Bauernhof (16. Jh.) mit eleganten Zimmern und Apartments sowie einem erstklassigen Restaurant.

Lot-et-Garonne

AGEN: Le Colombier du Touron €
Klassisch SK D3
6 km westlich von Agen, 187, avenue des Landes, Brax, 47310
05 53 87 87 91
colombierdutouron.com
Familiengeführtes Hotel in einem Gebäude aus dem 18. Jahrhundert. Schöne, schattige Terrasse.

AGEN: Château de Cambes €€
Pension SK D3
6 km von Agen, in Cambes, 47480 Pont-du-Casse
05 53 95 38 73
chateau-de-cambes.com
Renaissanceschloss mit ungewöhnlichen Themenzimmern. Zum Haus gehören auch ein Fitness-Center, ein Swimmingpool und eine Sauna.

AGEN: Hôtel Château des Jacobins €€
Historisch SK D3
1, place des Jacobins, 47000
05 53 47 03 31
chateau-des-jacobins.com
Ruhiges, kleines Herrenhaus aus dem 19. Jahrhundert mit Originalinterieur und einem ummauerten Garten.

AIGUILLON: Moulin de Rocquebert €
Pension SK D3
12 km von Aiguillon, Route de Verteuil, Grateloup-Saint-Gayrand, 47400
05 53 93 78 22
moulinderocquebert.fr
Alte Mühle mit Glasboden über dem Fluss. Angenehme Lounge, hübsche Zimmer.

CASTILLONNÈS: La Maison Prideaux €
Pension SK D2
10 km östlich von Castillonnès, Le Bourg, Parranquet, 47210
05 53 49 01 19
gites-dordogne.com
Wohlausstaffiertes Bauernhaus mit Golfanlage und Kochkursen am Wochenende. Reizende Zimmer und Ferienhäuschen.

DURAS: Hostellerie des Ducs €€
Boutique SK D2
Blvd Jean-Brisseau (D708), 47120
05 53 83 74 58
hostellerieducs-duras.com
Das einstige Nonnenkloster ist heute ein familiengeführtes Hotel mit einem exzellenten Restaurant. Einige der Zimmer verfügen noch über die ursprünglichen steinernen Wände. Pool im Freien, Whirlpool und Sauna.

LAPLUME: Château de Lassalle €€
Historisch SK D3
12 km südwestlich von Laplume, Brimont, 47310
05 53 95 10 58
chateaudelassalle.com
Ruhiges Domizil (18. Jh.) in entspannter Landhaus-Atmosphäre und mit einem Feinschmeckerrestaurant. Parkplätze vorhanden.

LAUZUN: Château de Péchalbet €
Pension SK D2
6 km westlich von Lauzun, Agnac, 47800
05 53 83 04 70
pechalbet.free.fr
Ruhige Zimmer in einem Steinhaus aus dem 17. Jahrhundert,

das einst den Grafen von Ségur gehörte. Table d'hôte auf Anfrage. Pool im Freien.

MARMANDE: Château de Malvirade €€
Historisch **SK** D3
8 km südlich von Marmande, Grézet-Cavagnan, 47250
05 53 20 61 31
malvirade.com
Prächtiges Renaissanceschloss mit Räumen im originalen Interieur, beispielsweise das Henri-IV-Zimmer. Abends finden Renaissance-Festessen mit Tanz statt.

MONFLANQUIN: Les Bourdeaux €
Pension **SK** D3
2 km von Monflanquin, 47150
05 53 49 16 57
lesbourdeaux.com
Komfortable, freundliche Zimmer mit großen Betten und schöner Aussicht. Pool im Freien, Boule und Schachfeld.

Vis-à-Vis-Tipp

PENNE-D'AGENAIS: Le Relais de Roquefereau €€
Pension **SK** D3
Roquefereau, 47140
05 53 41 40 62
lerelaisderoquefereau.com
Genießen Sie den herrlichen Blick über das grüne Tal in einem Gästehaus aus dem 13. Jahrhundert. Zwei schöne Zimmer, eine romantische Jurte und zwei Familienherbergen für bis zu sieben Personen.

PUYMIROL: Michel Trama €€€
Luxus **SK** D3
52, rue Royale, 47270
05 53 95 31 46
aubergade.com
Mittelalterlicher Adelssitz mit prächtigen Zimmern. In der majestätischen Lounge hängen Lüster von der Decke. Das exzellente Restaurant mit Gewölberäumen ist mit einem Michelin-Stern ausgezeichnet.

SÉRIGNAC-SUR-GARONNE: Le Prince Noir €
Historisch **SK** D3
6, route de Menjoulan, 47310
05 53 68 74 30
le-prince-noir.com
Familiengeführtes Hotel mit Gourmetrestaurant in einem Herrenhaus aus dem 17. Jahrhundert. Die Einrichtung ist ziemlich uneinheitlich, die Zimmer sind mal chic und mal rustikal. Neben einem Swimmingpool gibt es auch einen Tennisplatz und einen Fitnessraum.

TOURNON-D'AGENAIS: Château de l'Hoste €€
Historisch **SK** E3
10 km südwestlich von Tournon-d'Agenais, St-Beauzeil, 82150
05 63 95 25 61
chateaudelhoste.com
Einladendes Herrenhaus mit Park aus dem 18. Jahrhundert. Es lohnt sich durchaus, für das Supérieure-Zimmer ein wenig mehr zu zahlen. Restaurant und Swimmingpool im Freien.

VILLENEUVE-SUR-LOT: Le Moulin de Madame €€
Historisch **SK** D3
Route de Casseneuil, 47300
05 53 36 14 40
lemoulindemadame.fr
Die wunderschön restaurierte und umgebaute Windmühle aus dem 18. Jahrhundert befindet sich an den Ufern des Flusses Lot. Die eleganten und gut ausgestatteten Zimmer sind im Louis-XV-Stil eingerichtet. Schöner Ausblick vom Balkon. Zum Haus gehören auch ein Restaurant und ein Wellness-Center.

VILLERÉAL: Auberge du Moulin de Labique €
Pension **SK** D2
8 km südlich von Villeréal, Saint-Eutrope-de-Born, 47210
05 53 01 63 90
moulin-de-labique.net
Rustikaler Chic in einem riesigen Anwesen aus dem 18. Jahrhundert. Leckere Hausmannskost.

Landes

AIRE-SUR-L'ADOUR: La Maison du Bos €
Pension **SK** C4
9 km südwestlich von Aire-sur-l'Adour, Miramont-Sensacq, 40320
05 58 79 93 18
maisondubos.com
Liebevoll restauriertes Bauernhaus mit Gemeinschaftsküche.

BISCARROSSE: La Caravelle €
Klassisch **SK** B3
3 km nördlich von Biscarrosse, Route des Lacs, Ispe, 40600
05 58 09 82 67
lacaravelle.fr
Ruhiges, altmodisches Hotel am See. Im Sommer Halbpension.

BISCARROSSE: Hype Hôtel €€
Boutique **SK** B3
40, rue du Lieutenant de Vaisseau Paris, 40600
05 58 07 36 35
hypehotel.fr
Haus mit schön eingerichteten, modernen Zimmern. Guter, aufmerksamer Service und hervorragendes Frühstück.

CAPBRETON: Baya Hôtel & Spa €€
Klassisch **SK** A4
85, avenue de Maréchal de Lattre de Tassigny, 40130
05 58 41 80 00
bayahotel.com
Modernes Strandhotel mit Spa, Sauna, Pool und vielen Sportmöglichkeiten. Vom oberen Stock hat man einen schönen Meerblick.

CAPBRETON: Hôtel Aquitaine €€
Klassisch **SK** A4
66, avenue du Maréchal de Lattre de Tassigny, 40130
05 58 72 38 11
hotelaquitaine-capbreton.com
Geräumige Zimmer und Blumengarten in Spazierweite zum Strand. Ideal für Familien.

CASTETS: Les Bruyères €
Klassisch **SK** B4
Route André Dupuy Z.A.C. de Cazalieu, 40260
05 58 55 05 30
hotel-lesbruyeres.com
Zeitgemäßes Hotel mit gutem Restaurant. Perfekter Ausgangspunkt, um Ausflüge zu unternehmen.

CASTETS: La Bergerie St Michel €€
Pension **SK** B4
4 km westlich von Castets, 50, chemin Plomb, St Michel-Escalus, 40550
05 58 48 74 04
bergeriestmichel.fr
Altes Bauernhaus, mit rustikalen Möbeln stilvoll eingerichtet.

CRÉON-D'ARMAGNAC: Le Poutic €
Pension **SK** C3
Route de Cazauban, 40240
05 58 44 66 97
lepoutic.com

Elegante Fassade des Hype Hotel in Biscarrosse

Garten des Anwesens Les Prés d'Eugénie, Eugénie-les-Bains

Schönes Bauernhaus aus Stein mit moderner Ausstattung. Kindern stehen Extrabetten zur Verfügung. Ganzjährig finden beliebte Kochkurse statt.

DAX: L'Espace Thermal €
Klassisch **SK** B4
1, boulevard Albert Camus, 40104
T 05 58 56 50 00
W **espacethermal.fr**
Preisgünstige Apartments für Selbstversorger (bis zu vier Personen) mit direktem Zugang zum Heilbad. Frühstücksbüfett.

Vis-à-Vis-Tipp

EUGÉNIE-LES-BAINS: Les Prés d'Eugénie €€€
Boutique **SK** C4
234, rue René Vielle, 40320
T 05 58 05 06 07
W **michelguerard.com**
Der Herrensitz (19. Jh.) ist das luxuriöseste von Michel Guérards Hotels. Die Gäste werden rundum versorgt. Das Restaurant ist bekannt für seine »Cuisine minceur«, eine leichtere Version der traditionellen gehobenen französischen Küche.

HAGETMAU: Hôtel des Lacs de l'Halco €€
Boutique **SK** C4
Route de Cazalis, 40700
T 05 58 79 30 79
W **hotel-des-lacs-dhalco.com**
Schickes, modernes Hotel aus Glas, Stahl, Holz und Stein, zwischen Wald und See gelegen.

HOSSEGOR: Les Fougères €€
Klassisch **SK** A4
91, avenue de Gaujacq, 40150
T 05 58 43 78 00
W **lesfougeres.e-monsite.com**
Moderne Zimmer, die meisten mit Terrasse oder Balkon in Strandnähe. Beliebt bei Surfern.

HOSSEGOR: Les Hortensias du Lac €€€
Luxus **SK** A4
1578, avenue du Tour du Lac, 40150
T 05 58 43 99 00
W **hortensias-du-lac.com**
Prachtvolles Hotel inmitten duftender Pinienwälder mit direktem Zugang zum Strand. Swimmingpool im Freien.

HOSSEGOR: Hotel 202 €€€
Boutique **SK** A4
202, avenue du Golf, 40150
T 05 58 43 22 02
W **hotel202.fr**
Angesagtes, schickes Hotel mit modernen Zimmern in neutralen Farben. Balkon, Pool und Sauna.

LABASTIDE-D'ARMAGNAC: Domaine de Paguy €
Pension **SK** C3
2 km östlich von La Bastide, Betbezer-d'Armagnac, 40240
T 05 58 44 81 57
W **domainedepaguy.com**
Große, komfortable Zimmer in einem Herrenhaus (16. Jh.) mit Blick auf die Weinberge. Mit Pool im Freien.

MIMIZAN: Hôtel Le Plaisance €
Klassisch **SK** B3
10, rue des Cormorans, 40200
T 05 58 09 08 06
W **hotel-restaurant-leplaisance.com**
In dem einfachen, freundlichen Hotel in Strandnähe serviert man ein ausgezeichnetes Frühstück.

MONTFORT-EN-CHALOSSE: Aux Tauzins €
Klassisch **SK** B4
Route de Hagetmau, 40380
T 05 58 98 60 22
W **auxtauzins.com**
Die meisten Zimmer des familiengeführten Hotels haben Balkon mit Blick auf die Landschaft.

PEYREHORADE: Maison Basta €
Pension **SK** B4
335, chemin de Basta, Orthevieille, 40300
T 05 58 73 15 01
W **maison-basta.com**
Familienfreundliches Hotel in einem umgebauten Bauernhof (17. Jh.). Gutes Table-d'hôte-Diner.

RENUNG: Domaine de Benauge €
Pension **SK** C4
20, chemin de Benauge, 40270
T 05 58 71 77 30
W **benauge.com**
Fünf Zimmer in einem familienfreundlichen Landhaus (15. Jh.) mit Erdwärme-Heizung.

SABRES: Auberge des Pins €
Boutique **SK** B3
Route de la Piscine, 40630
T 05 58 08 30 00
W **aubergedespins.fr**
Bauernhaus tief in den Wäldern des Naturparks Landes de Gascogne. Komfortable, rustikal eingerichtete Zimmer. Zum Hotel gehört auch ein ausgezeichnetes Restaurant.

SEIGNOSSE: La Villa de l'Étang Blanc €€
Boutique **SK** A4
2265, route de l'Étang Blanc, 40510
T 05 58 72 80 15
W **villaetangblanc.com**
Das kleine Hotel befindet sich am idyllischen Étang Blanc. Die Zimmer sind schön und geschmackvoll eingerichtet. Den Gästen des Hauses stehen Boote zur Verfügung.

SOUSTONS: Relais de la Poste €€€
Luxus **SK** B4
10 km südlich von Soustons, 24, avenue de Marenne, Magesq, 40140
T 05 58 47 70 25
W **relaisposte.com**
Gästehaus in einer ehemaligen Postkutschenstation (19. Jh.) mit Spa, Fitnessraum und Pool. Restaurant mit Michelin-Stern.

Pays Basque

AINHOA: Ithurria €€
Historisch **SK** A5
Place du Fronton, 64250
T 05 59 29 92 11
W **ithurria.com**
Hübsche Zimmer in einem baskischen Gasthaus mit Restaurant.

ANGLET: Château de Brindos €€€
Luxus **SK** A4
1, allée du Château, 64600
T 05 59 23 89 80
W **chateaudebrindos.com**
Malerisch gelegenes Landhaus am grünen Seeufer.

BAYONNE: Best Western Le Grand Hôtel €€
Klassisch **SK** A4
21, rue Thiers, 64100
T 05 59 59 62 00
W **legrandhotelbayonne.com**
Schön gelegenes Herrenhaus (19. Jh.) mit modernen Zimmern und originalem Aufzug.

BIARRITZ: Hôtel Maïtagaria €€
Klassisch **SK** A4
34, avenue Carnot, 64200
T 05 59 24 26 65

hotel-maitagaria.com
Art-déco-Zimmer mit Blick auf das Meer oder den Garten in einem schönem Hotelgebäude aus dem 19. Jahrhundert.

BIARRITZ: Hôtel du Palais €€€
Luxus **SK** A4
1, avenue de l'Impératrice, 64200
05 59 41 64 00
hotel-du-palais.com
Opulentes Belle-Époque-Palais mit beheiztem Meerwasserpool. Zum Hotel gehört auch ein mit einem Michelin-Stern ausgezeichnetes Restaurant.

BIARRITZ: Hôtel Windsor €€€
Boutique **SK** A4
11, avenue Édouard VII, 64200
05 59 24 08 52
hotelwindsorbiarritz.com
Trendiges Stadthotel mit schicker Strandbrasserie und Café. Einige Zimmer mit Meerblick.

BIDARRAY: Auberge Ostapé €€€
Historisch **SK** B5
Bidarray, 64780
05 59 37 91 91
ostape.com
Luxuriöse Suiten in einem traditionellen Baskenhaus mit *hamam*, Sauna und Pool.

LARRAU: Etchémaïté €
Klassisch **SK** B5
Larrau, 64560
05 59 28 61 45
hotel-etchemaite.fr
Familiengeführte Herberge am Fuß des Pic d'Orhy. Schöner Blick.

SARE: Ttakoinenborda €
Pension **SK** A5
Route de Lizarrieta, 64310
05 59 47 51 42
chambredhotebasque.fr
Behutsam modernisierter, idyllisch gelegener Bauernhof aus dem 17. Jahrhundert.

ST-ÉTIENNE-DE-BAÏGORRY: Hôtel Arcé €€
Boutique **SK** B5
Route Col d'Ispéguy, 64430
05 59 37 40 14
hotel-arce.com
Traditionelles, familiengeführtes Gasthaus an der Nive mit modern eingerichteten Zimmern.

ST-JEAN-DE-LUZ: Château d'Urtubie €€
Historisch **SK** A4
Rue Bernard de Coral, Urrugne, 64122
05 59 54 31 15
chateaudurtubie.fr
Das stilvolle Schloss besuchten bereits General Wellington sowie die französischen Könige Louis X und Louis XVI.

ST-JEAN-DE-LUZ: Grand Hôtel Loreamar €€€
Luxus **SK** A4
43, boulevard Thiers, 64500
05 59 26 35 36
luzgrandhotel.fr
Klassisches Belle-Époque-Hotel am Meer mit wunderbarem Spa und vorzüglichem Restaurant.

Vis-à-Vis-Tipp

ST-JEAN-PIED-DE-PORT: Hôtel les Pyrénées €€
Historisch **SK** B5
19, place du Général-de-Gaulle, 64220
05 59 37 01 01
hotel-les-pyrenees.com
Die ehemalige Postkutschenstation (18. Jh.) auf dem Weg nach Compostella befindet sich im Besitz der Familie Arrambide und gehört zur Kette Relais & Châteaux. Von den Zimmern hat man Blick auf den Garten. Genießen Sie Philippe Arrambides Kochkunst.

Béarn

ARTHEZ-DE-BÉARN: Domaine de la Carrère €
Pension **SK** B4
54, la Carrère, 64370
05 24 37 61 24
domaine-de-la-carrere.fr
Herrlich restauriertes Gebäude aus dem 17. Jahrhundert mit schönen antiken Möbeln.

Vis-à-Vis-Tipp

LASSEUBE: Maison Rancèsamy €
Pension **SK** C5
Quartier Rey, 64290
05 59 04 26 37
missbrowne.com
Hotel inmitten von üppigen Gärten und mit herrlichem Blick auf die Landschaft und die Pyrenäen. Der 1727 erbaute Bauernhof aus Stein wurde von den Besitzern Isabelle und Simon Brown liebevoll restauriert. Genießen Sie hervorragende Table-d'hôte-Mahlzeiten aus Bio-Produkten.

MONEIN: Maison Canterou €
Pension **SK** C5
Quartier Laquidée, 64360
05 59 21 41 38
gites-de-france-64.com/maison-canterou/
Traditionelles Bauernhaus mit geschlossenem Innenhof. Die Besitzer produzieren Jurançon-Weine.

OLORON-STE-MARIE: Alysson Hôtel €€
Klassisch **SK** B5
Boulevard Pyrénées, 64400
05 59 39 70 70
alysson-hotel.fr
Hotel unweit der Pyrenäen und der baskischen Küste mit modernen Zimmern, Spa, Bar auf der Terrasse und feinem Restaurant.

ORTHEZ: Inter Hôtel La Reine Jeanne €
Klassisch **SK** B4
44, rue Bourg Vieux, 64300
05 59 67 00 76
reinejeanne.com
Kleine Gästezimmer rund um einen Innenhof in einem Gebäude aus dem 17. Jahrhundert.

PAU: Hôtel Continental €
Klassisch **SK** C5
2, rue Maréchal Foch, 64000
05 59 27 69 31
bestwestern-continental.com
Das Hotel wurde 1912 eröffnet. Es bietet altmodischen Charme und moderne Ausstattung.

PAU: Hôtel du Parc Beaumont €€€
Luxus **SK** C5
1, avenue Édouard VII, 64000
05 59 11 84 00
hotel-parc-beaumont.com
Elegante, luxuriöse Zimmer mit Blick auf die Pyrenäen, Hallenbad und herrlichem Spa.

SALIES-DE-BÉARN: Hôtel Hélios €
Klassisch **SK** B4
Chemin de Labarthe, 64270
05 59 38 37 59
golfsalies.com
Angenehmes kleines Hotel in schöner Lage. Vom Balkon blickt man auf den Golfplatz. In der Snack-Bar können Sie eine Mittagsmahlzeit einnehmen.

Extravaganter Belle-Époque-Stil im Hôtel du Palais in Biarritz

Restaurants

Gut zu kochen hat eine große Tradition in Aquitanien, der Reichtum der Region an ausgezeichneten landwirtschaftlichen Erzeugnissen spiegelt sich in den kulinarischen Spezialitäten wider. Einige Delikatessen – Rindfleisch aus Bazas, Kirschen aus Itxassou und Périgord-Trüffeln – feiert man alljährlich auf entsprechenden Festen. Vom Médoc bis zum Pays Basque, vom Bassin d'Arcachon bis in die Pyrenäen werden Sie in den Lokalen und Gasthäusern in der ganzen Region exquisit bewirtet. Und das nicht nur in den besseren Restaurants und Bistros, sondern auch in ganz einfachen Kneipen, die häufig lediglich ein Tagesgericht – das sogenannte *table d'hôte* – anbieten.

Restaurant Claude Darroze in Langon ***(siehe S. 263)***

Restaurantangebot

Aquitanien bietet eine riesige Auswahl an Lokalen mit exzellenter Küche – vom Gourmettempel mit Michelin-Sternen bis zu den urgemütlichen Brasserien, kleinen Tavernen, quirligen Tapas-Bars und *salons de thé*.

Ein erster Hinweis auf gute Qualität ist oft ein Schild oder Logo einer einschlägigen Vereinigung, etwa der Fédération Nationale des Tables et Auberges de France *(siehe S. 249)* oder der **Restaurateurs de France**, die die Einhaltung eines hohen Standards in Küche und Service überwachen. Eine dieser Gruppen, **Toques du Périgord**, nimmt nur solche Restaurants im Département Dordogne auf, die wirklich regionaltypische Gerichte nach traditionellen Methoden zubereiten.

Ein weiterer Qualitätshinweis ist die Mitgliedschaft bei Vereinigungen wie Logis de France, Châteaux et Hôtels de France oder Relais et Châteaux *(siehe S. 246–249)*.

Einige empfohlene Restaurants findet man auch auf den Websites von **Association des Cuisiniers Landais** und **Balades en Aquitaine**.

Delikatessen

Neben seinen weltbekannten Weinen bringt Aquitanien eine Vielzahl hochwertiger landwirtschaftlicher Produkte hervor, beispielsweise Lammfleisch aus Pauillac, Enten und Gänse aus den Landes, Rinder aus Bazas und Masthähnchen aus Grignols. Garonne und Dordogne sind voller Alsen und Aale, beide Fischsorten werden in der lokalen Küche hoch geschätzt. Die Gegend ist auch für ihre delikaten Flusskrebse bekannt. Das Bassin d'Arcachon und die Sandbänke von Arguin sind berühmt für ihre Austernzucht sowie für jede Art von Meeresfrüchten, die roh oder gekocht verzehrt werden. Im Golfe de Gascogne wird Seehecht gefangen, vor Saint-Jean-de-Luz gehen zahlreiche Sardinen ins Netz.

Die Gegend ist reich an Obst und Gemüse, dazu zählen Pflaumen und Melonen aus dem Agenais, Tomaten aus Marmande und Spargel aus Blayais. Walnüsse aus dem Périgord sind unverzichtbare Zutat der *salade landaise*. Im Pays Basque hängen Stränge von roten Espelette-Paprikaschoten an den Häuserfronten zum Trocknen.

Schließlich wachsen in Aquitanien über 100 Sorten Speisepilze, darunter Steinpilze, Maronen und »die schwarzen Diamanten« des Périgord, die Trüffeln.

Kulinarische Spezialitäten

Zu jeder Jahreszeit wartet Aquitanien mit besonderen Delikatessen auf. Im Herbst ist die Zeit für Trüffeln, die gern mit Muscheln kombiniert werden, und Ringeltauben, die es gebraten oder als Eintopf gibt. Sehr beliebt in der regionalen Küche ist Aal, dessen Fleisch als »weißes Gold des Adour« bekannt ist.

Foie gras (siehe S. 258), gedämpft oder sautiert und mit Obst serviert, ist wahrscheinlich die berühmteste Spezialität der Region. Ähnlich bekannt, aber eher Hausmannskost, ist *garbure (siehe S. 259)*, eine Gemüsesuppe aus dem Béarn mit Gänse-*confit*. Aus Schweinefleisch bereitet man hier die leckersten Delikatessen zu – berühmt sind der Schinken aus Bayonne *(siehe S. 258)*, *ventrèche* (getrocknetes Bauchfleisch), gegrillte *tricandilles* (Kutteln) sowie

Restaurant de la Poste ***(siehe S. 269)***

Die Sommerresidenz der Kaiserin Eugénie in Biarritz, heute das Hôtel du Palais *(siehe S. 270)*

grenier médocain (gerollter Schweinebauch).

In baskischen Lokalen spielt die milde, rote Espelette-Paprika eine Hauptrolle, beispielsweise bei *chipirones* (gefülltem Tintenfisch), *marmitako* (Thunfischeintopf), *txanguro* (gefüllten Krebsen) und *piperade* (einer Art Ratatouille). Einige Restaurants bieten auch Kochkurse an, in denen regionale Spezialitäten auf dem Lehrplan stehen.

Käse und Desserts

Der bekannteste Käse ist in Aquitanien der *tomme de brebis*, ein Schafskäse aus dem Ossau-Tal, der mit Schwarzkirschenmarmelade *(siehe S. 205)* oder Quittengelee genossen wird. Ebenfalls sehr beliebt ist der *cabécou*, ein Weichkäse aus Ziegenmilch.

Zu den klassischen Desserts zählen in Südwestfrankreich *cannelés de Bordeaux* (weiches Gebäck mit Karamellüberzug), *tourtière aux pruneaux* (Pflaumentörtchen, die mit Armagnac flambiert serviert werden), *croustade* und das Konfekt *touron (siehe S. 275)*.

Ausgehen

Das gepflegte Essen in angenehmem Ambiente ist in Frankreich eine Leidenschaft. Im Restaurant sind das Brot und die Karaffe mit Wasser, die man Ihnen an den Tisch bringt, genauso im Preis des Menüs inbegriffen wie der Service. Trotzdem wird Trinkgeld gern genommen. Im Sommer, in der Hochsaison, ist es immer ratsam, einen Tisch zu reservieren. In der Nebensaison haben vor allem in ländlichen Gebieten viele Restaurants für einige Wochen oder Monate geschlossen. Rufen Sie besser vorher an!

Die meisten Lokale akzeptieren übliche Kreditkarten wie Visa, MasterCard, American Express und Diners Club.

Behinderte Reisende

Restaurants mit dem Schild »Tourisme et Handicap« sind für Rollstuhlfahrer geeignet und haben in der Regel noch andere Einrichtungen für Behinderte. Die Fremdenverkehrsbüros publizieren Broschüren mit Adressen von »Tourisme et Handicap«-Lokalen. Auch die Behindertenorganisationen Frankreichs *(siehe S. 248f)* führen Listen mit barrierefreien Restaurants, Cafés, Hotels und Veranstaltungsorten.

Ma Maison in La Sauvetat-du-Dropt *(siehe S. 266)*

Mit Kindern essen

Kinder sind in fast allen Restaurants in Aquitanien willkommen. Viele Restaurants bieten kindgerechte Gerichte zu kleinen Preisen an. Auch ein Hochstuhl für Kleinkinder steht häufig zur Verfügung.

Restaurantkategorien

Die Restaurantauswahl *(siehe S. 262–271)* dieses Reiseführers legt Wert auf Lokale mit gutem Essen und gutem Service. Die Palette ist breit – von Gastro-Tempeln in Städten bis zu kleinen Lokalen auf dem Land. Viele ländliche Restaurants gehören zu einem Hotel, bedienen aber auch Nicht-Hotelgäste.

Die **Vis-à-Vis-Tipps** listen besondere Häuser auf – etwa Lokale mit besonders guten Gerichten, moderaten Preisen, romantischem Ambiente, schöner Aussicht, sehr guter traditioneller Küche – oder einer Kombination aus allem.

Auf einen Blick

Association des Cuisiniers Landais
W qualitelandes.com

Balades en Aquitaine
W balades-en-aquitaine.com

Restaurateurs de France
W restaurateursdefrance.com

Les Toques du Périgord
W toques-perigord.com

Aquitaniens Küche

Der Südwesten Frankreichs ist ein wahres Paradies für Feinschmecker. An der Atlantikküste gibt es ein reiches Angebot an Fisch und Meeresfrüchten. Wild und Trüffeln aus den Wälder Aquitaniens sind Bestandteil zahlreicher Spezialitäten. Gänse und Enten bereichern die einheimische Küche durch Produkte wie *foie gras*. Das Fleisch der auf den saftigen Hochweiden der Pyrenäen grasenden Kühe und Schafe ist Basis verschiedenster Gerichte. Das Pays Basque besticht durch einige pikante Gemüse sowie durch leckere Desserts. Die Auswahl an Wurstwaren und Käsesorten ist üppig.

Schwarze Trüffeln

Austernzubereitung bei einem Fest in Arcachon

Fleisch und Fisch

Enten und Gänse werden für die Produktion von so beliebten wie kostspieligen Spezialitäten wie *foie gras* und *confit* gemästet. Ähnlich begehrt sind auf den Weiden der Causses de Quercy gehaltenes *agneau de Quercy* (Lamm) und *veau sous la mère* (Kalb). Zu den gefragtesten Wurstspezialitäten im Südwesten Frankreichs zählt auch der zarte, leicht süß duftende Schinken aus Bayonne. Aus Schweinefleisch werden u. a. *boudin blanc* und *boudin noir* (helle und dunkle Blutwurst) hergestellt. Sie sind – wie Enten- und Gänsefleisch – Bestandteil von Pasteten. Die Wälder sind wildreich: *sanglier* (Wildschwein), *chevreuil* (Reh), *faisan* (Fasan), *lièvre* (Hase) und *perdrix* (Rebhuhn) sind Basis vieler Gerichte.

Hoch geschätzt ist die Austernzucht im Bassin d'Arcachon. Man isst Austern typischerweise ohne Beilage, nur mit Essig. In Bordeaux werden sie mit Wurst gereicht. Das Meer bietet eine reiche Auswahl an Fisch. Aal und Stör kommen aus der Gironde.

Auswahl traditioneller Wurstspezialitäten

Typische Gerichte aus der Region

Knoblauch

Eine beliebte Vorspeise ist *foie gras*, begleitet von einem Früchtekompott aus Rhabarber oder Feigen. An der Küste werden häufig Fischsuppen wie *chaudrée* (mit Weißwein und Knoblauch) gereicht. Zu den Klassikern im Pays Basque gehört *chipirones* (kleine, gefüllte Tintenfische). *Salades quercynoise, périgordienne* und *landaise* sind beliebte Salatvariationen, die mit *foie gras*, geräuchertem *magret* (Entenbrustfilet) oder *cou farci* (Gänsenacken) serviert werden. Zu den vielfältigen Fleischgerichten wählt man gerne *sauce Périgueux* (mit Schalotten und Trüffeln) oder *sauce à l'Agennaise* (mit Trauben und Armagnac). Ziegenkäse aus Rocamadour schmeckt besonders gut an Salat mit Walnussöl, *tomme de brebis* (Schafskäse) wird häufig mit *pâte de coings* (Quittenbrot bzw. Konfekt) zubereitet. Als Dessert werden oftmals frische Früchte gewählt.

Salade landaise mit *foie gras* und Entenconfit ist ein typisches Gericht in den Bistros von Aquitanien.

Mastgänse, aus deren Lebern *foie gras* produziert wird

Obst, Nüsse und Gemüse

Kein in Aquitanien gedeihendes Obst ist bekannter als die Pflaume. Zu den renommiertesten Sorten gehören die junge grüne *reine-claude* (Reneklode) und die größere violette Trockenpflaume *pruneau d'Agen*. Letztere ist Bestandteil vieler Backwaren oder von Schokoladen. Weitverbreitet sind darüber hinaus *fraises du Périgord* (Erdbeeren) sowie schwarze Kirschen aus Itxassou. In der Dordogne finden Walnussbäume beste Bedingungen. Die Nüsse werden bei der Produktion von Käse oder Backwaren verarbeitet oder Saucen zugegeben. Walnussöl wird nicht zum Braten verwendet, gibt aber jedem Salat eine besondere Note.

Im Pays Basque werden viele Speisen – u. a. *piperade* – mit Pfefferschoten *(siehe S. 205)* verfeinert, die in zahlreichen Variationen verwendet werden. Auf den Sandböden der Landes wachsen vor allem Spargel und Karotten.

Auslage frischer Walnüsse aus Quercy

Trüffeln

In den Eichenwälder des Périgord wachsen *truffes du Périgord (siehe S. 107)*, die zu den kostbarsten Schätzen Aquitaniens zählen und »schwarze Diamanten« genannt werden. Trüffeln wachsen auf den Wurzeln der Eichen, zum Aufspüren dieser Pilze werden Schweine oder Hunde eingesetzt. In der Saison (Nov – März) werden Trüffeln auf den Märkten von Lalbenque oder Limogne-en-Quercy zu Höchstpreisen verkauft.

Beliebte Gerichte

Chipirones à l'encre Tintenfisch in eigener Tinte gekocht

Civet de lièvre Hasenpfeffer in Rotwein mit Zwiebeln

Entrecôte à la bordelaise Steak in Rotweinsauce mit Schalotten und Kürbis

Garbure béarnaise Gemüsesuppe mit Entenconfit und Rotweinsauce

Matelotte d'anguilles Aal in Weinsauce geschmort

Pommes sarladaises In Gänsefett sautierte Kartoffeln mit Knoblauch und Petersilie

Poule au pot béarnaise Geflügel mit Gemüse, Knoblauch, Zwiebeln und Eiern

Ttoro Bunter Eintopf aus Fisch und Meeresfrüchten mit Tomaten, Zwiebeln und Pfeffer

Omelette aux truffes ist ein einfaches Gericht, das durch die Trüffelscheibchen seine besondere Note erhält.

Piperade ist ein baskisches Gericht aus Pfefferschoten, Zwiebeln, Tomaten, Eiern und Schinken.

Croustade ist ein dünnes Gebäck mit Apfelstücken. Armagnac und Vanille geben ein spezielles Aroma.

Getränke

Seit Jahrhunderten produziert man in den Weinanbaugebieten Aquitaniens hervorragende Weine und andere Alkoholika. Am bekanntesten sind die weltberühmten Rotweine des Bordeaux und der Armagnac. Die Qualitätsweine aus Bergerac, Cahors, Côtes de Duras und Jurançon besitzen ebenfalls internationales Renommee. Die Synthese einer uralten Weinbautradition mit moderner Kellereiwissenschaft sorgt für ein gleichmäßig hohes Niveau. Die berühmten Eaux-de-vie werden von immer weniger Schnapsbrennern destilliert. Der Südwesten Frankreichs ist auch bekannt für seine Mineral- und Tafelwässer sowie für seine Fruchtsäfte.

Werbeplakat für Lillet, einen beliebten Aperitif

Bergerac

Côtes de Duras

Saint-Émilion

Rotwein

Bordeaux-Weine stammen aus verschiedenen *appellations*: aus den Gebieten Haut-Médoc, Margaux, Saint-Estèphe, Graves, Fronsac, Saint-Émilion und Pomerol. Einige der Wein produzierenden *châteaux* und etliche der *grands crus* sind weltberühmt, wie beispielsweise Mouton Rothschild. Der CIVB (Conseil Interprofessionnel du Vin de Bordeaux; (05) 56 00 22 66) und die *maisons du vin* sind in vielen Weinanbaugebieten mit Werbung und Vertrieb befasst. Oftmals sind die Weinkeller für Besichtigungen geöffnet. Nicht weit vom Bordeaux entfernt liegen ähnlich bekannte Weinbaugebiete wie Buzet, Madiran, Bergerac und Côtes de Duras, eine der ältesten AOPs Frankreichs. Auch weniger berühmte Gebiete wie Estaing im Lot und Domme im Périgord rücken langsam wieder ins Rampenlicht. Der große Bekanntheitsgrad der Weine aus Cahors ist weiterhin ungebrochen.

Weißweine

Pacherenc

Der berühmteste Dessertwein der Gegend ist zweifellos der Sauternes, der unter anderem auf dem legendären Gut Château d'Yquem produziert wird. Andere exzellente Süßweine sind Barsac, Sainte-Croix-du-Mont, Loupiac und Monbazillac. Die Weißweine aus der Dordogne, Saussignac und Rosette, schmecken bestens zu Fisch und hellem Fleisch, eignen sich aber auch als Dessertweine. Die trockenen Weißen Entre-Deux-Mers, Tursan und Chalosse sind als Begleiter von Käse erste Wahl.

Tariquet, zwischen Landes und Gers gelegen, ist ein Gut, das für seine IGP *(indication géographique protégée)* und für seine Weinbrände bekannt ist. Die Weinbaugebiete des Jurançon am Fuß der Pyrenäen bringen trockene, süße und Dessertweine hervor.

Das richtige Glas

Das Institut National des Appellations d'Origine (INAO) hat Gläserformen festgelegt, die den besten Zugang zu Farbe, Duft und Geschmack jedes Weintyps ermöglichen. So ist das Rotweinglas stärker gewölbt als ein Weißweinglas, weil so der Geruch besser konzentriert wird. Der Weinbrandschwenker hat einen kurzen Stiel, da der Glaskörper mit der Handfläche erwärmt wird.

INAO-Rotweinglas

INAO-Weißweinglas

Weinbrandschwenker

Liköre und Weinbrand

Aus Aquitanien stammen verschiedene Aperitifs, u. a. Pflaumen- und Walnussliköre sowie der rote oder weiße Kina Lillet, ein Mix aus peruanischem Chinin und Wein, der in der Gegend um Bordeaux bereits seit 1887 produziert wird. Armagnac ist der älteste Weinbrand Frankreichs, sechs Millionen Flaschen werden jedes Jahr verkauft. Der Floc de Gascogne ist die Aperitif-Version des Armagnac. Der Kräuterlikör Izarra wird im Pays Basque seit 1835 gebrannt. Patxaran aus der Basse-Navarre ist ein Anislikör, in dem wilde Schlehen verarbeitet sind. Wie der Izarra wird er vor oder nach dem Essen getrunken.

Lillet, ein Aperitif aus Bordeaux

Armagnac

Floc de Gascogne

Aperitif auf Pflaumenbasis

Traubensaft von Perifruit

Alkoholfreie Getränke

Die relativ unbelastete Umwelt im Südwesten Frankreichs liefert exzellentes Brunnen- und Mineralwasser. Auch wenn die Therme in Lot mittlerweile geschlossen ist, liefert die Quelle auch heute noch das mineralreiche und entwässernde Heilwasser Miers-Alvignac. Das Mineralwasser Abatilles aus dem Bassin d'Arcachon ist ein ideales Alltagsgetränk. Reine Fruchtsäfte, beispielsweise aus Orange, Trauben, Aprikosen, Pflaumen oder Apfel, produzieren verschiedene Firmen, darunter Perifruit in Le Bugue im Périgord.

Caféterrasse in Mézin

Weinetikett

Weine werden nach Herkunftsland und -region klassifiziert, nach Kategorie (AOP oder IGP), Alkoholgehalt und Jahrgang. Die Auswahl richtet sich nach dem Essen, dem Preis-Leistungs-Verhältnis und dem Alter. So kann man in junge Weine investieren, die man dann lange lagert, oder trinkreife Tropfen erstehen. In Aquitanien bekommt man die teuersten Jahrgänge bekannter Lagen, aber auch leckere preiswerte IGP.

Restaurantauswahl

Gironde

ARCACHON: Café de la Plage €€
Traditionell **SK** B2
1, boulevard Veyrier-Montagnères, 33120
☎ 05 56 22 52 94
Strandbar und Gourmetrestaurant (Chez Pierre) in einem. Man serviert Crêpes, Sandwiches, exzellentes Seafood und Eiscreme.

BASSIN D'ARCACHON: Chez Eliette €
Seafood **SK** B2
19, avenue Commandant-Allègre, Andernos-les-Bains, 33510
☎ 05 56 82 16 77 ● Mo, Di
Gutes Restaurant, ehemals ein Austerngeschäft, das Seafood und leckere Desserts auftischt.

BASSIN D'ARCACHON: La Guérinière €€€
Luxus **SK** B2
18, cours Verdun, Gujan Mestres, 33470
☎ 05 56 66 08 78
Das Restaurant mit einem Michelin-Stern erfreut mit kreativer Küche und einem Pool.

BASSIN D'ARCACHON: Pinasse Café €€€
Seafood **SK** B2
2 bis, avenue de l'Océan, Lège-Cap-Ferret, 33970
☎ 05 56 03 77 87
● 12. Nov – Anfang März
Modisches Strandlokal mit erstklassigem Seafood. Probieren Sie Muscheln gegart in Piniennadeln.

ARCINS: Le Lion d'Or €€
Bistro **SK** C2
Place de la République, 33460
☎ 05 56 58 96 79
● So, Mo, Ende Juli/Anfang Aug
Bestellen Sie das *menu du jour* mit regionalen Köstlichkeiten in einem belebten Lokal im Médoc.

BAZAS: Les Remparts €€
Modern **SK** C3
49, place de la Cathédrale, 33430
☎ 05 56 25 95 24 ● Mo
Einfallsreiche Gerichte wie Thunfischsteak mit Gemüse. Von der Terrasse blickt man auf den Garten der Kathedrale.

BORDEAUX: L'Autre Petit Bois €
Bistro **SK** C2
12, place du Parlement, 33000
☎ 05 56 48 02 93
Bistro in einem Wald aus natürlichen und künstlichen Bäumen. Kleine Gerichte, Sandwiches, Salate und Wein.

BORDEAUX: Vinset €
Weinstube **SK** C2
27, rue des Bahutiers, 33000
☎ 09 52 19 09 37
● So – Di, mittags
Das Weinlokal serviert Käseplatten, Tapas, Wurst und Fingerfood. Man kredenzt eine ganze Reihe von Bordeaux-Weinen.

BORDEAUX: Café Maritime €€
Modern **SK** C2
1, quai Armand-Lalande, Hangar G2, Bassin à Flot No 1, 33000
☎ 05 57 10 20 40
● So, Mo abends, Sa mittags
Restaurant in einem umgebauten Bootsschuppen. Französische und orientalische Küche.

BORDEAUX: Le Davoli €€
Modern **SK** C2
13, rue des Bahutiers, 33000
☎ 05 56 48 22 19
● So, Mo, 3 Wochen im Aug
Speisen mit jahreszeitlichen Zutaten, z. B. Makrelen-Cannelloni mit Rote Bete. Unbedingt reservieren.

BORDEAUX: Fernand €€
Bistro **SK** C2
7, quai de la Douane, 33000
☎ 05 56 81 23 40
Auf der Karte stehen regionale Produkte wie Pauillac-Lamm und Blonde-d'Aquitaine-Rindfleisch.

BORDEAUX: L'Oiseau Blue €€
Klassisch **SK** C2
127, avenue Thiers, 33100
☎ 05 56 81 09 39 ● So, Mo
Verlockende Fusionküche aus Südwestfrankreich in einer ehemaligen Polizeiwache.

BORDEAUX: L'Estacade €€€
Modern **SK** C2
Quai des Queyries, 33000
☎ 05 57 54 02 50
Elegantes, modernes Gebäude an der Garonne. Seafood-Gerichte, vor allem Arcachon-Austern.

Preiskategorien
Die Preise gelten für ein Drei-Gänge-Menü pro Person mit einer halben Flasche Hauswein, inklusive Steuern und Service.

€	unter 35 €
€€	35 – 50 €
€€€	über 50 €

BORDEAUX: Le Chapon Fin €€€
Luxus **SK** C2
5, rue Montesquieu, 33000
☎ 05 56 79 10 10
● So, Mo, Aug, Ferienzeit
Belle-Époque-Dekor und Küche von Nicolas Nguyen Van Hai.

FRONSAC: Le Bord d'Eau €€
Aquitanisch **SK** C2
4, rue Poinsonnet, 33126
☎ 05 57 51 99 91
● Mo; So, Mi abends
Das Lokal serviert Süßwasserfische, Steaks und Fronsac-Weine.

GRADIGNAN: Au Comté d'Ornon €
Klassisch **SK** C2
Allée de Mégevie, 33170
☎ 05 56 75 26 85 ● So
Traditionelles Restaurant mit einem Vor- und Nachspeisenbüfett.

LA RÉOLE: Aux Fontaines €
Klassisch **SK** C2
8, rue de Verdun, 33190
☎ 05 56 61 15 25 ● So, Mo
Sehr gute, saisonale Mahlzeiten auf einer hübschen Terrasse.

LACANAU-OCÉAN: L'Imprévu €€
Klassisch **SK** B2
Front de Mer, 33680
☎ 05 56 03 11 11 ● Nov – Apr
Kreative Speisen aus Hummer, Ente und Rind.

Belle-Époque-Dekor im La Chapon Fin, Bordeaux

Restaurantkategorien *siehe S. 257*

Vis-à-Vis-Tipp

LANGON:
Claude Daroze €€€
Modern **SK** C2
95, cours du Général-Leclerc, 33210
05 56 63 00 48
So abends, Mo mittags; Mitte Okt–1. Woche im Nov, 2 Wochen im Jan
Genießen Sie saisonale Gerichte in einem unscheinbaren Hotelrestaurant mit schön begrünter Terrasse. Probieren Sie Täubchen mit *foie gras* gefüllt. Zum Nachtisch gibt es ein Grand-Marnier-Soufflé.

LIBOURNE: Chez Servais €
Klassisch **SK** C2
14, place Decazes, 33500
05 57 51 83 97
Mo, So abends; Mitte Mai, 2. Hälfte im Aug
Außerordentlich köstliche Fischgerichte. Zentrale Lage.

MARTILLAC: La Grand'Vigne €€€
Luxus **SK** C2
Chemin de Smith-Haut-Lafitte, 33650
05 57 83 83 83 Mo, Di
Der Küchenchef Nicolas Masse bietet herausragende kulinarische Erfahrungen in einem schönen Restaurant am See.

MONSÉGUR: La Ferme Gauvry €
Ferme Auberge **SK** C2
10 km westlich von Monségur, D16, Rimons, 33540
05 56 71 83 96
Authentische Hausmacherkost in einem bewirtschafteten Bauernhof mit Enten, Rindern und Weinbergen. Unbedingt reservieren.

MONTAGNE ST-ÉMILION:
Le Vieux Presbytère €€
Aquitanisch **SK** C2
Place de l'Église, 33570
05 57 74 65 33
Mi, 2 Wochen im Juni
Stilvolles Restaurant in einem alten Pfarrhaus mit Terrasse serviert Gerichte aus heimischen Zutaten.

PAUILLAC:
Château Cordeillan-Bages €€€
Luxus **SK** B1
61, rue Vignerons, 33250
05 56 59 24 24 Dez–Feb
Eleganz mit Michelin-Stern: Spezialitäten sind Pauillac-Lamm und aquitanischer Kaviar. Vorzügliche Weinkarte.

PYLA-SUR-MER: l'Authentic €€
Luxus **SK** B2
35, boulevard de l'Océan, 33115
05 56 54 07 94 Mi

Terrasse am Seeufer: La Grand'Vigne, Martillac

Saisonale Küche mit einheimischen Zutaten. Köstliche Hummerravioli und Bordeaux-Weine.

SAUTERNES: Le Saprien €€
Klassisch **SK** C3
14, rue Principale, 33210
05 56 76 60 87
So abends, Mo; Mitte Feb–Anfang März
Gute, preiswerte Menüs, sowohl Fisch- als auch Fleischgerichte. Beliebt bei den Einheimischen.

SOULAC-SUR-MER:
Le Grill Océan €
Bistro **SK** B1
2, esplanade des Girondins, 33780
05 56 09 89 64
15. Nov–15. Feb
Strandlokal mit gutem Essen: Steaks und Fischgerichte.

ST-ÉMILION:
L'Envers du Décor €
Bistro **SK** C2
11, rue du Clocher, 33330
05 57 74 48 31
2. Wochen im Jan

Château Cordeillan-Bages, umgeben von Weinbergen in Pauillac

Bistro und Weinbar mit Innenhof. Auf der Speisekarte stehen u. a. Salate, Omeletts und *foie gras*.

ST-ÉMILION:
Hostellerie de Plaisance €€€
Luxus **SK** C2
Place du Clocher, 33330
05 57 55 07 55 So, Mo
Cédric Béchade verarbeitet hochwertige Produkte zu wahren Köstlichkeiten.

Périgord und Quercy

BERGERAC: L'Imparfait €€
Modern **SK** D2
8, rue des Fontaines, 24100
05 53 57 47 92
Die Küche des lebhaften Restaurants verleiht Traditionsgerichten eine moderne Note.

BERGERAC: Le Vin'Quatre €€
Modern **SK** D2
14, rue St-Clar, 24100
05 53 22 37 26
Mi, Mo–Fr mittags
Das Lokal ist beliebt wegen der einfallsreichen, traditionellen Périgord-Küche des Chefkochs.

BOURDEILLES: Les Griffons €€
Aquitanisch **SK** D1
Bourdeilles, 24310
05 53 45 45 35
Di, Mo–Sa mittags, Okt–Apr
Das freundliche Restaurant bietet eine große Bandbreite an typischen Périgord-Spezialitäten.

BRANTÔME:
Les Frères Charbonnel €€
Aquitanisch **SK** D1
57, rue Gambetta, 24310
05 53 05 70 15
Mitte Nov–Mitte Dez
Das Lokal ist beliebt bei Einheimischen und serviert Gerichte wie Täubchen, *foie gras* und Lamm.

BRANTÔME:
Le Moulin du Roc **€€€**
Luxus **SK** D1
Le Pont, Champagnac de Belair, 24530 (7 km nordöstl. von Brantôme)
☎ 05 53 02 86 00
● Di, Anfang Nov–März
Michelin-prämiertes Restaurant in einer schönen Mühle (17. Jh.) an der Dronne. Leckere Gerichte wie Trüffel und *foie gras*.

CAHORS: Le Lamparo **€**
Brasserie **SK** E3
76, rue Georges-Clemenceau, 46000
☎ 05 65 35 25 93 ● So
Populäres Lokal mit großer Auswahl an Pizzas, Nudeln, Salaten, Crêpes und Grillgerichten.

CAHORS: La Table de Haute-Serre **€€€**
Luxus **SK** E3
9 km südlich von Cahors bei Cieurac, 46230
☎ 05 65 20 80 20
● So abends, Mi, Di
Hervorragende Küche in einem zauberhaften Schloss. Lassen Sie sich das *Toques-'n'-truffes*-Menü (Jan–März) nicht entgehen.

DOMME: L'Esplanade **€€€**
Aquitanisch **SK** E2
Le Bourg, 24250
☎ 05 53 28 31 41 ● Mo
Périgord-Spezialitäten wie Trüffel, *foie gras*, Ente und Wildgerichte vor der Kulisse des Dordogne-Tals.

FIGEAC: La Dînée du Viguier **€€**
Klassisch **SK** F2
4, rue Boutaric, 46100
☎ 05 65 50 08 08 ● Mo; 2 Wochen im Jan und im Nov
Das elegante Restaurant in einem mittelalterlichen Schloss bringt köstliches Seafood auf den Tisch.

Stilvolles Ambiente im La Table de Haute-Serre, Cahors

Tische im Freien im La Roseraie, Montignac-Lascaux

Vis-à-Vis-Tipp

FRAYSSINET-LE-GÉLAT:
La Serpt **€**
Ferme-Auberge **SK** E2
La Serp, 46250
☎ 05 65 35 62 07 ● Mo
Die familiengeführte Entenfarm liegt nahe Villefranche-du-Périgord und serviert Hausmacherkost aus eigenen Produkten: Pasteten, *foie gras* und Confits, aber auch Quercy-Bratkartoffeln und dazu der passende Cahors-Wein. Reservierung erforderlich.

GRÉZELS: La Terrasse **€**
Klassisch **SK** E3
Le Bourg, 46700 (auf der D8 südlich von Puy-l'Évêque)
☎ 05 65 21 34 03 ● Mo
Festpreismenü ohne Wahlmöglichkeit in großen Portionen. Erstklassige, preisgünstige Küche.

LA ROQUE-GAGEAC:
La Belle Étoile **€€**
Aquitanisch **SK** E2
Le Bourg, 24250
☎ 05 53 29 51 44
● Mo, Mi mittags; Nov–März
Nobles Restaurant mit herrlicher Aussicht auf die Dordogne. Köstliche Speisen aus lokalen Zutaten.

LACAVE:
Le Pont de l'Ouysse **€€€**
Luxus **SK** E2
Lacave, 46200
☎ 05 65 37 87 04 ● Mo
Hervorragendes Restaurant mit wundervollen Gerichten. Eigene Trüffelfarm.

LES EYZIES-DE-TAYAC:
Au Coup de Silex **€**
Aquitanisch **SK** E2
4, rue du Musée, 24620
☎ 05 53 05 14 29
● Mi; Nov–März
Das unprätentiöse Restaurant bietet außergewöhnliche Gerichte: *foie gras* mit Bratapfel, *ris de veau* (Kalbsbries) und Rinderbraten mit Waldpilzen. Gute Salate.

MEYRONNE: La Terrasse **€€**
Luxus **SK** E2
Le Bourg, 46200
☎ 05 65 32 26 93
● Dez–Mitte März
Anspruchsvolle Küche: Enten- und Lammbraten und *ris de veau*.

MONBAZILLAC:
La Tour des Vents **€€€**
Luxus **SK** D2
Moulin de Malfourat, 24240
☎ 05 53 58 30 10
● So abends, Mo, Di mittags, Jan–Anfang Feb
Michelin-prämierte Küche mit fruchtiger Note hoch über dem Dordogne-Tal.

MONTIGNAC-LASCAUX:
La Roseraie **€€**
Klassisch **SK** E2
11, place d'Armes, 24290
☎ 05 53 50 53 92 ● Nov–Ostern
Idealer Ort, um nach einem Besuch der Höhlen Fleischgerichte und Desserts zu genießen.

PÉRIGUEUX: Café de la Place **€**
Bistro **SK** D1
7, place du Marché au Bois, 24000
☎ 05 53 08 21 11
Beliebtes Retro-Café mit ausgezeichneter Küche: französische Speisen und Périgord-Klassiker.

PÉRIGUEUX:
Le Clos Saint-Front **€€**
Klassisch **SK** D1
5, rue de la Vertu, 24000
☎ 05 53 46 78 58 ● Mo
Klassische französische Gerichte werden in einem Haus aus dem 16. Jahrhundert serviert.

PÉRIGUEUX: L'Essentiel **€€€**
Luxus **SK** D1
8, rue de la Clarté, 24000
☎ 05 53 35 15 15 ● So, Mo
Großartige Périgord-Spezialitäten und innovative Speisen kommen in diesem bei Einheimischen beliebten Lokal auf den Tisch.

RIBÉRAC: Le Chabrot **€**
Aquitanisch **SK** D1
8, rue Gambetta, 24600
☎ 05 53 91 28 59
● Di abends, Mi
Große Vielfalt an Entengerichten und *foie gras*, aber auch fantasievolle Überraschungen. Gute Küche, freundlicher Service und preiswerte Menüs.

ROCAMADOUR:
Jehan de Valon **€€**
Aquitanisch **SK** E2
Cité Médiévale, 46500

05 65 33 63 08
Mitte Nov – Mitte Feb
Fabelhafter Enten- und Lammbraten – am Rande von Rocamadours spektakulärer Schlucht.

SARLAT: Le Bistro de l'Octroi €
Aquitanisch **SK** E2
111, avenue de Selves, 24200
05 53 30 83 40
Ehemaliges Zollhaus aus den 1830er Jahren. Périgord-Klassiker pfiffig zubereitet.

SARLAT: Le Couleuvrine €€
Aquitanisch **SK** E2
1, place de la Bouquerie, 24200
05 53 59 27 80
Nettes Lokal mit Eichenbalken und großem Kamin. Ausgezeichnete klassische Gerichte, beispielsweise Steaks in Trüffelsauce, aber auch moderne Küche.

SARLAT: Lo Gorissado €€
Klassisch **SK** E2
7 km westlich von Sarlat bei Le Pontout, 24200 Saint-André-d'Allas
05 53 59 34 06
Mo – Do in der Nebensaison; Mitte Dez – Mitte Feb
Der einfallsreiche Küchenchef zaubert ungewöhnliche Gerichte aus regionalen Zutaten auf den Teller. Unbedingt reservieren.

SORGES: Auberge de la Truffe €€
Aquitanisch **SK** D1
Le Bourg, 24420
05 53 05 02 05
Das Gasthaus in Périgords Trüffelhauptstadt bietet anspruchsvolle Küche. Exquisites Trüffelmenü.

ST CÉRÉ: Les Trois Soleils de Montal €€€
Luxus **SK** F2
3 km östl. von St-Céré, Les Prés-de-Montal, St-Jean-l'Espinasse, 46400

Friedvolle Umgebung des Lo Gorissado in Sarlat

Feines Dekor im Auberge de la Truffe, Sorges

05 65 10 16 16
Mo mittags
Das vorzügliche Restaurant ist bekannt für seine Hauptgerichte, vor allem für das Quercy-Lamm, Schweinefleisch aus der Bigorre und Wild. Täglich wechselndes Menü.

ST-CIRQ-LAPOPIE: L'Oustal €
Klassisch **SK** E3
Le Bourg, 46330
05 65 31 20 17
Nov – Ende März
Preiswerte, gute Kost für Urlauber: Der Enten- und der Kaninchenbraten mit Quercy-Kartoffeln sind zu empfehlen.

ST-MÉDARD DE CATUS: Le Gindreau €€€
Luxus **SK** E3
Le Bourg, 46150
05 65 36 22 27 Mo, Di
Eines der besten Restaurants der Region in einem früheren Schulgebäude. Tradition und Moderne.

TRÉMOLAT: Le Vieux Logis €€€
Luxus **SK** D2
Le Bourg, Trémolat, 24510
05 53 22 80 06
Mitte Okt – Mitte Apr: Mi, Do
Die Küche des erstklassigen Restaurants ist mit einem Michelin-Stern ausgezeichnet.

Lot-et-Garonne

AGEN: Le Cauquil €
Bistro **SK** D3
9, avenue du Général-de-Gaulle, 47000
05 53 48 02 34
Sa mittags, So
Täglich wechselnde Menüs aus frischen Zutaten. Große Portionen, entspannte Atmosphäre.

AGEN: Le 6 de Michel Latrille €
Klassisch **SK** D3
6, rue Albert Ferrasse, 47550 Boé
05 53 66 10 05 So, Mo
Etwa fünf Kilometer südlich von Agen liegt dieses unscheinbare Lokal, in dem wohlschmeckende Speisen serviert werden. Unbedingt reservieren.

AGEN: L'Atelier €€
Modern **SK** D3
14, rue Jeu de Paume, 47000
05 53 87 89 22
Sa abends, So
Lebhaftes Restaurant in einer Tischlerwerkstatt mit einfachen Gerichten, u. a. Rocamadour-Käse und Linsensalat.

AGEN: Margoton €€
Klassisch **SK** D3
52, rue Richard-Cœur-de-Lion, 47000
05 53 48 11 55 So, Mo
Das Ambiente mit Ziegelmauern und Holzboden bietet den richtigen Hintergrund für herzhafte traditionelle Gerichte wie Jakobsmuscheln oder Rinderfilet.

AGEN: Philippe Vannier €€
Klassisch **SK** D3
66, rue Camille-Desmoulins, 47000
05 53 66 63 70 So
Das stilvolle Restaurant pflegt moderne Kochkunst mit klassischen Gerichten. Probieren Sie die Entenbrust mit Polenta.

AGEN: Mariottat €€€
Luxus **SK** D3
25, rue Louis-Vivent, 47000
05 53 77 99 77
Sa mittags, So abends, Mo
Wundervolle innovative Gerichte kommen in diesem Stadtrestaurant auf den Tisch. Probieren Sie auch die köstlichen Desserts.

ASTAFFORT: Auberge du Brulhois €
Klassisch **SK** D3
3, avenue d'Agen, 47220 Astaffort
05 53 66 04 79
So abends, Mo; letzte zehn Tage im Dez, 1. Woche im Jan
Das populäre rustikale Restaurant bietet Festpreismenüs. Spezialitä-

Überdachte Terrasse im Le Moulin de Dausse, Dausse

ten sind Hähnchen mit Aprikosensauce und eine große Vielfalt an Pflaumendesserts.

BARBASTE: Le Moulin des Saveurs €
Modern **SK** D3
4, rue du Moulin des Tours, 47230
05 53 97 06 60
So abends, Mo
Außergewöhnlicher Speiseraum. Der Küchenchef verarbeitet saisonale Produkte zu ungewöhnlichen Kombinationen und feinen Aromen.

BUZET-SUR-BAISE: Au Bord de l'Eau €
Aquitanisch **SK** D3
Halte Nautique, 47160
05 53 84 53 31
Mi, Nov–März
Beobachten Sie die Schiffe, während Sie *magret de canard aux prunes et vin rouge*, Salate und Buzet-Weine genießen.

CASTELJALOUX: La Vieille Auberge €€
Aquitanisch **SK** C3
11, rue Posterne, 47700
05 53 93 01 36
So abends, Mo; 2 Juli-Wochen
Gemütliches Restaurant mit aquitanischen Spezialitäten: gebratene *foie gras* mit Äpfeln oder Täubchen gefüllt mit Steinpilzen und vieles mehr.

DAUSSE: Le Moulin de Dausse €€
Klassisch **SK** D3
Route d'Anthé, 47140
05 53 41 26 00
Mo–Mi, Do–Sa mittags; Nov–März
Ein niederländisches Paar präsentiert eine herrliche Auswahl saisonaler Vorspeisen und Desserts, passend zum Hauptgang.

DURAS: Le Cabri €
Klassisch **SK** D2
Route de Savignac, 47120
05 53 83 81 03 variabel
Kleine Speisekarte mit gut zubereiteten Klassikern wie Steaks, Kalbsschnitzel, pochiertem Lachs und Salat Niçoise. Mit großer Terrasse.

DURAS: Les Rives du Plantié €€
Klassisch **SK** D2
Route de Castelmoron, 47110
05 53 70 22 26
Restaurant in einem Haus aus dem 19. Jahrhundert, mit gemütlicher Einrichtung und Backsteinwänden. Klassische Küche mit modernem Touch.

DURAS: Hostellerie des Ducs €€€
Klassisch **SK** D2
Blvd Jean-Brisseau (D708), 47120
05 53 83 74 58
Sa mittags, So abends, Mo
Das Restaurant in einem Kloster aus dem 19. Jahrhundert ist für seine traditionellen Spezialitäten bekannt. Im Sommer kann man auch auf der Terrasse dinieren.

FRANCESCAS: Le Relais de la Hire €€
Luxus **SK** D3
11, rue Porte-Neuve, 47600
05 53 65 41 59
Mo, Di abends, Mi, So
Köstliche, mit Kräutern gewürzte und mit Blüten verzierte Gerichte. Die Desserts sind wahre Kunstwerke. Dazu vorzüglicher Wein, Armagnac und Zigarren.

LA SAUVETAT-DU-DROPT: Ma Maison €€
Klassisch **SK** D2
10, avenue Grammont, 47800
05 53 94 33 42
So, Mo; Nov–März
Probieren Sie die sehr gute Auswahl an herrlichen Gerichten in einem schönen Restaurant mit Innenhof. Reservierung erforderlich.

LAPLUME: Château de Lassalle €€
Luxus **SK** D3
3 km von Laplume, Brimont, 47310
05 53 95 10 58
Sa, So im Winter
Das Restaurant befindet sich in einer Orangerie (18. Jh.) und serviert herrliche Speisen, z. B. Schwertfisch mit Tagliatelle.

MARMANDE: Auberge L'Escale €
Aquitanisch **SK** D3
Pont des Sables, Fourques-sur-Garonne, 47200
05 53 93 60 11
So abends, Mo
Grachtenhaus aus dem Jahr 1683 mit hübscher Terrasse. Man serviert Fleischgerichte, Fisch und gefüllte Tomaten.

MARMANDE: Boat aux Saveurs €€
Modern **SK** D3
36–38, avenue Jean-Jaurès, 47200
05 53 64 20 35 Mo, Di, Sa mittags, So abends
Dieses moderne Restaurant in einem Klostergebäude serviert gehobene Küche. Günstige Festpreismenüs und exzellente Weine.

MEILHAN-SUR-GARONNE: Le Font d'Uzas €
Klassisch **SK** C3
1, avenue de la Font d'Uzas, 47180
05 53 89 62 97 Mo
Hübsches Herrenhaus nahe dem Kanal. Die Speisekarte präsentiert Fisch, Ente, *foie gras* und guten Hauswein.

MOIRAX: Auberge du Prieuré €€
Modern **SK** D3
Le Bourg, 47310
05 53 47 59 55
So abends, Mo, Di; Feb
Einfallsreich zubereitete Gerichte und ungewöhnliche Desserts wie Artischocken mit Lakritze und Bärlauch.

Farbenfrohe Fassade des Ma Maison, La Sauvetat-du-Dropt

NÉRAC: Les Contes d'Albret €
Aquitanisch **SK** D3
Les Comptes, 47600
05 53 65 18 73
Mo–Fr (außer Juli, Aug); Nov–März
In dem Landgasthof, sechs Kilometer südwestlich von Nérac, gibt es herzhafte und preiswerte Gerichte.

NÉRAC: L'Art de Vivre €€
Modern **SK** D3
7, rue du Château, 47600
05 53 65 69 43
Mo, Di; Nov–März (Reservierung ausgenommen)
Restaurant mit innovativer Küche und köstlichen Süßspeisen.

PENNE-D'AGENAIS: La Maison sur la Place €€
Modern **SK** D3
10, place Gambetta, 47140
05 53 01 29 18
So abends, Mo
Das Restaurant mit rustikalem Chic serviert köstliche Gerichte und hausgemachte Desserts.

PUJOLS: Villa Smeralda €€
Mediterran **SK** D3
Le Bourg, 47300
05 53 36 72 12 Mo
Beliebtes Restaurant mit Antipasti, Salaten, Nudeln und Seafood. Spezialität des Hauses ist Lamm.

PUJOLS: La Toque Blanche €€€
Klassisch **SK** D3
Pujols, 47300
05 53 49 00 30 So, Mo
Klassisch-französische Haute Cuisine wie Rebhuhn mit Kohl und *foie gras*, exzellenten Desserts und einer reichen Weinauswahl.

Vis-à-Vis-Tipp

PUYMIROL: Michel Trama €€€
Luxus **SK** D3
52, rue Royale, 47270
05 53 95 31 46 Mo
Restaurant in einer mittelalterlichen Berghütte, erbaut von den Grafen von Toulouse. Die Inneneinrichtung mit barocken Vorhängen und Kronleuchtern stammt von dem Architekten Jacques Garcia. Die perfekte Kulisse für die Kochkunst des Küchenchefs Michel Trama, u. a. getrüffelte Kartoffeln, die berühmten Hamburger mit *foie gras*. Exquisite Desserts.

ST-ÉTIENNE-DE-FOUGÈRES: Auberge de Feuillade €
Ferme-Auberge **SK** D3
Feuillade, 2 km außerhalb von St-Livrade-sur-Lot, 47380
05 53 01 09 84 Mi

Das Michel Trama in Puymirol glänzt mit geschmackvoller Einrichtung

Rustikale Gerichte, u. a. *foie gras*, Entenconfit und *poule farcie*.

TONNEINS: Quai 36 €€
Modern **SK** D3
36, cours de l'Yser, 47400
05 53 94 36 38
Mo, Di abends, Mi, So, Sa mittags; 3 Wochen im Aug
Gepflegtes Restaurant mit herrlichem Blick auf die Garonne.

VILLENEUVE-SUR-LOT: La Table des Sens €€
Luxus **SK** D3
8, rue de Penne, 47300
05 53 36 97 04 Mo, Di
Kreative Küche von einem jungen Team. Reservierung erforderlich.

Landes

CAPBRETON: MB Restaurant €€
Modern **SK** A4
17, avenue Georges Pompidou, 40130
05 58 72 12 02 Mo
Elegantes Restaurant mit monatlich wechselnder Speisekarte.

La Maison sur la Place auf einer Anhöhe in Penne-d'Agenais

CAPBRETON: La Pêcherie Ducamp €€
Seafood **SK** A4
4, rue du Port d'Albret, 40130
05 58 72 11 33
Dieses große Hafenrestaurant verwöhnt seine Gäste seit mehr als 40 Jahren mit Fischgerichten.

CASTETS: Ferme-Auberge Lesca €
Landgasthof **SK** B4
428, chemin des Tucs, 40260
05 58 89 41 45
Mo; Nov–Apr
Das älteste Landgasthaus in Landes serviert Ente in jeder erdenklichen Form und *foie gras* in fünf Varianten. Reservierung nötig.

DAX: La Table de Pascal €€
Bistro **SK** B4
4, rue Fontaine-Chaude, 40100
05 58 74 89 00
So, Mo
Beliebtes Bistro im Pariser Stil mit köstlichen Spezialitäten Aquitaniens. Reservieren Sie unbedingt rechtzeitig.

DAX: Le Moulin de Poustagnacq €€€
Luxus **SK** B4
3 km nördlich von Dax, Rue René Loustalot, Saint-Paul-lès-Dax, 40990
05 58 91 31 03
So abends, Mo, Di mittags
Das Restaurant mit Blick auf einen Waldsee bringt innovative Speisen aus regionalen Erzeugnissen auf den Tisch. Gute Weine.

EUGÉNIE-LES-BAINS: La Ferme aux Grives €€€
Aquitanisch **SK** C4
111, rue Thermes, 40320
05 58 05 05 05
Di abends, Mi; Jan
Das von Michel Guérard geführte Restaurant pflegt ländliche Küche wie Spanferkelbraten und Hähnchen *landaise*.

EUGÉNIE-LES-BAINS: Les Prés d'Eugénie €€€
Luxus **SK** C4
Le Bourg, 40320
☎ 05 58 05 05 05
● Mitte Jan–Mitte März
Im Hauptsitz des kulinarischen Genies Michel Guérard serviert man ausschließlich Gourmetspeisen und die berühmten *Minceur*-(Diät-)Menüs.

HOSSEGOR: Lou Casaou De Le Ma €
Austern-Bar **SK** A4
Fond du Lac, 40150
☎ 06 19 78 21 88
● Nov–März
Frische Austern zubereitet mit Schalotten-Zitronen-Sauce, dazu Brot und Butter sowie Weißwein.

Vis-à-Vis-Tipp

HOSSEGOR: Jean des Sables €€€
Seafood **SK** A4
121, boulevard de la Dune, 40150
☎ 05 58 72 29 82
● Jan–Anfang Feb; Sep–Juni: Mo mittags, Di; Juli, Aug: Mo mittags, Mi, Fr
Das Restaurant direkt am Meer gehört zum Hotel Relais de la Poste. Zum Speisenangebot zählt mit überraschenden Aromen erstklassig zubereites Seafood. Probieren Sie das Fish-&-Chic-Menü oder das preisgünstige Mittagsmenü an Wochentagen, dazu serviert man Wein und Kaffee.

MAGESCQ: Côté Quillier €
Bistro **SK** B4
26, avenue de Marenne, 40140
☎ 05 58 47 79 50 ● nie
Das Bistro unweit vom Hotel Relais de la Poste erfreut seine Gäste mit wohlschmeckenden Speisen zu erschwinglichen Preisen.

Einladendes Restaurant Les Clefs d'Argent in Mont-de-Marsan

MAGESCQ: Relais de la Poste €€€
Luxus **SK** B4
24, avenue de Marenne, 40140
☎ 05 58 47 70 25
● Mo, Di; Mitte Nov–Mitte Dez
Herrliche Kulisse für die klassisch französische Küche wie Adour-Lachs mit Lauch in Rotweinsauce. Ausgezeichnete Weinkarte.

MIMIZAN: Hôtel Atlantique €
Seafood **SK** B3
38, avenue de la Côte d'Argent, 40200
☎ 05 58 09 09 42
● Sa, So; 3 Wochen im Jan
Das Lokal ist sehr beliebt wegen seines exzellenten Seafoods. Es gibt aber auch Fleischgerichte.

MIMIZAN: L'Orchestra Bar €
Weinstube **SK** B3
16, rue du Casino, 40200
☎ 06 25 05 98 25
● mittags; Mitte Okt–Mitte März
Wein- und Tapas-Bar mit leckeren Knabbereien und Cocktails.

MOLIETS-ET-MAA: La Cave aux Moules €
International **SK** B4
Avenue d'Océan, 40660
☎ 05 58 48 54 05
● Mo; Nov–März
Legeres Lokal mit Holzbänken. Serviert werden Muscheln, Nudeln und Pizzas. Kommen Sie gegen 19 Uhr, oder nehmen Sie eine Wartezeit in Kauf.

MONT-DE-MARSAN: Auberge de la Pouillique €
Aquitanisch **SK** C4
Chemin de la Pouillique, Mazerolles 40900
☎ 05 58 75 22 97
● Mo, Di abends, Mi, So
Gerichte der Saison in einem netten Bauernhaus. Versuchen Sie *tourtière Landaise aux pommes*.

MONT-DE-MARSAN: Un Air de Campagne €€
Modern **SK** C4
3, rue Thérèse Clavé, 40000
☎ 05 58 06 05 41
● So abends, Mo, Di abends, Sa mittags
Raffinierte Küche in wunderschöner Umgebung. Gutes *menu du jour* und köstliche Desserts.

MONT-DE-MARSAN: Les Clefs d'Argent €€€
Luxus **SK** C4
333, avenue des Martyrs de la Résistance, 40000
☎ 05 58 06 16 45 ● So abends, Mo, 3 Wochen im Aug
Gourmetkreationen aus regionalen Produkten mit überraschenden Untertönen, beeinflusst von der afrikanischen Frau des Kochs.

MUGRON: Ferme Auberge Marquine €
Landgasthof **SK** B4
Route d'Hagetmau Marquine, 40250
☎ 05 58 97 74 23
Leckere Kost in einem Bauernhaus, u. a. Enten- und Rinderbraten. Nur mit Reservierung.

PARENTIS-EN-BORN: Chez Flo €
Modern **SK** B3
9, rue St-Barthélemy, 40160
☎ 05 58 78 40 21 ● Mo

Entspannte Atmosphäre im Relais de la Poste, Magescq

Restaurantkategorien *siehe S. 257* **Preiskategorien** *siehe S. 262*

Freundliches Restaurant mit einem passionierten jungen Küchenchef, der preiswerte, gut zubereitete Speisen auf den Tisch bringt. Ideal für Familien.

PARENTIS-EN-BORN: Restaurant de la Poste €
Aquitanisch **SK** B3
12, avenue du 8 mai 45, 40160
05 58 78 40 23 Mi
Legeres Lokal, bekannt für sein *planchot*: die Köstlichkeiten werden auf einem Holzbrett serviert. Die Salate sind überragend.

PISSOS: Café de Pissos €
Aquitanisch **SK** B3
42, rue du Pont-Battant, 40140
05 58 08 90 16
So abends, Di, Mi
Auf einer hübschen Terrasse serviert man zeitlose Gerichte wie Ente mit Steinpilzsauce.

ROQUEFORT: Le Logis de Saint Vincent €€
Klassisch **SK** C3
76, rue Laubaner, 40210
05 58 45 75 36
2 Wochen im Jan
Das *hôtel particulier* (19. Jh.) verfügt über einen exotischen Garten. Man serviert traditionelle Gerichte mit kreativem Touch.

SABRES: Auberge des Pins €€
Klassisch **SK** B3
Route de la Piscine, 40630
05 58 08 30 00
So abends, Mo mittags; 2 Wochen im Jan
In dem netten Bauernhaus bekommt man typische Landes-Gerichte: Täubchen mit *foie gras*.

SEIGNOSSE: Le Loom €
Klassisch **SK** A4
1, avenue Jean Moulin, 40510
05 58 43 31 39 Jan
Unscheinbares Lokal mit fabelhafter Weinkarte und klassischen Gerichten. Genießen Sie auch die ungewöhnlichen Kreationen.

SEIGNOSSE: PMU Hemengoak €
Klassisch **SK** A4
6/8, place de Castille, 40510
05 58 43 13 61
So; Mitte Nov–Mitte Feb
Hier serviert man klassische Gerichte mit kreativem Touch.

SEIGNOSSE: Les Roseaux €
Aquitanisch **SK** A4
Route Louis de Bourmont, 40510
05 58 72 80 30
Nebensaison; Di
Gute Menüs aus den Landes und dem Baskenland. Reservieren!

SEIGNOSSE: Villa de L'Étang Blanc €€€
Luxus **SK** A4
2265, rte de L'Étang Blanc, 40510
05 58 72 80 15 Mo, Di; Nov–Feb
Ein zauberhafter Ort, um seinen Gaumen zu erfreuen.

SOUSTONS: La Storia €
International **SK** B4
29, rue Émile Nougaro, 40141
05 58 41 22 66
Nebensaison; So
Steaks, gegrilltes Seafood, Entengerichte, Pasta, Omeletts, Pizza.

VIEUX-BOUCAU: Le Marinero €
Aquitanisch **SK** B4
15, grand rue, 40480
05 58 48 14 15
Mo; Mitte Nov–März
Ausgezeichnetes Seafood. Es gibt aber auch Fleischgerichte.

Pays Basque

ASCAIN: Cidrerie Txopinondo €
Baskisch **SK** A4
Zone artisanale Lan Zelai, Sagarnotegi Bidea, 64310
05 59 54 62 34
So abends, Di abends, Mi
Man serviert Steaks und *pintxos* und pflegt *txotx* – die Kunst, Apfelwein aus dem Fass zu zapfen.

Tische im Chilo, Barcus

BARCUS: Chilo €€€
Klassisch **SK** B5
Le Bourg, 64130
05 59 28 90 79
Traditionsreiches Feinschmeckerlokal in der Nähe von Mauléon, kulinarisch eine eigene Welt: Lamm-, Enten- und Wildbraten.

BAYONNE: Auberge du Cheval Blanc €€
Modern **SK** A4
68, rue Bourgneuf, 64100
05 59 59 01 33
Sa mittags, So abends, Mo
Der Küchenchef brilliert mit kreativen Gerichten: Forelle, Täubchen und Waldpilzen. In Familienbesitz seit mehr als 50 Jahren.

BAYONNE: Le Bayonnais €€
Baskisch **SK** A4
38, quai des Corsaires, 64100
05 59 25 61 19
So, Mo; 3 Wochen im Aug
Das Lokal ist bekannt für seine großzügige Küche mit Ente, Wild, Langusten und Muscheln.

Holzfässer mit Apfelwein in der einzigartigen Cidrerie Txopinondo in Ascain

BAYONNE: Le Bistrot Itsaski €€
Baskisch **SK** A4
43, quai Amiral Jauréguiberry, 64100
05 59 46 13 96 ● Mi
Tapas, kleine Gerichte oder Hauptmahlzeiten mit leckerem Seafood, Austern, Grillfleisch und Fisch in einem Lokal am Fluss.

BAYONNE: Rôtisserie de Roy Léon €€
Klassisch **SK** A4
8, rue du Coursic, 64100
05 59 59 55 84
● So abends
Fleisch vom Drehspieß mit mittelalterlicher Note: Wild, Rind, Ente, zudem *seafood a la plancha*.

BIARRITZ: Le Clos Basque €
Baskisch **SK** A4
12, rue L. Barthou, 64200
05 59 24 24 96 ● Mo
Die Taverne bietet gute Küche mit baskischen und aquitanischen Einflüssen. Stets gut besucht.

BIARRITZ: Chez Albert €€
Seafood **SK** A4
51 bis, port des Pêcheurs, 64200
05 59 24 43 84
● Mi; Ende Nov–Mitte Feb
Essen im Freien in einem Lokal am Fischerhafen: exzellentes Seafood und gegrilltes Fleisch.

BIARRITZ: La Table d'Aranda €€
Modern **SK** A4
87, avenue de la Marne, 64200
05 59 22 16 04 ● So, Mo
Das ungewöhnliche Lokal abseits der großen Urlauberströme kann mit herausragender Küche zu moderaten Preisen aufwarten.

BIARRITZ: Villa Eugénie (Hôtel du Palais) €€€
Luxus **SK** A4
1, avenue de l'Impératrice, 64200
05 59 41 64 00
● Mo, Di; Feb–Mitte März

Terrasse des Auberge Ostapé in Bidarray mit baskischer Küche

Rustikales Ambiente im Etchémaïté in Larrau

Klassische, gehobene Küche für ein lukullisches Mahl in der Villa Eugénie. Der prachtvolle Speisesalon bietet die passende Kulisse für ein fürstliches Mahl.

Vis-à-Vis-Tipp

BIDARRAY: Auberge Ostapé €€€
Baskisch **SK** B5
Domaine de la Chatahoa, 64780
05 59 37 91 91
● Di; Mo mittags, Mi mittags; Ende Nov–Anfang März
Von der Terrasse hat man einen wunderbaren Blick auf den Garten. Man serviert beste baskische Küche mit einem Hauch von Espelette-Chili: Forelle, *txangurros* (Riesenkrabben, eine baskische Spezialität), Rindfleisch mit Steinpilzen und gebratene Tauben.

BIDART: Les Frères Ibarboure €€€
Luxus **SK** A4
Chemin de Ttaliénèa, bei Guéthary, 64210
05 59 54 81 64
● Mo, Mi; 2 Wochen im Nov und im Jan
Eines der besten Restaurants der Region besticht durch eine einzigartige Kombination aus Aroma und Ästhetik der Speisen.

CAMBO-LES-BAINS: Chez Tante Ursule €€
Baskisch **SK** B4
Fronton du Bas-Cambo, 64250
05 59 29 78 23 ● Di
Genießen Sie baskische Küche mit *foie gras* und Tante Ursulas Desserts direkt am Fronton, während Sie beim *Pelota* zusehen.

CIBOURE: Chez Mattin €€
Baskisch **SK** A4
63, rue Evariste Baignol, 64500
05 59 47 19 52 ● So, Mo
Traditionelle baskische Küche ohne modernen Schnickschnack, *ttoro* (Fischsuppe), gegrillte Spieße und *tripes basquaise* (Kutteln).

ESPELETTE: Euzkadi €€
Baskisch **SK** A4
285, karrika Nagusia, 64250
05 59 93 91 88
● Mo; Nov–Mitte Dez
Bei der Zubereitung der Speisen wie Ente, Kabeljau, Fleisch und Wurst verwendet man im Euzkadi edle AOP-Chili-Sorten.

HENDAYE-PLAGE: La Cabane du Pêcheur €
Seafood **SK** A4
Quai de la Floride, 64700
05 59 20 38 09 ● Mo
Das unprätentiöse Restaurant mit Blick auf den Fischereihafen serviert Fischsuppe, Garnelen, Tintenfisch, Muscheln und gegrillte Steaks zu fairen Preisen.

LARRAU: Etchémaïté €€
Baskisch **SK** B5
Larrau, 64560
05 59 28 61 45
● Jan–Mitte März
Gehobene Bergküche auf der Terrasse eines familiengeführten Gasthofs, u. a. gebratene Tauben und *ris d'agneau* mit Steinpilzen.

ST-JEAN-PIED-DE-PORT: Hôtel Andreinia €
Baskisch **SK** B5
8 km südlich von St-Jean, Le Bourg, Estérençuby, 64220
05 59 37 09 70
● Mitte Nov–Dez
Bestellen Sie gepökelten Kabeljau mit Piquillo-Paprika, *foie gras*,

baskische Salate, Waldpilze oder gegrillte Koteletts in einem einfachen Berggasthaus.

ST-JEAN-PIED-DE-PORT: Les Pyrénées €€€
Luxus **SK** B5
19, place Charles de Gaulle, 64220
05 59 37 01 01
Di; Mitte Nov–Mitte Dez, 3 Wochen im Jan
Gehobene, mit einem Michelin-Stern ausgezeichnete Küche in einem baskischen Berggasthof.

ST-JEAN-DE-LUZ: Chez Maya-Le Petit Grill Basque €
Baskisch **SK** A4
2, rue St-Jacques, 64500
05 59 26 80 76
Mi, Mo mittags, Di mittags; Jan
Exzellente baskische Hausmannskost mit leckerer Fischsuppe, gefüllter Paprika und gegrilltem Tintenfisch. Eine Institution.

ST-JEAN-DE-LUZ: Pilpil Enea €€
Seafood **SK** A4
3, rue Sallagoity, 64500
05 59 51 20 80
Mi; 2 Wochen im Nov, 2 Wochen im Juni/Juli
Das einfache Restaurant ist vor allem bekannt für sein *parillada* (gemischte Grillplatte) und sein leckeres Hecht-*pil-pil*.

ST-JEAN-DE-LUZ: Le Kaïku €€€
Luxus **SK** A4
17, rue de la République, 64500
05 59 26 13 20
Di, Mi außerhalb der Saison
Das freundliche Restaurant im ältesten Gebäude der Gemeinde lädt Sie herzlich ein, die moderne baskische Küche kennenzulernen – zu moderaten Preisen.

Béarn

AUDAUX: Auberge Claverie €
Aquitanisch **SK** B4
2, place de l'Estanquet 64190
05 59 66 03 80
Mo–Mi, So abends; 2 Wochen im Okt
In dem familiengeführten Landgasthof genießen Einheimische schmackhafte regionale Kost.

BOSDORROS: Auberge Labarthe €€€
Luxus **SK** C5
Rue Pierre Bidau, 64290
05 59 21 50 13 Mo, Di
Das Restaurant ist mit einem Michelin-Stern ausgzeichnet. Seafood, Gemüse und Bio-Fleisch in einem klassischen Speiseraum.

JURANÇON: Le Castel du Pont d'Oly €€
Klassisch **SK** C5
2, avenue Rausky, 64110
05 59 06 13 40
Hübsches Lokal mit Pool. Es gibt Meeresfrüchte-Salat, Räucherlachs und Schweineconfit.

OLORON-STE-MARIE: Le Chaudron €
Aquitanisch **SK** B5
18, avenue Lattre-de-Tassigny, 64400
05 59 39 76 99
Sa; 1 Woche im Mai; Aug
Spezialitäten sind *Tournedos Rossini* (Filetsteaks) und *assiette repas* (Ente oder Fisch).

PAU: Le Bistro d'à Côté €
Bistro **SK** C5
1, place Gramont, 64000
05 59 27 98 08 So
Tolles Bistro mit leckerem Essen, z. B. T-Bone-Steak *à la plancha* und einem Hauch von Paris.

PAU: Le Majestic €
Modern **SK** C5
9, place Royale, 64000
05 59 27 56 83
So abends, Mo
Sehr gute Mahlzeiten, vor allem Fischgerichte, auf einer hübschen Terrasse unter Bäumen. Exzellentes Preis-Leistungs-Verhältnis.

Vis-à-Vis-Tipp

PAU: Marc Destrade €€
Modern **SK** C5
30, rue Pasteur, 64000
05 59 27 62 60
Mo, So–Mi abends
Das Restaurant befindet sich in einem Gebäude aus dem 17. Jahrhundert unweit des Marktes. Sitzen Sie im Speiseraum bei knisterndem Kaminfeuer, und genießen Sie Marc Destrades moderne Interpretationen traditioneller französischer Gerichte. Das günstige Festpreismenü ist wirklich zu empfehlen.

SALIES-DE-BÉARN: La Belle Auberge €
Klassisch **SK** B4
9 km westlich von Salies in Castagnède, 64270
05 59 38 15 28
Jan, 2 Wochen im Juni
Gesellen Sie sich dazu, und laben Sie sich an traditionellen Spezialitäten wie *garbure* (Suppe), *moules marinières* (Muscheln) und Schokoladen-Profiteroles. Reservieren Sie rechtzeitig.

Edle Gastronomie in der Auberge Labarthe, Bosdorros

Shopping

Aquitanien ist überwiegend eine agrarisch geprägte Region, deren Spezialitäten oftmals von den Produzenten auf einheimischen Märkten verkauft werden. Hier bekommt man *foie gras* aus dem Périgord oder den Landes, Austern aus Arcachon, Erdbeeren und Pflaumen aus Lot-et-Garonne, Ziegenkäse aus Quercy sowie Bordeaux-Weine und Armagnac. Künstler, Kunsthandwerker und Handwerker bieten ihre Kunstwerke und Arbeiten an, und nicht selten kann man ihre Werkstätten auch besichtigen. Schön sind zudem die zahlreichen Antiquitätenläden und Flohmärkte.

Auf dem Markt in Saint-Jean-de-Luz werden lokale Produkte verkauft

Märkte

Auf den bunten, lebhaften Märkten werden verlockende Delikatessen angeboten. Hier verkaufen Bauern ihr selbst gezogenes Gemüse und Obst, darunter auch Pfirsiche aus den Weinbergen und alte Apfelsorten. Andere Stände sind mit Wurst, *foie gras*, Marmeladen (etwa von **Francis Miot**) und sonstigen Spezialitäten beladen, die häufig aus biologischen Rohstoffen bestehen. Je nach Region und Saison unterscheiden sich die Märkte, spezielle Produktmärkte sind etwa der Steinpilzmarkt in Villefranche-du-Périgord, der Trüffelmarkt in Lalbenque, die *Foie-gras*-Märkte sowie die Fischauktionen an der Küste.

Mit der Fête du Piment feiert man im Oktober in Espelette nach ihrer Ernte die roten Paprikaschoten. Rotes Paprikapulver erhält man in Espelette auf den Höfen von **Ttipia** und **Xavier Jauregui**. Die Bauernmärkte dauern in der Regel von 7 bis 12.30 Uhr.

Wein

Die Weinbauern an den offiziellen Weinstraßen öffnen ihre Weinkeller für Besucher ebenso wie die vielen Maisons du Vin und Weinkooperativen. Dort kann man den Wein verkosten und direkt vom Hersteller kaufen.

Lokale Weinhändler haben regionale Weine aus Bordeaux, Bergerac (vor allem **Julien de Savignac** in Le Bugue), Cahors, Côtes de Duras und Jurançon sowie Spirituosen wie Armagnac auf Lager. Informationen erhält man über das **Office de Tourisme de Bordeaux** oder im Internet (www.winetravelguides.com).

Marmelade von Francis Miot

Läden und Werkstätten

Neben Spezialitäten verkaufen Geschäfte traditionelles Handwerk sowie – oft verblüffende – Gesundheits- und Schönheitsprodukte. Walnüsse und Salz aus Salies-de-Béarn werden in Kosmetika verwendet, Traubenextrakte in den Anwendungen von **Les Sources de Caudalie** *(siehe S. 250)*.

(Kunst-)Handwerk findet man besonders im Sommer häufig auf den Produktmärkten in bestimmten Dörfern. Hutmacher, Kunstschmiede, Instrumentenbauer, Emailleure, Glasbläser und Töpfer heißen Besucher in ihren Werkstätten (u. a. **La Poterie Landaise**) willkommen.

Zudem gibt es Märkte für Keramik, Webereien, Körbe, Messer und Bestecke. Im Juli findet in La Bachellerie in der Dordogne ein Handwerkerfest statt. Aquitanien blickt auch auf eine lange Töpfertradition zurück. Einer der vielen Läden mit authentischen Keramiken ist **Cazaux** in Biarritz. **Madilar** in Bayonne zählt zu den Juwelieren, die traditionellen baskischen Schmuck verkaufen. Die *makhila* genannten, verzierten baskischen Schäferstäbe werden von Ainciart Bergara individuell hergestellt. Weitere gefragte Klassiker aus dem Périgord sind vor allem Messer mit Buchsbaumgriffen aus Nontron, wie sie etwa von der **Coutellerie Nontronnaise** hergestellt werden.

Regionale Produkte

Zu den zahlreichen aquitanischen Delikatessen zählen Rindfleisch aus Chalosse, Schinken aus Bayonne und Kaviar aus dem Fischzuchtgebiet **Sturia** im Périgord, Geflügel und Käse (bei-

In der Confiserie Pierre Boisson in Agen

Die volle Mehrwertsteuer in Frankreich beträgt 20 %, der ermäßigte Steuersatz 5,5 %

spielsweise Schafskäse aus Ossau-Iraty), Obst und Gemüse wie die Chasselas-Trauben aus Prayssas oder Tomaten aus Marmande und Schwarzkirschen aus Itxassou. Manche Bauern verkaufen ihre Produkte an Straßenständen, andere in Läden der Kooperativen in den Dörfern.

Bekannt sind auch die süßen Spezialitäten der Region, etwa Pflaumen von **Pierre Boisson** aus Agen, *cannelés* von **Baillardran** aus Bordeaux und die berühmten Schokoladen *Les Pyrénéens* von Lindt aus Oloron-Sainte-Marie. Makronen, die große Spezialität von Saint-Jean-de-Luz, backen die **Maison Adam** und auch die Konditorei **Pariès**.

Textilien

Baskisches Leinen mit den typischen bunten Streifen *(siehe S. 211)* und von führenden Designern verkaufen Läden für Innenausstattung wie **Tissages Moutet**. Espadrilles aus dem Pays Basque stellt **Fabrique Prodiso** auch in modischen Varianten her.

Bei **Béatex** in Oloron-Sainte-Marie stellt man noch Baskenmützen aus Pyrenäenwolle her. Sie ist wie das auf der **Ferme du Chaudron Magique** in Brugnac verarbeitete Mohair besonders warm.

Vor allem wegen des Surfsports ist Sportswear in der Region stark vertreten. Besonders gefragt sind T-Shirts des spanischen Labels Kukuxumusu.

Enten im Musée du Foie Gras, Lot-et-Garonne

Schaufenster mit baskischem Leinen in Saint-Jean-de-Luz

Hofläden

Zahlreiche Bauernhöfe haben sich speziell auf Urlauber eingestellt. In der ganzen Region sieht man an den Straßen Schilder mit der Aufschrift *Bienvenue à la Ferme*. Sie führen zu Höfen mit eigenen Campingplätzen oder Fremdenzimmern, die zudem Aktivitäten im Freien, Mahlzeiten und leckere Snacks für Kinder anbieten.

Viele Bauern laden ebenso Gäste zu Verkostungen ein und verkaufen ihre Produkte direkt vom Hof – etwa Fruchtsäfte, Honig, Walnusskuchen, Ziegenkäse, Eier und Hühner, Eingemachtes sowie Gewürz- und Heilkräuter.

Auf einen Blick

Spezialitäten

GIRONDE

Baillardran
Galerie des Grands-Hommes, Bordeaux.
☎ 05 56 79 05 89.

Office de Tourisme de Bordeaux
12, cours 30 juillet, Bordeaux.
☎ 05 56 00 66 01.

Sturia
21, rue de la Gare, 33450 St-Sulpice-et-Cameyrac.
☎ 05 56 30 27 94.
W caviar-sturia.com

PÉRIGORD UND QUERCY

Julien de Savignac
Avenue de la Libération, 24260 Le Bugue.
☎ 05 53 07 10 31.

LOT-ET-GARONNE

Confiserie Pierre Boisson
20, rue Grande-Horloge, Agen.
☎ 05 53 66 20 61.

PAYS BASQUE

Maison Adam
6, rue de la République, Saint-Jean-de-Luz.
☎ 05 59 26 03 54.

Pariès
14, rue du Port-Neuf, Bayonne.
☎ 05 59 59 06 29.

Ttipia
Merkatu Plaza, Espelette.
☎ 05 59 93 97 82

Xavier Jauregui
Ferme Erreka, Espelette.
☎ 05 59 93 80 29..

BÉARN

Les Confitures (Francis) Miot
48, rue Joffre, Pau.
☎ 05 59 27 69 51.

Textilien und Handgemachtes

GIRONDE

Les Sources de Caudalie
Chemin de Smith Haut-Lafitte, Bordeaux.
☎ 05 57 83 83 83.

PÉRIGORD UND QUERCY

Coutellerie Nontronnaise
Place Paul-Bert, Nontron.
☎ 05 53 56 01 55.

LOT-ET-GARONNE

Ferme du Chaudron Magique
Brugnac. ☎ 05 53 88 80 77.

LANDES

La Poterie Landaise
Allée des Vergnes, Soustons. ☎ 05 58 41 14 81.

PAYS BASQUE

Cazaux
10, rue Broquedis, Biarritz. ☎ 05 59 22 36 03.

Madilar
58, avenue Maréchal-Soult, Bayonne.
☎ 05 59 63 38 18.

BÉARN

Béatex
Rue Rocgrand, Oloron-Sainte-Marie.
☎ 05 59 39 12 07.

Fabrique Prodiso
Zone Artisanale, Mauléon-Licharre.
☎ 05 59 28 28 48.

Tissages Moutet
Rue du Souvenir Français, Orthez.
☎ 05 59 69 14 33.

Souvenirs

Aquitanien lockt mit vielerlei Souvenirs – vom baskischen Leinen über Konfekt aus dem Médoc bis zu *foie gras* aus dem Périgord oder handgemachter Keramik. In der gesamten Region bieten Läden in den Dörfern einheimische Produkte und Spezialitäten an. Besonderen Spaß macht der Einkauf auf Bauernmärkten, Hofläden oder in Werkstätten, wo man stets etwas über die Produkte und ihre Fertigung erfahren kann.

Espadrilles

Baskische Souvenirs

Neben Espadrilles, Baskenmützen und Wollartikeln zählt Leinen zu den schönsten baskischen Souvenirs. Die sieben farbigen Streifen stehen für die sieben baskischen Provinzen. T-Shirts von Kukuxumusu stehen im Pays Basque hoch im Kurs, durch das Surfen wurde Sportswear von Quiksilver, 64 und anderen Marken populär.

T-Shirts aus dem Pays Basque

Baskenmützen

Baskisches Leinen

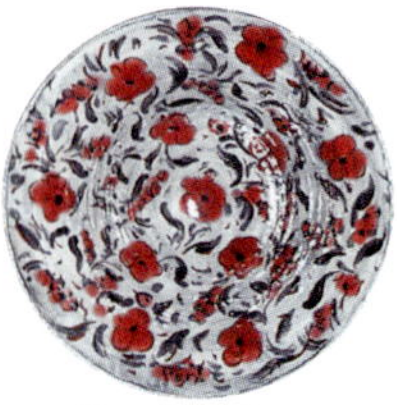

Bemalter Teller

Baskisches Geschirr

Baskisches Geschirr ist meist weißes Porzellan mit Dekor in den traditionellen Farben des Pays Basque, Grün und Rot. Die größten Manufakturen stehen am Adour.

Keramikvase

Schlüsselanhänger mit baskischem Kreuz

Baskischer Schmuck

Das baskische Kreuz ziert Ringe, Ketten, Armreife und viele andere Gegenstände. Das alte Sonnensymbol ist überall in der Welt bekannt, seine vier geschwungenen Arme symbolisieren den Lauf der Sterne. Die baskischen Kreuze, *lauburu* (vier Köpfe), gelten dagegen als Glücksbringer.

Silberarmreife

Broschen und Anhänger mit traditionellen Motiven

Naturprodukte

In den 1990er Jahren entstand in Bordeaux ein Kurzentrum, bei dessen vinotherapeutischen Anwendungen und Kosmetikprodukten das Wasser heißer Quellen und Traubenextrakte eingesetzt werden. Auch andere Kurorte produzieren eigene Wellness-Produkte für den häuslichen Gebrauch, z. B. Salz- und Lehmextrakte.

Honigseifen von La Cité des Abeilles, Saint-Faust, Béarn

Feines Salz aus Salies-de-Béarn

Grobes Salz für Hydrotherapie, Salies-de-Béarn

Wellness-Produkt von Caudalie

Regionale Spezialitäten

Aquitanien mit seinen großen kulinarischen Traditionen bietet Spezialitäten wie Trüffel und *foie gras* aus dem Périgord, Austern von Arcachon, Agen-Pflaumen, Bayonne-Schinken, Schafskäse aus dem Béarn, rote Pfefferschoten aus Espelette, baskische Makronen und Bordeaux-Weine. Neben industriell gefertigten Produkten kann man traditionell gefertigte Spezialitäten direkt vom Hersteller erwerben.

Baskische Makronen

Agen-Pflaumen

Walnüsse in Likör

Agen-Pflaumenpüree

Creme aus Schokolade und Médoc-Haselnüssen

Lindt-Schokolade aus Oloron-Sainte-Marie

Lindts berühmte Pralinen *Les Pyrénéens*

Pralinen mit Haselnüssen

Mandelspezialitäten von Francis Miot

Tourons, traditionelles baskisches Konfekt

Unterhaltung

Fröhliche Feierstimmung ist in Aquitanien auch im Alltag zu spüren. Baskische *bandas* spielen in den Straßen, alle Arten von Live-Musik kann man in den lokalen *bodegas* hören. Von Jazz und Film bis zu (in der Regel unblutigen) Stierkämpfen und baskischem Chorgesang bietet die Region ganzjährig eine breite Palette an vielfältiger Unterhaltung. Zahlreiche Tanz- und Theaterfestivals, klassische Konzerte und Kunstgalerien mit ihren Veranstaltungen bereichern die lebendige Kulturszene.

Ballettaufführung *Dornröschen* in der Opéra National de Bordeaux

Information

Regionale Tageszeitungen, lokale Radiosender und Fremdenverkehrsbüros *(siehe S. 287f)* informieren über das große Angebot an Kulturveranstaltungen aller Genres. Der 14-täglich erscheinende, kostenlose Veranstaltungskalender **Clubs et Concerts** aus Bordeaux verfügt auch über eine Website, die ständig aktualisiert wird und auch Kritiken über einzelne Events und Veranstaltungen veröffentlicht.

Tickets

Karten für die meisten Veranstaltungen erhält man bei **FNAC** und Supermärkten wie **Carrefour**. Über **France Billet** kann man Karten online oder von einer der regionalen Agenturen kaufen.

Theater und Tanz

Eine führende kulturelle Institution der Region ist die **Opéra National de Bordeaux**, die im Grand-Théâtre der Stadt *(siehe S. 76f)* zu Hause ist, mit ihrem regelmäßigen Angebot aus den Bereichen Oper, Operette, klassisches Ballett und zeitgenössischer Tanz. Außerhalb der größeren Städte finden in den Sommermonaten zahlreiche, sehr populäre **Festivals** statt, darunter die Jeux du Théâtre in Sarlat *(siehe S. 39)* und Mimos in Périgueux *(siehe S. 105)*. Renommierte Ballettkompanien treffen sich in Biarritz zum Festival Le Temps d'Aimer und in Mont-de-Marsan zum feurigen Festival d'Art Flamenco *(siehe S. 39)*. Beim Festival de Pau kann man zahlreiche Theater-, Musik- und Tanzaufführungen aufsuchen.

Traditionelle baskische Kapelle bei den Fêtes de Bayonne

Musik

In den Konzertsälen der Region ist für jeden Musikgeschmack etwas dabei. Für eine überaus breite Vielfalt sorgt etwa die **Scène Nationale de Bayonne et du Sud Aquitain**, die berühmtesten Stars treten jedoch im **Zénith de Pau** auf, dem größten und renommiertesten Konzertsaal der Region.

Klassische Konzerte sind in den stimmungsvollen Wein-Châteaux des Médoc und in romanischen Kirchen zu hören, Jazz wird bei den verschiedensten Festivals in der Gironde (etwa in Uzeste und Monségur) und im **Comptoir du Jazz** in Bordeaux gespielt. Das Festival de Musique Baroque du Périgord Noir findet in einer Kirche statt. Bei den Konzerten der Nuits Lyriques en Marmandais *(siehe S. 160)* treten Spitzensolisten auf.

Kino

Die regionale Tageszeitung *Sud Ouest (siehe S. 287)* informiert über das große Filmangebot in der Region, das auch für Cineasten durchaus Überraschendes zu bieten hat. Arthouse-Filme zeigt das **Utopia** in einer ehemaligen Kirche. Das Kino **Jean-Eustache** in Pessac veranstaltet Filmfestivals zu historischen Themen. Das mobile Kino **Ciné-Passion** präsentiert – im Sommer auch Open-Air – Filme in der Region Brantôme im Périgord. Das Festival des Jeunes Réalisateurs in Saint-Jean-de-Luz stellt jedes Jahr im Oktober Filme junger Regisseure vor.

Utopia, ein Kino in Bordeaux

Das Casino de la Plage im Château Deganne in Arcachon

Kunstgalerien und Ateliers

Zu den rund 30 Kunstgalerien in Bordeaux zählt die Fotogalerie **Arrêt sur l'Image**. Ateliers in Monflanquin (Lot-et-Garonne) sind sehr begehrt, einige bekannte europäische Künstler haben Ateliers in der **Domaine d'Abbadia** in Hendaye. Die Galerien an der Südküste stellen vor allem Bilder mit regionalen Motiven aus.

Die **Route des Métiers d'Art** soll das Kunsthandwerk der Region unterstützen. Ein Führer zu den Werkstätten an der Strecke wird vom regionalen Fremdenverkehrsverband veröffentlicht *(siehe S. 287)*.

Casinos

In Herrenhäusern, beispielsweise in **Arcachon**, **Biarritz**, **Saint-Jean-de-Luz**, **Pau** und Hossegor, sind heute Spielcasinos mit Roulette, Spielautomaten und anderen Attraktionen untergebracht.

Auf einen Blick

Information

W clubsetconcerts.com

Tickets

Carrefour
W carrefourspectacles.com

FNAC
W fnac.com

France Billet
T 08 92 69 26 94.
W francebillet.com

Theater, Tanz und Musik

Comptoir du Jazz
Le Port de la Lune, 58, quai de Paludate, 33800 Bordeaux.
T 05 56 49 15 55.

Festivals d'Aquitaine
Aquitaine en Scène.
W festivals.aquitaine.fr

Opéra National de Bordeaux
Grand-Théâtre, place de la Comédie, 33000 Bordeaux.
T 05 56 00 85 95.
W opera-bordeaux.com

Scène Nationale de Bayonne et du Sud Aquitain
1, rue Édouard Doucéré, 64100 Bayonne.
T 05 59 59 07 27.
W snbsa.fr

Zénith de Pau
Boulvevard du Cami-Salié, 64000 Pau.
T 05 59 80 77 50.
W zenith-pyrenees.fr

Kinos

Cinéma Jean-Eustache
Place de la 5ème-République, 33600 Pessac.
T 05 56 46 00 96.
W webeustache.com

Ciné-Passion en Périgord
La Fabrique, rue Amiral-Courbet, 24110 Saint-Astier.
T 05 53 02 64 97.
W cine-passion24. com

Utopia
5, place Camille-Jullian, 33000 Bordeaux.
T 05 56 52 00 03.
W cinemas-utopia.org

Kunstgalerien, Ateliers und Werkstätten

APRASAQ
Association pour la Promotion de Métiers d'Art en Périgord.
T 05 53 35 87 00.
W artisanat24.com

Domaine d'Abbadia
64700 Hendaye.
T 05 59 20 37 20.
W abbadia.fr

Galerie Arrêt sur l'Image
Quai Armand-Lalande, 33300 Bordeaux.
T 05 56 69 16 48.
W arretsurlimage.com

Informationen über Kunst und Kunstgalerien im Internet
Auflistung der Galerien, Kunstfestivals und Ausstellungen.
W articite.com/aquitaine/galeries_dart/galeries_aquitaine.htm

Casinos

Arcachon
163, boulevard de la Plage.
T 05 56 83 41 44.
W casinoarcachon.com

Biarritz
1, avenue Édouard-VII.
T 05 59 22 77 77.
W lucienbarriere.com

Pau
Parc Beaumont.
T 05 59 27 06 92.

Saint-Jean-de-Luz
Place Maurice-Ravel.
T 05 59 51 58 58.

Sport und Aktivurlaub

Beliebte Sportarten zum Zuschauen sind der baskische Nationalsport Pelota sowie Rugby, das in Aquitanien hoch im Kurs steht. In der Region finden sich zahllose Möglichkeiten für unterschiedlichste Sportarten und Aktivurlaub. In den Sommermonaten bieten die Pyrenäen ideale Bedingungen zum Wandern und Drachenfliegen, in der Winterzeit zum Skifahren und Skiwandern. An der Küste kann man die Ebenen der Landes und die sanfte, wellige Hügellandschaft der Weingebiete gemütlich mit dem Fahrrad oder aber auch hoch zu Ross erkunden und dabei die herrliche Aussicht genießen. Außerdem ist Aquitanien mit seinen abwechslungsreichen, wunderschön angelegten Golfplätzen und dem angenehm milden Klima ein bevorzugtes Ziel für golfbegeisterte Urlauber.

Bergwanderer im Massif de la Rhune im Pays Basque

Wandern

Von der Küste bis zu den Pyrenäen, durch die Weinberge in der Umgebung von Bordeaux und in den Landes verlaufen durch ganz Aquitanien markierte Wanderwege. Hervorragende Fernwege an den alten Pilgerrouten nach Santiago de Compostela sind etwa GR653 und GR65. All diese Wege werden von der **Association de Coopération Interrégionale** gepflegt.

In den Pyrénées-Atlantiques führen der legendäre GR10 nach Hendaye zum Cirque de Litor und der GR8 von Urt nach Sare durch malerische Täler und intakte Naturgebiete. Zu den weiteren offiziellen Wanderwegen gehören in Aquitanien unter anderem auch die Sentiers d'Émilie.

Spezielle Wanderführer erhält man in den Buchhandlungen vor Ort. Einige Organisationen bieten zudem Wanderungen mit Eseln an, die das Gepäck tragen. Umfassende Informationen dazu erhält man in den Fremdenverkehrsbüros der jeweiligen Départements *(siehe S. 288)*.

Radfahren

Aquitanien wartet mit insgesamt 2000 Kilometern Rad- und Mountainbike-Wegen in allen Schwierigkeitsgraden auf. Die aufgelassenen Bahnstrecken an der Küste und im Bassin d'Arcachon wurden zu Radwegen umgebaut. Das dichteste Netz dieser hervorragenden Routen bietet die Gegend zwischen Pointe de Grave und Bayonne. Angenehm mit dem Rad zu erkunden sind auch das Périgord, Lot-et-Garonne, Pays Basque und Béarn mit ihren sanften Hügeln und malerischen Bastiden. In den eher gebirgigen Gebieten ist das Radfahren anstrengender, doch lohnen Ausblicke und rasante Abfahrten die Mühen des Aufstiegs.

Die Broschüre *À Vélo* des regionalen Fremdenverkehrsverbands *(siehe S. 287)* informiert detailliert über kurze Rundfahrten und lange Touren. Informationen erhält man auch bei der **Fédération Française de Cyclotourisme**.

Reiten

Mit am besten erkunden lässt sich die ländliche Region auf ihren insgesamt mehreren Tausend Kilometern ausgewiesenen Reitwegen. Zahlreiche Reitsportzentren bieten geführte Ausritte auf normalen Pferden, auf Ponys oder auf *pottoks* (kleinen Pferden aus den Pyrenäen) an.

In den Pyrenäen folgen die Ausritte auch den Wegen, die Schafhirten mit ihren Herden benutzen. Ideale Bedingungen bieten die Landes mit ihren insgesamt über eine Million Hektar großen Waldgebieten. Informationen über Reitmöglichkeiten erhält man beim **Comité Régional**.

Radtour auf einer ruhigen Landstraße in der Dordogne

Auf einem geführten Ausritt im Pays Basque

Golf

Der erste Golfplatz auf dem europäischen Kontinent wurde 1856 bei Pau angelegt, seitdem kamen über 50 weitere Grüns in Aquitanien hinzu. Dank der Vielfalt der hiesigen Landschaften sind die Golfplätze sehr verschieden. Sie liegen meist malerisch, etwa inmitten der üppigen Landschaft bei Pau und Arcangues oder in den Weingärten des Médoc. Zu den schönsten Golfplätzen an der baskischen Küste zählt der nur wenige Hundert Meter vom Strand entfernte Platz Chiberta bei Anglet. Wunderbar ist auch der Platz Chantaco bei Saint-Jean-de-Luz. Die Plätze bei Hossegor, Seignosse und Moliets zählen zu den 50 besten in ganz Europa. Mit dem Bordeaux-Gironde Golf-Pass und dem Biarritz Golf-Pass kann man auf verschiedenen Plätzen einer Zone zu ermäßigten Preisen spielen. Die **Ligue d'Aquitaine de Golf** informiert umfassend über alle Golfmöglichkeiten in der Region.

Wintersport

Dank der Urlaubsorte in den Pyrenäen hat Aquitanien auch Wintersportlern einiges zu bieten. Die Ski-Abfahrten bei La Pierre-Saint-Martin, Artouste und Gourette sind bis zu 2400 Meter hoch, Langlaufloipen gibt es bei Issarbe, Le Col du Somport und der Forêt d'Iraty. Die **Comités Régionaux** liefern Informationen.

Drachenfliegen

Beim Drachenfliegen hat man einen spektakulären Blick auf die Pyrenäentäler. Die Zentren bei Accous und Saint-Jean-Pied-de-Port heißen auch Anfänger willkommen – doch für die ist vielleicht die Dune du Pyla besser geeignet: Hier muss man nur wenige Meter hochlaufen, um dann über dem Bassin d'Arcachon abzuheben. Mehrere Schulen sind Mitglieder der **Fédération Française de Vol Libre**.

Golfplatz beim Château de Montal in den Hügeln von Quercy

Behinderte Reisende

Verschiedene Organisationen fördern den Behindertensport. **Handisport** wendet sich besonders an Menschen mit eingeschränkter Beweglichkeit oder Sehfähigkeit, die **Ligue du Sport Adapté d'Aquitaine** kümmert sich um geistig Behinderte. Die **Association Tourisme et Handicap** bietet nützliche Informationen für Rollstuhlfahrer.

Über **APF Évasion** organisiert die **Association des Paralysés de France** *(siehe S. 249)* Urlaubsreisen für Menschen mit besonderen Bedürfnissen.

Auf einen Blick

Wandern

Association de Coopération Interrégionale
Les Chemins de Saint-Jacques-de-Compostelle, 4, rue Clémence-Isaure, 31000 Toulouse.
T 05 62 27 00 05.
W **chemins-compostelle.com**

Fédération Française de la Randonnée Pédestre
64, rue du Dessous des Berges, 75013 Paris.
T 01 44 89 93 93.

Radfahren

Fédération Française de Cyclotourisme
12, rue Louis Bertrand, 94207 Ivry-sur-Seine.
T 01 56 20 88 88.
W **ffct.org**

Reiten

Comité Régional d'Equitation d'Aquitaine
8, avenue de Hippodrome, BP 80095, 33492 Le Bouscat.
T 05 56 28 01 48.
W **cheval-aquitaine.com**

Golf

Ligue d'Aquitaine de Golf
16–18, rue de l'Hermite, 33520 Bruges, Gironde.
T 05 56 57 61 83.
W **ffg-aquitaine.org**

Wintersport und Drachenfliegen

Comité Régional du Club Alpin Français
8 bis, rue Francis Jammes, 64300 Orthez.
T 05 59 69 12 62.
W **clubalpinorthez.fr**

Comité Régional de la Montagne et de l'Escalade
12, rue Garrigou Lagrange, Pau.
T 05 59 30 18 94.
W **ffme.fr**

Fédération Française de Vol Libre
4, rue de Suisse, 06000 Nizza.
T 04 97 03 82 82.
W **federation.ffvl.fr**

Behinderte Reisende

Association des Paralysés de France
W **apf.asso.fr**

Association Tourisme et Handicap
W **tourisme-handicaps.org**

Comité Régional d'Aquitaine Handisport
Maison Départmentale des Sports, 153, rue David Johnston, 33000 Bordeaux.
T 05 56 48 56 59.
W **handisport.org**

Ligue du Sport Adapté d'Aquitaine
(Adresse wie Handisport)
T 05 57 22 42 18.

Wassersport

An Aquitaniens über 250 Kilometer langen Stränden donnern die besten Brecher Europas heran. Aber der Atlantik ist hier nicht nur zum Surfen, sondern auch für andere Wassersportarten ideal. Perfekte Segelreviere sind die geschützt zwischen Dünen und Kiefernwäldern gelegenen Seen der Landes und Gironde. Die Wildwasser der Pyrenäen, des Périgord und der Leyre, aber auch ruhigere Fließgewässer bieten gute Möglichkeiten für Kanuten. Angler finden ihr Glück auf dem Meer, an Seen und Flüssen.

Windsurfer auf dem Étang de Léon in den Landes

Kanufahren im unteren Vézère-Tal

Sea- und Surf-Kayaking

Die aquitanische Küste eignet sich überall zum Sea-Kayaking. Bei der extremeren, »frenzy« genannten Version reitet man mit einem leichten, unsinkbaren Kajak in atemberaubender Geschwindigkeit auf dem Rand der Wellen. Die langsamen Gewässer der Dordogne und unteren Vézère sind ideal für Anfänger des Kanusports, die Auvézère, obere Dronne und obere Isle eine Herausforderung für erfahrene Kanuten. Die **Fédération Française Canoë-Kayak** koordiniert die Organisationen wie **Vallée de la Vézère** und **Explorando**, verleiht Kanus und veranstaltet Themenausflüge.

Segeln, Windsurfen und Strandsegeln

Die Küstenorte **La Teste-de-Buch**, **Arcachon** und **Hendaye** werden von der Fédération Française als *stations voile* (Segel-, Windsurf-, Strandsegel-Zentren) eingestuft. Exzellente Wassersportmöglichkeiten bieten auch die zahlreichen Seen der Region, die nicht von den Gezeiten beeinflusst werden.

Die Ferienorte Carcans-Hourtin, Lacanau, Cazaux, Sanguinet, Parentis, Soustons, Hossegor und Biscarrosse bieten hervorragende Bedingungen zum Katamaransegeln, Windsurfen und Funboarding. Die geschützt gelegenen, von Kiefern umgebenen Seen sind ideal zum Baden, kleine Kinder können sicher im seichten Wasser spielen.

Wassersport ist zudem in der Gironde-Mündung möglich. Alljährlich organisiert der **Club Nautique Bourquais** zwischen März und Ende November Segelregatten. Beinahe unbeschränkten Platz finden Strandsegler an den breiten Stränden der Region. Ihre Hochsaison ist im Herbst, wenn die besten Windverhältnisse herrschen. Vielfältige Informationen über diese Wassersportarten findet man auf der Website der **Ligue d'Aquitaine**.

Tauchen

Zwischen dem Pays Basque und dem Bassin d'Arcachon liegen mehrere Tauchsportzentren. Äußerst beliebt sind die Zentren im Bassin d'Arcachon, wo auch die **Fédération Française d'Études Sports Sous-marin** ihren Sitz hat. Küstennahe Tauchgänge werden vom Pier von La Croix-des-Marins aus organisiert, Tauchgänge in tiefere Gewässer in größerer Entfernung von der Marina aus. Vor der Plage des Gallouneys hat sich in 15 bis 18 Meter Tiefe zwischen alten, heute von Seeanemonen bedeckten Gemäuern aus dem Zweiten Weltkrieg eine vielfältige Unterwasserwelt entwickelt. Tauchgänge im sieben bis acht Meter tiefen Étang de Sanguinet führen zu einem halb vergrabenen Schiffswrack, in dem Süßwasserfische leben.

Seit einigen Jahren installiert die Association de Défense et d'Études Marines de la Côte vor Mimizan in etwa 25 Meter Tiefe ein künstliches Riff, genannt Adremca. Das überfischte, ölverschmutzte Meer des Gebiets erholt sich erfreulicherweise rasch wieder. Mittlerweile siedeln sich dort schon wieder Meerestiere und -pflanzen an.

Katamaran für Anfänger

Kitesurfer bei Lacanau, einem der besten Surfgebiete der Region

Surfen

Surfen ist in diesem Teil Frankreichs nicht einfach nur ein Sport, sondern eine Lebensart. Die hiesigen Wellen sind im Herbst am höchsten und mächtigsten. Internationale Wettbewerbe finden vor allem in **Anglet**, **Biarritz**, Hossegor und **Lacanau** statt – in jeder dieser Ortschaften gibt es mehrere Surfclubs. Zu den besten Surfzentren zählt jedoch **Capbreton**, das wegen der über 3000 Meter tiefen Unterwasserschlucht Gouf auch bei Tauchern einen klangvollen Namen hat.

Zahlreiche Surfschulen bieten an der ganzen Küste Kurse für Anfänger und fortgeschrittene Surfer an. Die meisten sind Mitglieder der **Fédération Française de Surf**. Die Ausrüstung zum Surfen kann man sich in fast jedem Ferienort ausleihen. Informationen zum Surfen in Südwestfrankreich (u. a. Tipps für Kurse, Wettbewerbe und andere Veranstaltungen) erhält man beim **Comité Régional d'Aquitaine de Surf**. Die kraftvollen Wellen des Atlantiks eignen sich zudem perfekt zum Bodyboarding (dabei liegt man beim Wellenreiten auf dem Surfbrett) und zum Kitesurfen. Besonders populär ist die Sportart, bei der man an einem Gleitschirm befestigt über die Wellen hinwegschießt oder gar in die Luft abhebt, in Arcachon, Biscarrosse und Lacanau.

Surf Report informiert täglich über eine Hotline oder das Internet über das Wetter und die besten Surfplätze. Auch über die allgemeinen Bedingungen an der Küste informieren Websites.

Ein Surfer nutzt die Wellen an einem Strand im Pays Basque

Es gibt zahlreiche Surfschulen für Anfänger und Fortgeschrittene

Auf einen Blick

Surf-Informationen

Comité Régional d'Aquitaine de Surf
1, avenue de Fray, 40140 Soustons-Plage.
☎ 05 58 49 31 37.
W **surfingaquitaine.com**

Fédération Française de Surf (FFS)
123, bvd de la Dune, 40150 Hossegor. ☎ 05 58 43 55 88.
W **surfingfrance.com**

Anglet Surf Club
5, espace de l'océan, 64600 Anglet. ☎ 05 59 03 01 66.
W **angletsurf.com**

Biarritz Surf Club
Centre de Glisse de la Milady, 64200 Biarritz.
☎ 05 59 23 24 42.
W **surfingbiarritz.com**

Capbreton Surf Club
Plage de la Savane, 40130 Capbreton.
☎ 05 58 72 33 80.
W **capbretonsurfclub.com**

Lacanau Surf Club
Boulevard de la Plage, 33680 Lacanau-Océan. ☎ 05 56 26 38 84. W **surflacanau.com**

Surf Report
☎ 0892 68 13 60.
W **surf-report.com**

Wildwasser-Rafting auf dem Gave de Pau bei Bétharram

Wildwasser-Rafting und Canyoning

Viele Clubs und andere Organisationen bieten spezielle Programme für Anfänger und Fortgeschrittene an. Im Béarn sind die Bergflüsse in den Pyrenäentälern eine Herausforderung für erfahrene Rafter und Canyoner. Gleiches gilt für den Fluss Nive nahe der baskischen Küste, der weitere Wassersportmöglichkeiten bietet.

Ob Sie eine schwierige oder eine einfachere Strecke bezwingen möchten: Sie müssen schwimmen können und stets den Anweisungen des Tourführers folgen. Bei Institutionen wie **Eaux Vives**, **Canoë-Kayak de Mer** und **Loisirs 64** erhalten Sie alle notwendigen Informationen.

Bootsfahrten auf den Kanälen

Der Canal de Garonne, die Verlängerung des Canal du Midi, aber auch Lot, Dordogne und Baïse sind entweder teilweise oder ganz mit dem Motorboot befahrbar. Wer gerne außerhalb der ausgetretenen Pfade reist, wird an dem breiten Angebot interessiert sein, das von kurzen Flussfahrten bis zu mehrtägigen Fahrten auf gemieteten Booten reicht *(siehe S. 300f)*. Eine Fahrt auf der Leyre, die sich durch die Wälder der Landes bis zum Bassin d'Arcachon windet, bietet Entdeckungen im gemächlichen Tempo. An dem »Klein-Amazonas« genannten Fluss gibt es gut ein Dutzend Bootsverleihe. Die angebotenen Fahrten dauern zwischen einigen Stunden und mehreren Tagen (mit qualifiziertem Bootsführer).

Angeln

Die Seen und Flüsse sind ein Mekka für Sportfischer. Die Gewässer sind in drei Kategorien klassifiziert. In den besten kann man Forellen und Lachse angeln, in den Gewässern der zweiten und dritten Kategorie Karpfen, Schleien, Rotaugen, Hechte und Forellenbarsche. Die Sportfischerei ist gesetzlich geregelt, um die Bestände aller Arten zu erhalten und die Umwelt zu schützen. Die erforderlichen Angelscheine erhält man in Läden, die Angelausrüstungen verkaufen, sowie in anderen Geschäften. Je nachdem gelten sie für einen Tag, zwei Wochen *(forfait vacances)* oder ein Jahr.

Unter den unzähligen Seen bieten die großen Gewässer an der Küste der Gironde und der Landes die besten Reviere. In der Garonne und der Dordogne leben viele wandernde Arten wie Lachs, Maifisch und Brasse. Zum Angeln gut geeignet sind auch die Gewässer in Lot-et-Garonne, der Kanal, der parallel zur Garonne fließt, sowie viele Seen.

Begeisterte Petrijünger pilgern in der Regel zu den Gewässern in den Pyrénées-Atlantiques, die zu den besten Fischrevieren in ganz Europa zählen. Der Gave d'Oloron ist eines der besten Lachsreviere in Frankreich.

An der Küste locken Heilbutt, Scholle und Seebrassen. Beliebt sind organisierte Bootsfahrten auf das offene Meer, um Thunfisch und Haie zu fangen. Sie starten von Saint-Jean-de-Luz und Biarritz. Beim ungewöhnlichen Brandungsangeln (Surfcasting) fischt man am Strand in der Nacht oder bei Dämmerung mit 4,50 Meter langen Ruten, die man in der Brandung auswirft.

In jedem Département sind in der dortigen **Fédération de Pêche** Angelclubs und Organisationen der Sportfischerei zusammengeschlossen.

Boote auf der Baïse unterhalb der Schleuse von Lavardac

Angler am Pier des Leuchtturms von Capbreton

Sicherheit am Meer

Alljährlich verunglücken Urlauber im Atlantik, die sich nicht an die grundlegenden Sicherheitsregeln halten. Die größte Gefahr sind die starken Strömungen, die in großen Buchten beim Gezeitenwechsel entstehen und auch gute Schwimmer ins Meer hinausziehen können. Deshalb sollten Sie nur an Stränden baden, die in der Saison von Juni bis September überwacht werden. Außerhalb der mit blauen Wimpeln markierten Gebiete ist Schwimmen verboten.

Surfen und Bodyboarding sind nur abseits der Badestrände erlaubt, an manchen Stränden sind hierfür extra Zonen abgeteilt, in denen Schwimmen verboten ist. Segler sollten sich vor dem Auslaufen stets über den **Seewetterbericht** *(météo marine)* informieren, da auf See das Wetter von einer Minute auf die andere wechseln kann. Unerfahrene sollten nie alleine segeln. Seglern und Schwimmern in Gefahr hilft der Seerettungsdienst **CROSS** (Centre Régional Opérationnel de Surveillance et de Sauvetage).

Bei grüner Flagge ist das Baden sicher

Wassersport für Behinderte

Einige Strände im Pays Basque sind behindertengerecht angelegt – dank der Organisation **Handiplage**, die auch den Führer *Handi Long* für behinderte Reisende publiziert. Zu den Sportarten, die **Handisport** *(siehe S. 279)* auch Behinderten ermöglicht, zählen Surfen, Kanufahren und Tauchen.

Auf einen Blick

Information

CROSS Atlantique
☎ 112.
W netmarine.net

Seewetterbericht
W plages-landes.info

Behinderte Reisende, Handiplage
☎ 05 59 50 08 38.
W handiplage.fr

Kanufahren

Canoës Vallée de la Vézère
1–3, promenade de la Vézère, 24620 Les Eyzies-de-Tayac.
☎ 05 53 05 10 11.
W canoesvalleevezere.com

Explorando
24250 Grolejac.
☎ 05 53 28 13 84.
W canoedordogne.com

Fédération Française de Canoë-Kayak
Bordeaux.
☎ 06 28 80 51 32.
Mont-de-Marsan.
☎ 05 58 85 93 06.
Périgueux.
☎ 05 53 04 24 08.
W ffck.org

Rafting

Canoë-Kayak de Mer
Maison de la Nature du Bassin d'Arcachon, 33470 Le Teich.
☎ 05 56 22 80 93.
W parc-landes-de-gascogne.fr

Eaux Vives
W eauxvives.org

Loisirs 64
21, rue de Hirigogne, 64600 Anglet.
☎ 05 59 93 33 65.
W loisirs64.com

Segeln

Centre Nautique d'Hendaye
Boulevard de Txingudi, 64700 Hendaye.
☎ 05 40 39 85 43.
W centrenautique.hendaye.com

Cercle de Voile d'Arcachon
Marina, 33120 Arcachon.
☎ 05 56 83 05 92.
W voile-arcachon.org

Club Nautique Bourquais
2 bis, quai des Verreries, 33710 Bourg-sur-Gironde.
☎ 05 56 36 45 24.
W bourg-voile.com

Ligue d'Aquitaine
☎ 05 56 50 47 93.
W ligue-voile-aquitaine.com

Strandsegeln

Ligue d'Aquitaine
☎ 06 26 90 54 19.
W charsavoile.com

Tauchen

Club d'Exploration Sous-marine d'Aquitaine
69, avenue d'Arès, 33000 Bordeaux.
☎ 05 56 99 46 26.
W cesma.free.fr

Comité Interrégional Atlantique-Sud
119, boulevard Wilson, 33200 Bordeaux-Caudéran.
☎ 05 56 17 01 03.
W plongee-cias.org

Fédération Française d'Études Sports Sous-marin
209, rue 14 juillet, 33400 Talence.
☎ 05 56 96 67 52.
W ffessm.fr

Angeln

Fédérations Départementales de Pêche

Dordogne
16, rue des Prés, 24000 Périgueux.
W federationpechedordogne.fr

Gironde
299, cours de la Somme, 33800 Bordeaux.
W peche33.com

Landes
102, allée Marine, 40400 Tartas.
W peche-landes.com

Lot-et-Garonne
44, cours du 9ème de Ligne, 47006 Agen.
W federationpeche.fr/47/

Pyrénées-Atlantiques
12, boulevard Hauterive, 64000 Pau.
W peche64.com

GRUND-INFORMATIONEN

Praktische Hinweise

Mit seinem milden, gemäßigten Klima ist Aquitanien stets ein attraktives Reiseziel, die meisten Gäste kommen jedoch in den Sommermonaten. Besonders beliebt sind die Ferienorte an der Küste. Auf einer Fläche so groß wie die Niederlande bietet die landschaftlich vielfältige Region Gebirge und Strand, Wälder und Weinberge – ideal für Urlaubsaktivitäten aller Art. Außerdem präsentiert sich das überaus reiche historische und kulturelle Erbe in bedeutenden prähistorischen Stätten, prächtigen Burgen und stattlichen Schlössern sowie in unzähligen malerischen mittelalterlichen Dörfern und Städten.

Strand und Fort de Socoa in Saint-Jean-de-Luz im Pays Basque

Reisezeit

Schon der Frühsommer lockt Besucher in den gastfreundlichen Südwesten – spätestens ab Juli sind vor allem die Küstengebiete überlaufen. In ganz Aquitanien pulsiert im Sommer das Leben auf Festivals, Messen und Märkten. Natürlich haben alle Arten von Wassersport dann Hochsaison.

Der Herbst ist nicht nur die beste Zeit zum Surfen, Golfen, Wandern, Jagen und Angeln, jetzt werden auch Trüffeln *(truffes)* und Steinpilze *(cèpes)* gesammelt und in den Weinbergen die Trauben gelesen. In ländlichen Regionen feiert man Erntedankfeste.

Während in den Küstenorten im Herbst langsam Ruhe einkehrt, geht es in den größeren Städten weiterhin lebhaft zu. In Bordeaux beginnt die neue Theatersaison, Konzerte und Ausstellungen finden statt, die Läden sind voll, und es macht Spaß, bei dem meist auch noch zu dieser Jahreszeit recht milden Wetter durch die Straßen zu bummeln.

Zwischen November und Ostern zieht es Wintersportler zu den Schneegipfeln der Pyrenäen. Besonders in den Schulferien sind die Wintersportorte ausgebucht.

Einreise und Zoll

Bürger aus EU-Staaten und der Schweiz brauchen für die Einreise bei einem Aufenthalt von maximal drei Monaten nur einen gültigen Personalausweis oder Pass (Kinder jeglichen Alters brauchen einen eigenen Ausweis).

Wer als EU-Bürger in Frankreich arbeiten will, muss lediglich eine Aufenthaltserlaubnis beantragen.

Für Güter des persönlichen Bedarfs gibt es innerhalb der EU keinerlei Beschränkungen. Als Mengen des persönlichen Bedarfs gelten 800 Zigaretten (oder 400 Zigarillos oder 200 Zigarren oder 1000 Gramm Tabak), zehn Liter Spirituosen und 90 Liter Wein (davon maximal 60 Liter Schaumwein). Pflanzen, Elfenbein, Replikate und Originalkunstwerke unterliegen speziellen Ausfuhrbeschränkungen. Bei Fragen wenden Sie sich am besten an die **Services des Douanes** (Zollbehörden).

Nach mehreren Terroranschlägen wurden besondere Sicherheitsvorkehrungen getroffen, u. a. ist mit erhöhten Kontrollen und Sicherheitsmaßnahmen im Reiseverkehr zu rechnen.

Mehrwertsteuer und -erstattung

In Frankreich wird auf die meisten Güter und Dienstleistungen eine Umsatzsteuer (TVA) von 20 Prozent erhoben. Es gibt zudem eine ermäßigte TVA von sieben Prozent bei Hotel- und Restaurantdienstleistungen. Wer seinen ständigen Wohnsitz nicht im Gebiet der EU hat, kann diese Steuer (mit Ausnahme der ermäßigten Sätze) rückerstattet bekommen.

Haustiere

Vorausgesetzt, das Tier ist mindestens drei Monate alt, gegen Tollwut geimpft und mit dem

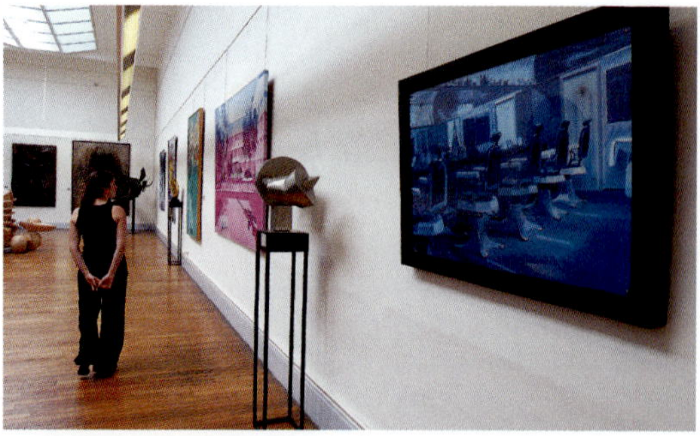

In der Region gibt es zahlreiche spannende Museen und Galerien

◀ **Straßenbahn auf der Esplanade des Quinconces** ***(siehe S. 73)*****, Bordeaux**

Fremdenverkehrsbüro in einem historischen Haus

Europäischen Haustierpass versehen, gibt es keine Einschränkung. An manchen Stränden gilt Hundeverbot. In einigen Ferienorten an der Küste ist es eine Ordnungswidrigkeit, falls Ihr Hund öffentliche Bereiche verunreinigt. Zuwiderhandlungen werden mit Geldstrafen geahndet. Kampfhunde sind verboten.

Eintritt

Der Eintritt für die meisten Museen, Denkmäler, archäologischen Stätten usw. liegt zwischen zwei und sieben Euro. Für Kinder bis zwölf Jahre gibt es Ermäßigung, der Eintritt für Kinder unter sechs Jahren ist

Internationaler Studentenausweis

meist frei. Auch Studenten unter 26 Jahren und Senioren über 65 Jahre haben Anspruch auf Ermäßigung. Informationen über Ermäßigungen für Jugendliche gibt es bei den **Centre d'Information Jeunesse Aquitaine**.

Information

Zu Land und Leuten von der Küste bis zum Binnenland, zu Dörfern und Städten, aber auch über Pyrenäenpässe und regionale Weinrouten gibt es beim **Comité Régional du Tourisme** Informationen. Dort erhalten Sie auch Tipps zu Sehenswürdigkeiten, Unternehmungen und Unterkunft. Jedes Département hat sein eigenes **Comité Départemental du Tourisme**, das alle für Besucher wichtigen Informationen der Region koordiniert und auch bei der Quartierbuchung behilflich ist. Egal, wo Sie in Frankreich sind: Wählen Sie einfach die 3265, und Sie werden mit der zuständigen Zweigstelle des **Fremdenverkehrsbüros** verbunden. Eine weitere gute Adresse für Urlaubsinformationen ist die **Maison Aquitaine** *(siehe S. 288)* in Paris. Selbstverständlich finden Sie auf den Websites der jeweiligen Fremdenverkehrsbüros zahlreiche Informationen.

Logo von TV7 Bordeaux und von France Bleu

Öffnungszeiten

Die meisten archäologischen Stätten, Museen und anderen Sehenswürdigkeiten haben montags oder dienstags geschlossen. Nur im Sommer sind die Museen täglich offen.

Auch die meisten Geschäfte haben in der warmen Jahreszeit über Mittag oder bis spätabends offen, in der Nebensaison in der Regel von 9 bis 18.30 Uhr, mit einer Mittagspause. Große Supermärkte haben durchgehend, oft auch am Sonntagvormittag offen.

Die meisten Tankstellen schließen sonntags, außer die in großen Ferienorten an der Küste, in größeren Städten und an Autobahnen. In zahlreichen Restaurants gibt es ab 14 Uhr und nach 22 Uhr keine warmen Mahlzeiten.

Medien

Sobald die Zeitungsläden morgens öffnen, kann man die wichtigsten französischen Tageszeitungen wie *Le Monde* kaufen. Den besten Einblick in das Leben Aquitaniens gibt *Sud Ouest*, eine regionale Tageszeitung, die in 21 Lokalausgaben erscheint. Vor allem in größeren Orten haben viele Kioske eine ganze Palette ausländischer Zeitungen im Angebot, und in den meisten Drei- bis Fünf-Sterne-Hotels gehören internationale Zeitschriften zum Service.

Auch in Bars und Bistros liegen diverse Publikationen aus. Die bekannteste Regionalzeitschrift ist das alle zwei Monate erscheinende Magazin *Pyrénées* mit Beiträgen über Bergwandern und regionale Kulturereignisse. Erwähnenswert sind auch die Magazine *Pays Basque* und *Le Festin*, eine Kunstzeitschrift, die sich mit dem Kulturerbe der Region befasst. Beide erscheinen vierteljährlich.

In Aquitanien gibt es einige lokale Rundfunksender, u. a. France Bleu. Regionale Fernsehsender sind FR3 Aquitaine und TV7, das in und um Bordeaux sendet. Satellitenfernsehen mit ausländischen Sendern gibt es meist in den Drei- bis Fünf-Sterne-Hotels.

Die Tageszeitung *Sud Ouest* und das Magazin *Pyrénées*

Achterbahn im Parc d'Attractions Walibi

Mit Kindern reisen

Kinder sind überall im Südwesten gern gesehene Gäste, ob in Hotels, auf Campingplätzen oder in *gîtes* (Ferienhäuser). Die meisten kinderfreundlichen Angebote gibt es naturgemäß in den Schulferien.

Neben zahlreichen Ferienlagern und Veranstaltungen für Kinder hat die Region auch verschiedene Themenparks wie den **Parc Oceafaunia** in Capbreton, den **Haras National de Gelos** (mit Pferdezucht) bei Pau, den **Parc d'Attractions Walibi** *(siehe S. 167)* bei Agen und den **Prehistodino Parc** mit der größten Ausstellung von Lebewesen aus der Urzeit in ganz Europa.

Autokindersitze sind gesetzlich vorgeschrieben. Öffentlich zugängliche Pools müssen eingezäunt sein.

Am Strand sollten die Eltern für Sonnenschutz sorgen und sich an die Vorschriften der Rettungsschwimmer halten. Strände ohne starke Brandung finden Sie in der Bucht von Arcachon, von Saint-Jean-de-Luz oder an den großen küstennahen Gewässern *(siehe S. 280f)*.

Rauchen

Rauchen ist in Museen und an historischen Stätten, in Theatern und Kinos sowie in öffentlichen Gebäuden und Verkehrsmitteln verboten. Diese Regelung gilt auch für Restaurants und Bars. Zahlreiche dieser Lokalitäten verfügen aber über (im Winter beheizte) Terrassen, auf denen geraucht werden darf.

Behinderte Reisende

Die Websites von **APF** und **Handitec-Handroit** informieren über gesetzliche Bestimmungen, die behinderte Reisende in Frankreich betreffen, und geben Tipps. Viele Informationen und relevante Adressen sorgen für eine optimale Reiseplanung und einen unbeschwerten Urlaub. Mehr zum Thema Behindertensport finden Sie auf Seite 279.

Strom

Wie überall in Europa beträgt die Stromspannung 230 Volt Wechselstrom mit 50 Hertz; üblich sind Zweipolstecker.

Auf einen Blick

Information

Centre d'Information Jeunesse Aquitaine (CIJA)
125, cours Alsace-Lorraine, 33000 Bordeaux.
☎ 05 56 56 00 56.
W **info-jeune.net**

Comité Régional du Tourisme
Cité Mondiale, 23, parvis des Chartrons, 33074 Bordeaux Cedex.
☎ 05 56 01 70 00.
W **tourisme-aquitaine.fr**

Maison Aquitaine
21, rue des Pyramides, 75008 Paris.
☎ 01 55 35 31 42.
W **maisons-aquitaine.fr**

Service des Douanes
☎ 0811 20 44 44.
W **douane.gouv.fr**

Behinderte Reisende

APF
W **apf.asso.fr**

Handitec-Handroit
W **handroit.com**

Comités Départementaux du Tourisme

Béarn-Pays Basque
4, allées des Platanes, BP 811, 64100 Bayonne.
☎ 05 59 30 01 30.
W **tourisme64.com**

Gironde
21, cours de l'Intendance, 33000 Bordeaux.
☎ 05 56 52 61 40.
W **tourisme-gironde.fr**

Landes
4, rue Aristide-Briand, BP 407, 40012 Mont-de-Marsan Cedex.
☎ 05 58 06 89 89.
W **tourismelandes.com**

Lot-et-Garonne
271, rue Péchabout, BP 30158, 47005 Agen Cedex.
☎ 05 53 66 14 14.
W **tourisme-lotetgaronne.com**

Périgord
BP2063, 24002 Périgueux.
☎ 05 53 35 50 24.
W **dordogne-perigord-tourisme.fr**

Kinder

Haras National de Gelos
1, rue du Maréchal Leclerc, 64110 Gelos.
☎ 05 59 35 06 52 oder 08 11 90 21 31.
W **ifce.fr/haras-nationaux**

Parc d'Attractions Walibi
Château de Caudouin, 47310 Roquefort.
☎ 0820 426 420.
W **walibi.com**

Parc Oceafaunia
Avenue de l'Océan, 40530 Labenne (südlich von Capbreton).
☎ 05 59 45 43 93.
W **oceafaunia.com**

Prehistodino Parc
46200 Lacave (nahe Rocamadour).
☎ 05 65 32 28 28.
W **prehistologia.com**

Sicherheit und Gesundheit

Mit vorzüglich funktionierenden regionalen und staatlichen Behörden und Einrichtungen ist Aquitanien ein sicheres Reiseland. Vor Kleinkriminalität sollte man jedoch immer auf der Hut sein, etwa indem man das Auto abschließt und seine Wertsachen keinesfalls auffällig präsentiert. Apotheken finden Sie beinahe überall, größere Städte verfügen über moderne, gut ausgestattete Krankenhäuser wie beispielsweise das CHU in Bordeaux.

Persönliche Sicherheit

Wenn Sie in einen Unfall verwickelt werden, rufen Sie die **Polizei** und holen Sie sicherheitshalber Zeugenaussagen für einen späteren Versicherungsbericht ein.

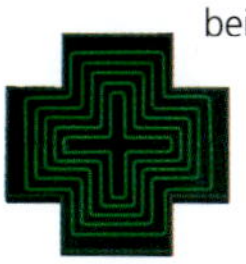

Apothekenzeichen

Sind Sie Opfer eines Überfalls oder Raubs geworden, wenden Sie sich an das nächstgelegene Polizeirevier. Auch das Konsulat oder die Botschaft Ihres Landes können helfen. Melden Sie den Verlust des Passes oder anderer wichtiger Dokumente umgehend der Polizei. Bei Diebstahl oder Verlust der Kredit- oder Bankkarte sollten Sie Ihre Karte(n) unverzüglich sperren lassen *(siehe S. 290)*.

Notfälle

Über die Notrufnummer 15 alarmieren Sie **SAMU** (Service d'Aide Médicale d'Urgence), mit der 18 die **Sapeurs Pompiers** (Feuerwehr). Bewegen Sie Verletzte vor dem Eintreffen medizinischer Hilfe nur im äußersten Notfall. Bei einem Unfall in den Bergen rufen Sie im Béarn und im Pays Basque die **PGHM**, die für das Hochgebirge zuständige Polizeisektion. Auch über die europaweite **Notruf**-Nummer 112 können Sie Hilfe holen. Bei Seenot erreichen Sie über **CROSS** die Seenot-Rettungsorganisationen.

Ärztliche Versorgung

Seit dem 1. Januar 2006 gilt die »European Health Insurance Card (EHIC)«, die Europäische Krankenversicherungskarte, für gesetzlich versicherte Bürger der EU-Staaten und der Schweiz. Damit sind Sie berechtigt, im Notfall ärztliche Leistungen in Anspruch zu nehmen, ob im Krankenhaus, in einer Arztpraxis oder aber bei einem Hausbesuch des Arztes.

Rund um die Uhr hat ein Arzt oder eine Apotheke in der Nähe Notdienst. Informationen dazu finden Sie in den regionalen Tageszeitungen, auch Arztpraxen oder die Polizeireviere geben Auskunft.

Risiken in der Natur

Von Jahr zu Jahr steigt im Sommer die Zahl der Ertrunkenen. Befolgen Sie am Strand die Anweisungen der Wasserwacht, schwimmen Sie nie unbeaufsichtigt. Ein grünes Fähnchen bedeutet »sicher«, ein orangefarbenes signalisiert »Gefahr«, ein rotes verbietet, ins Wasser zu gehen.

Gehen Sie nie allein oder auf gut Glück in die Berge. Informieren Sie sich vor längeren Touren unbedingt bei der **lokalen Wetterstation**. Ein Mobiltelefon für Notfälle, genaue Wanderkarten sowie festes Schuhwerk gehören beim Bergwandern zur absoluten Grundausstattung.

Rettungsschwimmer an einem Strand am Atlantik

Auf einen Blick

Notruf

CROSS Étel Atlantique
112.

PGHM für Béarn und Pays Basque
Quartier Saint-Pée, 64400 Oloron-Sainte-Marie.
05 59 10 02 50.

SAMU
15.

Polizei und Gendarmerie
17.

Sapeurs Pompiers (Feuerwehr)
18.

Notruf
112 (europaweite Notrufnummer).

France Météo
3250 (für Wettervorhersagen in allen Teilen der Region).
meteo.fr.

Krankenhäuser

Bayonne
13, avenue Interne Jacques-Loëb.
05 59 44 35 35.

Bordeaux
Place Amélie-Raba-Léon.
05 56 79 56 79.

Pau
4, boulevard Hauterive.
05 59 06 45 22.

Périgueux
80, avenue Georges-Pompidou.
05 53 45 25 25.

Botschaften

Deutschland
24, rue Marbeau, 75116 Paris.
+33 1 53 83 45 00.
paris.diplo.de

Österreich
6, rue Fabert, 75007 Paris.
+33 1 40 63 30 63.
amb-autriche.fr

Schweiz
142, rue de Grenelle, 75007 Paris.
+33 1 49 55 67 00.
eda.admin.ch/paris

Banken und Währung

Es gibt in Frankreich keine Devisenbeschränkungen, weder bei der Ein- noch bei der Ausreise. Kreditkarten bzw. Debitkarten wie die girocard sind die sicherste und bequemste Art der Bezahlung. Seit der Euro-Währungsunion spielt Geldwechsel für EU-Bürger keine Rolle mehr. Bargeld kann man jederzeit an den Geldautomaten abheben, die in allen größeren und in vielen kleineren Orten zur Verfügung stehen. Besuchern aus Nicht-Euroländern empfiehlt sich der Geldwechsel in Banken.

Banken und Öffnungszeiten

Wenn Sie aus einem Land der Euro-Zone kommen, erübrigt sich jeglicher Geldwechsel. In allen anderen Fällen werden Ihnen problemlos alle gängigen Währungen in Euro umgetauscht. Mit der EU-Standardüberweisung können Sie innerhalb der Europäischen Union kostengünstig Beträge bis zu 50 000 Euro überweisen. Dafür brauchen Sie IBAN (International Bank Account Number) und BIC (Bankleitzahl) des Empfängers.

Alle großen französischen Banken haben in Aquitanien Filialen. Banken haben in der Regel dienstags bis freitags von 9 bis 12.30 Uhr und von 13.45 bis 16.45 Uhr geöffnet, viele auch am Samstagvormittag. Am Tag vor Feiertagen wie dem 14. Juli oder dem 15. August schließen alle Banken früher. In größeren Städten haben Banken oft an einem Tag länger geöffnet.

Kredit- und Debitkarten

Kreditkarten werden bei größeren Summen fast überall angenommen, vor allem in Tourismus-Hochburgen. In ländlicher Umgebung und in kleinen Läden können Sie manchmal nur bar bezahlen. Haben Sie deshalb stets eine kleine Menge Bargeld dabei.

Wegen ihrer hohen Gebühren werden Kreditkarten von **American Express** nicht überall akzeptiert. Verbreiteter sind **Visa** – die in Frankreich **Carte Bleue** genannt wird –, **MasterCard** und **Diners**. Zahlreiche Karten in Frankreich sind sogenannte *smart cards*: Sie verfügen über einen Mikrochip *(puce)*, auf dem die Daten gespeichert werden. Die meisten Geschäfte können sowohl *smart cards* als auch Karten mit Magnetstreifen *(bande magnétique)* lesen. Bei manchen Zahlstellen wird Ihre Karte nur eingelesen, und Sie bekommen einen Beleg zur Unterschrift, bei anderen werden Sie um die Eingabe Ihrer PIN *(code confidentiel)* gebeten.

Die **girocard** (die frühere Maestro-/EC-Karte) gibt es in zwei Ausführungen – mit dem Maestro-Logo oder mit dem VPay-Logo. Beide funktionieren in Frankreich gleichermaßen an Geldautomaten und können auch zum Bezahlen in Hotels, Restaurants oder Läden benutzt werden.

Selbst in kleinen Ortschaften verfügen Banken über Geldautomaten, an denen man mit Kreditkarten wie MasterCard oder Visa bzw. mit Debitkarten wie der girocard (jeweils mit Geheimnummer) Bargeld (bis zum Tageslimit) problemlos abheben kann.

Bank in einem historischen Gebäude

Kartenverlust

Falls Ihnen eine Ihrer Kredit- oder Debitkarten abhandenkommt, sollten Sie die jeweilige Karte möglichst sofort sperren lassen *(Notrufnummern siehe Kasten)*.

Auf einen Blick

Banken

Bayonne
Courtois, 1, place du Réduit.
T 05 56 34 03 40.
W **banque-courtois.fr**

Bordeaux
Barclays, 4, rue Esprit des Lois.
T 08 99 23 24 68.
W **barclays.fr**

Pau
BNP Paribas, 11, avenue Jean Mermoz.
T 08 20 82 00 01.
W **bnpparibas.com**

Périgueux
Crédit Mutuel du Sud Ouest C.M.S.O, 2, rue Eguillerie.
T 05 53 08 90 28.
W **cmso.com**

Kartenverlust

Allgemeine Notrufnummer
T 0049 116 116.
W **116116.eu**

American Express
T 01 47 77 72 00.
W **americanexpress.fr**

Diners Club
T 0810 31 41 59.
W **dinersclub.fr**

MasterCard
T 0800 90 13 87.
W **mastercard.com**

Visa (Carte Bleue)
T 0800 90 11 79.
W **visa-europe.fr**

girocard
W **girocard.eu**

Währung

Die europäische Gemeinschaftswährung Euro (€) gilt zurzeit in 19 EU-Mitgliedsstaaten: Belgien, Deutschland, Estland, Finnland, Frankreich, Griechenland, Irland, Italien, Lettland, Litauen, Luxemburg, Malta, Niederlande, Österreich, Portugal, Slowakei, Slowenien, Spanien und in der Republik Zypern. Alte Franc-Scheine und -Münzen sind ungültig.

Alle Euro-Scheine sind auf Vorder- und Rückseite einheitlich gestaltet. Bei Münzen sind die Vorderseiten einheitlich, die Rückseiten hingegen von Land zu Land verschieden. Seit 2004 kann jeder Staat des Euro-Währungsgebiet einmal jährlich eine Zwei-Euro-Gedenkmünze bedeutender Bauwerke oder Ereignisse herausgeben. Alle diese Münzen gelten in jedem Staat der Euro-Zone.

Euro-Banknoten

Die Euro-Scheine wurden vom Österreicher Robert Kalina (1. Serie ab 2002) und dem Deutschen Reinhold Gerstetter (2. Serie ab 2013) entworfen und zeigen Baustile, eine Europakarte und die EU-Flagge. Auf der Vorderseite sind Fenster oder Tore abgebildet, auf der Rückseite Brücken.

Neuer 5-Euro-Schein (Baustil: Klassik)

Neuer 10-Euro-Schein (Baustil: Romanik)

Neuer 20-Euro-Schein (Baustil: Gotik)

50-Euro-Schein (Baustil: Renaissance)

100-Euro-Schein (Baustil: Barock und Rokoko)

200-Euro-Schein (Eisen- und Glasarchitektur)

500-Euro-Schein (Moderne Architektur des 20. Jahrhunderts)

2 Euro

1 Euro

50 Cent

20 Cent

10 Cent

Euro-Münzen

Die einheitlichen Vorderseiten entwarf der Belgier Luc Luycx. Die Rückseiten der Euro-Münzen zieren ein Lebensbaum (Joaquim Jimenez), die der Cent-Werte eine Säerin (Laurent Jorio: 10–50 Cent) und die »Marianne« (Fabienne Courtiade: 1–5 Cent).

5 Cent

2 Cent

1 Cent

Kommunikation

Frankreichs Telefonnetz ist zuverlässig und effizient. Die meisten öffentlichen Telefone funktionieren mit Telefonkarten, die man auf Postämtern und in Tabak-/Zeitschriftenläden erhält. Das Netz für Mobiltelefone ist fast vollständig flächendeckend. In der ganzen Region nimmt die Anzahl von WLAN-Hotspots immer weiter zu. Auch die französische Post, La Poste, arbeitet zuverlässig, preisgünstig und relativ schnell. Postämter bieten in ganz Aquitanien – selbst in entlegenen ländlichen Gebieten – die ganze Bandbreite ihrer Dienste an.

Typischer gelber Briefkasten

Telefonieren

Auch im Handy- bzw. Smartphone-Zeitalter findet man noch öffentliche Telefone. Zum Telefonieren aus einer öffentlichen Telefonzelle *(cabine)* benötigt man meist eine Telefonkarte *(télécarte)*, die man in der Post, in Zeitungsläden *(maisons de la presse)* und in Tabakläden *(tabacs)* kaufen kann.

Auf dem Display eines Telefons erscheint zunächst »*Décrochez*«. Wenn Sie den Hörer abheben, folgt die Aufforderung »*Introduisez votre carte*« (Schieben Sie die Karte ein). Anschließend lesen Sie »*Patientez SVP*« (Warten Sie bitte), gefolgt von »*Numérotez*« (Wählen Sie).

Bei Telefonzellen *(cabines)* in Postämtern bezahlt man nach dem Telefonat am Schalter. Ferngespräche von öffentlichen Telefonen sind deutlich billiger als vom Hotel aus, da dort heftige Zuschläge berechnet werden.

Mit Telefondiensten wie **Pays Direct** kann man Anrufe tätigen, die über die Telefonrechnung des angerufenen Teilnehmers abgerechnet werden. Auch Prepaid-Telefonkarten, bei denen man sich über eine kostenlose Zugangsnummer einwählt, sind eine günstige Alternative.

Eine *télécarte*

Die französischen Telefonnummern bestehen aus insgesamt zehn Ziffern, von denen die ersten beiden die Region angeben:

- **01** Paris und Île de France,
- **02** Nordwesten,
- **03** Nordosten,
- **04** Südosten (mit Korsika),
- **05** Südwesten.

Sie müssen immer **alle zehn Ziffern** der Telefonnummer wählen, selbst wenn Sie einen Anruf innerhalb derselben Region tätigen. Bei Anrufen aus dem Ausland wird die 0 der regionalen Vorwahl nicht mitgewählt. Die meisten Nummern von Mobiltelefonen beginnen mit 06 oder 07. Alle 0800-Nummern sind kostenfrei.

Eine Option für recht günstige Telefonate ist die Benutzung des Services **TeleRabais**. Damit können Sie Auslandsgespräche zu erheblich geringeren Preisen führen. Auf der Website des Anbieters finden Sie für jedes Land eine oder mehrere Vorwahlnummern.

Mobiltelefone

Alle gängigen Smartphones sowie GSM- und UMTS-Handys aus europäischen Ländern funktionieren im Südwesten Frankreichs problemlos und so gut wie flächendeckend. Für Frankreich gilt die Roaming-Verordnung der EU, die verbindliche Obergrenzen für Gespräche innerhalb der EU festlegt. Seit Mai 2016 dürfen die Netzbetreiber maximal 5 Cent pro Minute für Anrufe, 2 Cent pro SMS und 5 Cent pro MB auf den Inlandspreis aufschlagen. In der Summe (Inlandspreis plus Roaming-Aufschlag) dürfen dabei folgende Höchstbeträge nicht überschritten werden: 19 Cent pro Minute für Anrufe, 6 Cent für SMS und 20 Cent je Megabyte Datenvolumen. Ab Mitte 2017 sollen die Roaming-Gebühren innerhalb der EU ganz entfallen.

Viele Tarife von Mobilfunkanbietern ermöglichen eine zeitlich begrenzte Flatrate für ein Land Ihrer Wahl – ideal für den Urlaub, vor allem wenn Sie Ihr Smartphone nutzen wollen. Falls Sie keine Flatrate haben, schalten Sie die Daten-Roaming-Funktion besser aus, da sonst, ohne dass Sie es merken, erhebliche Kosten anfallen können.

Eine französische Prepaid-Karte von **SFR**, **Orange** und **Bouygues Télécom**, die Sie statt der deutschen SIM-Karte in Ihr Handy einlegen, ist eine preisgünstige Alternative.

Internet

Wie überall kommt man auch in Aquitanien in vielen Hotels und Internet-Cafés mühelos ins Netz. Die meisten Hotels bieten einen Breitband- oder Wireless-Zugang. Erkundigen Sie sich jedoch vorher, ob dafür etwas berechnet wird. In Hotels, Flughäfen, Tourismusbüros und Bibliotheken ist oft freies WLAN vorhanden.

La Poste

Die französische Post *(la poste)* ist schnell und zuverlässig. Innerhalb Frankreichs können Sie für Briefe mit 24 bis 48 Stunden rechnen, von Frankreich ins Ausland mit einem bis fünf Tagen. Auf dem Postamt werden Briefmarken *(timbres)* einzeln oder in Heftchen *(carnets)* zu zehn Stück verkauft. Marken für normale Briefe innerhalb der EU erhält man auch in Zeitungs- und Tabakläden. Ein Standardbrief (bis 20 g) innerhalb Frankreichs kostet 0,70 Euro, ein Standardbrief oder eine Postkarte innerhalb der EU oder in die Schweiz 1,00 Euro. Bitte beachten Sie, dass nur französische Euro-Briefmarken gültig sind.

Briefsendungen werden in die leuchtend gelben Briefkästen geworfen, die teils separate Schlitze für die Stadt oder das Département und für andere Ziele *(autres destinations)* haben. Die Leerungszeiten sind jeweils darauf vermerkt.

Postämter haben gewöhnlich montags bis freitags von 8 bis 19 Uhr, oft mit einer Mittagspause zwischen 12 und 14 Uhr, und samstags von 8 bis 12 Uhr geöffnet.

In größeren Postämtern findet man auch Geldautomaten.

Poste Restante

Die französischen Postämter bieten gegen eine geringe Gebühr den Service *Poste restante* an, sodass Sie unterwegs auch ohne feste Adresse Post in Empfang nehmen können. Briefe und Pakete, die postlagernd an Sie geschickt werden, sollten mit dem Namen des Adressaten, dem Vermerk *poste restante*, dem Namen des Postamts, der Postleitzahl und der Stadt versehen sein. Beim Abholen müssen Sie sich ausweisen können.

Es gibt auch die Möglichkeit, einen Nachsendeantrag an ihre Urlaubsadresse in Frankreich zu stellen. Dieser Service ist kostenpflichtig, bis er funktioniert, dauert es mindestens vier Werktage.

Expresspakete

Die Kurierdienste **Colissimo** und **Chronopost** arbeiten als Expresszusteller mit La Poste zusammen. Sie garantieren die Zustellung innerhalb von zwölf bis 48 Stunden. Mithilfe einer Nummer, die Sie bei der Paketaufgabe erhalten, können Sie den Weg Ihres Pakets im Internet verfolgen. Diese Dienstleistung ist allerdings teurer als der normale Postversand

Postamt in einem alten Gebäude im Périgord

Postleitzahlen

Die Postzustell-Bezirke in Frankreich haben eine fünfstellige Postleitzahl. Die ersten beiden Ziffern entsprechen dem Département, die anderen drei dem zuständigen Verteileramt. Die Postleitzahl sollte deutlich lesbar vor dem Ortsnamen geschrieben stehen.

Briefmarke mit Eleonore von Aquitanien

Eine mit 24 beginnende Postleitzahl steht für die Dordogne, 33 für die Gironde, 40 für die Landes, 46 für das Département Lot (zu dem Quercy gehört), 47 für das Département Lot-et-Garonne und 64 für die Pyrénées-Atlantiques.

Fernsehen und Radio

Marktführer der französischen TV-Landschaft ist der Privatsender TF1, gefolgt von M6. Erst dann kommen in der Publikumsgunst die staatlichen Sender, France 2, Hauptsender von France Télévisions, und France 3, in dessen Programm regionale und lokale Berichte im Vordergrund stehen.

Radio France Internationale bringt täglich Nachrichten in Französisch und in zwölf weiteren Sprachen.

Auf einen Blick

Nützliche Nummern

Pays Direct
☎ 0800 0900.

Deutschland Direkt
☎ 0800 99 0049.

Vorwahlnummern
☎ Deutschland: 0049.
☎ Österreich: 0043.
☎ Schweiz: 0041.
☎ Frankreich: 0033.

Gelbe Seiten
W **pagesjaune.fr**

TeleRabais
W **telerabais.com**

Bouygues Télécom
☎ 3106 (aus dem französischen Festnetz).
W **bouyguestelecom.fr**

Orange France
☎ 0800 100 740 (aus dem französischen Festnetz).
W **orange.fr**

SFR
☎ 06 10 00 10 23 (aus dem französischen Festnetz).
W **sfr.fr**

Postdienste

La Poste
W **laposte.fr**

Chronopost
W **chronopost.fr**

Colissimo
W **colissimo.fr**

Radio

Radio France Internationale
W **rfi.fr**

Anreise

Aquitanien ist gut erreichbar und problemlos zu bereisen. Internationale Flughäfen sind in Bordeaux und Toulouse (in der benachbarten Region Midi-Pyrénées), kleinere Airports gibt es in Biarritz, Bergerac, Brive und Pau. Der Hochgeschwindigkeitszug TGV und der Regionalexpress TER, die Seehäfen von Bordeaux und Bayonne sowie ein ausgezeichnetes Autobahn- und Fernstraßennetz sorgen dafür, dass man die allermeisten Gebiete vergleichsweise schnell erreicht. Die Region Aquitanien ist darüber hinaus eine Schnittstelle der Verkehrsverbindungen nach Spanien und Portugal.

Der Flughafen Bordeaux fertigt jährlich etwa drei Millionen Passagiere ab

Flughäfen

Aquitanien wird von internationalen, nationalen und regionalen Fluglinien angeflogen. Die durchschnittliche Flugdauer beträgt für Flüge innerhalb Frankreichs etwa eine Stunde, zu deutschen und anderen mitteleuropäischen Destinationen rund zwei Stunden. Wer keinen direkten Flug aus einer Stadt in seiner Nähe bekommt, erreicht über Paris oder auch Lyon zahlreiche regelmäßige Anschlussflüge zu den Flughäfen der Region.

Am Flughafen **Bordeaux-Mérignac** werden pro Jahr rund drei Millionen Passagiere abgefertigt, pro Woche starten und landen rund 200 Flugzeuge. Ab Bordeaux gibt es 20 internationale Flugverbindungen, etwa nach München, Frankfurt, Florenz, Lissabon und London, täglich Inlandsflüge zu zehn französischen Städten sowie zahlreiche Charterflüge. Die nationale Fluggesellschaft **Air France** fliegt ab Bordeaux direkt nach Belgien, Spanien und Portugal.

Zwischen Flughafen und Stadtzentrum von Bordeaux verkehrt alle 45 Minuten ein Pendelbus, die Fahrt dauert rund 30 bis 45 Minuten.

Am Flughafen **Biarritz** werden jährlich rund eine Million Passagiere abgefertigt. Direktflüge kommen von Berlin, Düsseldorf, München, Genf, Strasbourg, Paris und vielen anderen Städten Europas.

Busverbindungen gibt es ins Zentrum von Biarritz und Bayonne sowie zu den Küstenorten Hendaye und Saint-Jean-de-Luz.

Den Flughafen von **Pau-Pyrénées** fliegen internationale Linien an, von Deutschland aus muss man jedoch meist in Paris oder Lyon zwischenlanden. Es gibt eine gute Busverbindung ins Stadtzentrum.

Flughafen	Information	Entfernung	Taxi ins Zentrum
Dordogne			
Bergerac	05 53 22 25 25 **bergerac.aeroport.fr**	5 km südwestlich von Bergerac	12–15 € ins Zentrum von Bergerac
Brive Vallée de la Dordogne	05 55 22 40 00 **aeroport-brive-vallee-dordogne.com**	5 km westlich von Brive	30 € nach Brive; 80 € nach Sarlat; 140 € nach Périgueux
Gironde			
Bordeaux	05 56 34 50 50 **bordeaux.aeroport.fr**	15 km westlich von Bordeaux	25–30 € mit dem Taxi; Jet Bus von Ankunftshalle B oder Buslinie 1
Pyrénées-Atlantiques			
Biarritz	05 59 43 83 83 **biarritz.aeroport.fr**	2 km südöstlich von Biarritz	13–20 € mit dem Taxi nach Biarritz, Bayonne; Busse nach Biarritz, Bayonne
Pau-Pyrénées	05 59 33 33 00 **pau.aeroport.fr**	7 km nördlich von Pau	25–30 € mit dem Taxi ins Zentrum von Pau; Idelis Line Proxilis 20 zum Bahnhof

Der Flughafen Pau-Pyrénées bei Dunkelheit

Vom kleinen Flughafen **Bergerac** im Département Dordogne starten nicht nur Flüge nach Paris, sondern auch zu Zielen in den Niederlanden (Rotterdam) und Großbritannien. **Toulouse** und **Brive** sind weitere Alternativen.

Verbindungen

Von den großen deutschen Flughäfen wie Frankfurt, München und Düsseldorf gibt es ein annehmbares Angebot an regelmäßigen Direktflügen nach Aquitanien, vor allem Verbindungen nach Bordeaux oder auch Biarritz und Pau. Von Wien oder Zürich findet man leider keine direkten Linienflüge in diese Region, in den meisten Fällen muss man in München umsteigen. Von Deutschland bedingen viele Flüge einen Zwischenstopp in Paris oder Lyon.

Die meisten Linienflüge ab Paris (Roissy-Charles de Gaulle und Orly Sud) bietet die nationale Fluggesellschaft Air France an, die den Südwesten Frankreichs auch von Genf direkt anfliegt.

Neben Charterflügen findet man nur wenige Flüge preiswerter Anbieter – so steuert Ryanair Biarritz von Frankfurt (Hahn) aus an, **Air Berlin** das nahe spanische Bilbao von einer Reihe von deutschen Städten.

Flugpreise

Vor dem Hintergrund eines harten Konkurrenzkampfes zwischen den Fluggesellschaften findet man von Zeit zu Zeit sensationell günstige Flüge. Reiseportale ermöglichen einen Preisvergleich verschiedener Fluglinien.

Auch die großen Fluggesellschaften gewähren Preisnachlässe, vor allem für Familien, Jugendliche unter 25 und Senioren ab 60 Jahren. Kinder unter zwei Jahren fliegen kostenlos, haben allerdings keinen Anspruch auf einen eigenen Sitzplatz.

Denken Sie daran, dass manche preiswerten Tickets nicht umbuchbar sind und nicht rückerstattet werden, nur für Hin- und Rückflüge gelten oder dass bestimmte zeitliche Einschränkungen damit verbunden sind.

Günstige Last-Minute-Flüge zu Zielen im In- und Ausland findet man bei Air France jede Woche mittwochs ab Mitternacht.

Allgemeine Flugbestimmungen

Zwar können Passagiere mit Gepäck bei Inlandsflügen noch bis zu 30 Minuten vor Abflug einchecken, besser ist es jedoch, mindestens eine Stunde vor dem Abflug am Flugplatz zu sein. Erkundigen Sie sich aktuell nach den Eincheck-Zeiten, Sicherheitschecks

Passagiere in der Halle des Flughafens Pau-Pyrénées

Auf einen Blick

Fluglinien

Air France
+49 1805 830 830 (Deutschland).
08 20 82 08 20 oder 3654 (Frankreich).
airfrance.com

Austrian
+43 05 17 66 10 00 (Österreich).
08 20 816 816 (Frankreich).
austrian.com

KLM
+49 1805 25 47 50 (Deutschland).
08 92 70 26 08 (Frankreich).
klm.com

Lufthansa
+49 69 86 799 799 (Deutschland).
08 92 23 16 90 (Frankreich).
lufthansa.com

Swiss
+41 848 700 700 (Schweiz).
08 92 23 25 01 (Frankreich).
swiss.com

Air Berlin
airberlin.com

können die Prozedur deutlich verlängern.

Je nach Airline dürfen Passagiere der Economy Class 20, die der Business Class 30 Kilogramm Gepäck mitnehmen. Sondertarife gibt es für Golf- und Wintersportausrüstung.

In der Regel darf jeder Passagier ein Stück Handgepäck haben, das Mitführen von spitzen, scharfen oder sonstigen waffenähnlichen Gegenständen ist verboten. Auch hier gilt: Informieren Sie sich über die aktuell geltenden Bestimmungen.

Kinder zwischen vier und zwölf Jahren dürfen allein fliegen, wenn sie einen eigenen Reisepass haben und ein Namensschild tragen. Flugbegleiter kümmern sich während der gesamten Flugreise um sie. Haustiere können in Spezialboxen im Frachtraum mitfliegen.

Mit dem Zug unterwegs

Mit ihrem dichten Eisenbahnnetz und der wichtigen TGV-Hochgeschwindigkeitsstrecke zum Atlantik spielt die Region eine Schlüsselrolle für die europäischen Nord-Süd-Verbindungen. Ab Paris ist Bordeaux in knapp drei, ab Lille in fünf und ab Brüssel in weniger als sieben Stunden erreichbar. Der bequeme TGV in Verbindung mit einem gut ausgebauten Regionalexpressnetz (TER) ist vor allem in der Hochsaison mit den vielen Staus auf den Straßen ideal, um Aquitanien zu entdecken.

Bahnhofshalle der TGV-Station von Bordeaux

Bahnservice

Die französische Bahn ist im Allgemeinen zuverlässig und pünktlich. Fahrpläne von TGV und TER gibt es an den größeren Bahnhöfen des Südwestens wie **Agen**, **Bayonne**, **Bordeaux**, **Mont-de-Marsan**, **Pau** und **Périgueux**. Die französische Bahngesellschaft SNCF bietet einen **Gepäcktransport** an *(Service d'enlèvement des bagages à domicile)*, der vor allem für ältere Menschen eine große Hilfe ist. Reisende können das Gepäck – Koffer, Rollstühle, Fahrräder etc. – direkt an ihren Aufenthaltsort bringen lassen. Die meisten Züge verfügen über eine Bar oder einen Speisewagen. Für Reisende, die ihr Auto mitnehmen, gibt es **Autoreisezüge** zwischen Paris und Bordeaux (ganzjährig) sowie nach Biarritz (im Sommer) und Toulouse. Die SNCF bietet auch spezielle **Train & Auto**-Tarife für Bahnreisende an, die an ihrem Urlaubsort ein Auto mieten wollen. Ähnliche attraktive Kombi-Angebote gibt es für Mietfahrräder. Weitere Informationen zu diesen Offerten erhalten Sie an den jeweiligen Bahnhöfen.

Hochgeschwindigkeitszüge (TGV)

Zwischen Bordeaux und Paris fahren täglich über 20 Hochgeschwindigkeitszüge (TGV) mit einer Reisedauer von ungefähr drei Stunden. Auf der Strecke Paris–Agen verkehren täglich zwölf Züge (vier Std.), zwischen Paris und Pau vier (fünf Std.) und sieben mit Schlafwagen zur baskischen Küste (vier Std.).

Geplante Verbesserungen an der TGV-Atlantikstrecke zwischen Tours und Bordeaux sollen vermutlich ab 2017 die Reisezeit von Paris nach Bordeaux auf gut zwei Stunden verkürzen. In TGV-Zügen sind die Plätze im Voraus zu reservieren.

Regionalexpresszüge (TER)

Aquitaniens 2647 Kilometer langes Netz der Regionalexpresszüge (TER) umfasst insgesamt 163 Bahnhöfe und 26 Strecken, rund 360 Städte und Dörfer sind mit diesen Zügen zu erreichen. Sei es zu einem Sportereignis nach Pau oder in den Kurzurlaub am Bassin d'Arcachon: Mit dem Regionalexpress reisen Sie zudem preiswert und unbeschwert von Verkehrsstaus und Parkplatzsuche.

Ungefähr 20 Bahnverbindungen am Tag gibt es zwischen Arcachon und Bordeaux. Die einfache Fahrt dauert 45 Minuten. Von Bordeaux aus kommt man in 75 Minuten nach Périgueux, in 90 Minuten nach Dax, ebenfalls in 90 Minuten nach Agen und in zwei Stunden nach Pau.

Regionaler Expresszug TER

Tickets

Fahrkarten sind an Bahnhöfen, bei ausgewiesenen SNCF-Reisebüros und an Automaten erhältlich. An sieben Tagen die Woche rund um die Uhr erteilt eine Telefonauskunft genaue Informationen, dabei kann man auch gleich eine Fahrkarte kaufen. Diese wird kostenlos zugeschickt und ist insgesamt zwei Monate lang gültig. Über die Website der SNCF lassen sich natürlich auch Plätze reservieren, elektronische Fahrkarten kaufen, Hotels buchen und Autos mieten.

Reservierung ist zwingend notwendig für Zugreisen an Feiertagen und für *couchettes* (Schlafwagen) oder *sièges inclinables* (Liegesitze). Reservierung und Fahrkarte müssen vor dem Einsteigen entwertet werden.

Fahrpreise

Kinder unter zwölf Jahren erhalten eine Ermäßigung von 25 Prozent auf Bahnfahrkarten, außerdem Jugendliche zwischen zwölf und 25 sowie Senioren ab 60 Jahren. Diese

Der SNCF-Bahnhof in Biarritz

verbilligten Preise gelten für TGV-Fahrten, solange noch Plätze verfügbar sind, außerdem für Corail und TER-Züge außerhalb der Stoßzeiten *(périodes bleues)*. Bei der Fahrkartenkontrolle müssen Sie unter Umständen Ihr Alter und damit Ihren Anspruch auf Preisnachlässe nachweisen. Für Vielfahrer gibt es spezielle Ermäßigungskarten.

Wenn Sie Ihr Ticket zwei Monate bis zwei Wochen im Voraus kaufen, bekommen Sie eine »Prem«-Fahrkarte mit einer Ermäßigung von 30 bis 40 Prozent. Sonderfahrkarten gibt es auch für ausländische Besucher, u. a. einen Ermäßigungspass auf Rückfahrkarten in TER-Zügen und Bussen.

Tiere

Gegen fünf Euro Aufschlag kann man einen kleinen Hund oder eine Katze (bis maximal 6 kg Gewicht) mitnehmen. Für Hunde gilt Maulkorbzwang, Katzen müssen in einem Korb oder einer Tasche befördert werden. Für schwerere Tiere gilt der halbe Fahrpreis. Mitreisende haben das Recht, Tiere in ihrem Abteil abzulehnen.

Fahrräder

Auf Hauptstrecken und in TER-Zügen darf man Fahrräder kostenlos mitnehmen – sie werden in speziellen Abteilen oder an anderen dafür vorgesehenen Plätzen befördert. Man braucht sie nicht zu demontieren, allerdings muss man das Fahrrad selbst ins Abteil hineinheben, sichern und am Ziel auch wieder ausladen. In TGVs können Räder nur zerlegt in einer Tragetasche im Gepäckraum transportiert werden.

Behinderte Reisende

Um sich die Reiseplanung zu erleichtern, können Sie kostenlos telefonischen Kontakt mit dem **SNCF Accessibilité Service** aufnehmen. Dieser Service gibt nicht nur nützliche praktische Informationen, sondern kann Ihnen auch die Tickets zuschicken lassen. Damit eine eventuell benötigte Hilfe auch rechtzeitig am richtigen Ort wartet, organisieren Sie das am besten 24 Stunden vorher. Der Verband **Les Compagnons du Voyage** kann Ihnen einen passenden Reisebegleiter für Bahnreisen außerhalb von Paris vermitteln.

Panoramafahrten

Eine der schönsten Strecken mit einer fantastischen Aussicht auf die höchsten Gipfel der Pyrénées-Atlantiques führt mit einer Kleinbahn auf etwa 2000 Meter hinauf zum Lac d'Artouste *(siehe S. 237)*.

Die Zahnradbahn auf den 905 Meter hohen Rhune-Gipfel *(siehe S. 204)* bietet ebenfalls ein atemberaubendes Bergpanorama.

Auf einen Blick

Nützliche Nummern

SNCF – Auskunft und Reservierung
36 35.
sncf.com
voyages-sncf.eu

Deutsche Bahn (Zugauskunft)
01806 99 66 33 (Deutschland).
bahn.de

Autoreisezug
08 92 35 35 33.

Train & Auto
autotrain.voyages-sncf.com

SNCF Accessibilité Service
08 90 64 06 50.
accessibilite.sncf.com

Les Compagnons du Voyage
01 58 76 08 33.

TER Aquitaine
ter-sncf.com

Bahnhof

Bordeaux
05 47 47 10 00.

Panoramafahrten

Train d'Artouste
Village de Fabrèges.
05 59 05 36 99.
train-artouste.com

Train de la Rhune
Col de Saint-Ignace.
05 59 54 20 26.
rhune.com

Entwerter
Vor einer Fahrt müssen Sie Ihre Fahrkarte an einem Entwerter (*composteur*; links) abstempeln. Diese Geräte befinden sich an den Bahnsteigen. Entwerten Sie Ticket und Reservierungskarte getrennt voneinander. Wenn Sie das Entwerten vergessen, müssen Sie bei einer Kontrolle im Zug einen Zuschlag bezahlen.

Mit dem Auto unterwegs

Aquitaniens ausgedehntes Straßennetz umfasst einige Hauptverbindungsstrecken zwischen Paris und Spanien sowie zwischen Atlantik und Mittelmeerküste. Autobahnen, Routes Nationales und Nebenstrecken sind gut in Schuss, gut ausgeschildert und angenehm zu befahren. Vor allem in den Pyrénées-Atlantiques führen sie durch faszinierende Landschaften.

Autobahnen erschließen viele Regionen Aquitaniens

Allgemeines

Autofahrer müssen einen gültigen Führerschein und den Fahrzeugschein dabeihaben, die grüne Versicherungskarte ist anzuraten.

Im Berufsverkehr oder zum Ferienbeginn Mitte/Ende Juli kann es in den Städten, auf den Umgehungsstraßen und auf Autobahnen zu Staus kommen. Informationen zur Verkehrslage geben die Website **Bison Futé** (»pfiffiger Bison«), der Verkehrssender Autoroute FM auf 107.7 oder der **CRICR**.

Verbindungen

Die Autobahn A10 ist die direkteste Verbindung von Paris nach Bordeaux. Ab dort führen die N10 und die A63 nach Süden bis Biarritz, Saint-Jean-de-Luz und Hendaye. Die A62 verbindet Bordeaux und Agen. Von ihr zweigt die A65 ab, die nach Pau führt.

Die Strecke von Paris nach Bordeaux ist 584 Kilometer lang, von Bordeaux nach Pau sind es 200, von Bordeaux nach Bayonne 190, von Bayonne nach Périgueux 317, von Dax nach Agen 179, von Arcachon nach Villeneuve-sur-Lot 200 und von Paris nach Bayonne 736 Kilometer.

Zweisprachige Schilder im Pays Basque

Höchstgeschwindigkeit

Höchstgeschwindigkeit ist innerorts 50 km/h, auf Landstraßen 90 und bei Nässe oder Nebel nur 80 km/h. Auf zweispurigen Schnellstraßen sind maximal 110 km/h erlaubt, bei Nässe oder Nebel 90 km/h. Auf Autobahnen gilt ein Tempolimit von 130 km/h bzw. von 110 km/h bei Nässe oder Nebel.

Erlaubte Höchstgeschwindigkeit

Sicherheit

Es herrscht Gurtpflicht für Fahrer und alle Mitfahrer, Kindersitze sind Pflicht. Bevor Sie eine weite Strecke fahren, prüfen Sie den Reifendruck. Telefonieren mit dem Handy ist nur mit Freisprechanlage erlaubt. Die gesetzliche Alkoholgrenze liegt bei 0,5 Promille. Rechnen Sie in der Region stets mit Wildwechsel, und achten Sie auf entsprechende Verkehrszeichen.

Eine Nebenstraße in Béarn, Vallée d'Ossau

Wer im Winter zum Skifahren in die Pyrenäen will, sollte keinesfalls Schneeketten vergessen.

Tanken

Bei Tankstellen an den Autobahnen werden die Spritpreise für Benzin *(essence)*, Super und Diesel *(gazole* oder *gasoil)* groß angezeigt. Es gibt lediglich geringe Preisunterschiede zu Deutschland und auch wenig innerhalb Frankreichs. Tankstellen bei Supermärkten am Ortsrand wie Carrefour, Géant und Hyper U sind billiger. Vor allem in ländlichen Gegenden haben nur wenige Tankstellen spät geöffnet und an Sonn- und Feiertagen geschlossen.

Pannenhilfe

Im Fall einer Panne helfen Ihnen Deutsch sprechende Mitarbeiter der **ADAC**-Notrufstationen in Frankreich weiter. Sollten Sie eine Panne auf der Autobahn haben und kein Handy besitzen, dann melden Sie Ihren Schaden von einer der Notrufsäulen, die im Abstand von zwei Kilometern stehen.

Maut

An der Einfahrt zu mautpflichtigen Autobahnen *(autoroute à péage)* müssen Sie ein Ticket aus dem Automaten entnehmen, das Sie an der Ausfahrt wieder abgeben und bezahlen. Die Maut ist von der Fahrzeuggröße und von der zurückgelegten Entfernung abhängig (für einen Pkw kosten 100 Ki-

Gebührenpflichtiges Parken auf einem Stadtplatz

lometer etwa fünf Euro). Fast überall sind auch Automaten im Einsatz. Sie nehmen Bargeld an, geben Wechselgeld heraus und akzeptieren Kreditkarten. Mautfrei sind die Umgehungsautobahnen der größeren Städte.

Mietwagen

Wer ein Auto mieten will, muss mindestens 21 Jahre alt sein und seit mindestens einem Jahr einen Führerschein besitzen. Büros der Autovermieter findet man an größeren Bahnhöfen, Flughäfen und in den Stadtzentren. Die Kosten variieren je nach Saison, der Mietdauer und danach, ob man das Kraftfahrzeug in einer anderen Filiale wieder abgeben will. Ein flächendeckendes Netz von Büros und Rückgabestationen bieten **ADA**, **Avis**, **Hertz**, **Rent A Car** und **Europcar**.

Parken

Nur wenige Innenstadtparkplätze sind kostenlos. In der Regel müssen Sie an einem Automaten ein Ticket lösen und sichtbar auf das Armaturenbrett legen. Die meisten Städte haben Parkhäuser oder Tiefgaragen. Doch oftmals gibt es außerhalb der Orte gebührenpflichtige Parkplätze mit Parkscheinautomaten *(horodateur)*.

In kleineren Ortschaften und Dörfern ist es dagegen unproblematisch, kostenlose und häufig sehr zentral gelegene Parkplätze zu finden.

Wohnmobile

Strikte Regelungen gelten für Wohnmobile, die man über Nacht abstellt. Manche Bezirke haben eigene Wohnmobilbereiche mit Wasseranschluss und anderem Komfort. Das *Camping-Car*-Magazin liefert Informationen über die 17 000 solcher Plätze in Frankreich.

Straßenkarten

Auf der hinteren Umschlaginnenseite dieses Reiseführers finden Sie eine Straßenkarte der Region. Wer auf kleineren Straßen abseits der Hauptrouten reisen möchte, sollte genauere Karten von Michelin oder IGN verwenden. Gut für die Routenplanung sind die Karten von **Michelin** und **Falk**. Auch der ADAC hält (für Mitglieder kostenlose) Straßenkarten bereit.

Busse

Die Region hat ein dichtes Busnetz von diversen Betreibern. **CITRAM** versorgt das Département Pyrénées-Atlantiques sowie die Gironde, **RDTL** die Landes und **CFTA** die Dordogne. Informationen zu den Busstrecken und Fahrplänen erhält man an allen Busstationen. Die Überlandbusse von **Eurolines** verkehren zwischen vielen europäischen Städten.

Mitfahrzentralen und Car-Sharing

Mitfahrgelegenheiten vermittelt **Allostop Bordeaux**. Das Car-Sharing in der Region organisiert **idvroom.com**.

Auf einen Blick

Verkehrsinformation

Bison Futé
W **bison-fute.gouv.fr**

CRICR (Centre Régional d'Information Routière)
T 0800 100 200.

Notruf und Pannenhilfe

Polizei
T 17 oder 112.

ADAC-Notrufstation
T 08 25 80 08 22.
T 04 72 17 12 22 (Lyon).
T +49 89 22 22 22 (München). W **adac.de**

Mietwagen

ADA
T 08 25 169 169.

Avis
T 08 20 05 05 05.
W **avis.com**

Europcar
T 08 25 35 83 58.
W **europcar.com**

Hertz
T 08 25 86 18 61.
W **hertz.com**

Rent A Car
T 08 91 70 02 00.
W **rentacar.fr**

Mitfahrzentralen, Car-Sharing

W **allostop.net**
W **idvroom.com**

Buslinien

Eurolines
T +49 69 79 03-501.
W **eurolines.com/de**

Gironde CITRAM-Aquitaine
T 09 74 50 00 33.
W **citram.fr**

Dordogne CFTA Centre-Ouest
T 05 53 08 43 13.
W **cftaco.fr**

Landes RDTL
T 05 58 05 66 00.
W **rdtl.fr**

Pyrénées-Atlantiques CITRAM-Pyrénées
T 05 59 27 22 22.
W **citrampyrenees.fr**

Mit dem Boot unterwegs

Das Bassin d'Arcachon, die Gironde-Mündung und die Seen der Landes sind exzellente Segelreviere. Natur und Landschaften Aquitaniens lassen sich bei einer Bootsfahrt auf dem ausgedehnten Netz schiffbarer Flüsse und Kanäle herrlich entdecken. Sie brauchen nicht einmal einen Bootsführerschein, um von einem gemieteten Hausboot aus die Wasserwege und die Landschaft zu genießen.

Der Hafen und Urlaubsort Capbreton in den Landes

Yachthäfen

Die Marina von **Arcachon** ist nach La Rochelle der zweitgrößte Yachthafen in Westfrankreich. Von den rund 2600 Liegeplätzen an 28 voll ausgestatteten Pontons sind 250 für Gäste reserviert. **Hendaye**, wo Boote bei jedem Wetter zu Wasser gelassen werden können, hat 850 Pontonanlegestellen (120 für Gäste). **Capbreton**, das bei rauer See ausfällt, bietet 950 Pontonanlegestellen, davon 612 für Besucher.

Segeln und Bootfahren

Für ein Motorboot mit über sechs PS brauchen Sie eine Lizenz, den *permis de mer côtier* (Küstenlizenz), die *carte mer* (Seelizenz) oder den *permis mer hauturier* (Hochseelizenz). Detaillierte Informationen zu diesem Thema finden Sie auf der Website des **Ministère de l'Écologie, du Développement durable, des Transports et du Logement**.

Jeden Abend veröffentlichen die Hafenbehörden die Wettervorhersage für den nächsten Tag und die Aussichten für die kommenden Tage. Die Website der **Fédération Française de Voile** informiert über den Höchststand der Flut in jedem Hafen und vermittelt Kontakte zu Ausflugsveranstaltern und Bootsverleihern.

Zum Befahren von Kanälen und Flüssen ist kein Bootsführerschein erforderlich. Der Bootsverleiher demonstriert Ihnen, wie man steuert und eine Schleuse passiert. Die jeweiligen Fremdenverkehrsbüros stellen Broschüren über die schiffbaren Gewässer und Charterfirmen bereit.

Ausflüge auf See

Die Bucht von Arcachon lässt sich wunderbar von einem Fischkutter oder aber von einer Ausflugsyacht vom Wasser aus erkunden: Man kann dabei Austernfarmen und Pfahlbauten aus Holz entdecken,

Die *Salako* – eine der vielen Fähren im Bassin d'Arcachon

kommt am Cap-Ferret, an der Île aux Oiseaux (Vogelinsel) und am Leyre-Delta vorbei.

Von Thiers, Eyrac, Le Pyla und Le Mouleau starten Tagesausflüge mit dem Boot zum Banc d'Arguin (nehmen Sie unbedingt ein Picknick mit).

Unvergesslich sind Ausfahrten zum Phare de Cordouan *(siehe S. 66)* auf offener See zwischen Royan und Verdon-sur-Mer. Die Schiffe zum Leuchtturm, etwa die Yacht ***La Bohème***, legen an der Pointe de Grave ab.

Fährverbindungen

Zwei überaus beliebte Routen von Autofähren über die Gironde sind **Verdon-sur-Mer – Royan** und **Lamarque – Blaye**. Die Fährlinie **Les Bateliers Arcachonnais** bietet Fährverbindungen zwischen Arcachon und Cap-Ferret, Le Mouleau und Cap-Ferret sowie Arcachon und Andernos an. Die Fähre zwischen Arcachon und Cap-Ferret verkehrt ganzjährig, in der Hochsaison von 9 bis 13 Uhr.

Ab Hendaye existieren ganzjährig Fährverbindungen zum spanischen Hafen **Hondarribia**. Die Boote fahren in der Nebensaison alle halbe Stunde und in den Sommermonaten sogar alle 15 Minuten.

Fähre an der oberen Gironde-Mündung bei Blaye

Fluss- und Kanalkreuzfahrten

Die Flüsse Dordogne, Baïse, Isle und Adour, die Gironde-Mündung und der Canal Latéral à la Garonne lassen sich auf Schiffsausflügen oder mit gecharterten Booten erkunden. Eine gute Informationsquelle zu Flusskreuzfahrten in Frankreich sind die **Voies Navigables de France**.

Bei Fahrten auf dem Canal du Midi, der zusammen mit dem Canal Latéral à la Garonne den Canal des Deux-Mers bildet, kann man anlegen, um Sehenswürdigkeiten zu besichtigen oder ein malerisches Städtchen zu besuchen. Es sind einige Schleusen zu passieren. Boote vermieten **Bateau Ville de Bordeaux**, **Croisières Les Caminades** im Périgord, **Gabare Val-de-Garonne** und **Croisadour** in Peyrehorade. **Aquitaine Navigation** und **Le Boat** vermieten Hausboote oder Wohnschiffe (umgebaute *péniches*, Lastkähne), die Preise dafür liegen zwischen 900 und 3500 Euro pro Woche für ein Schiff mit sechs Kojen. Es gibt auch Boote, die man für einzelne Tage mieten kann.

Das Unternehmen **En Péniche** bietet Wohnschiffe der gehobeneren Kategorie mit bequemen Kojen und dem Komfort eines recht guten Hotels an.

Für Tagesausflüge durch die einzigartige Landschaft eignen sich traditionelle Boote wie die *gabares*, die bis heute die Dordogne befahren. Ausflüge zum schönen Naturschutzgebiet am Courant d'Huchet *(siehe S. 181)* kann man mit **Bateliers du Courant d'Huchet** an Bord einer flachen *galupe* unternehmen.

Ein *gabare* auf der Dordogne

Auf einen Blick

Yachthäfen

Arcachon
☎ 0890 711 733.
W **port-arcachon.com**

Capbreton
☎ 05 58 72 21 23.
W **port-capbreton.com**

Hendaye
☎ 05 59 48 06 00.
W **hendaye.com**

Fähr-verbindungen

Les Bateliers Arcachonnais
Bassin d'Arcachon, 76, boulevard de la Plage, 33120 Arcachon.
☎ 05 57 72 28 28.
W **bateliers-arcachon.com**

Hondarribia (frz. Fontarrabie, Spanien)
Bateau Marie-Louise, 64700 Hendaye.
☎ 06 07 02 55 09.

Lamarque – Blaye (Autofähre)
☎ 05 57 42 04 49.

Le Verdon-sur-Mer – Royan (Autofähre)
19, avenue du Phare de Cordouan, 33123 Le Verdon-sur-Mer.
☎ 05 56 73 37 73.

Bootsausflüge

Bateliers du Courant d'Huchet
Courant d'Huchet, rue des Berges-du-Lac, 40550 Léon.
☎ 05 58 48 75 39.
W **bateliers-courant-huchet.fr**

Vedette La Bohême
Chemin du Tourq, 33123 Le-Verdon-sur-Mer.
☎ 05 56 09 62 93.
W **vedettelaboheme.com**

Information

Fédération Française de Voile
17, rue H. Bocquillon, 75015 Paris.
☎ 01 40 60 37 00.
W **ffvoile.net**

Ministère de l'Écologie, du Développement durable, des Transports et du Logement
Grande Arche, Tour Pascal A et B, 92055 La Défense Cedex.
☎ 01 40 81 21 22.
W **developpement durable.gouv.fr**

Voies Navigables de France
175, rue Ludovic Boutleux, B.P. 820, 62408 Béthune Cedex.
☎ 03 21 63 24 24.
W **vnf.fr**

Hausboote und Wohnschiffe

Aquitaine Navigation
47160 Buzet-sur-Baïse.
☎ 05 53 84 72 50.
W **aquitaine-navigation.com**

Le Boat
47430 Le Mas-d'Agenais.
☎ 05 53 89 50 80.
W **leboat.com**

En Péniche
☎ 04 67 13 19 62.
W **en-peniche.com**

Flussfahrten

Bateau Ville de Bordeaux
2, quai des Chartrons, 33000 Bordeaux.
☎ 05 56 52 88 88.
W **bateauxbordeaux.com**

Croisadour
102, quai du Roc, 40300 Peyrehorade.
☎ 05 58 73 25 87.
W **croisadour.com**

Croisières Les Caminades
24250 La Roque-Gageac.
☎ 05 53 29 40 95.
W **gabarrecaminade.com**

Gabare Val-de-Garonne
Halte nautique du Pont des Sables, 47200 Fourques-sur-Garonne.
☎ 05 53 89 16 85.
W **emeraude-navigation.com**

Textregister

Fett gedruckte Seitenzahlen beziehen sich auf Haupteinträge.

A

B

D

E

F

M

N

O

P

Q

R

S

Danksagung und Bildnachweis

Hauptautoren

Suzanne Boireau-Tartarat
Suzanne Boireau-Tartarat hat bereits zu vielen Veröffentlichungen über die Dordogne beigetragen. Für diesen Reiseführer verfasste sie die Kapitel über Périgord und Quercy.

Pierre Chavot
Pierre Chavot lebt als freier Autor bei Bordeaux und hat bereits für mehrere Reiseführer des Verlagshauses Hachette geschrieben. Von ihm stammt das Kapitel über die Landes.

Renée Grimaud
Renée Grimaud lebt in Bordeaux und hat mehrere Bildbände und Reiseführer über verschiedene Regionen Frankreichs verfasst. Sie schreibt zudem regelmäßig für die Guides Voir des Verlagshauses Hachette. Frau Grimaud verfasste das Kapitel über die Gironde.

Santiago Mendieta
Santiago Mendieta ist freier Journalist und Autor. Zusammen mit dem Fotografen Étienne Follet veröffentlichte er verschiedene Bildbände über die Pyrenäen. Er verfasste die Kapitel über das Pays Basque und Béarn.

Marie-Pascale Rauzier
Die Historikerin und Journalistin hat schon viele Bücher und Reiseführer geschrieben, darunter den *DK Eyewitness Travel Guide* über Marokko. Sie verfasste das Kapitel über Lot-et-Garonne.

Marguerite Figeac
Dr. Marguerite Figeac promovierte in Geschichte an der Sorbonne und lehrt am Institut de Formation des Maîtres d'Aquitaine in Bordeaux. Sie verfasste das Kapitel zur Geschichte Aquitaniens.

Wilfried Lecarpentier
Wilfried Lecarpentier ist der französische Korrespondent der *Los Angeles Times* und Mitglied der Association Professionnelle des Critiques et Informateurs Gastronomiques. Er schrieb die Kapitel *Zu Gast in Aquitanien* und *Grundinformationen*.

Gaëtan du Chatenet
Gaëtan du Chatenet ist Entomologe, Ornithologe und Mitglied des Muséum National d'Histoire Naturelle de Paris sowie Zeichner und Maler. Er verfasste zahlreiche Bücher, die bei Delachaux & Niestlé und Gallimard veröffentlicht wurden.

Weitere Autoren
Xavier Becheler, Marie-Christine Degos, Isabelle De Jaham, Natacha Koomhetkova, Paulina Nourissier, Nicolas Pelé, Natasha Penot, François Pinassaud und Adam Stambul.

Illustrationen

François Brosse
Architekturzeichnungen S. 66, 92f, 98f, 116f, 132f, 140f, 154f, 202.

Jean-Sylvain Roveri
Architekturzeichnungen S. 30f, 76f, 110f, 126f, 198f, 228f.

Éric Geoffroy
Illustrationen zu Regionalkarten, »Sehenswürdigkeiten auf einen Blick«, kleine Stadtpläne und Tourenkarten.

Emmanuel Guillon
Fassaden und Ansichten S. 26f und 28f.

Rodolphe Corbel
Detailkarten S. 84f, 104f, 120f, 164f, 194f.

Studiofotografie und weitere Fotos

Pierre Javelle, Philippe Giraud, Éric Guillemot, Andrew Holligan, Roger Moss, Ian O'Leary.

Für Hachette Livre

Cécile Boyer-Runge (Direction), Amélie Baghdiguian (Resposable de Pôle Editorial), Catherine Laussucq (Responsable de Collection).

Redaktion
Aurélie Pregliasco.

Art Director
Éric Laubeuf.

DTP
Maogani.

Für Dorling Kindersley

Douglas Amrine (Publisher), Jane Ewart, Fay Franklin (Publishing Managers), Uma Bhattacharya, Muhammad Hassan, Jasneet Kaur, Casper Morris (Cartography), Vinod Harish, Vincent Kurien, Jason Little, Azeem Siddiqui (DTP), Louise Abbott, Emma Anacootee, Karen Fitzpatrick, Anna Freiberger, Laura Jones, Delphine Lawrance, Jude Ledger, Carly Madden, Dora Whitaker (Editorial), Nick Inman, Lyn Parry (Factchecker), Julie Bond, Sonal Modha, Marisa Renzullo (Design), Rachel Barber, Rhiannon Furbear (Picture Research).

Redaktion
Cécile Landau.

DTP
Conrad van Dyk.

Produktion
Louise Daly.

Englische Übersetzung
Lucilla Watson, Cécile Landau.

Korrektur
Cate Casey, Nikky Twyman.

Bildnachweis
Marie-Christine Petit.

Textregister
Marion Crouzet.

Spezielle Hilfe

Dorling Kindersley bedankt sich bei folgenden Personen und Institutionen, durch deren Hilfe und Unterstützung das vorliegende Buch ermöglicht wurde: Mme Cappé und M. Caunesil, Fremdenverkehrsbüro Verdon-sur-Mer; M. Laurent Croizier und Mme Valentina Bressan, Grand-Théâtre de Bordeaux; M. Alain Gouaillardou, Château de Pau; Mme Marie-Lou Talet, Rathaus in Fumel; M. Yves-Marie Delpit, Château de Bonaguil; Mme Patricia Fruchon, Château de Castelnaud; Mme Yvette Dupré und Mme Sophie Maynard, Jardins du Manoir d'Eyrignac und Château de Hautefort; M. Serge Roussel und M. Bertrand Defois, Grotte du Pech-Merle; Mme Larralde, Pfarrei Saint-Jean-de-Luz; Mme Anne Mangin-Payen, SDAP 64; M. François Caussarieu und Mme Christiane Bonnat, CDT Béarn Pays Basque; Stadtverwaltung von Tursan; Mme Cécile Van Espen, Rathaus in Lescar; Fremdenverkehrsbüro Lescar; M. Gérard Duhamel, CAUE Dordogne; M. Roger Labiano, Kukuxumusu; M. Jean-Sébastien Canaux, Fremdenverkehrsbüro in Monflanquin; M. Christophe Pichambert, CLS Rémy Cointreau; M. Daniel Margnes und M. Jean-François Gracieux, Maison Aquitaine; M. Éric Badets, Fremdenverkehrsbüro in Parentis-en-Born; Mme Anne Pregat, Musée des Beaux-Arts de Pau; Mme Françoise Henry-Morlier, Château de Cadillac; Centre des Archives Historiques du Lot-et-Garonne; Mme Maïté Etchechoury, Archives Départementales de Dordogne; M. Louis Bergès und Mme Detot, Archives Départementales de Gironde, Mme Caroline Féaud, France 3 Rhône-Alpes-Auvergne; Mme Anne Le Meur, *Guide Hachette des Vins*.

Dorling Kindersley bedankt sich besonders bei Mme la Vicomtesse und M. le Vicomte Sébastien de Baritault du Carpia, Eigentümer des Château de Roquetaillade, sowie bei Mme und M. Élséar de Sabran-Pontevès, Eigentümer des Château de Cazeneuve, für ihre Gastfreundschaft und Hilfsbereitschaft. Der Verlag bedankt sich zudem bei allen, die uns regionale Erzeugnisse schickten und die aufgrund ihrer Vielzahl leider nicht alle namentlich genannt werden können.

Genehmigung für Fotografien

Dorling Kindersley bedankt sich bei folgenden Eigentümern, Museumskuratoren, Führern und anderen bei Sehenswürdigkeiten Beschäftigten, bei Transportdiensten, Läden, Organisationen und Institutionen für die Genehmigung, in ihren Räumlichkeiten und auf ihrem Gelände zu fotografieren: Phare de Cordouan und Boot *La Bohême II*; Tierpark La Coccinelle in La Hune; Réserve Ornithologique du Teich; Grand-Théâtre de Bordeaux; Grottes de Pair-Non-Pair; Château de Vayres; Fremdenverkehrsbüro Saint-Émilion; Abbaye de la Sauve-Majeure; Gallorömische Villa in Loupiac; Château de La Brède; Mme Valérie Lailheugue, Château d'Yquem; M. Max de Pontac, Château Myra; M. Dominique Befve, Château Lascombes; Château Margaux; M. Philippe Dourthe, Château Maucaillou; M. Éric Derluyn, Château de Mascaraas; Fremdenverkehrsbüro Lescar; Musée de l'Abeille, Monein; Maison du Jambon de Bayonne, Arzacq; Château de Morlanne; Musée du Béret in Nay; Musée des Beaux-Arts de Pau; Artouste-Bahn; Musée Basque in Bayonne; Réserve du Pottock, Bidarray; Comité des Fêtes d'Espelette; Château d'Abbadia; Gorges de Kakouetta; Prodiso, Espadrille-Fabrik in Mauléon; Ona Tiss, Weberei in Saint-Palais; Rhune-Bahn; Château de Ravignan; Musée de l'Hydraviation in Biscarrosse; Comité des Fêtes de Gabarret et de Roquefort; Musée de l'Aviation Légère de l'Armée de l'Air in Dax; Musée de Borda in Dax; die Bootsleute des Courant d'Huchet; Musée de la Chalosse, Monfort-en-Chalosse; Écomusée de la Grande Lande; Atelier Jacques et Louis Vidal in Luxey; Musée de l'Estupe-huc in Luxey; Musée de la Dame de Brassempouy; Musée de la Faïence in Samadet; Château de Duras; Château Molhière; M. Bertrand de Boisseson, Château de Montluc; Musée du Pruneau in Granges-sur-Lot; Mme Valérie Duguet-Parickmiler, Château de Nérac; M. Jean de Nadaillac, Château de Poudenas; M. Michel Trama de l'Aubergade in Puymirol; Mme Geneviève und M. Yves Boissière, Musée du Foie Gras in Souleilles; M. Joël Gallot, Glasbläser in Vianne; Nationalgestüt Villeneuve-sur-Lot; Mme Hélène Lages, Musée de Gajac in Villeneuve-sur-Lot; M. Bruno Rouable de Caudecoste und St-Nicolas-de-la-Balerme; Musée du Tabac in Bergerac; M. Jean-Max Touron, Grotte du Roc de Cazelle und La Roque-Saint-Christophe; M. Patrick Sermadiras, Château de Hautefort; M. Armando Molteni, Grotte du Grand-Roc; Mme und M. Jean-Luc Delautre, Château de Fénelon; Grotte de Proumeyssac; Mme Angélique de Saint-Exupéry, Château des Milandes; Château de Montal; M. François Gondran, gallorömische Villa in Montcarret; Grotte du Pech-Merle; Château de Puyguilhem; Mme Nicole de Montbron, Château de Puymartin; Mme Nadia Lincetto, Musée d'Art Sacré Francis-Poulenc in Rocamadour; Château de Montaigne; Les Jardins de l'Imaginaire in Terrasson-Lavilledieu; Préhisto Parc in Tursac; Mme Marie und M. Dominique Palué, Château de l'Herm.

Bildnachweis

Dorling Kindersley bedankt sich bei folgenden Personen und Institutionen, die die Genehmigung erteilten, ihre Fotografien in diesem Buch zu veröffentlichen:
o = oben; m = Mitte; u = unten; l = links; r = rechts.

Wir haben uns bemüht, alle Copyright-Inhaber ausfindig zu machen. Sollte es uns in einigen Fällen nicht gelungen sein, bitten wir das zu entschuldigen. Wir würden uns freuen, wenn wir die unbeabsichtigte Auslassung in künftigen Auflagen nachholen könnten.

4Corners Images: SIME/Giovanni Simeone 13ol; Günter Gräfenhain 173u.

Aéroport de Bordeaux: Burdin L'Image 294om; Nihat Akgoz 294mlo.
Aéroport de Pau: Studio Vu 295ol, 295um.
AFP: 50ml, 50mru.
AKG-Images: British Library 45mru, 47ol; Jean-François Amelo 46ul; Jean-Pierre Verney 48ur, 55ur.
Alamy Images: A la poste 292or; Andy Arthur 293or; Cephas Picture Library/Hervé Champollion 16ur; Hemis 242ol; John Kellerman 62, 146; M@rcel 172; nagelestock.com 14ul; Sébastien Baussais 297um; Tony Kwan 18.
Archives Départementales de Lot-et-Garonne: Bib. d'Agen Ms 30ol, 164ol; 10 PH4 245m.
Archives de Villeneuve-sur-Lot: R. Delvert 57um, 114ul.

Biarritz Culture: Ballet de Lorraine-Laurent Philippe 34ur.
BNF Paris: 46ol, 46–47, 47mo, 48ol, 48um, 111um, 141ul, 187um.
Bridgeman Art Library: Archives Charmet 32or; Bridgeman Art Library 36ol, 55or; Giraudon/Lauros 42, 43mo, 44u, 49ur, 53om, 54ur; Giraudon 49um und 76or; Sally Greene 210mu.

Casino d'Arcachon: Marcel Partouche 277mol.
Caudalie: 279or.
Cave des producteurs de Jurançon: 37um.
CCIP Bordeaux: Selva/Leemage 53mru.
Céramiques Cazaux & Fils: 274m, 274mru.
Château de Côme: 261ul.
Château de Fargues: Archives Familiales de Lur Saluces 52mlu, 52mru.
Château Martinens: 37om.
Chilo: 269om.
Cidrerie Txopinondo: 269um.
Cinéma Utopia: 277om.
Conseil général du Lot: Nelly Blaya 129or.

G. Dagli Orti: 43mlu, 51ur, 52ul, 201om, 212ml, 206ur.
F. Desmesure: 276mro.
Domaine des Cassagnoles: 261omr.
Domaine Clarence Dillon: 95ul.
Dorling Kindersley: 121mru, 126ol, 126ul, 127um, 283mor, 289mo, 291, 292or, 292ul, 297ml, 298mr, 299mo, 299mm, 299mu.
Dreamstime.com: Leonid Andronov 60mlu; Davidmartyn 218; Kevin Eaves 14or; Ericlefrancais 10mo; Francisco Javier Gil Oreja 100; Mirekdeml 10ul.

Éditions Clouet: 21ol, 260or.

Festival Art Flamenco de Mont-de-Marsan: Sébastien Zambon/CG40 38u, 276om.

E. Follet: 34ol, 34um, 34ur, 34–35, 35ml, 35mr, 35u, 35ur, 39mro, 41m, 41um, 61ul, 215ol, 234ul, 236mo, 238ol, 238ur, 239ul, 239or, 240ol, 240or, 240mlu, 240um, 241or, 241mr, 241ul, 243om, 243mro, 243ml, 243m, 243mru, 243ul, 243um.
France Bleu Gironde: 288ml.
France Telecom: 1998 PhotoDisc, Inc. 292um.

Gaïa Images: A. Senosiain 214ur; Marlène Meissonnier 177mr.
Gamma: Politique Image/Gamma 57or.
Getty Images: Walter Bibikow 284; Shaun Egan 190; Stringer/Nicolas Tucat 60ur; James Warwick 24um.
Lo Gorissado: 265ul.
Gouffre de Padirac: Cliché POUX, SES Padirac 125ol.
Grottes de Bétharram: 235ul.
Grottes Préhistoriques de Cougnac: Francis Jach 137or.
E. Guillemot: 9or, 258ol, 258mu, 258mor, 258mur, 258ul, 258um, 258ur, 259or, 259mor, 259mul, 259mum, 259muor, 259mulu, 259ulu, 259ulro, 259ulru.

Hemisphere Images: Pierre Jacques 17or; Patrice Thomas 17ml.
Hoa-qui: André Le Gall/Jacana 24or; CJ. Pache/Age/Hoa-Qui 24ol; J. Cancalosi/Age/Hoa-Qui 182mr; JA Jimenez/Age/Hoa-Qui 24ur; J. Cancalosi/Nature Pl/Jacana 25ur; José B. Ruiz/Nature Pl/Jacana 178ml; Mike Wilkes/Nature Pl/Jacana 24mru; Morales/Age/Hoa-Qui 25mlu; Philippe Prigent/Jacana 25uml; Pierre Petit/Jacana 22mlu; Rodriguez/Age/Hoa-Qui 179or; S. Raman/Age/Hoa-Qui 25mru; U. Walz Gdt/Age/Hoa-Qui 24ul; W. Bollmann/Age/Hoa-Qui 177ur.

Jardins d'Eyrignac: D. Reperant 117ur; J.-B. Leroux 116l, 117ol.
P. Javelle: 36mr, 37mr, 144ul, 186ol, 225mr, 231ol, 258ol, 260ol, 260ml, 260mlm, 260mlr, 260ul, 260url, 260urm, 260ur, 261ol, 261oml, 261or, 272om, 272mru, 274ol, 274mro, 274mlo, 274or, 274mlu, 274ul, 275ol, 275oml, 275omr, 275mo, 275mul, 275mor, 275mur, 275muml, 275uml, 276um, 275mumr, 275ul.
Jean des Sables: 268ul.

Keystone-France: 51mu.
Kharbine-Tapabor: 50u, 69ur, 161um, 178or.

Leemage/Selva: 19m, 176ol, 201mro, 201mr.
Librairie Megadenda: Éditions Erein 35or.

Mairie de Dax: Philippe Salvat 39ul.
Mairie de Soulac: 67ml.
Maison Pariès: 259mol, 259ur, 275ur.
Mouton Rothschild: 37ol.
Musée basque et de l'histoire de Bayonne: 191u.
Musée Champollion de Figeac: Nelly Blaya 130mr.
Musée d'Aquitaine: DEC, Bordeaux-B. Fontanel 44ur, 50ml; DEC, Bordeaux-B. Fontanel & L. Gauthier 44ur; DEC, Bordeaux-Hugo Maertens, Bruxelles 44mo; DEC,

Bordeaux-J.-M. Arnaud 45om, 45um; DEC, Bordeaux-J. Gilson 46mlu, 47ul; CAPC-Frédéric Delpech 73mro.
Musée d'Art Sacré de Rocamadour: J.-L. Nespoulous 212ul.
Musée de Cahors Henri Martin: J.-C. Meauxsoone 135mr.
Musée de la Chalosse, Montfort-en-Chalosse, France: 184ur.
Musée de Gajac de Villeneuve-sur-Lot: 156mr.
Musée des Arts Décoratifs de Bordeaux: DMB-L. Gauthier 78mor.
Musée des Beaux-Arts d'Agen: Hugo Maertens, Bruges 160ml, 165ur, 166ml, 166or.
Musée des Beaux-Arts de Bordeaux: M.B.A. Bordeaux-Lysiane Gauthier 51or, 54ol.
Musée Despiau-Wlérick: Studio Ernest, Mont-de-Marsan 188mro.
Musée du Périgord de Périgueux: B. Dupuy 107or.
Musée du Pruneau de Lafitte: 159ru.
Musée Georgette-Dupouy: S. Dom Pedro Gilo 184ml.

J.-B. Nadeau: J.B. Nadeau/Appa 8m, 86um, 87um.
Office de Tourisme d'Espelette: 40m.
Office de Tourisme de Saint-Jean-de-Luz: 38om.
Office de Tourisme de Soule: 216l.

Parc Naturel Régional des Landes de Gascogne, Belin-Béliet: 55mu, 56umr, 179u.
Parc Walibi Aquitaine: 288ol.
Périfruit S.A: 261ml.
Photothèque Hachette: Hachette Livre 7m, 49ur, 52o, 52ur, 59m, 92u, 119ol, 206mu, 285m; Hachette Livre-Lacoste 53ur.
Photothèque Ville de Cahors: 134ur; Nelly Blaya 134ol.
C. de Prada: 217ol, 216ur.
Les Prés d'Eugénie: 247or, 254ol.
Presse-Sports: 19u, 22ol.
Pyrénées Magazine: Étienne Follet-Milan 287ur.

Reuters: Regis Duvignau 57um.
RMN: A. Danvers 50ol, 95or, 153mr, 186or; 78ol; Bellot/Coursaget 227ur; Bulloz 224ur; D. Arnaudet et J. Schormans 47mo; Franck Raux 163mu; Gérard Blot 48mr, 54mu, 99ur, 135ol, 152ul; H. Lewandowski 228ol; J. G. Berizzi 49mo; R. G. Ojéda 195mo, 197ol, 197or, 197ul, 228or, 228mlo, 229mro, 229mru; V. Dubourg 226ol, 228mlu.
Rocamadour Aerostat: 40ur.
Roger-Viollet: 201ur; Lapi 56o; Lipnitzki 201ur; Branger 201mlo.
La Roseraie: 264om.

SIBA: Brigitte Ruiz 28or, 71ur.
SNCF: CAV-Patrick Leveque 296ur; CAV-Philippe Fraysseix 296mlo.
SNTP: 293ml.
STA TRAVEL GROUP: 287mlu.
Studio Vidal: Cyrille Vidal 33m, 33ul.
Sud-Ouest: 287url.
Syndicat Viticole de Saint-Émilion: Agence APPA 40mlo; Office de Tourisme de la Juridiction de Saint-Émilion-Xochiol 81o.

S. Tartarat: 140ul.
TV7: 287mr.

Umschlag

Vorderseite: **Dorling Kindersley:** Philippe Giraud.
Rückseite: **DK Images.**
Buchrücken: **Dorling Kindersley:** Philippe Giraud.

Sprachführer Französisch

Notfälle

Hilfe!	**Au secours!**	[o sə'ku:r]
Stopp!	**Arrêtez!**	[arɛ'te]
Rufen Sie einen Arzt!	**Appelez un médecin!**	[a'ple œ̃ med'sɛ̃]
Rufen Sie einen Krankenwagen!	**Appelez une ambulance!**	[a'ple yn ɑ̃by'lɑ̃:s]
Rufen Sie die Polizei!	**Appelez la police!**	[a'ple la pɔ'lis]
Rufen Sie die Feuerwehr!	**Appelez les pompiers!**	[a'ple le pɔ̃'pje]
Wo ist das nächste Telefon?	**Où est le téléphone le plus proche?**	[u e lə tele'fɔn lə ply prɔʃ]
Wo ist das nächste Krankenhaus?	**Où est l'hôpital le plus proche?**	[u e lɔpi'tal lə ply prɔʃ]

Grundwortschatz

Ja	**Oui**	[wi]
Nein	**Non**	[nɔ̃]
Bitte	**S'il vous plaît**	[sil vu plɛ]
Danke	**Merci**	[mɛr'si]
Entschuldigung	**Excusez-moi**	[ɛksky'se mwa]
Guten Tag	**Bonjour**	[bɔ̃'ʒu:r]
Auf Wiedersehen	**Au revoir**	[o rə'vwa:r]
Guten Abend	**Bonsoir**	[bɔ̃'swa:r]
Vormittag	**le matin**	[lə ma'tɛ̃]
Nachmittag	**l'après-midi**	[laprɛmi'di]
Abend	**le soir**	[lə swa:r]
gestern	**hier**	[jɛ:r]
heute	**aujourd'hui**	[oʒur'dɥi]
morgen	**demain**	[də'mɛ̃]
hier	**ici**	[i'si]
dort	**là**	[la]
Was?	**Quoi?**	[kwa]
Wann?	**Quand?**	[kɑ̃]
Warum?	**Pourquoi?**	[pur'kwa]
Wo?	**Où?**	[u]

Nützliche Redewendungen

Wie geht es Ihnen?	**Comment allez-vous?**	[kɔ'mɑ̃-t ale vu]
Danke, sehr gut.	**Très bien, merci.**	[trɛ bjɛ̃ mɛr'si]
Ich freue mich, Sie kennenzulernen.	**Enchanté de faire votre connaissance.**	[ɑ̃ʃɑ̃'te də fɛr votrə kɔnɛ'sɑ̃:s]
Bis bald.	**À bientôt.**	[a bjɛ̃'to]
Das ist gut.	**C'est bien.**	[sɛ bjɛ̃]
Wo ist/sind …?	**Où est/sont …?**	[u ɛ/sõ: …]
Wie weit ist es nach …?	**Combien de mètres/kilomètres y-a-t-il d'ici à …?**	[kɔ̃'bjɛ̃ də 'mɛ:trə/kilo-'mɛ:trə ja'til di'si a …]
Welches ist die Richtung/der Weg nach …?	**Quelle est la direction pour …?**	[kɛl ɛ la dirɛk'sjɔ̃: pu:r]
Sprechen Sie Deutsch?	**Parlez-vous allemand?**	[par'le vu al'mɑ̃]
Ich verstehe nicht.	**Je ne comprends pas.**	[ʒə nə kɔ̃'prɑ̃ pa]
Könnten Sie etwas langsamer sprechen, bitte?	**Pouvez-vous parler moins vite, s'il vous plaît?**	['puve vu par'le mwɛ̃ vit sil vu plɛ]
Tut mir leid.	**Excusez-moi.**	[ɛksky'ze mwa]

Nützliche Wörter

groß	**grand**	[grɑ̃]
klein	**petit**	[pə'ti]
heiß	**chaud**	[ʃo]
kalt	**froid**	[frwa]
gut (Adjektiv)	**bon, bonne**	[bɔ̃, bɔn]
gut (Adverb)	**bien**	[bjɛ̃]
schlecht	**mauvais**	[mo'vɛ]
genug	**assez**	[a'se]
geöffnet	**ouvert**	[u'vɛ:r]
geschlossen	**fermé**	[fɛr'me]
links	**gauche**	[go:ʃ]
rechts	**droite**	[drwat]
geradeaus	**tout droit**	[tu drwa]
nah	**près**	[prɛ]
weit	**loin**	[lwɛ̃]
früh	**de bonne heure**	[də bonœr]
spät	**en retard**	[ɑ̃ rə'ta:r]
Eingang	**l'entrée**	[lɑ̃tre]
Ausgang	**la sortie**	[la sɔr'ti]
Toilette	**les toilettes, les WC**	[le twa'lɛt dublə've se]
mehr	**plus**	[ply]
weniger	**mois**	[mwɛ̃]
frei (nicht besetzt)	**libre**	['librə]
frei (gratis)	**gratuit**	[gra'tɥi]

Telefonieren

Ich möchte ein Ferngespräch führen.	**Je voudrais faire un interurbain.**	[ʒə wu'drɛ fɛ:r œ̃n ɛ̃tɛryr'bɛ̃]
Ich versuche es später noch einmal.	**Je rappelerai plus tard.**	[jə raple'rɛ ply ta:r]
Kann ich eine Nachricht hinterlassen?	**Est-ce que je peux laisser un message?**	['ɛskə jə pœ lɛ'se: œ̃ mə'sa:ʒ]
Bitte warten Sie.	**Ne quittez pas, s'il vous plaît.**	[nə ki'te pa sil vu plɛ]
Können Sie bitte etwas lauter sprechen?	**Pouvez-vous parler un peu plus fort?**	['puve vu par'le œ̃ pœ ply fɔ:r]
Ortsgespräch	**communication locale**	[kɔmynika'sjɔ̃ lɔ'kal]

Shopping

Wie viel kostet das?	**C'est combien, s'il vous plaît?**	[sɛ kɔ̃'bjẽ sil vu plɛ]
Haben Sie …?	**Est-ce que vous avez …?**	['eskə vuz a've:]
Ich schaue mich nur um, danke.	**Je regarde seulement, merci.**	[ʒə rə'ga:rd sœl'mɑ̃ mɛr'si]
Akzeptieren Sie Kreditkarten?	**Est-ce que vous acceptez les cartes de crédit?**	['ɛskə vuz aksɛp'te le kart də kre'di]
Wann öffnen/schließen Sie?	**A quelle heure ouvre/ferme le magasin?**	[a kɛl œ:r uvrə/ fɛrm lə maga'zɛ̃]
teuer	**cher**	[ʃɛ:r]
billig	**pas cher, bon marché**	[pa ʃɛ:r bɔ̃ mar'ʃe]
Größe (Kleidung)	**la taille**	[la tɑ:j]
Größe (Schuhe)	**la pointure**	[la pwɛ̃'ty:r]
weiß	**blanc**	[blɑ̃]
schwarz	**noir**	[nwa:r]
rot	**rouge**	[ru:ʒ]
gelb	**jaune**	[ʒo:n]
grün	**vert**	[vɛ:r]
blau	**bleu**	[blø]
braun	**brun**	[brœ̃]

Läden

Antiquitätenladen	**le magasin d'antiquités**	[lə maga'zɛ̃ dɑ̃tiki'te]
Apotheke	**la pharmacie**	[la farma'si]
Bäckerei	**la boulangerie**	[la bulɑ̃ʒə'ri]
Bank	**la banque**	[la bɑ̃:k]
Buchhandlung	**la librairie**	[la librɛ'ri]
Fischgeschäft	**la poissonerie**	[la pwasɔn'ri]
Friseur	**le coiffeur**	[lə kwa'fœ:r]
Gemüseladen	**le marchand de légumes**	[lə marʃɑ̃ də le'gym]
Konditorei	**la pâtisserie**	[la patise'ri]
Lebensmittelgeschäft	**l'alimentation, l'épicerie**	[lalimɑ̃tɑ'sjɔ̃ lepis'ri]
Markt	**le marché**	[lə mar'ʃe]
Metzgerei (Fleisch)	**la boucherie**	[la buʃə'ri]
Metzgerei (Wurst)	**la charcuterie**	[la ʃarky'tri]
Postamt	**la poste**	[la pɔst]
Reisebüro	**l'agence de voyages**	[la'ʒɑ̃:s də vwa'ja:ʒ]
Schuhgeschäft	**le magasin de chaussures**	[lə maga'zɛ̃ də ʃo'sy:r]
Supermarkt	**le supermarché**	[lə sypɛrmar'ʃe]
Tabakladen	**le tabac**	[lə ta'ba]
Zeitungskiosk	**le magasin de journaux**	[lə maga'zɛ̃ də ʒur'no]

Sightseeing

Bahnhof	**la gare SNCF**	[la ga:r ɛs ɛn se ɛf]
Bibliothek	**la bibliothèque**	[la bibliɔ'tɛk]
Busbahnhof	**la gare routière**	[la ga:r ru'tjɛ:r]
Fremdenverkehrsamt/ Tourismusbüro	**l'office du tourisme**	[lɔ'fis dy tu'rismə]
Garten	**le jardin**	[lə ʒar'dɛ̃]
Kathedrale	**la cathédrale**	[la kate'dral]
Kirche	**l'église**	[le'gli:z]
Kloster, Abtei	**l'abbaye**	[labe'i]
Kunstgalerie	**le galerie d'art**	[lə gale'ri da:r]
Museum	**le musée**	[lə my'se]
Rathaus	**l'hôtel de ville**	[lo'tɛl də vil]
Wegen Ferien geschlossen	**fermeture jour férié**	[fɛrmə'ty:r ʒu:r fe'rje]

Im Hotel

Haben Sie ein freies Zimmer?	**Est-ce que vous avez une chambre libre?**	['ɛskə vuz a've yn 'ʃɑ̃:brə 'librə]
Doppel-/Einzel-zimmer	**la chambre à deux / à une personne(s)**	[la 'ʃɑ̃:brə a dø / a yn pɛr'sɔn]
mit Doppelbett	**avec un grand lit**	[a'vɛk œ̃ grɑ̃ li]
mit zwei Betten	**à deux lits**	[a dø li]
Zimmer mit Bad	**la chambre avec salle de bain**	[la 'ʃɑ̃:brə a'vɛk sal də bɛ̃]
Dusche	**la douche**	[la duʃ]
Schlüssel	**la clef**	[la kle]
Ich habe reserviert.	**J'ai fait une réservation.**	[ʒɛ fɛ yn rezɛrvɑ'sjɔ̃]

Im Restaurant

Haben Sie einen Tisch für …?	**Avez-vous un table pour …?**	['ave vuz yn 'tablə pu:r …]
Ich möchte einen Tisch reservieren.	**Je voudrais réserver une table.**	[ʒə vu'drɛ rezɛr've yn 'tablə]
Die Rechnung, bitte.	**L'addition, s'il vous plaît.**	[ladi'sjõ sil vu plɛ]
Ich bin Vegetarier/in.	**Je suis végétarien / végétarienne.**	[ʒə sɥi veʒeta'rjɛ̃ veʒeta'rjɛn]
Kellnerin	**Madame, Mademoiselle**	[ma'dam madmwa'zɛl]
Kellner	**Monsieur**	[mə'sjø]
Speisekarte	**la carte**	[la kart]
Tagesmenü	**le menu à prix fixe**	[lə mə'ny a pri fiks]
Weinkarte	**la carte des vins**	[la kart de vɛ̃]
Gedeck	**le couvert**	[lə ku'vɛr]
Glas	**le verre**	[lə vɛ:r]
Flasche	**la bouteille**	[la bu'tɛj]
Messer	**le couteau**	[lə ku'to]
Gabel	**la fourchette**	[la fur'ʃɛt]
Löffel	**la cuillère**	[la kɥi'jɛ:r]
Frühstück	**le petit déjeuner**	[lə pə'ti deʒœ'ne]
Mittagessen	**le déjeuner**	[lə deʒœ'ne]
Abendessen	**le dîner**	[lə di'ne]
Hauptgericht	**le plat principal**	[lə pla prɛ̃si'pal]
Vorspeise	**l'entrée, le hors-d'œuvre**	[lɑ̃'tre, lə ɔr' dœ:vre]
Tagesgericht	**le plat du jour**	[lə pla dy ʒu:r]
blutig	**saignant**	[sɛ'ɲɑ̃]
medium	**à point**	[a pwɛ̃]
durchgebraten	**bien cuit**	[bjɛ̃ kɥi]

Speisekarte

(siehe auch S. 258f)

l'agneau	[a'ɲo]	Lamm
l'ail	[aj]	Knoblauch
la banane	[ba'nan]	Banane
le beurre	[bœ:r]	Butter
la bière (à la pression)	[bjɛ:r a la prɛ'sjɔ̃]	Bier vom Fass
le bifteck, le steak	[bif'tɛk, stɛk]	Steak
le bœuf	[bœf]	Rindfleisch
bouilli	[bu'ji]	gekocht
le café	[ka'fe]	Kaffee
le canard	[ka'na:r]	Ente
le chocolat	[ʃɔkɔ'la]	Schokolade
le citron	[si'trɔ̃]	Zitrone
le citron pressé	[si'trɔ̃ prɛ'se]	Zitronensaft
les crevettes	[krə'vɛt]	Garnelen
le dessert	[de'sɛr]	Nachspeise
l'eau minérale	[o mine'ral]	Mineralwasser
les escargots	[ɛskar'go]	Schnecken
les frites	[frit]	Pommes frites
le fromage	[frɔ'ma:ʒ]	Käse
les fruits frais	[frɥi frɛ]	frisches Obst
les fruits de mer	[frɥi də mɛ:r]	Meeresfrüchte
le gâteau	[gɑ'to]	Kuchen
la glace	[glas]	Eiscreme
grillé	[gri'je]	gegrillt
le homard	[ɔ'ma:r]	Hummer
l'huile	[ɥil]	Öl
le jambon	[ʒɑ̃'bɔ̃]	Schinken
le lait	[lɛ]	Milch
les légumes	[le'gym]	Gemüse
la moutarde	[mu'tard]	Senf
l'œuf	[œf]	Ei
les oignons	[ɔ'ɲɔ̃]	Zwiebeln
les olives	[ɔ'li:v]	Oliven
le pain	[pɛ̃]	Brot
le petit pain	[pə'ti pɛ̃]	Brötchen
le poisson	[pwa'sɔ̃]	Fisch
le poivre	['pwa:vrə]	Pfeffer
la pomme	[pɔm]	Apfel
les pommes de terre	[pɔm də tɛr]	Kartoffeln
le porc	[pɔ:r]	Schweinefleisch
le potage	[pɔ'ta:ʒ]	Suppe
le poulet	[pu'lɛ]	Hühnchen
le riz	[ri]	Reis
rôti	[ro'ti]	gebraten
la saucisse	[so'sis]	Würstchen
sec	[sɛk]	trocken
le sel	[sɛl]	Salz
le sucre	['sykrə]	Zucker
le thé	[te]	Tee
la viande	[vjɑ̃:d]	Fleisch
le vin blanc / rouge	[vɛ̃ blɑ / ru:ʒ]	Weiß-/Rotwein
le vinaigre	[vi'nɛgrə]	Essig

Zahlen

0	**zéro**	[ze'ro]
1	**un, une**	[œ̃, yn]
2	**deux**	[dø]
3	**trois**	[trwa]
4	**quatre**	['katrə]
5	**cinq**	[sɛ̃k]
6	**six**	[sis]
7	**sept**	[sɛt]
8	**huit**	[ɥit]
9	**neuf**	[nœf]
10	**dix**	[dis]
11	**onze**	[ɔ̃:z]
12	**douze**	[du:z]
13	**treize**	[trɛ:z]
14	**quatorze**	[ka'tɔrz]
15	**quinze**	[kɛ̃:z]
16	**seize**	[sɛ̃:z]
17	**dix-sept**	[di'sɛt]
18	**dix-huit**	[di'zɥit]
19	**dix-neuf**	[diz'nœf]
20	**vingt**	[vɛ̃]
30	**trente**	[trɑ̃:t]
40	**quarante**	[ka'rɑ̃:t]
50	**cinquante**	[sɛ̃'kɑ̃:t]
60	**soixante**	[swa'sɑ̃:t]
70	**soixante-dix**	[swasɑ̃t'dis]
80	**quatre-vingts**	[katrə'vɛ̃]
90	**quatre-vingts-dix**	[katrəvɛ'diš]
100	**cent**	[sɑ̃]
1000	**mille**	[mil]

Zeit

eine Minute	**une minute**	[yn mi'nyt]
eine Stunde	**une heure**	[yn œ:r]
halbe Stunde	**une demi-heure**	[yn dəmi'œ:r]
ein Tag	**un jour**	[œ̃ ʒu:r]
eine Woche	**une semaine**	[yn sə'mɛn]
ein Monat	**un mois**	[œ̃ mwa]
Montag	**lundi**	[lœ̃'di]
Dienstag	**mardi**	[mar'di]
Mittwoch	**mercredi**	[mɛrkrə'di]
Donnerstag	**jeudi**	[ʒø'di]
Freitag	**vendredi**	[vɑ̃drə'di]
Samstag	**samedi**	[sam'di]
Sonntag	**dimanche**	[di'mɑ̃:ʃ]

VIS-À-VIS-REISEFÜHRER

Ägypten • Alaska • Amsterdam • Apulien • Argentinien • Australien • Bali & Lombok • Baltikum • Barcelona & Katalonien • Beijing & Shanghai • Belgien & Luxemburg • Berlin • Bodensee • Bologna & Emilia-Romagna • Brasilien • Bretagne • Brüssel • Budapest • Chicago • Chile • China • Costa Rica • Dänemark • Danzig • Delhi, Agra & Jaipur • Deutschland • Dresden • Dublin • Florenz & Toskana • Florida • Frankreich • Gardasee • Gran Canaria • Griechenland • Großbritannien • Hamburg • Hawaii • Indien • Irland • Istanbul • Italien • Italienische Riviera • Japan • Jerusalem • Kalifornien • Kambodscha & Laos • Kanada • Karibik • Kenia • Korsika • Krakau • Kreta • Kroatien • Kuba • Las Vegas • Lissabon • Loire-Tal • London • Madrid • Mailand • Malaysia & Singapur • Mallorca • Marokko • Mexiko • Moskau • München & Südbayern • Myanmar • Neapel • Neuengland • Neuseeland • New Orleans • New York • Niederlande • Nordspanien • Norwegen • Österreich • Paris • Peru • Polen • Portugal • Prag • Provence & Côte d'Azur • Rom • San Francisco • St. Petersburg • Sardinien • Schottland • Schweden • Schweiz • Sevilla & Andalusien • Sizilien • Slowenien • Spanien • Sri Lanka • Stockholm • Straßburg & Elsass • Südafrika • Südtirol & Trentino • Südwestfrankreich • Teneriffa • Thailand • Thailand – Strände & Inseln • Tokyo • Tschechien & Slowakei • Türkei • Umbrien • USA • USA Nordwesten & Vancouver • USA Südwesten & Las Vegas • Venedig & Veneto • Vietnam & Angkor • Washington, DC • Wien • Zypern

Straßenkarte von Aquitanien